Doris Kiernan

Existenziale Themen bei Max Frisch

Quellen und Forschungen zur Sprach- und Kulturgeschichte der germanischen Völker

Begründet von

Bernhard Ten Brink und Wilhelm Scherer

Neue Folge
Herausgegeben von

Stefan Sonderegger

73 (197)

Walter de Gruyter · Berlin · New York

1978

Existenziale Themen bei Max Frisch

Die Existenzialphilosophie Martin Heideggers
in den Romanen *Stiller, Homo faber* und
Mein Name sei Gantenbein

von

Doris Kiernan

Walter de Gruyter · Berlin · New York

1978

CIP-Kurztitelaufnahme der Deutschen Bibliothek

Kiernan, Doris
Existenziale Themen bei Max Frisch: d. Existenzialphilosophie Martin Heideggers in d. Romanen Stiller, Homo
faber u. Mein Name sei Gantenbein. – 1. Aufl. – Berlin,
New York: de Gruyter, 1978.
(Quellen und Forschungen zur Sprach- und Kultur-
geschichte der germanischen Völker: N. F.;
73 = 197)
ISBN 3–11–007406–0

© 1978 by Walter de Gruyter & Co.,

vormals G. J. Göschen'sche Verlagshandlung · J. Guttentag, Verlagsbuchhandlung ·
Georg Reimer, Karl J. Trübner · Veit & Comp., Berlin 30 · Alle Rechte, insbesondere
das der Übersetzung in fremde Sprachen, vorbehalten. Ohne ausdrückliche Genehmi-
gung des Verlages ist es auch nicht gestattet, dieses Buch oder Teile daraus auf photo-
mechanischem Weg (Photokopie, Mikrokopie) zu vervielfältigen.
Satz und Druck: Presse-Druck Augsburg
Buchbindearbeiten: Lüderitz & Bauer, Berlin
Printed in Germany

Meiner Mutter

Die vorliegende Arbeit ist im Dezember 1976 von der University of California, Berkeley, als Dissertation angenommen worden.
Ich möchte mich an dieser Stelle bei Herrn Prof. Dr. Winfried Kudszus bedanken für viele wertvolle Hinweise und anregende Diskussionen.
Mein ganz besonderer und herzlicher Dank gilt Herrn Prof. Dr. Gerd Hillen, unter dessen Aufsicht diese Arbeit entstand. Sein unschätzbarer Rat, seine freundliche Geduld und sein ständiges Interesse erleichterten mir den Weg durch diese existenzielle Krise.

Inhalt

Einleitung

Ausgangspunkt dieser Arbeit ist die These, daß der Romanautor Max Frisch mit der Existenzialphilosophie Martin Heideggers eng vertraut ist und daß die Strukturen der Heideggerschen Daseinsanalyse, vor allem wie sie in „Sein und Zeit" entwickelt wurden, den thematischen Aufbau der Romane „Stiller", „Homo faber" und „Mein Name sei Gantenbein" bestimmen.

Für diesen Sachverhalt zeugen Besonderheiten in der Problemstellung der Romane, die häufige wörtliche Anführung Heideggerscher Begriffe (auf die im Laufe der Interpretation noch hingewiesen wird), sowie vor allem die weitgehende Kongruenz des von Heidegger erstellten existenzial-ontologischen Modells und der in den drei zur Diskussion stehenden Romanen entwickelten Daseinsthematik.

Auf die existenziellen Züge im Werk von Max Frisch ist in der Kritik schon häufig hingewiesen worden.[1] Solche Hinweise beschränken sich in den meisten Fällen auf gelegentliche Randbemerkungen, die existenzielles Gedankengut bei Max Frisch zwar bestätigen, aber nicht näher durchleuchten.

Eine der wenigen Arbeiten, in der die existenzielle Problematik im Mittelpunkt der Erörterung steht, ist W. G. Cunliffes „Existentialist Elements in Frisch's Works".[2] Cunliffe berücksichtigt in seinem Aufsatz die Romane „Stiller", „Homo faber", „Mein Name sei Gantenbein", sowie ausgewählte Dramen Max Frischs.

Cunliffes Arbeit leidet daran, daß sie Autoren im Umkreis der Existenzphilosophie allzu willkürlich zum Vergleich mit Frisch heran-

---

[1] Vgl. u. a.: Bänzinger, Hans, *Frisch und Dürrenmatt*, Bern/München, 6. Aufl., 1971, S. 132,
Burgauner, Christoph, „Versuch über Max Frisch", in: *Merkur*, 28 (1974), S. 448,
Kaiser, Joachim, „Max Frisch und der Roman. Konsequenzen eines Bildersturms", in: *Über Max Frisch*, hrsg. von Th. Beckermann, Frankfurt a. M., 1971, S. 46,
Kurz, Paul Konrad, „Identität und Gesellschaft. Die Welt von Max Frisch", in: P. K. K., *Über moderne Literatur*, Bd. II, Frankfurt a. M., 1969, S. 143, S. 173 f.,
Stromsik, Jiri, „Das Verhältnis von Weltanschauung und Erzählmethode bei Max Frisch", in: *Philologica Pragensia*, 132 (1970), S. 80,
Wintsch-Spiess, Monika, „Zum Problem der Identität im Werk Max Frischs", Diss. Zürich, 1965, S. 97.
[2] *Monatshefte*, 62, No. 2 (1970), S. 113—122.

zieht. Der Autor definiert an keiner Stelle, was er unter „existentialist
thought" versteht; er bringt Zitate aus Werken von Kierkegaard, Nietzsche, Jaspers, Sartre und Camus, die kein zusammenhängendes geistiges
Konzept beschwören, sondern auf den momentanen Anklang an die
Frischtexte gerichtet sind. Selbst die durch mehrere Werke Frischs hindurch verfolgten „characteristically existentialist problems of freedom
and choice" (S. 144) bleiben vage und oberflächlich, wenn sie als Infragestellen der „adequacy of convictions and systems of belief in general"
(ebd.) beschrieben werden. Unter dieser weitgefaßten Definition lassen
sich dann eine ganze Kette Frischscher Motive, vom „Bildnis-Verbot"
und der Ablehnung starrer Gesellschaftsformen bis zu Frischs eigener
„rejection of compromise solutions" (S. 116) unterbringen. Man vermißt ein einheitliches kritisches Konzept, eine Analyse des spezifischen
Verhältnisses von Frisch und der zum Vergleich herangezogenen Autoren.

Die von Cunliffe herausgestellten Ähnlichkeiten sind ja in sich selbst
nicht allzu überraschend. Wenn man davon ausgeht, daß Frisch sich mit
existenziellen Problemen auseinandersetzt, so ist zu erwarten, daß sich
in seinen Werken Anklänge an eine ganze Reihe moderner Philosophen
finden. So hat etwa Kierkegaard, der Vater der Existenzphilosophie,
Martin Heideggers Denken mitbestimmt, und von Heidegger wiederum gingen starke Impulse auf Sartres Philosophie aus. Wenn Cunliffe
etwa in der auf Stiller bezogenen Wendung „Werden, was man ist"
den Einfluß Nietzsches erkennt (S. 120), so übersieht er, daß dieser Gedanke schon der Antike vertraut war und unter anderem auch bei
Kierkegaard und Heidegger wieder erscheint. Wichtiger als das Aufzeigen dieser Gemeinsamkeit wäre die Frage, ob bei Nietzsche und Frisch
eine verwandte gedankliche Konzeption hinter diesem Zitat steht und
welche.

Zwei Kritiker, die Frischs Romane unter einem einheitlichen existenz-
philosophischen Gesichtspunkt betrachten, sind Philip Manger und Wolfgang Stemmler. Beide Autoren gehen davon aus, daß Frisch unter dem
Einfluß Sören Kierkegaards steht.

Philip Mangers Aufsatz „Kierkegaard in Max Frisch's Novel *Stiller*"[3]
interpretiert die existenzielle Problematik im Roman „Stiller" an fünf
Kategorien aus Kierkegaards Werken: „Despair, Resignation, Repetition, Choice and the Leap" (S. 122).

Wolfgang Stemmler analysiert im ersten Teil seiner Dissertation
„Max Frisch, Heinrich Böll und Sören Kierkegaard"[4] die Romane „Stiller" und „Mein Name sei Gantenbein". Stemmler beschreibt seine

---

[3] *German Life and Letters*, 20 (1967), S. 119—131.
[4] Diss. (Fotodruck) München, 1972, S. 1—109.

„Stiller"-Interpretation in folgenden Worten: „Die für die Deutung
des ‚Stiller' wichtigen Übereinstimmungen mit Kierkegaard beschränken
sich im wesentlichen auf die im Werk beider Autoren gleichermaßen zentrale und ihrer Struktur nach in vielem vergleichbare Problematik der
Selbstwahl." (S. 51)

Aufgrund der oben bereits erwähnten Einflüsse Kierkegaards kehren
Probleme wie Selbstwahl, Wiederholung, Angst unter veränderten Vorzeichen auch bei Heidegger wieder.

Heidegger weist in „Sein und Zeit" ausdrücklich auf Kierkegaard hin
und hebt dessen „erbauliche Schriften" hervor, von denen „philosophisch
mehr zu lernen" sei „als von den theoretischen — die Abhandlung über
den Begriff der Angst ausgenommen."[5]

Alois Fischer[6] beschreibt Heideggers Kierkegaard-Rezeption:

Heidegger steht auf den Schultern Kierkegaards. [...] [Aber er] sieht von einer
Seinsschicht des Menschen völlig ab, und zwar gerade von der für Kierkegaard
entscheidenden, nämlich der religiösen (bzw. ethischen). [...] Damit trennt ihn,
mögen seine Begriffe auch noch so kierkegaardisch klingen, eine tiefe Kluft von
Kierkegaard. Für diesen ist ja „ein wirklicher Mensch aus Unendlichkeit und Endlichkeit zusammengesetzt". [...] Die Kategorien des menschlichen Seins (Streben,
Wahl, Entscheidung, Schuld, Sünde, Angst usw.) sind ihm daher Begriffe von
durch und durch religiöser Art, d. h. sie bestimmen den Menschen in seinem Bezug
zu Gott. Bei Heidegger dagegen wird von der Beziehung des Menschen zu Gott
gänzlich abgesehen. Seine Begriffe vom Menschen bleiben vollständig innermensch-
lich-immanent. Man kann das Verhältnis Heideggers zu Kierkegaard kurz so zum
Ausdruck bringen: Heidegger ist der säkularisierte Kierkegaard.

Mag man diese Aussage als überspitzt betrachten — sie bezieht sich im
übrigen auf die frühe, von der Existenzanalyse ausgehende Philosophie Heideggers, die auch in der vorliegenden Arbeit ausschlaggebend
ist — so treten in ihr doch zwei Hauptpunkte zutage: einmal weist sie
auf den Anklang Heideggers an Kierkegaard hin und zum anderen stellt
sie einen Hauptunterschied zwischen den beiden Philosophen heraus,
der im Religiösen liegt.

Vor allem in der Frage des Religiösen unterscheidet sich dann auch
diese an Heidegger orientierte Frisch-Interpretation von den an Kierkegaard angelehnten Analysen Mangers und Stemmlers.

Die religiöse Thematik bei Max Frisch wirft Probleme auf. Von den
hier besprochenen Romanen enthält nur „Stiller" spezifisch religiöse
Formulierungen, und diese werden von der Kritik durchweg metapho-
risch verstanden. So spricht etwa Hans Bänziger von der Faszination des
„Spätromantikers" Frisch für Kierkegaards Thema der Selbstwahl, er-

---

[5] *Sein und Zeit*, Tübingen, 11. Aufl., 1967, S. 235, Fußnote.
[6] *Die Existenzialphilosophie Martin Heideggers. Darlegung und Würdigung seiner
Grundgedanken*, Leipzig, 1935, S. XII.

kennt jedoch „Frischs verständliche Hemmungen, sich zu diesem religiösen Schriftsteller offen zu bekennen" (a. a. O., S. 132).

Monika Wintsch-Spiess sieht in den religiösen Andeutungen des
Stiller-Romans lediglich den äußeren Einfluß Kierkegaards; sie bemerkt
in diesem Zusammenhang: „Frisch verführt mit einigen Äußerungen
dazu, die ‚absolute Instanz' mit dem christlichen Gott gleichzusetzen.
Dennoch ist seine ‚absolute Realität' frei von allen dogmatischen Inhalten. Sie sei der Raum ewiger Wahrheit und ‚die Summe wirklichen
Lebens' (St, 85) — so lauten die nur andeutenden Aussagen des Dichters." (a. a. O., S. 97)

In der Tat redet ja Stillers Freund Rolf von „Gott" durchweg im
metaphorischen Sinne: anfänglich „meidet" (St, 427) er dieses Wort und
erklärt auch noch am Ende der „Nachtwache", nach all seinen religiös
anmutenden Mahnungen, daß Stiller „so etwas" wie Gott annehmen
müsse (St, 570). Rolf säkularisiert seine Hinweise auf eine höhere Wahrheit schließlich explizit — und in der Nähe zu Heidegger — wenn er
diese Wahrheit mit dem Leben (Sein) gleichsetzt: „Du bist nicht die
Wahrheit. Du bist ein Mensch und oft bereit gewesen, eine Unwahrheit
aufzugeben, unsicher zu sein. Was heißt das anderes, Stiller, als daß du
an eine Wahrheit glaubst? Und an eine Wahrheit, die wir nicht ändern
und nicht einmal töten können — die das Leben ist." (St, 570) Es sei
in diesem Zusammenhang auf folgende Aussage Heideggers hingewiesen: „Sein ist das transcendens schlechthin. Die Transzendenz
des Seins des Daseins ist eine ausgezeichnete, sofern in ihr die Möglichkeit und Notwendigkeit der radikalsten Individuation liegt." (SZ,
38)[7]

Der in der vorliegenden Interpretation nachgewiesene Einfluß Heideggers auf Frisch findet nach dem oben Angedeuteten vielleicht so seine
Erklärung, daß Frisch in Heideggers Daseinsanalyse eine Philosophie
vorfand, in der die für ihn wichtigen Themen Kierkegaards wiederkeh-
ren, ohne daß das Paradox der Existenz in einer christlichen Synthese
aufgehoben werden müßte. Der „Sprung", der bei Heidegger erforderlich ist, ist nicht mehr der Glaubenssprung, sondern der Schritt in die
„radikalste Individuation", in das „eigentliche Selbstsein".

Bei Manger und Stemmler, die sich in ihren Frisch-Interpretationen
auf Kierkegaards drei Existenzstufen des Ästhetischen, Ethischen und
Religiösen stützen, müssen die Hauptgestalten der von ihnen besprochenen Romane von vornherein als Gescheiterte oder doch Unvollendete
angesehen werden, und zwar nicht unter dem Gesichtspunkt, daß Exi-

---

[7] SZ = *Sein und Zeit.* (Für eine vollständige Liste der in dieser Arbeit zitierten
Schriften Heideggers und ihrer Sigel s. Kap. I, Anmerkung I, Seite 17.)

stieren ein dynamischer, nie vollendeter Prozeß ist, sondern unter dem formalen Aspekt, daß sie die von Kierkegaard geforderte höchste Stufe des Religiösen nicht erreichen.

So schreibt etwa Manger: „Stiller's third and final crisis with the death of Julika should logically coincide with the step into freedom, in other words with the transition from the ethical stage in life to the religious stage. It does coincide with the highest degree of despair imaginable. For obvious reasons, Frisch breaks off here and leaves us with a question." (S. 131)

Wolfgang Stemmlers Analyse des Romanschlusses von „Stiller" geht in der religiösen Terminologie weit über das hinaus, was sich aus dem Text selbst schließen ließe: „Offen bleibt auch am Ende, ob Stiller später die Kraft gefunden hat, durch das Einbekenntnis seiner Schuld sich in sich selbst und in Gott zurück zu reuen." (S. 76)

Sogar in bezug auf „Gantenbein" wirft Stemmler das Problem des Glaubens auf, obwohl es dort nicht einmal implizit angeschnitten wird. Er macht es dem erzählenden Ich geradezu zum Vorwurf, daß es seinen Gantenbein aus der „ästhetischen" Haltung dem Leben gegenüber nicht in den Glauben, also in den Kierkegaardschen Systemzwang, treten läßt:

> Kommunikation mit anderen Menschen sei unmittelbar nicht möglich, sondern nur im Glauben, sagten wir in den einleitenden Abschnitten. Mit Gantenbein steht das Buch-Ich vor der gleichen Konsequenz, die auch Kierkegaard als einzigmögliche Lösung der Aporien des ästhetischen Daseins erkannt hat; dann macht es jedoch im entscheidenden Augenblick wieder die Wendung nach rückwärts: statt in personal verantwortetem Glauben gegen die erkannte objektive Ungewißheit sich dem Schwung einer unbedingten Kommunikationsbereitschaft hinzugeben, klammert es sich verzweifelt an sich selbst fest, indem es sich entscheidet, diesen Glauben zu spielen, und macht so aus der Not eine höchst zweifelhafte Tugend. (100)

Eine gewisse thematische Ähnlichkeit vor allem des „Stiller"-Romanes mit Werken Kierkegaards, wie sie von beiden Autoren herausgestellt wird, ist jedoch nicht zu verkennen, und Frischs Vertrautheit mit diesem Philosophen ist — wie oben bereits angedeutet und wie auch das Motto zu „Stiller" bestätigt — nicht zu bezweifeln. Beide Autoren gehen jedoch in der Art, wie sie auf der Kongruenz von Frisch und Kierkegaard beharren, teilweise über die Romane selbst hinaus, während sie andererseits genötigt sind, viele wichtige Motive bei Max Frisch unbeachtet zu lassen.

Die Interpretation der Romane mit Hilfe Kierkegaardscher Konzepte schließt eine Orientierung an Heidegger nicht aus, dessen teilweise von Kierkegaard gefärbten, existenzialphilosophischen Grundgedanken sich bis in Einzelheiten der Romane verfolgen lassen. Mangers Analyse zu Kierkegaards „Despair and Resignation" (S. 122) im Roman „Stiller" deckt sich dann auch in großen Zügen mit unserer Auffassung der Heideggerschen „Angst" und „Nichtigkeit" im gleichen Zusammenhang, und auch die Interpretation der „Repetition" (Kierkegaard), bzw. der „Wiederholung" (Heidegger) im Roman „Stiller" kommt zu ähnlichen Ergebnissen.

Es fällt jedoch auf — wie oben bereits angedeutet — daß Mangers und Stemmlers Analysen sich auf die großen Wendepunkte der Romane beschränken müssen. Themen, die von Mangers ausgewählten Kierkegaard-Kategorien, bzw. Stemmlers Themenkreis der Selbstwahl nicht berührt werden, bleiben unerwähnt. So wird etwa — um das augenfälligste Beispiel zu nennen — die Alltagswelt in all ihren Manifestationen übergangen, obwohl sie sozusagen das Rückgrat der Frischschen Romane bildet. Bei Heidegger ist gerade diese Alltagswelt in allen Einzelheiten analysiert worden. Auch die zwischenmenschlichen Beziehungen, vor allem die Kompliziertheit von Stillers Verhältnis zu Julika, sowie das Eigenleben von Gestalten wie Julika, Rolf und Sibylle, bleiben fast völlig außer Betracht.

Stemmlers Interpretation von „Mein Name sei Gantenbein" geht dagegen mehr ins Detail und gibt — wenn man einmal von dem religiösen Pathos absieht — eine ganze Reihe neuer Einsichten und Ansatzpunkte. Die enge Verwandtschaft des Romanes „Homo faber" mit „Stiller" und „Mein Name sei Gantenbein" wird in keiner der beiden Arbeiten berührt.

Die vorliegende Interpretation möchte sich nicht darauf beschränken, den in der Kritik aufgezeigte Parallelen zwischen Frisch und der Existenzphilosophie lediglich eine neue Variante hinzuzufügen. Die Orientierung an Heidegger hat nicht allein deshalb ihre Berechtigung, weil Frisch sich mit den Grundzügen seiner Existenzialphilosophie eng vertraut zeigt; sie führt vor allem zu einer vertieften Sicht der Romane, in denen sich „Höhepunkte" und scheinbar „Nebensächliches" zu einer engen thematischen Ganzheit fügen, wie sie in so dichter Form bisher nicht gesehen wurde.

Heideggers strukturierte Sprache erweist sich als ein ausgezeichnetes Mittel, Zusammenhänge und geheime Fäden, die sich durch Frischs Romane hindurchziehen, präzise zu erfassen. Probleme in Frischs Romanen, die bisher als Einzelphänomene quasi für sich behandelt wurden, sowie Textstellen, die als bloße Füllsel galten, können dank dieses Hilfsmittels in ihrer thematischen Verspannung gezeigt werden.

Es soll dabei keineswegs behauptet werden, daß Frischs Romane gewissermaßen in Literatur „übersetzte" Philosophie seien. Frisch könnte die existenzielle Thematik kaum in so vielen überzeugenden Variationen vorführen, wenn nicht sein Verständnis für das, was Heidegger in seiner Daseinsanalyse beschreibt, letzten Endes auch intuitiv wäre, seinen eigenen Lebensbeobachtungen und Erfahrungen entsprungen. Es gilt hier ganz allgemein, was Erich Franzen über „Stiller" geschrieben hat (wenn er dessen Gestaltung mit dem „intellektuellen Spiel" des themenverwandten „Il Giocatore" von Ugo Betti vergleicht): „Für Frisch [...] bedeutet die Wahl, die er seinem Stiller auferlegt, eine existenzielle Entscheidung. Dadurch ändern sich Motiv und Charakter der Geschichte vollständig. Persönliches dringt ein, und die Gestalten, genährt vom Blut des Dichters, erwachen zum Leben."[8]

In diesem Zusammenhang muß darauf hingewiesen werden, daß Teilaspekte der vorliegenden Interpretation bereits auf anderem methodischem Weg erarbeitet worden sind. Solche Arbeiten – auf die an den entsprechenden Stellen verwiesen wird – bestätigen die hier zugrundeliegende Auffassung, daß die existenzielle Problematik in den Romanen Max Frischs aus der inneren Notwendigkeit des Romangeschehens selbst erwächst. Die Daseinsproblematik der Romane ließe sich prinzipiell auch ohne eine Orientierung an Heidegger analysieren; ein integriertes Gesamtbild aber scheint erst durch den hier gefundenen Zugang möglich.

In bezug auf Heidegger selbst muß schließlich noch gefragt werden, ob es überhaupt statthaft ist, einen Philosophen zur Interpretation konkreter Romaninhalte heranzuziehen, der so ausdrücklich wie er zwischen dem „Ontisch-Existenziellen" und dem „Ontologisch-Existenzialen" unterschieden hat.[9] Um Heidegger gerecht zu werden, sei zunächst betont, daß er die existenzialen Strukturen in „Sein und Zeit" nicht entwickelt, um die Existenz des Menschen zu erklären, sondern daß er umgekehrt seine Begriffe von „ontischen" Inhalten befreit wissen will, um einen zwar im Existenziellen fundierten, aber möglichst reinen Unterbau für eine Ontologie des Seins zu gewinnen, die einmal nicht in existenziellen Problemen steckenbleibt.

Obwohl Heidegger bereits zu Beginn von „Sein und Zeit" ausdrücklich erklärte: „Die konkrete Ausarbeitung der Frage nach dem Sinn von ‚Sein' ist die Absicht der folgenden Abhandlung" (SZ, 1), so blieb dieses Endziel seines Denkens in der öffentlichen Heidegger-Rezeption weitgehend unbeachtet. „Sein und Zeit" (1927), zusammen mit den zwei Jahre später erschienenen Schriften „Was ist Metaphysik?", „Kant und das Problem der Metaphysik" und „Vom Wesen des Grundes" wurde im Sinne einer konkreten Beschreibung der menschlichen Existenz verstanden, als eine Art „Wesenslehre vom Menschen". Auf diesem

---

[8] „Über Max Frisch", in: *Über Max Frisch*, a. a. O., S. 69.
[9] Der Begriff „ontisch-existenziell" bezieht sich auf die jeweils konkreten Existenzbedingungen, der Begriff „ontologisch-existenzial" auf deren Deutung und Seinsstruktur.

existenziell-anthropologischen Verständnis der frühen Werke Heideggers beruht der umfassende Einfluß, den Heidegger auf seine Zeitgenossen, weit über die Grenzen der Philosophiewissenschaft hinaus, ausübte und noch ausübt.[10] Otto Pöggeler schreibt dazu:

> Die Wirkung von *Sein und Zeit* blieb keineswegs auf die engeren Kreise der Philosophierenden beschränkt. Das Werk wurde weithin Anstoß zu grundsätzlichen Entscheidungen [. . .]. Vielen jungen, suchenden Menschen wurde *Sein und Zeit* eine Wegweisung, sei es auch nur so, daß sie aus diesem Werk lernten, im Dunkel der Revolutionen und Kriege doch noch — auf dieser oder jener Seite — „ihren" Tod zu sterben. Heidegger selbst konnte in der Zuwendung zu seinem Werk [. . .] nur ein Mißverständnis seines eigentlichen Anliegens sehen.[11]

Im Lichte dieses existenziell-anthropologischen Verständnisses ist auch Frischs Rezeption der Heideggerschen Daseinsanalyse zu verstehen. Bei diesem „Mißverständnis" handelt es sich im übrigen keineswegs um eine grobe Verzerrung von Heideggers Gedanken, sondern eher um ein allzu konkretes, auf die menschliche Situation in der Welt gerichtetes Verständnis, das nur dann negativ zu bewerten ist, wenn es als das zentrale oder gar einzige Anliegen Heideggers gesehen wird und dadurch den Blick auf sein eigentliches Denkziel verstellt. Dagegen hat Heidegger sich gewehrt, während er die Auslegung als solche nie ausdrücklich für „falsch" erklärt hat. Er hat sie sogar implizit unterstützt, indem er etwa seinem Freund Medard Boss „ungezählte Nachhilfestunden" für den Entwurf einer daseinsanalytischen Tiefenpsychologie gab.[12]

---

[10] Näheres über den Einfluß Martin Heideggers, der von der Literaturwissenschaft über Kunstwissenschaft und Theologie bis zur Psychologie und Physik reicht, findet sich in folgenden Schriften:
Anteile. Martin Heidegger zum 60. Geburtstag. Frankfurt a. M., 1950,
Martin Heideggers Einfluß auf die Wissenschaften. Aus Anlaß seines 60. Geburtstages verfaßt von Carlos Astrada u. a., Bern, 1949,
Martin Heidegger zum 70. Geburtstag. Festschrift, hrsg. von Günther Neske, Pfullingen, 1959.
Heideggers spezifischer Einfluß auf die Literaturwissenschaft spiegelt sich in folgenden Werken, die zum Teil aufgrund Heideggers eigener Beschäftigung mit Dichtern wie Hölderlin und Rilke entstanden:
Allemann, Beda, *Hölderlin und Heidegger*, Zürich/Freiburg i. Br., 1956, 2. Aufl. (Die 2. Aufl. enthält zusätzlich: „Heidegger und die Literaturwissenschaft"),
Buddeberg, Else, *Denken und Dichten des Seins. Heidegger, Rilke,* Stuttgart, 1956,
Jaeger, Hans, „Heidegger's Existentialphilosophy and Modern German Literature." In: *PMLA,* 67 (1952), S. 655—685,
Staiger, Emil, *Grundbegriffe der Poetik*, Zürich, 5. Aufl., 1961,
Ders., *Die Zeit als Einbildungskraft des Dichters*, Zürich, 2. Aufl., 1953.
[11] *Der Denkweg Martin Heideggers*, Pfullingen, 1963, S. 7.
[12] „Medard Boss", in: *Martin Heidegger im Gespräch*, hrsg. von Richard Wisser, München, 1970, S. 20—22.

Hans Kunz,[13] der in diesem Zusammenhang sehr treffend von einem „produktiven Mißverständnis" (S. 38) spricht, erläutert, daß die Gründe dafür in Heideggers Daseinsanalyse, also „in der Sache selbst", angelegt seien (S. 41). Er führt aus:

> Zur Vorbereitung der Durchführung der eigentlichen Absicht, nämlich die Frage nach dem Sinn von Sein zu klären, weist nun Heidegger eine Anzahl von Phänomenen — In-der-Welt-sein, Verstehen, Sprache, Sorge, Alltäglichkeit, Verfallen, Man, Zeitlichkeit, Geschichtlichkeit, Stimmung, Befindlichkeit, Wahrheit, Unwahrheit, Eigentlichkeit, Uneigentlichkeit, Entschlossenheit, Freiheit, Schuld, Gewissen, Tod u. a. — auf, die er als „Existenzialien" bezeichnet und die vor allem das anthropologische Mißverständnis der Daseinsanalytik genährt haben. [...] Wenn jedoch die Existenzialien den spezifischen Seinscharakter des Daseins [...] bestimmen, das Dasein faktisch immer zugleich Menschsein ist, d a n n m ü s s e n n o t -w e n d i g e r w e i s e d i e E x i s t e n z i a l i e n s t e t s a u c h C h a r a k t e r e d e s M e n s c h s e i n s s e i n, und daraus resultiert die u n v e r m e i d l i c h e D o p -p e l d e u t i g k e i t a l l e r e x i s t e n z i a l e n, d a s e i n s o n t o l o g i s c h e n E x -p l i k a t e. (S. 48 f.)

Auch die Einleitungsabschnitte zu den ersten fünf Kapiteln dieser Arbeit, die einen kurzen Abriß der daseinsanalytischen Grundbegriffe Heideggers geben, halten sich bewußt im Rahmen einer darstellenden Existenzanalyse, bei der die weiterführenden Schritte, die auf das Ziel einer Fundamentalontologie, bzw. einer seinsgeschichtlichen Untersuchung gerichtet sind, nicht mitvollzogen werden. Heideggers Intentionen sollen dabei nicht geleugnet werden. Es geht in dieser Untersuchung jedoch nicht um eine kritische Beleuchtung der Heideggerschen Schriften, sondern um die Frage, wie die existenziell-anthropologische Auslegung seiner Daseinsanalyse in Max Frischs Romanen fruchtbar geworden ist.

Es sollen nun — mit Verweis auf die oben erwähnten Einleitungsabschnitte zu den fünf Kapiteln — einige vorläufige Hinweise auf die Frischsche Adaption der Heideggerschen Gehalte gegeben werden. Dabei soll besonders betont werden, daß die existenziellen Themen bei Max Frisch in der Tat spezifisch von Heidegger beeinflußt sind, da sie Einzelheiten seines Denkens umfassen, die sich weder bei Kierkegaard noch bei anderen Existenzphilosophen nachweisen lassen.

Heidegger bezeichnet die Existenz des Menschen („Dasein") als „In-der-Welt-sein". Diese Wortverbindung soll anschaulich machen, daß von vornherein ein Seinsbezug gegeben ist, durch den das Dasein in einem vertrauten Verhältnis zu allem Seienden steht. Damit wird die traditionelle Frage der Metaphysik, wie denn das in sich abgekapselte Ego aus

---

[13] „Die Bedeutung der Daseinsanalytik Martin Heideggers für die Psychologie und die philosophische Anthropologie", in: *Martin Heideggers Einfluß auf die Wissenschaften*, a. a. O. S. 37–57.

seinem Inneren nach „draußen" gelange, gar nicht erst zum Problem. Im In-der-Welt-sein „versteht" das Dasein sein Sein in der Welt dank eines konstitutiven Seinsverständnisses. Jegliche „Entfremdung" vom umweltlich Seienden ist demnach vom Dasein selbst herbeigeführt, ist Folge seiner Freiheit, sich auch als „uneigentliches" zu wählen. Der Mensch kann sich daher, sofern er für den „Ruf" offen ist — entweder des eigenen Gewissens, wie in „Sein und Zeit" oder des „Seins selbst", wie beim späteren Heidegger — in den vertrauten Seinszusammenhang zurückholen, der ihm von Hause aus immer schon zukommt. Bei Frisch nimmt dieser „Ruf" dichterische Gestalt an in Enderlins „Ruf" nach Harvard, in dem Lautsprecheraufruf, dem Walter Faber zu entfliehen sucht und in dem Ruf, der Stiller nach seinem Selbstmordversuch trifft. Das mögliche Auf-sich-zurückkommen, das ein solcher Ruf bewirkt, wird sowohl von Heidegger als auch von Frisch als ein „Werden, was man ist" bezeichnet (SZ, 145; St, 537).

Die Entfremdung des Menschen und seine Suche nach einer „wirklichen" Existenz nehmen bei Frisch eine zentrale Stellung ein. Daß Frischs „wirkliche" Existenz eng mit Heideggers Phänomen des In-der-Welt-seins verbunden ist, zeigt sich etwa in „Stiller", wenn gegen Ende des Romanes gesagt wird: „Er selbst fing an, in der Welt zu sein." (St, 538) Gantenbein, der der Welt derart skeptisch gegenübersteht, daß er nicht nur in der Entfremdung verharrt, sondern sie durch seine Rolle bewußt fördert, bemerkt in Stunden, in denen er seiner Rolle überdrüssig wird: „Ich möchte aus meiner Einbildung heraus, ich möchte in der Welt sein." (Gantenbein, 419) Und in „Homo faber" schließlich wird die Art Walter Fabers, sich von allen lebendigen Bezügen abzuschneiden, als Gegenteil des In-der-Welt-seins gesehen und mit dem Heideggerschen Terminus „Weltlosigkeit" gekennzeichnet (Faber, 211).

Auch Heideggers Definition des „Man", als implizite Kritik an der Diktatur der breiten Öffentlichkeit, hat bei Frisch zentrale Parallelen, so in der Stillerschen Beschreibung des „Zeitalters der Reproduktion", in Walter Fabers Leben von Gnaden einer amerikanisch geprägten, technischen Welt oder in den vielbesprochenen Szenen, in denen die Schweiz als Institution kritisiert wird. Während solche Szenen in der Frisch-Kritik durchweg als so etwas wie Sozialkritik am Rande des „eigentlichen" Geschehens betrachtet werden, zeigen sie sich im Zusammenhang der daseinsanalytischen Interpretation als eng verbunden mit dem Zentralthema Max Frischs: der Suche des Einzelnen nach sich selbst. In daseinsanalytischer Sicht erweist sich diese Suche als eine Suche nach der „Eigentlichkeit", das heißt nach einem Zurückfinden zu einem Leben, das nicht von außen her, vom „Man", von der Umwelt, von dem, was modern ist, geprägt wird, sondern von den eigensten und „eigentlichen"

Seinsmöglichkeiten. Über seine Lebensbedingungen von außen her entscheiden zu lassen, etwa von den modernen Kommunikationsmitteln oder von dem, was „man" tut, was im eigenen Lande „Tradition" ist, ist „uneigentliche" Existenz, Untreue zum eigenen Selbst.

Der Sog des „Man", der dem Einzelnen die Verantwortung für grundlegende Entscheidungen durch allgemeine Regeln erleichtert, ist so stark, daß es einer besonderen „Entschlossenheit" (Wahl) bedarf, um sich aus dem Zustand des „Verfallens" zurückzuholen. Dieses „Verfallen" können wir zum Beispiel an Walter Faber beobachten, der sein Selbst der Rolle des Technikers opfert, in der er Erleichterung und Entschuldigungsgründe für seinen beziehungslosen Lebensstil findet. Fabers Prozeß der Rückkehr zu sich selbst beginnt bezeichnenderweise mit der Verfluchung des „Man" („Mein Zorn auf Amerika") und mit dem „Entschluß", anders zu leben (Faber, 218).

Ein derartiger „Entschluß" kommt nicht von ungefähr, sondern ist, gemäß Heidegger, mögliches Ergebnis einer Grundstimmung des Menschen, der Angst. Der Mensch begreift sein Dasein nie theoretisch, sondern er „versteht" sich, indem er weiß, wie er sich „befindet". Die Leere eines „uneigentlichen" Lebens zum Beispiel kann sich in Stimmungen wie „Überdruß" oder „Langeweile" niederschlagen. Walter Faber etwa befindet sich ständig auf der Flucht vor dem, was die „Stimmungen" ihm zu verstehen geben: hierher gehört der gesamte Komplex von Fabers Träumen, sowie seine bewußte Leugnung von Gefühlen als technischen Ermüdungserscheinungen.

Die „Angst" nun ist diejenige Stimmung, die die ganze Existenz des Menschen durchzieht. Sie stellt den Menschen vor die Grundbedingungen seiner Existenz, das heißt vor die Tatsache, daß er „des Seienden, das er je selbst ist, im Grunde nie mächtig" ist (KPM, 206)[14]. Die Angst zeigt dem Menschen seine „Nichtigkeit" (SZ, 283) („Nichtigkeit" ist das große Thema bei Stillers Suche nach sich selbst), das heißt seine Endlichkeit und Sterblichkeit. Angst — im Heideggerschen Sinne — ist daher immer Todesangst, Flucht vor sich selbst ist Flucht vor der Endlichkeit und Ohnmacht des Daseins.

Die Verleugnung der eigenen Endlichkeit und Begrenztheit wird besonders deutlich in Fabers Anspruch auf absolute technische Erdherrschaft, ein Ziel, das der Künstler Marcel als Leben ohne „Seele" (Sein) bezeichnet (Faber, 52 f.).

Im Gantenbein-Roman wird die Flucht vor den eigenen Lebensbe-

---

[14] KPM = *Kant und das Problem der Metaphysik.* (Für eine vollständige Liste der in dieser Arbeit zitierten Schriften Heideggers und ihrer Sigel s. Kap. I, Anmerkung 1, Seite 17.)

dingungen zu einer expliziten Flucht vor dem Tod, wenn Enderlin —
trotz direkter Konfrontation mit der Möglichkeit seines Todes — seine
Sterblichkeit verleugnet und mit einer Swimming-pool- und Spanferkel-
Party sein Leben von Gnaden des „Man" bis zur Karikatur verfestigt.

Wie das öffentliche „Man" sich zum Tode stellt, ist bezeichnend: nach
dem Ermessen des „Man" bin nie ich derjenige, der stirbt, sondern „man
stirbt", der Tod trifft immer nur „die anderen", nie mich selbst. Dieses
Ausweichen des „Man" vor dem stets möglichen Tode wird von Frisch —
in sehr enger Anlehnung an Heidegger — besonders in den Davoser
Szenen um Julikas Sanatoriumsaufenthalt geschildert. Und Julika ihrerseits wird von Rolf im Zustand des „nackten Daß" der Todesangst beschrieben.

Diese Kette der (teilweise wörtlichen) Anklänge Frischs an Heidegger
und das Aufzeigen eines inneren Zusammenhanges Frischscher Romanmotive am roten Faden der Heideggerschen Daseinsanalyse könnte weiter fortgesetzt werden; doch es soll der Interpretation selbst nicht zu
weit vorgegriffen, sondern nur kurz angedeutet werden, inwiefern der
Vergleich von Frisch und Heidegger nicht nur legitim ist, sondern auch
lohnend.

Es bedarf schließlich noch einer kurzen Erklärung für diejenigen
Heidegger Zitate, die nicht den frühen Werken Heideggers entstammen
(das heißt „Sein und Zeit", „Kant und das Problem der Metaphysik",
„Was ist Metaphysik?" und „Vom Wesen des Grundes"), sondern späteren Schriften, in denen Heideggers Denken sich gewandelt und weiter-
entwickelt hat.

Es handelt sich hierbei einmal um Zitate, die zwar aus dem späteren
Werk Heideggers kommen, die jedoch die in „Sein und Zeit" entwickelten Begriffe lediglich präzisieren oder ergänzen. Ein Beispiel dafür ist
etwa das im Stiller-Teil des I. Kapitels verwendete Zitat aus dem relativ
späten Aufsatz „Bauen, Wohnen, Denken" (1952), in dem der Begriff
des In-der-Welt-seins im Sinne eines „Bauens" und eines gärtnerischen
„Hegens und Pflegens" erweitert wird. Obwohl der Aufsatz schließlich
mit der Beschreibung eines Wohnens im „Geviert" endet, einer Definition, die weit über die im Rahmen unserer Interpretation behandelte
Daseinsproblematik hinausgeht, so widerspricht doch nichts in dem für
die Interpretation verwendeten Zitat der ursprünglichen existenzial-
analytischen Sicht des In-der-Welt-seins als eines vertrauten Umganges
mit meiner Welt.

Die angeführten Zitate über die „Technik", die ebenfalls aus einer
späteren Denkphase Heideggers stammen, an die jedoch „Homo faber"
in seinem Grundtenor anklingt, können zum Teil als Weiterführung
der Idee des „Man" angesehen werden: erst das technische Zeitalter be-

sitzt und verwendet die umgreifenden Mittel, mit denen die Massengesellschaft zur wachsenden Herrschaft über das Individuum gelangt.
Sowohl Heidegger als auch Frisch betonen immer wieder die entfrem-
dende Macht etwa der Flugzeuge oder der Nachrichteninstrumente, und
beide sehen im „Amerikanismus" das Paradebeispiel für die vollendete
Selbstentfremdung. Bei Heidegger hat allerdings die Analyse des technischen Zeitalters nicht vorrangig (aber doch unumgänglich und implizit) einen anthropologischen oder soziologischen Sinn, sondern sie steht
im Zeichen einer seinsgeschichtlichen Betrachtung, in der die geschichtlichen Konsequenzen der Seinsvergessenheit (das technische Zeitalter
als vollendete Metaphysik) sichtbar gemacht werden. Heidegger kommt
dann im Laufe seiner Analysen des technischen Zeitalters zu dem Begriff des „Gestells"[15] und stellt dabei die Frage, ob vielleicht die Technik
nur deshalb bedrohlich erscheint, weil sie noch nicht in ihrem Wesen
(Sein) erfahren wurde; von dem „Abgrund", an dem dieses Zeitalter
steht, erhofft er sich möglicherweise eine „Rettung" (Holzwege, 273),
ohne daß er jedoch zu sagen vermöchte, ob und wie diese Rettung vor
sich gehen könnte, ob und wie die Bereiche des „Gevierts" und des
„Gestells" jemals zu versöhnen seien.

Bei Frisch finden sich Ansätze zu einer solchen „Versöhnung" in der
Schlußszene von „Gantenbein", in der sich staubbedeckter Wagen und
singende Telephondrähte mühelos in eine mythisch-idyllische Szene
ursprünglichen Existierens einfügen. Hier wird sozusagen die in „Homo
faber" (durch den Mund Marcels) postulierte und an Heidegger anklin-
gende Untergangsprognose für den Augenblick aufgehoben, indem die
Möglichkeit eines auch im technischen Zeitalter rückhaltlos vom Sein
durchstimmten, ganzen Daseins aufleuchtet.

Vor allem im VI. Kapitel dieser Arbeit schließlich wird verschiedentlich aus Werken Heideggers zitiert, die die Daseinsanalytik hinter sich
lassen und das „Sein selbst" in den Mittelpunkt rücken. Was jedoch
auch in diesen späteren Schriften geblieben ist, ist die Konstellation
der Dreiheit von Sein, Dasein und (nichtdaseinsmäßigem) Seienden.

---

[15] Otto Pöggeler schreibt über die Begriffe des „Gevierts" und des „Gestells": „Wenn
Heidegger als maßgebliche Fügungen z. B. Gestell und Geviert herausstellt, dann
ist dieses Miteinander von Gestell (Welt der Wissenschaft und Technik) und Geviert
(Welt der Kunst und Religion) gedacht als eine Konstellation, die geschichtlich
gerade unsere Epoche bestimmt. Seiendes kann sich in der Tat erst in unserer Zeit
in der Welt des ‚Gestells' als bestellbarer Bestand der Technik zeigen, doch wurde
die Technik durch die ‚metaphysische' Geschichte des Abendlandes vorbereitet;
es ist eine geschichtlich zu entscheidende und heute noch offene Frage, ob und wie
sich die Welt als Geviert zusammen mit der Welt als Gestell behaupten kann . . ."
(343) (Otto Pöggeler, „Heideggers Topologie des Seins", in: Man and World, 2
(1969), S. 331—357).

Während in „Sein und Zeit" das Sein noch vom Dasein abhängig war, konstituieren sich jetzt umgekehrt alle Verhältnisse und Bezüge von der Instanz des Seins her.

Obwohl bei Frisch die Hauptbetonung auf der Selbstwahl liegt, dem eigenen Entwurf von Existenz und Seinsbezügen, ist auch bei ihm eine eigenartige Doppeldeutigkeit zu beobachten, wobei die Gedanken zu einer „wirklichen" Existenz zwischen reiner Selbstverwirklichung und der Idee einer „höheren Instanz" („absolute Realität", „Wahrheit", „Götter", „Schicksal") schwanken.

Wichtig bleibt bei beiden Autoren die generelle Auffassung, daß der Mensch — ob durch sich selbst zurückgerufen oder sich öffnend einer Macht, die ihn ruft — die Möglichkeit zu einer Existenz im Sein hat und diese Möglichkeit nicht zu verwirklichen vermag, wenn er nicht auch „von sich aus" auf diese Möglichkeit eingeht oder antwortet.

Im Zusammenhang mit „Homo faber" wird im VI. Kapitel – der offensichtlichen Parallelen wegen — aus Heideggers „Humanismus-Brief" (1947) zitiert, um Marcels Prognose über das katastrophale Ende des technischen Zeitalters und die Wiederkehr der alten Götter mit Aussagen Heideggers über das Sein und die Götter zu vergleichen. Obwohl auf die Parallelität der angeführten Stellen nicht bis ins Einzelne beharrt werden soll, so ist doch die allgemeine Affinität Frischs auch zu diesen Gedanken Heideggers nicht zu übersehen. Die Parallelität liegt vor allem darin, daß bei beiden Autoren zunächst weltimmanent gefragt wird, ausgehend von dem, was sich alltäglich zeigt, daß das Denken dann jedoch umschlägt in transzendentale Fragen, die, ohne sich wirklich festzulegen, zu einer autonomen Instanz vorzudringen suchen.

Neben dem „Homo faber"-Teil enthalten auch der „Stiller"- und „Gantenbein"-Teil des letzten Kapitels Zitate aus dem späteren Werk Heideggers. Für „Stiller" wird aus verständlichen Gründen Heideggers Interpretation von Platos Höhlengleichnis herangezogen. Es handelt sich bei Heideggers Interpretation um eine Analyse, die den seinsgeschichtlichen Wandel im Wesen der Wahrheit erklären soll. Die Frage der Wahrheit, die eine Frage nach der „Unverborgenheit" des Seins ist, ging bei Heidegger schon seit „Sein und Zeit" mit der Seinsfrage Hand in Hand. Während in „Sein und Zeit" Wahrheit (wie Sein) noch von der „Entdeckung" des Daseins abhängig war, hat sich in „Platons Lehre von der Wahrheit" (1942) Heideggers Denken soweit gewandelt, daß es nun das Sein selbst (bzw. die Wahrheit des Seins) ist, die sich zeigt oder verbirgt. Näheres über diese Beziehungen ist in den entsprechenden Fußnoten des „Stiller"-Abschnittes ausführlicher erläutert. Heideggers Höhlengleichnis-Interpretation soll im übrigen nicht dazu dienen, um Frischs Beeinflussung durch Heidegger bis ins kleinste inhaltliche Motive

nachzuweisen (schließlich könnte Frisch ja auch von Plato direkt ange-
regt worden sein), sondern um der Interpretation eine mögliche Betrach-
tungsweise hinzuzufügen.

Wenn schließlich in der vorliegenden Arbeit bei Heidegger weit Aus-
einanderliegendes simultan behandelt wird, so soll damit Heideggers
Denkweg „von der Existenzialontologie zur Seinsgeschichte"[16] nicht geleugnet werden. Es ist jedoch auf der einen Hand — bei der fortgesetzten
und noch andauernden Diskussion darum, inwiefern und wo bei Heidegger eine gedankliche „Kehre" begonnen hat, inwiefern und auf
welche Weise Heideggers Denken sich seit „Sein und Zeit" gewandelt
hat[17] — in diesem Rahmen nicht möglich, den jeweiligen Stellenwert
eines jeden Werkes zu bestimmen, und auf der anderen Hand ist deutlich zu erkennen, daß Frisch nicht nur von „Sein und Zeit" beeinflußt
wurde, sondern daß er auch spätere Schriften Heideggers in seinen
Themenkreis integriert hat. Wir jedenfalls sind überzeugt, daß Frischs
Werke starke Anklänge an spätere Schriften Heideggers, wie „Über den
Humanismus", „Die Frage nach der Technik", „Überwindung der
Metaphysik", „Bauen, Wohnen, Denken" u. a. aufweisen, und zwar im
anthropologisch gefärbten Sinne — der ohne weiteres auch in den Auf-
sätzen mitschwingt — und nicht im seinsgeschichtlichen, wie von Heidegger postuliert.

Zum Schluß muß noch gefragt werden, warum Frisch, wenn er in so
enger Beziehung zu Heidegger steht, zu Beginn seines „Stiller"-Romanes
Kierkegaard zitiert und nicht Heidegger. Dies ist nur so zu deuten, daß

---

[16] Vgl. Winfried Franzen, *Von der Existenzialontologie zur Seinsgeschichte*, Meisenheim am Glan, 1975.
[17] Näheres zu dieser Auseinandersetzung in:
Beda Allemann, *Hölderlin und Heidegger*, a. a. O., S. 67,
sowie in:
Winfried Franzen, a. a. O., S. 156,
und in:
Otto Pöggeler, „Heideggers Topologie des Seins", a. a. O., S. 353, Anmerkung 14.
Winfried Franzen betrachtet die Deutung der Heideggerschen „Kehre" bei P. Für-
stenau, F. Wiplinger, O. Pöggeler und W. J. Richardson, die dafür plädieren, daß
das spätere Denken Heideggers dem gleichen „Grund" entspringe wie das frühere,
als zweifelhaft, da sie das Faktum eines „Seinsgeschicks" voraussetzen, das Franzen
selbst nicht akzeptieren kann. O. Pöggeler seinerseits betrachtet die Deutung, daß
die „Kehre" in einer „Wendung vom menschlichen Dasein zu einem hypostatisier-
ten Sein" bestehe, als „groben Unfug". Diese Deutung wird in der Sekundärliteratur von Franzen und einer großen Reihe anderer Kritiker vertreten. Beda
Allemann schließlich bezeichnet die Deutungen von O. F. Bollnow und Karl Löwith,
die die „Kehre" Heideggers als seine Wandlung vom „Existentialisten" zum „Seins-
philosophen" sehen, als „Mißverständnis". Ein einheitliches oder gar endgültiges
Urteil über die Entwicklung in Heideggers Denken ist in der Sekundärliteratur
jedenfalls nicht zu finden.

das vorangestellte Kierkegaard-Motto eine „Eulenspiegelei" Frischs darstellt, die seines Romanhelden Stiller wert wäre. Bezeichnenderweise
sind die Kierkegaard-Zitate so gewählt, daß sie sich ohne weiteres in den
Kontext der Heideggerschen Daseinsanalyse einfügen lassen.

Was schließlich den Aufbau der Arbeit betrifft, so wurde — wie oben
bereits erwähnt — den Kapiteln I bis V jeweils eine philosophische Erläuterung vorangestellt, um dem Leser nach und nach einen kurzen
Überblick über die wichtigsten Grundbegriffe der Daseinsanalyse zu
geben. Es sollte auf diese Weise eine allzu lange und dadurch verwirrende
philosophische Gesamteinführung vermieden werden.

Die Analyse der Romane Max Frischs folgt in den Kapiteln I bis V
den jeweils behandelten existenzialphilosophischen Themen, deren dichterische Adaption durch die Romane „Stiller" und „Homo faber" hindurch verfolgt wird. Die Interpretation beschränkt sich zunächst auf
diese beiden Romane, um in einer möglichst ausführlichen Analyse die
Stimmigkeit der Heideggerschen Themen sowohl für die Einzelinter-
pretation als auch für die vergleichende Betrachtung der Romane im
Detail nachzuweisen.

Der Roman „Mein Name sei Gantenbein" wird im VI. Kapitel behandelt, und zwar in einer Übersicht über seine Gesamtanlage, an die
sich eine Interpretation ausgewählter Episoden anschließt. Dieses letzte
Kapitel, das auch für die Romane „Stiller" und „Homo faber" jeweils
eine intakte Szene in ihrer existenzialen Sinnstruktur beschreibt, sollte
noch einmal verdeutlichen, daß die in den früheren Kapiteln schrittweise
eingeführten Themen Heideggers nicht „eindimensional" sind, sondern
geeignet, komplexe Textzusammenhänge als Ganzes zu erfassen.

I. Heidegger: In-der-Welt-sein

Der Mensch, den Heidegger „das Dasein" nennt, existiert als ein „Seiendes", zu dessen Wesen es gehört, „in-der-Welt-zu-sein". Dieses In-sein ist nicht räumlich zu verstehen, sondern als eine ursprüngliche Beziehung zur Welt im Sinne von: „[. . .] ich wohne, halte mich auf bei . . . der Welt als dem so und so Vertrauten." (SZ, 54)[1]

Das „Da" im Worte „Dasein" (Mensch) ist nur ein modifizierter Ausdruck für den Terminus „In-sein". Da-sein bedeutet demnach „konstitutive Weltvertrautheit" und apriorisches Seinsverständnis des Men-

---

[1] Wir zitieren in dieser Arbeit aus folgenden Ausgaben der Werke Martin Heideggers, aufgeführt in alphabetischer Reihenfolge der Sigel (die Sigel richten sich — soweit dort angegeben — nach dem Gebrauch von: *Index zu Heideggers „Sein und Zeit"*, zusammengestellt von Hildegard Feick, Tübingen, 2. Aufl., 1968):

Aletheia   „Aletheia (Heraklit, Fragment 16)", in: *Vorträge und Aufsätze*, Teil III, Pfullingen, 3. Aufl., 1967, S. 53—78,

Anax   „Der Spruch des Anaximander", in: *Holzwege*, Frankfurt a. M., 5. Aufl., 1972, S. 296—343,

Bauen   „Bauen, Wohnen, Denken", in: *Vorträge und Aufsätze*, Teil II, S. 19—36,

Dichter   „Wozu Dichter?", in: *Holzwege*, S. 248—295,

FT   „Die Frage nach der Technik", in: *Vorträge und Aufsätze*, Teil I, S. 5—36,

Gel   *Gelassenheit*, Pfullingen, 1959,

Gott   „Nietzsches Wort: ‚Gott ist tot'", in: *Holzwege*, S. 193—247,

Hum   *Über den Humanismus*, Frankfurt a. M., o. J. (Lizensausgabe aus *Platons Lehre von der Wahrheit*, Bern, 1947),

ID   *Identität und Differenz*, Pfullingen, 1957,

KPM   *Kant und das Problem der Metaphysik*, Frankfurt a. M., 3. Aufl., 1965,

Plat   „Platons Lehre von der Wahrheit", in: *Wegmarken*, Frankfurt a. M., 1967, S. 109—144,

SvGr   *Der Satz vom Grund*, Pfullingen, 1957,

SZ   *Sein und Zeit*, Tübingen, 11. Aufl., 1967,

Überwindung   „Überwindung der Metaphysik", in: *Vorträge und Aufsätze*, Teil I, S. 63—91,

Ursprung   „Der Ursprung des Kunstwerkes", in: *Holzwege*, S. 7—68,

WdGr   „Vom Wesen des Grundes", in: *Wegmarken*, S. 21—72,

WdW   „Vom Wesen der Wahrheit", in: *Wegmarken*, S. 73—98,

WiM   *Was ist Metaphysik?*, Frankfurt a. M., 6. Aufl., 1951.

schen. Es gibt für Heidegger also nicht zunächst ein weltloses Dasein, zu dem dann auch noch eine Welt additiv hinzuträte; mit den Bindestrichen der Wortkomposition „In-der-Welt-sein" ist anschaulich gemacht, daß es sich hier um eine zusammenhängende und ursprüngliche Einheit handelt. Der Mensch findet sich von vornherein in einem vertrauten Verhältnis zur Welt. Jede Trennung und Gegenüberstellung von Dasein und Welt als Subjekt und Objekt ist ein existenziell „späteres" Geschehen, in dem die ursprüngliche Nähe zur Welt verdeckt oder vergessen liegt. Auch eine derartige „Sicht" der Welt als Gegenstand und bloßes Vorhandenes ist nur möglich auf dem Grunde des In-der-Weltseins. Denn nur, wenn Welt schon immer irgendwie entdeckt ist, kann sie überhaupt erst zum Gegenstand reduziert werden: „Seiendes kann ein innerhalb der Welt vorhandenes Seiendes nur berühren, wenn es von Hause aus die Seinsart des In-seins hat — wenn mit seinem Da-sein schon so etwas wie Welt ihm entdeckt ist [. . .]. Zwei Seiende, die innerhalb der Welt vorhanden und überdies weltlos sind, können sich nie ‚berühren', keines kann ‚bei' dem andern ‚sein'." (SZ, 55)

Dieses In-der-Welt-sein wird bei Heidegger auch Transzendenz genannt: „Wir nennen das, woraufhin das Dasein als solches transzendiert die Welt und bestimmen jetzt die Transzendenz als In-der-Welt-sein." (WdGr, 35) Durch seine Fähigkeit zu transzendieren, das heißt über sich hinauszugehen und Sein zu verstehen, besitzt der Mensch eine ausgezeichnete Stellung innerhalb des Seienden: „Diesem Seienden [dem Menschen] eignet, daß mit und durch sein Sein dieses ihm selbst erschlossen ist. Seinsverständnis ist selbst eine Seinsbestimmtheit des Daseins. Die ontische Auszeichnung des Daseins liegt darin, daß es ontologisch ist." (SZ, 12)

Heidegger betrachtet es als die große Not gerade des modernen Menschen, daß er in der Seinsvergessenheit lebt. Der Mensch der Neuzeit ist nicht mehr fähig oder bereit, Seiendes ursprünglich zu verstehen, also in seinem Sein, sondern er begreift es als einen Gegenstand, als Projektion seines Ich: „[. . .] der Mensch ist in die Ichheit des ego cogito aufgestanden. Mit diesem Aufstand wird alles Seiende zum Gegenstand. [. . .] In diesem Vorgang wird aber auch vor allem der Mensch anders. Er wird zu dem, der das Seiende im Sinne des an sich Seienden beseitigt." (Gott, 241 f.) „Das ego cogito ist [. . .] jenes, das alles auf sich zu und so in das ‚gegen' zu anderem stellt." (Überwindung, 66)

Den Höhepunkt dieser Entwicklung sieht Heidegger in der modernen Technik, in der die Welt zum seinsentleerten, supermanipulierbaren Gegenstand wird. Dieses Herausfallen des Menschen aus dem ursprünglichen Seinszusammenhang mit der Welt ist das, was Heidegger unter dem Wort „Entfremdung" versteht. An die Stelle des verstehenden In-der-Welt-seins tritt die seinsvergessene „Weltlosigkeit", der Entfremdete ist „weltlos". (Vgl. SZ, S. 110, S. 188, S. 192, S. 315 f.)

A. Stiller

Die Seinsvergessenheit oder der Verlust des ursprünglichen Vermögens, in der Welt zu sein, ist eines der Grundprobleme Stillers in seiner Suche nach der eigentlichen Existenz. Von hier aus gesehen verstehen wir erst, warum Stillers Ringen um seine Selbstwerdung sich als so mühselig und schwierig erweist, warum er trotz guten Willens und bemerkenswerter Einsicht in Existenzwahrheiten jahrelang kaum einen „Fortschritt" zu machen vermag. Denn das In-der-Welt-sein ist ja gerade kein Gegenüber, kein intellektuelles Wissen, sondern es bedeutet, daß der Mensch in der erschlossenen Welt schon immer „ist": „Die Frage der Existenz ist nur durch das Existieren ins Reine zu bringen." (SZ, 12)

Genau dieses spontane Existieren ist gemeint, wenn es im Nachtgespräch zwischen Rolf und Stiller zu folgendem Gesprächswechsel kommt: Rolf: „‚Ich habe deine Papiere gelesen,‘ wiederholte ich, ‚darin weißt du doch ziemlich viel.‘ Er hatte seine Hände vom Gesicht genommen. ‚Wenn es mit Wissen getan wäre!‘" (558)[2]

Die eigentliche Existenz kann nur erreicht werden, wenn der Mensch für das Sein offen ist; es handelt sich dabei weder um einen Willensprozeß noch um einen theoretisch entworfenen Lebensplan, sondern um einen Rückruf zu sich selbst, der angenommen oder verleugnet werden kann. Wird der „Ruf" angenommen, so holt sich der Mensch aus der Vergessenheit in eine Existenzverfassung zurück, die ihm „von Hause aus" immer schon zukommt. So erklärt sich, daß Rolf Stillers Selbstwerdungsprozeß beschreibt als ein „Werden, was man ist." Rolf verwendet damit wörtlich einen Terminus, mit dem auch Heidegger die „eigentliche" Existenz erläutert: „Wie viele Menschen kennen wir, die [. . .] sich mit der Melancholie der bloßen Selbsterkenntnis begnügen und ihr den Anschein der Reife geben. Darüber war Stiller hinaus, glaube ich, schon als er in seine Verschollenheit ging. Er war im Begriff, herauszutreten aus der Resignation darüber, daß man nicht ist, was man so gerne gewesen wäre, und zu werden, was man ist." (537) Hei-

---

[2] Die Seitenangaben zu „Stiller" beziehen sich auf folgende Werkausgabe: *Stiller*, Roman, Frankfurt a. M., 1954.

degger: „Das Dasein ist in der Weise, daß es je verstanden hat, so oder
so zu sein. Als solches Verstehen ‚weiß‘ es, woran es mit ihm selbst, das
heißt seinem Seinkönnen ist. Dieses ‚Wissen‘ ist nicht erst einer immanenten Selbstwahrnehmung erwachsen, sondern gehört zum Sein des Da,
das wesenhaft Verstehen ist [...]. Das Verstehen betrifft als Erschließen
immer die ganze Grundverfassung des In-der-Welt-seins [...]. Und weil
das Sein des Da durch das Verstehen [...] seine Konstitution erhält,
weil es ist, was es wird bzw. nicht wird, kann es verstehend ihm
selbst sagen: ‚werde, was du bist!‘" (SZ, 144 f.)

Vom In-der-Welt-sein her erschließt sich auch die Art der Gefangenschaft, in der Stiller sich befindet: er ist in sein „ego cogito" verstrickt
und sieht keine Möglichkeit, eine echte Beziehung zur Welt zu gewinnen.
Stillers gesamtes Verhalten — bis zum endgültigen Gerichtsurteil — besteht fast ausnahmslos in einer Gegenbewegung gegen eine Welt, die
er als fremd empfindet. Dieser Mangel an Seinsbezug, sowohl Dingen als
auch Menschen gegenüber, hält Stiller in sich selbst gefangen. Seine
Gefängniszelle bedeutet wörtlich und im übertragenen Sinne: er kann
nicht in der Welt sein: „Zuweilen, allein in meiner Zelle, habe ich das
Gefühl, daß ich all dies nur träumte; das Gefühl: Ich könnte jederzeit
aufstehen, die Hände von meinem Gesicht nehmen und mich in Freiheit
umsehen, das Gefängnis ist nur in mir." (24)

Der Gebrauch der Wörter „Gesicht" und „umsehen" an dieser Stelle
ist ebenfalls von Bedeutung: Heidegger übersetzt den philosophischen
Terminus des „lumen naturale" als „Lichtung" (Seinsverstehen) (SZ, 133)
und bezeichnet dieses „Lichten" wiederum als „Sehen": „Der Ausdruck
‚Sicht‘ [...] entspricht der Gelichtetheit, als welche wir die Erschlossenheit des Da charakterisieren. Das ‚Sehen‘ meint nicht das Wahrneh-
men mit den leiblichen Augen. [Man kann] Sicht und Sehen so weit
formalisieren, daß damit ein universaler Terminus gewonnen wird, der
jeden Zugang zu Seiendem und zu Sein als Zugang überhaupt charakterisiert." (SZ, 147)

Der Rückgang in einen vertrauten Zusammenhang mit der Welt,
der nur gelebt und nicht einfach „gewußt" werden kann, scheint eine
fast unmögliche Aufgabe zu sein. Und doch gibt es im alltäglichen Umgang mit der Welt, im Gebrauchen von Werkzeug und im Herstellen von
Werk, ein völlig untheoretisches Erfassen von Welt als eines Bedeutungs-
oder Seinszusammenhanges. Heidegger nennt solche unmittelbar auf
Zusammenhang gerichtete Gebrauchsdinge das „Zeug". Dieses Zeug
wäre völlig sinnlos, wenn es als ein nur Vorhandenes angestarrt würde.
Das Gebrauchen von Zeug setzt vielmehr schon voraus, daß es in seinem wahren Sein, seiner „Zuhandenheit", verstanden ist und daß gleichzeitig mit ihm schon immer ein „Verweisungsganzes" erscheint. Das

Schreibzeug etwa setzt schon einen vorentdeckten Zusammenhang von „Schreibzeug, Feder, Tinte, Papier" voraus (SZ, 68), und dieser gesamte Komplex ist schließlich auf den Menschen selbst gerichtet, der es verwendet. Zeug ist „zuhanden" um des Daseins willen: „Mit dem Werk begegnet demnach nicht allein Seiendes, das zuhanden ist, sondern auch Seiendes von der Seinsart des Daseins, dem das Hergestellte in seinem Besorgen zuhanden ist; in eins damit begegnet die Welt, in der die Träger und Verbraucher leben, die zugleich die unsere ist." (SZ, 71)

Ein wichtiges Moment in solchem Gebrauchen von Zeug ist das „Bewenden-" oder „Seinlassen". Der Mensch öffnet sich dabei für das Gebrauchsding wie es „an sich" ist, denn nur so kann er es auf sinnvolle Weise verwenden. Erst wenn „Zeug" oder anderes Seiendes so in seinem Wesen freigegeben wird, entsteht für den Menschen eine sinnvolle Welt, die von ihm unabhängig ist, der er aber, kraft seines Seinsverständnisses, auf ursprüngliche Weise begegnen kann: „In der Vertrautheit mit diesen Bezügen ‚bedeutet' das Dasein ihm selbst, es gibt sich ursprünglich sein Sein und Seinkönnen zu verstehen hinsichtlich seines In-der-Welt-seins." (SZ, 87)

Zwei kleine Episoden aus Sibylles Leben machen anschaulich, wie „Zeug" und sinnentleerte Gegenstände sich voneinander unterscheiden. Zeug steht im spontanen und vertrauten Zusammenhang mit dem Menschen, während die versachlichten Gegenstände sinnlos werden, beliebig austauschbar, nur noch als kaltes Gegenüber angestarrt. Bedeutungsvoll sind die Dinge in Rolfs und Sibylles Wohnung: sie stehen nicht einfach als totes Mobiliar herum, sondern weisen hartnäckig auf den Bewohner hin: „Stiller war wie verdeckt von hundert Sachen, von diesem Flügel, von Möbeln und Teppichen und Büchern und Eisschrank und lauter Zeug, nichts als Zeug, das gleichsam für Rolf eintrat, stumm, stur, unwiderlegbar. Eine Bastion ist so eine Wohnung." (362)

Ganz anders reagiert Sibylle auf die Gegenstände in ihrem neuen Haus, das ihr zutiefst fremd ist, weil sie wahrscheinlich nie dort wohnen wird: „Dann war sie zum neuen Haus gefahren, um das Zimmer der Dame zu sehen: ein einziges Durcheinander, ein Möbellager, die handgreifliche Sinnlosigkeit, ein Haufen von Bildern, und Spiegeln, Büchern, Hutschachteln, Vasen und Schuhen, Nähzeug, lauter tadellose Ware, aber Ware, nichts als Ware, ein Haufen zum Anzünden." (382)

In diesem Zusammenhang ist auch das neue Haus selbst wichtig, das Rolf baut, und zwar gerade zu dem Zeitpunkt, als er zum ersten Male aus seinem „sicheren" Besitz Sibylles aufgestört wird. „Bauen" ist, gemäß Heidegger, ein ursprüngliches Existenzial des Menschen: „Bauen, buan, bhu, beo ist nämlich unser Wort ‚bin' [...] Mensch sein heißt: als Sterblicher auf der Erde sein, heißt: wohnen." (Bauen, 21) Es handelt sich also beim Bauen und Wohnen um eine Grundweise des In-der-Welt-seins, die allerdings „für die alltägliche Erfahrung des Menschen [...] das im vorhinein [...] ‚Gewohnte‘" ist (ebd.): der „eigentliche Sinn des Bauens, nämlich das Wohnen, gerät in Vergessenheit [...] das Wohnen wird nicht als das Sein des Menschen erfahren" (Bauen, 22).

Doch gerade im Zerbrechen des Gewohnten, in der unausgesprochenen Einsicht, daß Sibylles Liebe ihm nicht mehr sicher ist, besinnt Rolf sich plötzlich auf eine tiefere Bedeutung des Wohnens, im Sinne von „Sein". Er sieht — wenn auch vorbewußt — im Bauen und Wohnen die Möglichkeit einer nahen Beziehung zum anderen, eines echten Miteinander-seins. Jahrelang hatte Sibylle sich ein eignes Haus gewünscht, und jahrelang hatte Rolf scheinbar wichtigeres zu tun. Jetzt, da es um das Sein oder Nichtsein ihrer Liebe geht, besinnt Rolf sich spontan auf das „Bauen": „Der Maskenball-Pierrot, scheint es, beschäftigte ihn dann doch, wenn auch unausgesprochen, vielleicht sogar noch unbewußt; plötzlich kam Rolf mit dem Entschluß, ein eigenes Haus zu bauen [...] und alles war jetzt von höchster Eile." (276)

Nachdem Sibylle Rolf vollends von ihrem „Glück" mit Stiller-Pierrot überzeugt hat, wird das Haus, in dem sie nun nicht mehr miteinander „sein" werden, zu einer „Ruine", zu beziehungsloser Ware: „Merkte dieser junge Mensch [der Architekt] denn nicht, daß dieses Haus bereits zu verkaufen war?" (290) Als Rolf dann später allein dort eingezogen ist, erfüllt ihn ein Gefühl der Entfremdung, ein Gefühl, daß er hier nicht mehr wirklich „wohnen" kann: „[...] überhaupt sah es gar nicht nach einem Heim aus. Rolf wußte nicht, wie er hier wohnen sollte [...]" (303).

Eine andere Weise des Bauens, im Sinne von „Sein", ist auch das „hegen und pflegen, nämlich der Ackerbau, Reben bauen [...]" (Bauen, 21). Solcher Art sind auch die Tätigkeiten, denen Stiller sich am Ende — neben seiner Töpferei — widmet. Stiller begreift dieses unmittelbare Existieren in ausdrücklichem Gegensatz zu einer theoretisch „gewußten" Existenzidee: „Und dann werde ich mir jetzt eine Werkstatt einrichten, kann ja nicht immerzu nur Deinen Kierkegaard lesen und so schweres Zeug, muß jetzt Reben binden, Unkraut jäten [...] dann Holz spalten." (295)

Stillers Ablehnung einer vorgegebenen Philosophie zugunsten eines direkten Existierens deckt sich völlig mit Heideggers eigener Auffassung. Heidegger betont ausdrücklich, daß nichts damit gewonnen sei, einfach eine fertige Philosophie zu übernehmen. Egon Vietta berichtet über die folgende Aussage Heideggers: „Am 16. Juni 1931 schreibt er zu einem publizistischen Versuch, das Philosophieren von ‚Sein und Zeit‘ darzustellen: ‚Ich vermisse aber dieses Hinzeigen darauf, daß es sich um die wirkliche Aneignung des von mir Gesagten handelt: daß dabei dieses selbst, die Bücher — die eine Aufgabe haben, das Seiende, das wir selbst sind und das uns an- und durchwaltet, zur wirklichen Bedrängnis und Befreiung werden zu lassen. Erst wenn die Bücher und Sätze verschwunden sind, ihren Dienst getan haben, ist ein Verständnis erreicht."[3]

Vor allem durch seine Töpferei findet Stiller am Ende einen direkten Zugang zur Welt. Bezeichnend ist, daß er hier ganz auf seine Bildhauerei verzichtet und „Zeug" herstellt, „lauter nützliche Ware" (518). Weit davon entfernt, ein Rückschritt zu sein aus einem „Künstlerleben" in ein resigniertes „Handwerker-Dasein", lernt Stiller hier erst ein ursprüngliches Verhältnis zur Welt, das die erste Voraussetzung für ein mögliches echtes Künstlertum ist.[4] Denn die Kunst ist, gemäß Heidegger, das „Geschehnis der Wahrheit" (Ursprung, 30), und „Wahrheit" wiederum ist „Unverborgenheit", ein Sichzeigen des Seienden in seinem Sein. Wenn ein Künstler im Werk die Dinge so darstellen will, daß sie diese Wahrheit des Seins aufleuchten lassen, so muß er zunächst das ursprüngliche In-der-Welt-sein verstehen; wie beim Umgang mit Zeug, so muß er auch im Kunstwerk das Seiende „seinlassen" und „freigeben", so daß es ein eigenes Leben gewinnt und nicht ein kalter, vom „Künstler" manipulierter Gegenstand bleibt.

Genau von dieser gegenständlichen Art aber ist das, was Stiller als Bildhauer in seinem Atelier betrieben hat. Wir erfahren zum Beispiel von Sibylle, wie Julikas Büste aussieht: „Es war ein Kopf auf einem langen, säulenhaften Hals, eher eine Vase als eine Frau." (339) Diese „Kunst" ist das Ergebnis eines gebrochenen Verhältnisses zur Welt überhaupt. Stiller kann seine Umwelt und damit auch Julika nicht „seinlassen", weil er selbst nicht eigentlich „ist". Die einzige „Wahrheit", die er sehen kann, ist sein eigenes, abgekapseltes Ich; was immer sich ihm nähert, Menschen einbegriffen, wird als Gegenstand für dieses Ego begriffen: „‚Deine Frau ist Tänzerin?' fragte Sibylle irgendwann ein-

[3] *Die Seinsfrage bei Martin Heidegger*, Stuttgart, 1950, S. 27.
[4] In: „Der Ursprung des Kunstwerkes" stellt Heidegger ausdrücklich einen Zusammenhang von Handwerk und Kunst her: „Dem nächsten Anschein folgend, finden wir in der Tätigkeit des Töpfers und des Bildhauers [...] dasselbe Verhalten. Das Werkschaffen verlangt aus sich das handwerkliche Tun. Die großen Künstler schätzen das handwerkliche Können am höchsten. Sie zuerst fordern seine sorgfältige Pflege aus der vollen Beherrschung [...]. Oft genug hat man schon darauf hingewiesen, daß die Griechen, die von Werken der Kunst einiges verstanden, dasselbe Wort τέχνη für Handwerk und Kunst gebrauchen und den Handwerker und den Künstler mit dem selben Namen τεχνίτης benennen [...] Das Wort [τέχνη] nennt [...] eine Weise des Wissens. Wissen heißt: gesehen haben, in dem weiten Sinne von sehen, das besagt: vernehmen des Anwesenden als eines solchen." (*Holzwege* a. a. O., S. 47).

mal, ohne viel zu erfahren von dieser Frau, die Stiller in eine Vase verwandelt hatte, ja, nach seinem Verhalten zu schließen, handelte es sich
wirklich nur um eine schöne, seltsame, tote Vase, womit Stiller verheiratet war, um ein Etwas, das nur vorhanden war, wenn er daran dachte
[. . .]" (343). Sibylle bemerkt, daß sie es „furchtbar" fände, wenn Stiller
sie „so in Kunst verwandeln würde." (339) Sie sagt nicht: „in Kunst
verwandeln", sondern: „so" in Kunst verwandeln, nämlich auf diese
unschöpferische Art, die das Lebendige in etwas Totes umformt.

Dieser Mangel an Sein ist es auch, der Stillers Werke daran hindert,
für den Betrachter „offen" zu sein, das heißt ihm einen Zugang zu öffnen,
so daß er nicht in einem gleichgültigen Anstarren verharrt. Sibylle
jedenfalls sagt, daß sie froh sei, daß Stiller sie nicht um ihre Meinung
bittet, denn „[. . .] sie gab sich zu: in einer Ausstellung würde sie an
solchen Sachen vorbeigehen." (347)

Auf das Problem des „Seinlassens" und Stillers Verhältnis zu Julika
überhaupt werden wir im Kapitel „Mitsein" noch ausführlicher eingehen. Wichtig an dieser Stelle ist, daß Stillers Töpferei, verglichen mit seiner früheren „Kunst", existenzial gesehen ein Fortschritt ist. Heidegger
selbst weist darauf hin, daß sich die existenziale Verfassung des Daseins
durchaus nicht mit seiner konkreten „Karriere" decken muß. Er erläutert,
daß etwa ein „Absturz" vom eigentlichen Sein in der Öffentlichkeit oft
gerade als „Aufstieg" verstanden wird (SZ, 178) und umgekehrt.

Während Stiller in seiner Bildhauerei nur immer wieder sein befan-
genes Ich projizierte, öffnet ihm die Töpferei einen ersten Zugang zur
Welt. Rolf berichtet: „Worin bestand seine Veränderung? Sein Geist
war mehr als bisher auf die Dinge selbst gerichtet, schien mir. So wie er
früher doch nur von sich selbst redete, wenn er von der Ehe allgemein,
von Negern, von Vulkanen und weiß Gott wovon erzählte, so redete
er jetzt von ,seinen' Töpfen, von ,seiner' Drehscheibe, von ,seiner' Gla-
sur, von ,seiner' Könnerschaft sogar, ohne im mindesten von sich selbst
zu reden." (525) Was Stiller im Umgang mit „Zeug" gelernt hat, ist —
wie Rolf hier noch einmal betont — das Seinlassen der Dinge an sich.
Durch diese Freigabe kann Stiller zum ersten Male eine echte Beziehung
zum Seienden aufnehmen, die Dinge können wahrhaft ,seine' eigenen
werden.[5]

---

[5] Wir befinden uns mit dieser Interpretation im Widerspruch zu der gängigen Analyse, daß Stillers Töpferei einen Rückschritt bedeute. So bemerkt etwa Hans Mayer:
„Der geachtete Bildhauer wird zum Produzenten einer swiss pottery. Von der Kunst
zurück zum Handwerk. Nicht einmal mehr an sogenanntes Kunstgewerbe wurde
dabei gedacht. Es ist die Zurücknahme des Künstlertums durch Stiller." (Zur deutschen Lit. der Zeit. Hamburg, 1967, S. 198.) Es ist hier anzumerken, daß die
Aussage, Stiller sei ein „geachteter Bildhauer" gewesen, zumindest angezweifelt

Rolf betont schließlich noch einmal, daß Stiller mit seiner neuen Arbeit ein existenzieller Fortschritt gelungen ist und verwendet dabei wörtlich Heideggers Terminologie: „Auch seine neue Arbeit galt ja nicht dem Ausdruck, er fabrizierte Teller und Tassen und Schalen, lauter nützliche Sachen, meines Erachtens mit viel Geschmack, aber es war nicht mehr Darstellung seiner selbst [...] wie jedermann, der bei sich selbst angekommen ist, blickte er auf Menschen und Dinge außerhalb seiner selbst, und was ihn umgab, fing an, Welt zu werden, etwas anderes als Projektionen seines Selbst, das er nicht länger in der Welt zu suchen oder zu verbergen hatte. Er selbst fing an, in der Welt zu sein."* (538)

B. Homo Faber

Wie in der Einleitung zu diesem Kapitel bereits bemerkt wurde, entfremdet die moderne Technik den Menschen, der sich ihr unterwirft, seinem ursprünglichen In-der-Welt-sein. Walter Faber hat sich die Welt so eingerichtet, daß sie zum Gegen-stande wird, den er nach Belieben zu seinen Zwecken benutzen kann. Wegen dieser Haltung zur Welt als „Machwerk" des Menschen hat Hanna ihm auch seinen Namen „Homo faber" (56) gegeben.[6] Der letzte Zweck einer solchen Lebenseinstellung ist es, sich selbst zu entgehen und damit der Verantwortung für die eigene und eigentliche Existenz.

Wenn wir uns aus dem Abschnitt über Stiller an Heideggers Definition des „Wohnens" als einer Grundweise des In-der-Welt-seins erinnern, so ist nicht verwunderlich, daß Faber unter anderem ein gestörtes Verhältnis zum Wohnen hat: „Ich stand am Fenster und haßte die ganze Zeit, die ich in diesem Manhattan verbracht habe, vor allem aber meine Wohnung. Ich hätte sie anzünden wollen." (75)[7] Als Faber von seiner Athen-Reise nach New York zurückkehrt, versucht er vergeblich, Einlaß in seine eigene Wohnung zu erhalten. Auf einer Party, zu der er nur widerwillig geht, wird seine Lage folgendermaßen beschrieben: „Walter has

werden muß. Was die „swiss pottery" anbetrifft, so ist dieser Titel nicht wirklich eine Beschreibung dessen, was Stiller herstellt, sondern nur eine von Stillers „Eulenspiegeleien", um amerikanische Touristen zum Narren zu halten.

* Unsere Betonungen

[6] Die Seitenangaben zu „Homo faber" beziehen sich auf folgende Werkausgabe: *Homo faber. Ein Bericht.* Frankfurt a. M. (Bibliothek Suhrkamp 87), 1968.

[7] Den gleichen Gedanken äußert Sibylle beim Anblick der „entfremdeten" Dinge in ihrem Haus.

trouble, [...] Walter can't find the key of his home." (202) Im existenzialen Sinne bedeutet das: er hat den Zugang zum Sein verloren und kann
nicht mehr in der Welt sein. Später einmal wird Hanna ihre Definition
des Technikers geben und dabei Heideggers Terminus „Weltlosigkeit"
verwenden (211).

Fabers verdinglichte Einstellung zur Welt zeigt sich auch in seiner
Arbeit für die Unesco, über die er sprechen kann, während er „ganz
anderes" denkt (11). Die „Hilfe für unterentwickelte Völker" ist nicht
Folge eines echten Seinsbezuges von Mensch zu Mensch, sondern ein
bloßes Geschäft, nämlich „Nutzbarmachung unterentwickelter Gebie-
te." (16) Auch auf diese Haltung wird Hanna sich später beziehen,
wenn sie von der „Manie des Technikers" spricht, „die Schöpfung nutzbar zu machen, weil er sie als Partner nicht aushält, nichts mit ihr anfangen kann." (211) Es ist übrigens ironisch, daß Faber, der jedem unmittelbaren Zugang zur Welt ausweicht, hier über „Verbindungen" spricht,
so daß seine Interpretation der Entwicklungshilfe fast wie eine Parodie
auf Heideggers Begriff des „Seinszusammenhanges" klingt: „Wir waren
uns einig, daß Straßen erstellt werden müssen, vielleicht sogar ein kleiner Flughafen, alles nur eine Frage der Verbindungen [...]" (16 f.).

Heidegger äußert sich an verschiedenen Stellen über eine derartige
Benutzung oder genauer „Vernutzung" der Erde. Im Gegensatz dazu
steht das Heimischsein auf der Erde, das Wohnen im Sein: „Eines ist es,
die Erde nur zu nutzen, ein anderes, den Segen der Erde zu empfangen
und im Gesetz dieser Empfängnis heimisch zu werden, um das Geheimnis des Seins zu hüten und über die Unverletzlichkeit des Möglichen
zu wachen." (Überwindung, 90) „Im Zeitalter der ausschließlichen
Macht der Macht, d. h. des unbedingten Andranges des Seienden zum
Verbrauch in die Vernutzung, ist die Welt zur Unwelt geworden, sofern
das Sein zwar west, aber ohne eigenes Walten." (Überwindung, 84)

Der Reisegefährte Marcel spricht später einmal über Fabers Arbeit
bei der Unesco, und zwar gerade unter diesem Aspekt der Seins- oder
„Sinn"vergessenheit. Er betont die Gefahren dieser Haltung und deutet
die Tätigkeit des Technikers als einen letzten scheiternden Versuch zur
Größe: „Ich platzte nur, wenn Marcel sich über meine Tätigkeit äußerte,
beziehungsweise über die Unesco: der Techniker als letzte Ausgabe
des weißen Missionars, Industrialisierung als letztes Evangelium einer
sterbenden Rasse, Lebensstandard als Ersatz für Lebenssinn." (61)
Heidegger äußert sich ganz ähnlich, indem er auf die Gefahren der
Seinsverlassenheit hinweist, und das „Machen der Technik" ebenfalls als
letzten Versuch eines „Übermenschentums" sieht:

[Die Neuzeit] ist bestimmt durch die Leere der Seinsverlassenheit, innerhalb deren
der Verbrauch des Seienden für das Machen der Technik, zu der auch die Kultur

gehört, der einzige Ausweg ist, auf dem der auf sich selbst erpichte Mensch noch die Subjektivität in ein Übermenschentum retten kann. (Überwindung, 83) Derselbe aufständige Mensch ist außerstande, einfach zu sagen, was ist, zu sagen, was dies ist, daß ein Ding ist. Das Ganze des Seienden ist der eine Gegenstand eines einzigen Willens zur Eroberung. Das Einfache des Seins ist in einer einzigen Vergessenheit verschüttet. [...]. Man kann versuchen, vor diesem Abgrund die Augen zu schließen. Man kann ein Blendwerk hinter dem anderen errichten. Der Abgrund weicht nicht. Ist überhaupt Rettung? (Anax, 343)

Die Welt als technisches Objekt zu sehen und nicht als „Walten des Seins“: diese Einstellung Fabers weckt auch sein ständiges Bedürfnis, alles sofort zu filmen, was möglicherweise „Gefühle“ hervorrufen könnte: „Ivy war die letzte, die über die Brücke an Land ging. [...] Ich mußte mich zusammennehmen, obschon ich froh war, als sie die schweren Taue lösten. [...] ich filmte (mit meinem neuen Tele-Objektiv) die winkende Ivy, bis man von bloßem Auge schon keine Gesichter mehr unterscheiden konnte.“ (82 f.) Mit Hilfe des „Objektivs“ — übrigens ein bezeichnender Name — stellt Faber sich von vorneherein in einen Abstand zu allem, so daß er vom Sein des Seienden nicht angerührt werden kann.

Als er später bei der Hencke-Bosch-Firma in Düsseldorf seine Filme vorführt, zeigt sich die Eigenschaft des Filmes, jeglichen Zugang zum Dargestellten zu verhindern, besonders deutlich: „Nochmals Joachim am Draht, aber diesmal von der Seite [...], es ist merkwürdig, es macht nicht nur meinem jungen Techniker, sondern auch mir überhaupt keinen Eindruck, ein Film wie man schon manche gesehen hat, Wochenschau [...]“ (232 f.).

Bei dieser Vorführung ist Faber selbst erstaunt, wie oft er zum Beispiel Sonnenuntergänge gefilmt hat: „[...] ich staunte, wieviel Sonnenuntergänge, drei Sonnenuntergänge allein in der Wüste von Tamaulipas, man hätte meinen können, ich reise als Vertreter von Sonnenuntergängen, lächerlich“ (231 f.). Wir wissen, daß Faber „4 Tage und 3 Nächte“ (26) in der mexikanischen Wüste war; das heißt also, daß er dort jeden einzelnen Sonnenuntergang gefilmt hat, offensichtlich, um keinen davon erleben zu müssen.

Es ist wiederum Marcel, der den wesentlichen Unterschied zwischen zwei möglichen Haltungen zur Welt zeigt: auf der einen Seite das bloße Anstarren, beziehungsweise Filmen der Dinge im Sinne Homo Fabers, auf der anderen Seite Marcels Offensein für das Wesen der Dinge, an das er sich hingibt und das er „sein läßt“: „Seine Arbeit: er spannte Pauspapier über die steinernen Reliefs, um dann stundenlang mit einer schwarzen Kreide darüber hinzustreichen, eine irrsinnige Arbeit, bloß um Kopien herzustellen; er behauptete steif und fest, man

könne diese Hieroglyphen und Götterfratzen nicht fotografieren, sonst
wären sie sofort tot." (50)

Marcels Arbeit ist kein „Geschäft", sondern besteht in einem lebendigen Verhältnis zu dem, was ist. „Tot" in diesem Zusammenhange
bedeutet: des Seins beraubt. Heidegger bemerkt an einer Stelle: „Das
Zeitwort ‚leben' spricht ins Weiteste, Äußerste, Innigste aus einer Bedeutung, die auch Nietzsche noch in seiner Aufzeichnung aus dem Jahre
1885/86 denkt, wenn er sagt: „„das Sein" — wir haben keine andere
Vorstellung davon als „leben". — Wie kann etwas Todtes „sein"?'
(Wille zur Macht, n. 582)." (Aletheia, 69)

Wenn Faber übrigens einmal nicht filmen kann, wie in der nächtlichen
Wüste von Tamaulipas, so fühlt er sich hilflos dem Andrang der Natur
ausgesetzt, die sich als mehr erweist, denn nur eine „riesenhafte Tankstelle, [...] Energiequelle für die moderne Technik und Industrie."
(Gel, 20) Der Grund, warum Faber sich überhaupt so „ungeschützt"
in die Mondlandschaft hinausbegibt, ist ein „technischer": er will eine
Zigarette rauchen, was in der Nähe des Flugzeugs verboten ist. Bezeichnenderweise drängt er Herbert danach sofort, zum Flugzeug zurückzukehren: „‚Gehen wir schlafen,' sagte ich, – Hotel Super-Constellation,
Holiday In Desert With All Accommodations'" (28): also zurück zur
Technik, zum ewig gleichen „amerikanischen" Komfort.

Als Faber schließlich gezwungen ist, Herberts wegen eine Weile
in der nächtlichen Landschaft auszuharren, erwehrt er sich der Ein-
drücke, indem er sich hinter seine Rolle als Techniker zurückzieht: „Ich
habe mich schon oft gefragt, was die Leute eigentlich meinen, wenn sie
von Erlebnis reden. Ich bin Techniker und gewohnt, die Dinge zu sehen,
wie sie sind. Ich sehe alles, wovon sie reden, sehr genau; ich bin ja nicht
blind." (28)

Echtes „Sehen" ist, wie früher bereits erläutert, „Zugang zum Sein".
Wenn wir jedoch Fabers Beschreibungen der nächtlichen Wüste aufmerk-
sam verfolgen, so stellt sich heraus, daß das, was er so „genau" zu sehen
vorgibt, durchaus nicht mit dem übereinstimmt, was eigentlich „ist".
Der Techniker stellt vor seinen Blick, was er an Wissen angesammelt
hat und setzt es an die Stelle dessen, was sich wirklich zeigt: „Ich sehe
den Mond über der Wüste von Tamaulipas — klarer als je, mag sein,
aber eine errechenbare Masse, die um unseren Planeten kreist, eine
Sache der Gravitation, interessant, aber wieso ein Erlebnis?" (28) Wahr
ist, daß Faber tatsächlich den „klaren Mond" sieht, während er über
„Gravitation" nur „Bescheid weiß". Und weiter: „Ich weiß nicht, wie
verdammte Seelen aussehen; vielleicht wie schwarze Agaven in der
nächtlichen Wüste. Was ich sehe, das sind Agaven, eine Pflanze, die ein
einziges Mal blüht und dann abstirbt." (29) Tatsache ist wiederum, daß

er durchaus nicht eine Pflanze nur ein einziges Mal blühen und dann absterben sieht; er weiß dies alles nur, aber er sieht es nicht. Was er wirklich sieht, sind Pflanzen, die ihn an „tote Seelen" erinnern. Oder: „Gebirge sind Gebirge, auch wenn sie in gewisser Beleuchtung, mag sein, wie irgend etwas anderes aussehen, es ist aber die Madre Oriental, und wir stehen nicht in einem Totenreiche, sondern in der Wüste von Tamaulipas, Mexiko, ungefähr 60 Meilen von der nächsten Straße entfernt, was peinlich ist, aber wieso ein Erlebnis?" (29)

Je mehr Zahlen und Daten Faber erwähnt, umso deutlicher wird es, daß er über lauter Dinge spricht, die er lediglich gelernt hat, nur um das zu vergessen, was er eigentlich sieht: Gerade das angeblich soviel genauere Sehen des Technikers erweist sich als ein ungenaues Absehen von allem, was über das Tatsachendenken hinausgeht.[8] Heidegger bemerkt zu einer solchen Haltung: „Niemals ist das exakte Denken das strengste Denken, wenn anders die Strenge ihr Wesen aus der Art der Anstrengung empfängt, mit der jeweils das Wissen den Bezug zum Wesenhaften des Seienden innehält. Das exakte Denken bindet sich lediglich in das Rechnen mit dem Seienden und dient ausschließlich diesem. [...] Das rechnende Denken zwingt sich selbst in den Zwang, alles aus der Folgerichtigkeit seines Vorgehens zu meistern. Es kann nicht ahnen, daß alles Berechenbare der Rechnung vor den von ihr jeweils errechneten Summen und Produkten schon ein Ganzes ist, dessen Einheit freilich dem Unberechenbaren angehört, das sich und seine Unheimlichkeit den Griffen der Rechnung entzieht." (WiM, 43 f.)

Mit all seinem exakten Wissen verdeckt Faber sich gerade das Wesentliche, das er wahrnimmt: die Unheimlichkeit seiner Existenz, die aufsteigt, als er sich zum ersten Male vor ein mögliches völliges Versagen der Technik als letzter Fluchtburg vor der „Last" des Daseins gestellt sieht. Bisher ist in seinem Leben immer alles „wie üblich" verlaufen, ein lückenloses Beherrschen der Dinge mit Hilfe von Uhren, Flugzeugen und Terminkalendern. Hier in der Wüste sieht Faber sich zum ersten Male außerstande, „das verborgene Walten der Natur in Form von Kräften an sich zu reißen", wie Heidegger es formuliert (Anax, 343)

---

[8] Manfred Jurgensen gibt eine ähnliche Analyse dieser Szene: „Einstweilen glaubt Faber allerdings noch, die Dinge so zu sehen, wie sie sind [...]. Er sagt: ‚ich sehe, was ich sehe', aber w a s er sieht, ist keineswegs nur eine dinghafte Wirklichkeit. Beim genauen Lesen erweist es sich nämlich, daß seine Negation nichtsdestoweniger eine ganz andere Wirklichkeitserfahrung impliziert. Auch Fabers Einbildungskraft läßt sich nicht wissenschaftlich bannen. [...] Wie um sich selbst zu beruhigen, erklärt er: ‚wir stehen nicht in einem Totenreich, sondern in der Wüste von Tamaulipas'. [...]. Er behauptet, keine urweltlichen Tiere in den Felszacken zu erkennen, aber um das bestreiten zu können, muß er sie zunächst einmal dergestalt erlebt haben." (Max Frisch: Die Romane, Bern/München, 1972, S. 111 f.).

oder, wie Faber selbst bemerkt: „— das war es ja, was mich nervös machte: daß es in der Wüste keinen Strom gibt, kein Telefon, keinen Stecker, nichts." (32) In dem letzten Wort „nichts" wird besonders deutlich, daß für Faber die Welt nur in technischen Gegenständen existiert und sonst „nicht".

Der Grund, warum Faber sich überhaupt in dieser Wüste „ohne Telefon" befindet, ist ironischerweise das Zusammenbrechen der Technik, auf deren absolutes Funktionieren er sein Leben aufgebaut hatte: sein Flugzeug mußte in der Wüste notlanden. In dem Wort Flug„zeug" tritt nun aber zutage, daß es sich auch bei diesem Werk der Technik noch um „Zeug" im Heideggerschen Sinne handelt. Aus den Erläuterungen zu Stillers Töpferei erinnern wir uns, daß im Verwenden von Zeug schon das vorthematische Verstehen eines Weltzusammenhanges gegeben ist: „In-der-Welt-sein besagt [. . .]: das unthematische, umsichtige Aufgehen in den für die Zuhandenheit des Zeugganzen konstitutiven Verweisungen. Das Besorgen ist je schon, wie es ist, auf dem Grunde einer Vertrautheit mit Welt. In dieser Vertrautheit kann sich das Dasein an das innerweltlich Begegnende verlieren und von ihm benommen sein." (SZ, 76)

Der letzte Teil dieser Aussage: das Sichverlieren und Benommensein von den Dingen, trifft besonders dann zu, wenn der Umgang mit Zeug nicht ein ausdrückliches Seinlassen des Bedeutungszusammenhanges verlangt (wie etwa Marcels Arbeit bei den Ruinen), sondern wenn Konsumgüter besinnungslos benutzt werden können. Trotz dieser möglichen seinsblinden Einstellung des Menschen, besonders zum technischen Ding, ist aber auch in ihm noch, wenn auch zumeist verdeckt, ein ursprünglicher Verweisungszusammenhang gegeben, dessen letzter Sinn der verstehende Mensch ist.

Das Sichverlieren an die Gegenstände, bei dem das In-der-Welt-sein vergessen liegt, wird nun aber gerade dann rückgängig gemacht, wenn das gebrauchte Zeug zerbricht: Es zeigt sich dann nicht mehr im Modus einer gedankenlos ausgenutzten „Zuhandenheit", sondern in den Modi der „Auffälligkeit, Aufdringlichkeit und Aufsässigkeit" (SZ, 74). Der Mensch wird darauf gestoßen, daß ein Zusammenhang, der bisher gar nicht da zu sein schien, gestört ist. In diesem plötzlichen „Aufleuchten" eines Bedeutungszusammenhanges „meldet sich die Welt" (SZ, 75), und sie meldet sich mit der Anforderung an den Menschen, sich seiner „ontischen Auszeichnung" als seinsverstehenden Daseins zu erinnern.

Walter Faber, für den sonst immer alles reibungslos verläuft, kann nach der Notlandung nicht umhin, den gestörten Verweisungszusammenhang zu bemerken und spürbar davon betroffen zu sein:

Zweiundvierzig Passagiere in einer Super-Constellation, die nicht fliegt, sondern

in der Wüste steht, ein Flugzeug mit Wolldecken um die Motoren (um sie vor
Sand zu schützen) und mit Wolldecken um jeden Pneu, die Passagiere genau so,
wie wenn man fliegt, in ihren Sesseln schlafend [...] aber dazu Totenstille, draußen
die vier blanken Propeller-Kreuze, der weißliche Mondglanz auch auf den Trag-
flächen, alles reglos — es war ein komischer Anblick [...]. Beim Erwachen am
Morgen, als ich zum Fensterchen hinausschaute und den Sand sah, die Nähe des
Sandes, [statt des Himmels, wie üblich] erschrak ich eine Sekunde lang, unnötiger-
weise. (31)

Heidegger deutet ein solches Betroffensein als ein stimmungshaftes,
apriorisches Verstehen des In-der-Welt-seins: „Die Betroffenheit aber
durch die Undienlichkeit, Widerständigkeit, Bedrohlichkeit des Zuhandenen wird ontologisch nur so möglich, daß das In-sein als solches
existenzial vorgängig so bestimmt ist, daß es in dieser Weise von innerweltlich Begegnendem angegangen werden kann." (SZ, 137)

Ähnlich deutlich ist das Zusammenbrechen eines ursprünglichen Ver-
weisungsganzen, als Faber und Herbert den erhängten Joachim finden,
neben dem noch ein Radio spielt. Es wird hier, gerade im Zerbrechen
der Bezüge, besonders klar, daß Zeug sinnlos erscheint, wenn es vom
Dasein nicht mehr verstanden wird. Es hat mit dieser Szene natürlich
mehr auf sich, als nur das Zusammenbrechen eines Zeugzusammen-
hanges. Aber in dem plötzlichen „Aufleuchten" eines fehlenden Sinnes erweist sich spontan, daß das Dasein mehr ist als eine bloße technische
Konstruktion. Die Fähigkeit des Menschen, in der Welt zu sein, das
heißt sich vom innerweltlich Seienden „angehen" zu lassen, unterscheidet
ihn grundsätzlich von Fabers gepriesenem „Roboter", der, einmal in
Gang gesetzt, „von seinen eigenen Ergebnissen gesteuert" wird, „(feed
back)" (92), also keinen Zugang zur Welt besitzt.

Faber entzieht sich übrigens der Betroffenheit durch diese Szene, indem er wieder einmal das Technische in den Vordergrund schiebt: „Es
wunderte mich, woher sein Radio, das wir sofort abstellten, den elek-
trischen Strom bezieht, aber das war jetzt nicht das Wichtigste." (66)
Später, auf dem Schiff, als Faber ziemlich betrunken ist, zeigt sich jedoch,
daß gerade die Sache mit dem sinnlos gewordenen Zeug, dem Radio,
das in keinem menschlichen Kontext mehr spielte, ihm besonders auf
der Seele lastet: „Manchmal hing er plötzlich vor meinen Augen, mein
Freund, als hätten wir ihn gar nicht begraben, plötzlich — vielleicht
weil in dieser Bar auch ein Radio tönte, er hatte nicht einmal sein Radio
abgestellt [...]. Als wir ihn fanden, wie gesagt, spielte sein Radio. Nicht
laut. Zuerst meinten wir noch, es spreche jemand im anderen Zimmer
drüben, aber da war kein anderes Zimmer drüben, mein Freund lebte
ganz allein, und erst als Musik folgte, merkten wir, daß es Radio sein
mußte, natürlich stellten wir sofort ab, weil unpassend, weil Tanzmusik." (103)

Auch in dieser letzten Bemerkung über die „unpassende" Tanzmusik wird deutlich, daß der Mensch mehr ist als ein Roboter oder ein verendetes Tier, bei denen die Frage nach „Passendem" oder „Unpassendem" gar nicht erst aufkommen würde. In solchen unwillkürlichen Äußerungen zeigt Faber, daß er spontan mehr über die menschliche Existenz versteht, als er sich in seinem Technikeralltag zugibt.

Faber, der Techniker, befindet sich in einer bedrohlichen Situation, die Heidegger so beschreibt: „Vorerst [...] befindet sich der Mensch auf dieser Erde in einer gefährlichen Lage. [...] Inwiefern gilt der soeben ausgesprochene Satz? Er gilt insofern, als die im Atomzeitalter anrollende Revolution der Technik den Menschen auf eine Weise fesseln, behexen, blenden und verblenden könnte, daß eines Tages das rechnende Denken als das einzige in Geltung und Übung bliebe." (Gel, 26 f.) Faber hat sich so sehr an die technische Welt verloren oder sich ihr freiwillig überlassen, daß nur noch im Zerbrechen der zu gut funktionierenden und daher ignorierten Zusammenhänge ein Verstehen des ursprünglichen In-der-Welt-seins aufleuchten kann. Gerade, um sich dem Anruf eines solchen Zusammenbrechens zu entziehen, lebt Faber ein Leben, in dem alles ungestört verlaufen muß, und in dem nicht einmal eine Dienstreise je „verzögert, geschweige denn geändert" werden darf. (103)

Heideggers oben zitierte Worte vom „Verblenden" durch die Technik spielen wiederum auf seinen Begriff des „Sehens" im Sinne von Seinsverstehen an. Die Technik mit ihrem rechnenden Denken verwandelt das Seiende in einen Gegenstand und verhindert so eine ursprüngliche Beziehung: der Mensch verliert den verstehenden Kontakt zu den Dingen, wird blind für das In-der-Welt-sein. Genau in diesem Sinne spricht Hanna später über Pipers und Fabers „blindes" Verhältnis zum Leben: „[...] was er verloren habe: ein spontanes Verhältnis zur Realität. [...] Hanna findet es schade, beziehungsweise typisch für gewisse Männer, wie dieser Piper im Leben steht: stockblind laut Hanna, ohne Kontakt. [...] Auch mich fand sie stockblind." (177)

Diese Auslegung Hannas gipfelt dann in ihrer oben schon erwähnten Interpretation der Technik und des Technikers, wobei sie sich sinngemäß und wörtlich Heideggerscher Terminologie bedient: „Diskussion mit Hanna! – Über Technik (laut Hanna) als Kniff, die Welt so einzurichten, daß wir sie nicht erleben müssen. Manie des Technikers, die Schöpfung nutzbar zu machen, weil er sie als Partner nicht aushält, nichts mit ihr anfangen kann; [...] Die Weltlosigkeit des Technikers."* (211)

---

* Unsere Betonung

II. Heidegger: Geworfenheit und Befindlichkeit

Zum faktischen In-der-Welt-sein des Daseins gehört es, daß es nicht sein eigener Urheber ist, sondern daß es sich in der Welt schon immer vorfindet, und zwar als Verstehen (Lichtung).

Dieses Sich-Vorfinden wird von Heidegger „Befindlichkeit" genannt und zwar hat das Wort einen doppelten Sinn: einmal beschreibt es die faktische Tatsache des Sich-Vorfindens, die „Geworfenheit", („ich befinde mich schon in der Welt"), zum anderen beleuchtet es die Art, in der diese „Geworfenheit" vom Menschen immer schon verstanden ist: sie ist erschlossen durch eine „Stimmung" („ich befinde mich so oder so"). Diese „Stimmung" oder „Befindlichkeit" ist eine Modifikation des ursprünglichen Verstehens, das wesentlich zur Existenz des Daseins gehört: „Alles Verstehen ist befindliches. Die Stimmung bringt das Dasein vor die Geworfenheit seines daß-es-da-ist." (SZ, 265)

In der so verstandenen „Geworfenheit" erschließen sich drei grundlegende Fakten:

1. „Daß das Dasein ist."

   Dieses Faktum ist „an ihm selbst" verstanden, während jedoch sein „Woher und wohan" nicht erschlossen sind. (SZ, 135) Dies bedeutet, daß der Mensch in der Stimmung zutiefst von seinem „daß er ist" durch-stimmt wird, daß jedoch zum Beispiel so etwas wie ein Geschaffensein durch Gott nicht mit erschlossen ist. Heidegger gibt damit kein Urteil über die Existenz eines Schöpfergottes ab, sondern er beschränkt sich nur einfach auf die existenzialen Grundlagen, die vor jeder Frage nach dem „Heiligen" bedacht werden müssen.

   Das Dasein kommt „nie hinter seine Geworfenheit zurück". „Die Geworfenheit [. . .] liegt nicht hinter ihm als ein tatsächlich vorgefallenes und vom Dasein wieder losgefallenes Ereignis, das mit ihm geschah, sondern das Dasein ist ständig — solange es ist — [. . .] sein ‚Daß'." (SZ, 284)

2. „Daß es zu sein hat."

   Das Dasein ist in seiner Geworfenheit ihm selbst überantwortet: „Seiend ist es als Seinkönnen bestimmt, das sich selbst gehört und doch nicht als es selbst sich zu eigen gegeben hat [. . .]. Ob es den Grund gleich selbst nicht gelegt hat, ruht es in seiner Schwere, die ihm die Stimmung als Last offenbar macht." (SZ, 284) Dieses

„Daß es ist und zu sein hat" bedeutet: das Dasein trägt die Verantwortung für seine eigene Existenz, hat sich jedoch nicht selbst in diese
Existenz gebracht. Darin enthüllt sich die tiefe Endlichkeit des Daseins: daß es in seiner Freiheit nie absolut ist, nicht Herr der Welt:
„Grundsein besagt [. . .] des eigensten Seins von Grund auf nie
mächtig sein." (SZ, 284)
Die Formulierung „zu sein" weist ebenfalls auf die Endlichkeit des
Daseins hin: das Existieren geschieht immer nur im Vollzug, es ist
niemals eine vollendete („ewige") Tatsache.
3. Daß das Dasein auf die Welt „angewiesen" ist:
„In der Befindlichkeit liegt existenzial eine erschlie-
ßende Angewiesenheit auf Welt, aus der her Angehen-
des begegnen kann." (SZ, 137 f.)
Auch hierin zeigt sich die Endlichkeit des Daseins: es ist von der
Welt abhängig, kann ohne sie, etwa ohne die Mitmenschen oder das
„zuhandene Zeug", nicht auskommen. Das Verstehen im Modus der
„Befindlichkeit" ermöglicht es dem Dasein, dasjenige, was es „angeht"
und worauf es „angewiesen" ist, ursprünglich zu erschließen.
Die Stimmung bringt das Dasein also vor seine tiefe Endlichkeit, vor
seine „Überlassenheit an eine ‚Welt', deren es nie Herr wird." (SZ, 356)
Das Dasein muß diese seine Geworfenheit akzeptieren und auf ihrem
Grunde die Verantwortung für seine eigene Existenz, als einer endlichen, übernehmen: Das Dasein „hat zu sein".
Es ist kaum verwunderlich, daß der Mensch dieses „Daß" als Last
empfindet und zumeist versucht, vor der Schwere seiner Verantwortung
zu „fliehen": „Die Stimmung erschließt nicht in der Weise des Hin-
blickens auf die Geworfenheit, sondern als An- und Abkehr. Zumeist
kehrt sie sich nicht an den ihr offenbaren Lastcharakter des Daseins [. . .].
Diese Abkehr ist, was sie ist, immer in der Weise der Befindlichkeit [. . .].
Herr werden wir der Stimmung nie stimmungsfrei, sondern je aus einer
Gegenstimmung. [. . .] Die Befindlichkeit erschließt das Dasein in seiner
Geworfenheit und zunächst und zumeist in der Weise der ausweichenden
Abkehr." (SZ, 135 f.)

A. Stiller

Schon zu Beginn seiner Gefängniszeit ist Stiller sich wohl bewußt, daß er sich in seiner „Geworfenheit" annehmen müßte. Er weiß, daß er „zu sein hat", auch wenn er sich selbst lieber „anders" erschaffen hätte: „[...] da es jetzt einzig und allein darum geht, niemand anders zu sein als der Mensch, der ich in Wahrheit leider bin [...]" (9).[1]

Erst wenn Stiller wirklich akzeptiert hat, daß er hinter seine faktische Existenz „leider" nicht zurück kann, hat er den Grund gelegt, von dem aus er in die endliche Freiheit des eigentlichen Selbstseins fortschreiten kann. Stiller krankt daran, daß er, trotz seiner anfänglichen Beteuerungen, immer wieder versucht, ein anderer zu sein, da er seine Grenzen nicht anerkennen will. Er haßt den Gedanken daran, daß er „ohnmächtig", das heißt nie absoluter Herr seines Lebens ist und versäumt dadurch auch diejenigen Möglichkeiten, die ihm als endlichem Dasein immer noch offen stehen.

Die Erkenntnis, daß er sich in seiner „Nichtigkeit" annehmen muß, ist ihm in seinem „Erlebnis" mit dem „Engel" zuteil geworden. Es handelt sich bei diesem „Erlebnis" um ein stimmungsmäßiges, „befindliches" Erschließen, das Stillers ganzes „In-der-Welt-sein" betrifft und das wegen seines Reichtums und seiner Tiefe nicht in der normalen Sprache ausgedrückt werden kann: „Aber was ist dieses mein Alles! So wie ich es zu erklären versuche, bleibt nichts mehr übrig." (499)

Die jetzige Sprachstruktur, so erklärt auch Heidegger, ist auf „Vorhandensein" ausgerichtet, das heißt die Grammatik „zwingt in den Zwang", die Welt als Gegenstand zu beschreiben. Er spricht daher von der „Aufgabe einer Befreiung der Grammatik von der Logik [...]" (SZ, 165).

---

[1] Monika Wintsch-Spiess (a. a. O.) beschreibt das „existentielle Problem" (S. 21), mit dem der Mensch bei Max Frisch sich auseinanderzusetzen hat, in folgenden Worten: „Das Problem, das sich für ihn ergibt, ist in einem gewissen Sinne das Problem des ‚Freigelassenen der Schöpfung', der erkennen muß, daß er sich trotz dieser Freilassung nur innerhalb des von der Schöpfung gesteckten Rahmens, innerhalb der bedingten und bedingenden condition humaine verwirklichen kann." (S. 22) Diese Definition gleicht dem, was Heidegger über die „Geworfenheit" des Daseins sagt: „Seiend ist es als Seinkönnen bestimmt, das sich selbst gehört und doch nicht als es selbst sich zu eigen gegeben hat [...] Grundsein besagt [...] des eigensten Seins von Grund auf nie mächtig sein." (SZ, 284) Dieses Beispiel zeigt — wie andere, die im Laufe dieser Arbeit zitiert werden — daß thematische Aspekte in den Werken Max Frischs von anderen Kritikern im implizit Heideggerschen Sinne analysiert werden. Erst die Heideggersche Sprache macht es jedoch möglich, diese Thematik zu präzisieren und als zusammenhängendes Ganzes zu erfassen.

Stillers „Erlebnis" ist existenzial, ein Augenblick, da sich ihm das Sein offenbart. Jede „Erklärung" würde das Sein in einen „Wert" verwandeln, einen Gegenstand statt eines „Waltens". Stiller versucht daher, seine Erfahrung mit Wörtern wie „Engel" oder „Gnade" zu verdeutlichen, um das Hereinbrechen und das Sich-geben des Seins zu fassen. Diese „Gnade" des Seins hat er nicht logisch begriffen, sondern sie hat ihn durchstimmt in der „Befindlichkeit" des Schreckens: „Ich kann hier lediglich sagen, daß es dieser Schrecken ist, was ich ,meinen Engel' nenne." (501)

Heidegger beschreibt im Humanismus-Brief die „Geworfenheit" des Menschen so, daß er zum Hüter des Seins bestimmt ist: „Der Mensch ist vom Sein selbst in die Wahrheit des Seins ,geworfen', daß er, dergestalt ek-sistierend, die Wahrheit des Seins hüte." (Hum, 19) „Der Mensch ist nicht der Herr des Seienden. Der Mensch ist der Hirt des Seins. [...] Er gewinnt die wesenhafte Armut des Hirten, dessen Würde darin beruht, vom Sein selbst in die Wahrnis seiner Wahrheit gerufen zu sein." (Hum, 29) Ganz ähnlich erklärt Stiller seine Erfahrung mit dem „Engel": daß er nicht Herr des Seienden sei, daß er „nichts zu geben" habe, sondern daß er zur „Wahrnis" aufgerufen sei: „[...] und ich merke auch jetzt, wie ich bei dieser Erklärung unwillkürlich versuche, die Dinge zu reimen, um allem ,einen Sinn zu geben'. Dabei habe ich gar nichts zu geben, ich habe den ,Sinn' lediglich empfangen und ich habe ihn zu wahren . . ." (502)

Im Empfangen dieses „Sinnes" hat Stiller verstanden, daß die Geworfenheit in ein zeitliches, endliches Leben nicht nur eine Last ist, sondern das dem Menschen existenziell Angemessene: Nach seinem versuchten Selbstmord befindet er sich in einem Zustand der Zeitlosigkeit; sein Dasein vergeht nicht mehr, er ist ohne Zeit, ohne Zukunft: „Ich glaube nachträglich, die entsetzliche Pein bestand darin, plötzlich nichts mehr zu können, nicht rückwärts, nicht vorwärts, kein Oben und kein Unten mehr, dennoch vorhanden zu bleiben, rettungslos ohne Schluß, ohne Tod [...] ein Zustand vollkommener Ohnmacht bei vollkommenem Wachsein, nur die Zeit ist weg, wie schon gesagt, die Zeit als Medium, worin wir zu handeln vermögen, alles bleibt wie gewesen, nichts vergeht, alles bleibt nun ein für allemal." (500 f.)

Erst in diesem Verlust seiner Endlichkeit versteht Stiller, wieviel Freiheit dem Menschen trotz seiner „Geworfenheit" geschenkt ist: Das vergängliche Leben in all seiner „Schmerzlichkeit" ist das dem Menschen Zugemessene, es bildet den Grund seines „Vermögens zu handeln", oder wie Heidegger sagt, seines „Seinkönnens":

Es blieb mir die Erinnerung an eine ungeheure Freiheit: Alles hing von mir ab. Ich durfte mich entscheiden, ob ich noch einmal leben wollte, jetzt aber so, daß ein wirklicher Tod zustande kommt. Alles hing nur von mir ab, ich sagte es schon. Näher bin ich dem Wesen der Gnade nie gekommen. Und daß ich mich, einer Gnade gewiß, zum Leben entschieden hatte, merkte ich daran, daß ein rasender Schmerz einsetzte. Ich hatte die bestimmte Empfindung, jetzt erst geboren worden zu sein, und fühlte mich mit einer Unbedingtheit, die auch das Lächerliche nicht zu fürchten hat, bereit, niemand anders zu sein als der Mensch, als der ich eben geboren worden bin, und kein anderes Leben zu suchen, als dieses, das ich nicht von mir werfen kann. (503)

Zur Endlichkeit des Daseins gehört es jedoch, daß es nie eine absolute „Erkenntnis" gewinnt, daß die Wahrheit des Seins sich offenbart und gleichzeitig wieder verbirgt.[2] Stiller „versieht" sich in seinem Erlebnis mit dem Engel insofern, als er zwar bereit ist, sich anzunehmen, aber nur unter der Bedingung, daß er als der „eben Geborene" auftreten darf, als Mr. White, das „unbeschriebene Blatt". Er will achtunddreißig Jahre seines Lebens einfach auslöschen, weil ihm im „Schrecken" enthüllt wurde, daß er sie „nie gelebt" hat, daß er nicht „in der Welt" war.[3]

Diese Enthüllung wird ihm zuteil in den wirren Träumen, die er im City Hospital hat, und die, wie er ohne nähere Erklärung sagt, „alle um dasselbe gingen". (502) In diesen Träumen — die sein „befindliches" Verstehen bezeugen — erwürgt er die Katze, Little Grey, die aber Julika ist, sieht seine Mutter als gräßliche Wachspuppe und hält ein Osterei, so groß wie ein Kopf, in den Händen. Zwischendurch versucht er, das Licht anzudrehen, aber es herrscht „Finsternis in der ganzen Wohnung". Auch versucht er, Julika anzurufen, aber „es geht nicht, alles unterbrochen." (ebd.) Worum es in diesen Träumen „geht", ist die Seinsver-

---

[2] Heidegger beschreibt diese Tendenz der Wahrheit, sich zu enthüllen und wieder zu verbergen, in folgendem Zitat: „[...] die offene Stelle inmitten des Seienden, die Lichtung, ist niemals eine starre Bühne mit ständig aufgezogenem Vorhang, auf der sich das Spiel des Seienden abspielt. Vielmehr geschieht die Lichtung nur als dieses zweifache Verbergen. Unverborgenheit des Seienden, das ist nie ein nur vorhandener Zustand, sondern ein Geschehnis." (Ursprung, 42 f.).

[3] Wolfgang Stemmler (a. a. O.) deutet Stillers Flucht in die Rolle als Ausdruck seiner Angst vor dem „Bildnis", das die anderen sich von ihm gemacht haben: „Stiller ist sich zwar einer höheren Notwendigkeit in seinem Leben bewußt geworden, wagt es dann jedoch nicht, sich offen zu seinem so begründeten Selbst zu bekennen, da er die Übermacht des ‚Bildnisses' fürchtet, die Summe der nicht mehr korrigierbaren Vorstellungen, die man sich von ihm gemacht hat." (S. 60) Dieses Motiv schwingt zweifellos in Stillers Verhalten mit, seine Rolle hat jedoch tiefere Gründe als bei Stemmler angedeutet. Wenn man sich an Stiller-Whites Aussage: „Das Gefängnis ist nur in mir", erinnert (auf die auch Stemmler verschiedentlich hinweist), so liegt der letzte Grund für eine Flucht in die Mr. White-Rolle in Stiller selbst: er möchte seiner eigenen „Nichtigkeit" entgehen, der Leere seines früheren Lebens, auf die das lieblose und vergegenständlichte „Bildnis" der anderen ihn nur allzu schmerzlich hinweist. Stiller sagt gegen Ende des Romanes noch einmal ausdrücklich: „[...] ich hoffe, durch Beten [...] meiner Ohnmacht zu entgehen [...]. Diese Hoffnung ist mein Gefängnis." (Stiller, 435 f.).

gessenheit Stillers, in der ihm alles Begegnende zum Gegenstand wird (die Mutter als Wachspuppe, die gewürgte Katze/ Julika, der Kopf, der als erschreckend sinnloser Gegenstand in seiner Hand bleibt). Diese Seinsvergessenheit führt zur völligen Entfremdung von der Welt, die doch die „Wohnung" des Menschen sein sollte. In dieser Fremdheit wird die Welt ihm un-heimlich bis zum Stadium des Grauens und Entsetzens. Die Wohnung ist „finster", weil Stiller den Zugang zum Sein („sehen", „Lichtung") verloren hat. Dieser Mangel an Bezug zeigt sich auch in dem vergeblichen Versuch, mit Julika in Kontakt zu kommen, während „alles unterbrochen" ist. Stiller sieht Julika nicht als freies Dasein, sondern als Gegenstand, als Projektion seines Ego. Daher träumt er, Julika sei „nie meine Frau gewesen, alles nur Einbildung von mir." (502)

Stiller versteht also in diesen Träumen und im „Schrecken" seines fast fortgeworfenen Lebens, daß er bisher — im Sinne des eigentlichen In-der-Welt-seins — „nie gelebt" hat. Er „erfährt", daß er niemals ein eigentliches Selbst gewesen ist und weiß damit, „wer er nicht ist". An diesen negativen Bestand klammert er sich von nun an mit verzweifeltem Trotz, obwohl er „weiß", daß er sich dadurch vom In-der-Welt-sein abschneidet: „Ich weiß, daß ich nicht der verschollene Stiller bin. Und ich bin es auch nie gewesen. Ich schwöre es, auch wenn ich nicht weiß, wer ich sonst bin. Vielleicht bin ich niemand. Und wenn sie mir Schwarz auf Weiß beweisen können, daß von allen Menschen, die als geboren verbucht sind, zur Zeit nur ein einziger fehlt, nämlich Stiller, und daß ich überhaupt nicht in dieser Welt bin*, wenn ich mich weigere, Stiller zu sein, so weigere ich mich doch. Warum lassen sie nicht ab? Mein Verhalten ist lächerlich, ich weiß, meine Lage wird unhaltbar. Aber ich bin nicht der Mann, den sie suchen, und diese Gewißheit, meine einzige, lasse ich nicht los." (441)

Dabei weiß Stiller, daß er vor seinem Leben nicht fliehen kann, und daß er sich nicht von „ihnen", nämlich der öffentlichen Meinung, sondern von einem eigenen „festen Punkt" (seinem eigentlichen Selbst), abhängig machen müßte: „Heute wieder sehr klar: das Versagen in unserem Leben läßt sich nicht begraben, und solange ich's versuche, komme ich aus dem Versagen nicht heraus, es gibt keine Flucht. Aber das Verwirrende: die anderen halten es für selbstverständlich, daß ich ein anderes Leben nicht vorzuweisen habe, und also halten sie, was ich auf mich nehme, für mein Leben. Es ist aber nie mein Leben gewesen! Nur insofern ich weiß, daß es nie mein Leben gewesen ist, kann ich es annehmen: als mein Versagen. Das heißt, man müßte imstande sein, ohne

---

* Unsere Betonung

Trotz durch ihre Verwechslung hindurchzugehen, eine Rolle spielend, ohne daß ich mich selber je damit verwechsle, dazu aber müßte ich einen festen Punkt haben." (317 f.)

Seit seiner „Erfahrung" mit dem „Engel" besitzt Stiller also eine negative „Gewißheit", die ihm zwar „Selbsterkenntnis" gewährt, aber nicht den positiven Schritt in ein eigentliches Selbstsein. Dazu dürfte er sein früheres Leben nicht einfach auslöschen, sondern müßte die noch nie gelebten Möglichkeiten im „Nachholen einer Wahl" für ein „Seinkönnen aus dem eigenen Selbst" (SZ, 268) wählen: „Übernahme der Geworfenheit aber bedeutet, das Dasein in dem, wie es je schon war, eigentlich sein." (SZ, 325)

Auch über die Notwendigkeit einer solchen „Wiederholung" weiß Stiller Bescheid, aber sein Wissen hilft ihm nicht weiter, weil sein früheres, „nie gelebtes" Leben ein so wunder Punkt für ihn ist, daß schon die kleinste Erinnerung daran ihn wieder in die Flucht zwingt: „Wiederholung! Dabei weiß ich: alles hängt davon ab, sein Leben nicht außerhalb der Wiederholung zu erwarten, sondern die Wiederholung, die ausweglose, aus freiem Willen (trotz Zwang) zu seinem Leben zu machen, indem man anerkennt: Das bin ich! [...] Doch immer wieder (auch darin die Wiederholung) genügt ein Wort, eine Miene, die mich erschreckt, eine Landschaft, die mich erinnert, und alles in mir ist Flucht, Flucht ohne Hoffnung, irgendwohin zu kommen, lediglich aus Angst vor Wiederholung —" (89 f.)

Der von Stiller erwähnte „Zwang" ist ein Zeichen für die Begrenztheit der menschlichen Existenz: in seiner Geworfenheit hat das Dasein schon gewisse festgelegte Möglichkeiten „ererbt" und in andere hat es sich selbst unwiderruflich gebracht. Heidegger erläutert: „Das Dasein ist als wesenhaft befindliches je schon in bestimmte Möglichkeiten hineingeraten, als Seinkönnen, das es ist, hat es solche vorbeigehen lassen, es begibt sich ständig der Möglichkeiten, ergreift sie und vergreift sich. Das besagt aber: das Dasein ist ihm selbst überantwortetes Möglichsein, durch und durch geworfene Möglichkeit. Das Dasein ist die Möglichkeit des Freiseins für das eigenste Seinkönnen. Das Möglichsein ist ihm selbst in verschiedenen möglichen Weisen und Graden durchsichtig." (SZ, 144)

Trotz des in der Geworfenheit auferlegten Zwanges ist das Dasein also auch gleichzeitig ihm selbst überantwortet und kann das schon Gegebene in den Spielraum einer frei gewählten Existenz hineinnehmen, das heißt „werden, was es ist". Stiller beschreibt die geforderte „Wiederholung" als Anerkennung eines „Das bin ich". Heidegger spricht ganz ähnlich von einem „Zurückkommen auf das eigenste, in seine Vereinzelung geworfene Selbst." (SZ, 339) Die Wiederholung macht es möglich, daß „das Dasein entschlossen das Seiende, das es schon ist, übernehmen kann"; in der Wiederholung „holt sich das Dasein wieder in das eigenste Seinkönnen vor." (ebd.) Mit der Wiederholung gewinnt das Dasein eine „erstreckte Stätigkeit, in der [es] als Schicksal Geburt und Tod und ihr ‚Zwischen' in seine Existenz ‚einbezogen' hält." (SZ, 390 f.) Heideggers Terminus der „erstreckten Stätigkeit" deckt sich mit Kierkegaards Begriff der „Kontinuität", dem wir im Motto zum Ersten Teil des Stiller-Romanes begegnen. Die durch die „Selbstwahl" gewonnene „Kontinuität" („erstreckte Stätigkeit") schließt, wie Kierkegaard sagt, „jede Möglichkeit, etwas anderes zu werden, sich in etwas anderes umzudichten, unbedingt aus." (7)

Wenn Stiller als ein anderer, als Mr. White, auftritt, leugnet er die Kontinuität seines Daseins und kann daher nicht zu sich selbst kommen. Daß er sich vor „einem Wort", „einer Landschaft", „einer Miene" erschreckt, geschieht aus Angst vor einer falschen, uneigentlichen Wiederholung, die, nach Heidegger, ein „Wiederbringen des ‚Vergangenen'" ist und sich „vom ‚Vergangenen' überreden" läßt. (SZ, 385 f.) Diese uneigentliche Wiederholung würde das „Sein-zu" des Menschen verhindern, den dynamischen Prozeß des Existierens, und ihn ein für allemale auf ein fertiges „Bildnis" fixieren.

Stiller weiß, daß er ein solches erstarrtes Leben nicht will, daß er nicht zurück möchte in sein seinsvergessenes früheres Leben. Es gelingt ihm nicht, eine Unterscheidung vorzunehmen zwischen dieser uneigentlichen Fixierung im Vergangenen und der eigentlichen Wiederholung als Kontinuität. Sein Leben ist zu sehr erfüllt von Menschen, alten „Freunden", die ihm die Öde eines Lebens vorführen, das sich „vom Vergangenen überreden" läßt. So etwa der Freund Sturzenegger, der ihn beim ersten Wiedersehen durch die „Mechanik in den menschlichen Beziehungen" erschreckt. (319) Es handelt sich dabei nicht um ein echtes (Stiller nennt es „gegenwärtiges") Verstehen, sondern nur noch um das verdinglichte „Klischee einer menschlichen Beziehung". (ebd.) Sturzenegger weiß ein für allemale, wer Stiller ist.

Auch in seiner Wiederbegegnung mit Julika klagt Stiller immer wieder darüber, daß sie ihn „wie ihren Stiller" behandelt. Rolf geht später noch einmal auf die eigentliche Wiederholung ein, indem er sieht, daß es bei Stillers Verhältnis zu Julika darauf ankommt, das „Vergangene [. . .] einzuschmelzen in die neue lebendige Gegenwart" und nicht in „alte Ängste [. . .] zu verfallen". (539)

Trotz seiner Forderung eines freien Existierens, in dem ständig die Daseinsmöglichkeiten offen gehalten werden, versteift Stiller selbst sich auf einen einmal erreichten Zustand: Ablehnung seines ganzen früheren Lebens aus dem „Wissen" heraus, daß er nie eigentlich „war". Statt seinem Dasein eine echte „Stätigkeit" zu geben, hofft er immer wieder, daß er von seiner Geschöpflichkeit (Geworfenheit) befreit werden könnte:

> Mit der Einsicht, ein nichtiger und unwesentlicher Mensch zu sein, hoffe ich halt immer schon, daß ich eben durch diese Einsicht kein nichtiger Mensch mehr sei. Im Grunde, ehrlich genommen, hoffe ich doch in allem auf Verwandlung, auf Flucht. Ich bin einfach nicht bereit, ein nichtiger Mensch zu sein. Ich hoffe eigentlich nur, daß Gott (wenn ich ihm entgegenkomme) mich zu einer anderen, nämlich zu einer reicheren, tieferen, wertvolleren, bedeutenderen Persönlichkeit machen werde — und genau das ist es vermutlich, was Gott hindert, mir gegenüber wirklich eine Existenz anzutreten, das heißt erfahrbar zu werden. Meine conditio sine qua non: daß er mich, sein Geschöpf, widerrufe. (427)

Das Gegenteil einer solchen „Flucht" aus der Geworfenheit wäre die „Ergebung" in die unwiderrufliche Tatsache der endlichen Existenz. Diese „Ergebung" wird von Stiller auch „beten" genannt, da sie in den Bereich der „Gnade" und des „Engels" gehört. Im Gegensatz zu der Trotzhaltung gegenüber den begrenzten Möglichkeiten, ist die „Ergebung" in gewisser Weise „fromm", da sie das Gegebene nicht als Zwang, sondern als Geschick des Seins versteht:

> Wenn ich beten könnte, so würde ich darum beten müssen, daß ich aller Hoffnung, mir zu entgehen, beraubt werde. Gelegentliche Versuche, zu beten, scheitern aber gerade daran, daß ich hoffe, durch Beten irgendwie verwandelt zu werden, meiner Ohnmacht zu entgehen, und sowie ich erfahre, daß dies nicht der Fall ist, verliere ich die Hoffnung, auf dem Weg zu sein. Das heißt, unter Weg verstehe ich letztlich noch immer die Hoffnung, mir zu entgehen. Diese Hoffnung ist mein Gefängnis. Ich weiß es, doch mein Wissen sprengt es nicht, es zeigt mir bloß mein Gefängnis, meine Ohnmacht, meine Nichtigkeit. Ich bin nicht hoffnungslos genug, oder wie die Gläubigen sagen würden, nicht ergeben genug. Ich höre sie sagen: Ergib dich und du bist frei, dein Gefängnis ist gesprengt, sobald du bereit bist, daraus hervorzugehen als ein nichtiger und ohnmächtiger Mensch. (453 f.)

Die Freiheit, die Stiller zu gewinnen hat, ist das eigentliche, zum Selbst entschlossene In-der-Welt-sein, das sich erst auf dem Grunde der akzeptierten „Nichtigkeit" verwirklichen läßt: „In der Struktur der Geworfenheit [...] liegt wesenhaft eine Nichtigkeit. Die gemeinte Nichtigkeit gehört zum Freisein des Daseins für seine existenziellen Möglichkeiten." (SZ, 285)

Die mangelnde „Ergebung" oder „Demut" vor den begrenzten Möglichkeiten des Daseins führt zur „Selbstüberforderung", in der das Unmögliche verlangt wird, um der Verantwortung für das Mögliche zu entgehen. Stiller berichtet: „Wir unterhalten uns dann auch über den bekannten Vers: Den lieb ich, der Unmögliches begehrt. Ohne uns erinnern zu können, wo genau, im zweiten Teil des Faust, dieser ominöse Vers steht, einigten wir uns darauf, daß dieser Vers nur aus dem Mund einer dämonischen Figur kommen kann, denn er ist eine Einladung zur Neurose, hat mit einem wirklichen Streben (er redet ja auch nicht von Streben, sondern von Begehren) nichts zu tun, das die Demut vor unseren begrenzten Möglichkeiten voraussetzt." (425)

In diesen Zusammenhang gehören etwa Stillers ständige Klagen über seine „Niederlage in Spanien", auf die wir im Kontext von „Schuld" noch einmal zurückkommen werden. Mit diesem Festhalten an einer Unmöglichkeit entschuldigt Stiller fortwährend sein Versäumnis von Möglichkeiten: „„Wäre nicht diese Niederlage in Spanien gewesen,'" so behauptet er etwa vor Julika, „„wäre ich dir mit dem Gefühl begegnet, ein voller und richtiger Mann zu sein —'" (190 f.)

Heidegger versteht ein solches „Begehren" von Unmöglichem als Zeichen des neuzeitlichen Menschen, der „gegen" die Welt aufgestanden ist und nicht mehr bereit ist, in einem Seinssinn zu wohnen: „Der Wille hat dem Möglichen das Unmögliche als Ziel aufgezwungen [. . .]. Die unbedingte Gleichförmigkeit aller Menschentümer der Erde unter der Herrschaft des Willens zum Willen macht die Sinnlosigkeit des absolut gesetzten menschlichen Handelns deutlich." (Überwindung, 91)

Zur „Selbstüberforderung" Stillers gehört auch sein fehlgeleitetes Verhältnis zu Julika, in dem er sich als ihren „Erlöser", sie als sein „Geschöpf" sieht. Wir werden dieses Verhältnis im Kapitel „Mitsein" näher analysieren. An dieser Stelle soll der Hinweis genügen, daß Stiller mit seiner Erlöserrolle seiner Nichtigkeit zu entgehen sucht, seiner Grunderkenntnis, „des eigensten Seins von Grund auf nie mächtig" zu sein. (SZ, 284) Diese Haltung führt zu endlosen Vorwürfen gegen sich und Julika, die sich so, wie er es erhofft, nicht von ihm „erlösen" lassen will. Dabei dürfte er von ihr keine „Wunder" erwarten, weil auch sie, wie Rolf bemerkt, nur „ein Mensch" ist, der ihm die „Gnade" (das Selbstsein) nicht geben kann. (559)

In der Tat wird ja auch Julika ihrerseits auf der Flucht vor der „Geworfenheit" gezeigt. Und zwar ist es die Bühne, die für sie so etwas wie eine Sphäre der Ewigkeit bedeutet: sie fühlt eine „unsägliche Wonne", wenn die Lichtfluten der Scheinwerfer [sie] gleichsam über alle Erdenschwere tragen, von allen menschlichen Zudringlichkeiten entrücken." (166) Auf der Bühne fühlt Julika sich von der „Erdenschwere", das heißt von der „Last" des Daseins befreit. Erst bei ihrem Aufenthalt in Davos, wo sie sich unerbittlich vor die Endlichkeit ihres Daseins gebracht sieht, erlebt sie plötzlich eine „innere Entfernung vom Ballett". (99) Sie verabschiedet sich „von einer ganzen W e l t, die a l l e r - d i n g s k e i n e w a r*, von ihrer eignen Welt mit den bläulichen Licht-

---

* Unsere Betonung

fluten der Scheinwerfer, die sie, Julika, gleichsam über der Erdenschwere zu tragen nicht mehr vermochten." (172)

Das Gefühl, nie „in der Welt" gewesen zu sein, die Einsicht, daß ihr Körper vergeht, „verbrennt", erfüllt Julika mit einem „bisher unbekannten und verwirrenden Verlangen nach dem Mann." (101) Dies ist ein „befindliches", stimmungshaftes (und nicht logisch „begriffenes") Verlangen nach Wirklichkeit, nach einem ursprünglichen Einssein mit sich und der Welt.

Julikas Erfahrung ihrer „Geworfenheit" gipfelt schließlich in ihrer „Flucht" aus dem Sanatorium. Zum ersten Male braucht Julika auf dieser Flucht Stiller und seine „Fürsorge", wie er sich immer gewünscht hatte, daß sie ihn brauchen möge. Julikas Verlangen nach Kontakt mit Stiller ist spontan, sie denkt auch nicht „eine Sekunde" lang an seine derzeitige Liebschaft mit Sibylle, sondern nur an die Möglichkeit einer persönlichen Nähe zu ihm. Erst, als Julika mehrmals vergeblich versucht hat, Stiller telefonisch zu erreichen, vollendet sie ihre „Flucht" im existenzialen Sinne: Sie kauft eine Illustrierte, in der vagen Hoffnung, auf der Titelseite noch immer ihr eigenes Foto als schwerelose Balletteuse wiederzufinden. (179) Aus der Erfahrung ihrer Endlichkeit und Geworfenheit hat sie sich — allein gelassen — wieder in das Gefängnis ihrer Traumwelt zurückgerettet.

Stiller ist übrigens zu diesem gleichen Zeitpunkt völlig mit seinen eigenen „Fluchtplänen" beschäftigt, so daß er über dem Unmöglichen das vielleicht noch Mögliche versäumt.

Rolf, der Staatsanwalt, ist ebenfalls ein Mann auf der Flucht, ehe er sich „endgültig" für die Ehe mit Sibylle „entschließt" und so sein Leben aus allen Halbheiten und Klischees herausholt, um es als freigewähltes zu „wiederholen". Seine existenzielle Flucht wird veranschaulicht in der Reise nach Italien, die er unternimmt, als er von Sibylles Beziehung zu Stiller erfahren hat.

Wir finden Rolf im Nachtzug nach Genua, den er „blindlings" bestiegen hat, das heißt ohne „sehendes Verstehen". Rolf ist es „gleichgültig, wohin die Reise nun ging, froh wie ein Flüchtling." (266) Diese blinde Flucht ist sein Versuch, vor der Last des Daseins davonzulaufen, denn er glaubt, daß er der Schwere seiner Existenz durch Hektik und leere Betriebmacherei entgehen könnte, glaubt, „im Fahren ertrüge es sich vielleicht leichter." (ebd.) (Homo Fabers hektische Reisen entspringen einer ähnlichen Illusion: daß das nagende Gefühl der Leere aufhöre, wenn er sich nur pausenlos in „wichtige Geschäfte" stürzt). Eine solche „Betriebmacherei" ist für Heidegger ein typisches Zeichen für die uneigentliche Existenz: „Diese Beruhigung im uneigentlichen Sein verführt jedoch nicht zu Stillstand und Tatenlosigkeit, sondern treibt in die Hemmungslosigkeit des ‚Betriebs‘." (SZ, 177)

Was Rolf letztlich zu dieser Flucht gedrängt hat, ist ja nicht einfach der Verlust Sibylles, sondern vor allem das plötzliche Zusammenbrechen eines ganzen Lebensklischees, seiner Lebensrolle als eines individuellen, vorurteilslosen und damit freien Daseins. Seine kleinliche Reaktion auf Sibylles Seitensprung macht ihm unausweichlich klar, daß das, was er für ein freies Leben gehalten hat, nichts weiter war als nobel klingende Theorie — wie Sibylle von Anfang an behauptet hatte. Unfähig — auch vor sich selbst — seine Rolle weiter aufrecht zu erhalten, bricht die ganze Last seiner Existenz über ihn herein: daß er „ist und zu sein hat", und zwar zu sein hat als er selbst. Er ist aufgefordert, sich ohne die alte Maske der Vollkommenheit gegenüberzutreten und sich als das anzunehmen, was er wirklich ist. Kein Wunder, daß seine erste Instinkthandlung Flucht ist und sein erster Gedanke, sich zu entlasten („ein Herr ohne Gepäck" (266)).

Daß Rolf sich auf einer Flucht vor sich selbst befindet, wird auch dadurch deutlich, daß er beharrlich versucht, die Stimmungen zu unterdrücken, die ihn überfallen, und die ihm zeigen könnten, „wie ihm ist und wird". So ist er zum Beispiel stolz darauf, daß er sich „im ersten Schrecken ganz ordentlich gehalten" hat (ebd.), und auf der Reise selbst versucht er alles, „um schlafen zu können, denn je länger dieser Schlaf, um so größer die Hoffnung, daß sich beim Erwachen alles nur als böser Traum herausstellen würde." (267) Auch diese vage Hoffnung ist ein Zeichen dafür, daß es hier um die Last der Geworfenheit geht. Heidegger erläutert: „Daß die Hoffnung gegenüber der niederdrückenden Bangigkeit erleichtert, sagt nur, daß auch diese Befindlichkeit [...] auf die Last bezogen bleibt. Gehobene, besser hebende Stimmung ist ontologisch nur möglich in einem ekstatisch-zeitlichen Bezug des Daseins zum geworfenen Grunde seiner selbst." (SZ, 345)

Rolfs Versuch, sich der andrängenden Stimmungen zu erwehren, hilft ihm auf die Dauer nicht weiter. Denn mit seiner Maske sind auch die gewohnten Verteidigungsmechanismen verlorengegangen. Er ist daher „wehrlos" (268), außerstande, nach einem vorgeformten Muster zu handeln. Sein bisheriges Leben stützte sich auf ein Selbstverständnis, das sich plötzlich verbraucht und als Lüge entlarvt hat. Willenlos „überläßt" er sich schließlich einer Hafenrundfahrt und sieht die Welt wie einen „Film" an sich vorüberziehen (268 f.): Indem er sich weigert, sich der Anforderung zum eigentlichen Selbstsein zu stellen, hat er sich von sich selbst und damit vom echten In-der-Welt-sein abgeschnitten. Er sitzt den Dingen gegenüber, beziehungslos, „ohne Gegenwart" (269). Nicht, daß er in seinem früheren Rollendasein eines direkteren Bezuges fähig gewesen wäre, nur daß ihm jetzt, in seiner Wehrlosigkeit, die Entfremdung zum ersten Male sichtbar wird.

Der Höhepunkt dieser Wehrlosigkeit (Geworfenheit) und der unbedingte Lastcharakter des Daseins werden schließlich veranschaulicht in dem „fleischfarbenen Stoff", der Rolf wider seinen Willen aufgedrängt wird, ein Paket, das er „einfach zu tragen hatte." (273) Der „Herr ohne Gepäck" ist ironischerweise dazu verdammt, mit einem Stoff herumzulaufen, den er „nie und nimmer tragen möchte", der „ordinär-kleinlich" und „dazu fleischfarben" ist. (281) Dieser Stoff, zusammen mit den verkommenen Gassen und Hinterhöfen, in die ihn das Abenteuer mit dem Paket führt, haben nichts mehr gemein mit dem alten Rolf, der noch vor vierundzwanzig Stunden „Teilnehmer an einem internationalen Juristenkongreß" war. (272)

Während er auch selbst in seinem Äußeren schon ein wenig verwahrlost, enthüllt sich ihm seine eigene „Nichtigkeit", die Erkenntnis, daß er durchaus nicht großartig und Herr seines Daseins ist. Stattdessen sieht er sich in seiner Endlichkeit, als wehrlos und ausgesetzt, gegen seinen Willen mit einem fleischfarbenen Stoff (der menschlichen Geworfenheit und Befindlichkeit) behaftet, einem Stoff, den er verleugnen möchte, da er seinem alten Selbstverständnis völlig widerspricht. (Auch Faber verflucht den „fleischfarbenen Stoff" als eine Last: „Überhaupt der ganze Mensch: — als Konstruktion möglich, aber das Material ist verfehlt: Fleisch ist kein Material, sondern ein Fluch." (Faber, 214))

In seiner „nackten" Ausgesetztheit bemerkt Rolf „kleinlich-ordinäre" Wesenszüge an sich, die er bisher verleugnet hatte: „Sentimentalität" (277) (er verliert seine Haltung, besäuft sich und weint): „Primitivität" (278) (er rettet sich in Gedanken von „billigster Rache" und gafft „jedem Weiberrock" nach: Das ist aus seiner noblen Idee von „ehelicher Freiheit" geworden); „Spießigkeit" (ebd.) (er bringt es zu keinem echten Schmerz: Spießigkeit war das, wovor er immer die meiste Angst hatte, da seine Rolle ihm auferlegte, außergewöhnlich zu sein und weit über dem Durchschnittsbürger zu stehen).

Sibylle hat ihn schockartig aus seiner Rolle herausgerissen: sie war es, die er als sein Publikum brauchte, die ihm seine Rolle bestätigen und absichern mußte. Sie zeigt ihm, daß seine großartig klingende Theorie von „Freiheit" nur eine durch ihre bisherige Zurückhaltung ermöglichte Illusion war. In Wirklichkeit ist er nämlich nicht fähig, andere sein zu lassen, sondern muß sich wider seinen Willen eingestehen, daß es ihm nicht möglich ist, „eine Frau zu lieben, wenn er nicht ihr Götze war, zu lieben ohne Anspruch auf Dank, auf Rücksicht, auf Bewunderung und so weiter." (278)

Die Erfahrung, die sich ihm aufdrängt, ist eine „Strapaze", keine theoretische Erkenntnis, sondern schmerzliches „befindliches" Durchleben von Situationen, die ihm die alte Rolle Stück für Stück zunichte machen.

Rolf rafft sich schließlich noch einmal auf, seine Würde zu retten, zu beweisen, daß er doch noch Herr der Lage ist: Zunächst will er den Stoff verkaufen, das heißt seine Nichtigkeit als Nichtigkeit verleugnen und sie zu etwas Wertvollem umdichten. Aber der Trödler weist ihn unbarmherzig darauf hin, daß die Nichtigkeit des Daseins nicht von anderen übernommen werden kann: „Niente", (283) sagt er: nichts. Kurz darauf beschließt Rolf, den Stoff zu verschenken, und zwar nur an einen Würdigen, wieder ein Versuch, seiner Ohnmacht einen Anschein von Wert zu verleihen. Bei all diesen Unternehmungen ist ihm letztlich bewußt, daß es im Grunde gar nicht um dieses bestimmte Paket geht, sondern um eine fundamentale Frage des Existierens: „Es ging darum, wie er mit diesem verschnürten Paket jemals fertig werden sollte" (284), und: „War er denn dazu verdammt, diesen fleischfarbenen Stoff durch sein ganzes Erdenleben zu tragen?" (285) Als er den Stoff einmal absichtlich „verliert" und das Paket zurückerhält, muß er sich zu ihm als etwas Eigenem bekennen: „Rolf wagte nicht zu leugnen, daß es zu ihm gehörte." (ebd.)

Am Ende „kapituliert" Rolf, das heißt er gibt den fruchtlosen Versuch auf, sich des Stoffes auf würdevolle Weise zu entledigen. Diese Kapitulation führt jedoch nicht zu dem einzigen Schritt, der hier notwendig wäre: den Stoff, den sichtbaren Beweis seiner „Geworfenheit", endgültig als Eigentum anzunehmen. Rolf entzieht sich damit einer Aufgabe, die für sein eigentliches Selbstsein wichtig wäre. Von hier aus gesehen erklärt sich das „schlechte Gewissen", mit dem er das Paket schließlich in eine öffentliche Bahnhofstoilette wirft. (292)

Viel später, in einem Gespräch mit dem Gefangenen Stiller, erklärt Rolf selbst, daß es sich bei diesem fleischfarbenen Paket um das Problem handelt, „aus einer falschen Rolle" auszutreten, seine „unwürdigen Gefühle" nicht zu unterdrücken und zu verleugnen, sondern „sich selbst" und seine „Schwächen" anzunehmen. (424 ff.) Mit dem Wegwerfen des Paketes verneint Rolf noch einmal, was er als Teil seiner selbst erkannt hat. Aber es bleibt die Tatsache, daß er es erkannt hat, daß sein falsches Selbstverständnis einen schweren Stoß erlitten hat.

Einen „zermürbenden" Sommer lang versucht Rolf noch einmal, sein altes Leben mit seiner alten Theorie weiterzuleben. Diesmal tut er so, als trage Sibylle die Verantwortung für seine verfehlte Theorie, als verlange sie von ihm, daß er auf seiner gewohnten Rolle beharre: „Einen zermürbenden Sommer lang wollte Rolf beweisen, daß er Sibylle, getreu seiner Theorie, die vollendete Selbständigkeit zubilligte [. . .] seine Haltung hatte [. . .] die Melodie: Bitte sehr, meine Liebe, wie du willst."

(292 f.) Obwohl Rolf — mit Hilfe einer neuen Ausrede — wieder in seine alte Rolle geschlüpft ist, ist existenzial doch etwas geschehen: Nach seiner „Strapaze" in Genua fühlt er sich hinter seiner Maske nicht mehr wohl, kann er sich nicht mehr belügen wie zuvor. Obwohl „äußerlich" alles beim alten bleibt, ist es ein „gräßlicher" Sommer, den „beide Partner nicht wiederholen möchten." (293)

Bezeichnenderweise stürzt Rolf sich in hektisches Arbeiten, „wie alle Männer der Tat, wenn sie einen heiklen Teil ihres Innenlebens nicht erledigen können." (300) Ab und zu aber bricht die „Befindlichkeit" über ihn herein: „Wieder träumte Rolf von einem lotterigen Paket mit dem fleischfarbenen Kleiderstoff! . . ." (301)

Als Sibylle ihn im Dezember desselben Jahres endgültig verläßt und nach Amerika geht, verliert Rolf seine letzte Ausrede dafür, die Rolle weiter aufrecht zu erhalten. Was dann zwischen Sibylles Abreise und Rolfs plötzlichem Erscheinen bei ihr in New York geschieht, erfahren wir nicht. Wir können nur annehmen, daß eine erneute Krise Rolf vor eine Wahl gestellt hat: für den Rest seines Lebens in Lüge und Halbheit zu leben oder sich für ein eigenes Dasein mit all seinen Schwierigkeiten zu entscheiden.

Was Stiller selbst anbetrifft, so ist er am Ende in seiner Erkenntnis von existenzialer Wahrheit „sehr weit", und trotzdem „weigert" er sich, in diesen Einsichten zu leben. Wie wir bereits im I. Kapitel gesehen hatten, ist „die Frage der Existenz nur durch das Existieren ins Reine zu bringen." (SZ, 12) So kann Stiller etwa seine „Nichtigkeit" nicht wirklich „wissen", sondern muß — wie Rolf vor ihm — diese Nichtigkeit wahrhaft durchleben: „Die Entschlossenheit stellt sich nicht erst, kenntnisnehmend, eine Situation vor, sondern hat sich schon in sie gestellt. Als enschlossenes handelt das Dasein schon." (SZ, 300) Heidegger betont dabei, daß mit dem „Handeln" nicht unbedingt eine aktive Tätigkeit gemeint ist, sondern vielmehr, daß das entschlossene (eigentliche) Dasein sich als Ganzes schon immer in die Situation gestellt hat, ohne eine Trennung von „Theorie und Praxis" überhaupt vorzunehmen.

In seinem Erlebnis mit dem „Engel" ist Stiller „im Ganzen" in die „Situation" eines „niegelebten Lebens" gestellt worden. Auf ähnlich „ursprüngliche" Weise „erfährt" er schließlich während seiner Nachtwache mit Rolf seine Ohnmacht und Nichtigkeit, und zwar so, daß er nicht mehr einfach um sie „weiß", sondern daß er schon auf ihrem Grunde zu existieren beginnt. Dies ereignet sich in der Befindlichkeit der „Angst", die sich als Grund-Stimmung durch das nächtliche Gespräch der Freunde zieht. Dem Thema „Angst und Tod" ist ein eigenes Kapitel gewidmet. Hier ist nur soviel zu bemerken, daß Stiller seine Ohnmacht wirklich lebt, daß er „nicht schlafen kann, nicht wachen kann vor Angst, daß alles zu spät ist." (564) An Julikas Sterben, das er durch kein Mittel verhindern kann, zerbricht das letzte Stück „Hochmut" in ihm; die Demut vor seiner Ohnmacht enthüllt sich in einer Bitte an Rolf, in die Stiller die ganze Tiefe seiner Bedürftigkeit legt: „Bete für mich, daß sie nicht stirbt." (572) Jede Trotzhaltung, jedes „Gegen" wird für Stiller am Ende dieser Nacht völlig unwesentlich. Die Welt „versinkt" und er ist allein mit der ganzen „Last" seiner Geworfenheit: „Stiller weinte nun, wie ich noch selten einen Mann habe weinen sehen. Ich ging nicht aus dem Zimmer; meine Anwesenheit fiel schon nicht mehr ins Gewicht." (571)

Stiller ist nun bedingungslos bereit, sein Verhältnis zu Julika anzunehmen, wie es ist, in all seiner Schwere und ohne Hoffnung auf „Verwandlung". Trotzdem aber geschieht kein „Wunder": er kommt zu spät, und auch das ist wiederum ein Zeichen der tiefen Endlichkeit und Geworfenheit. Stiller erfährt bis in die letzte Unerbittlichkeit und „Rätselhaftigkeit", daß eigenes und fremdes Dasein nie von Grund auf beherrscht werden kann, und daß „Wunder" auch dann nicht geschehen, wenn man sie — um im alltäglichen „Wertdenken" zu reden — vielleicht „verdient" hätte.

Wir werden noch zu untersuchen haben, was das „befindliche Verstehen" seiner Geworfenheit für Stillers eigentliches Selbstsein bedeuten wird.

B.   Homo Faber

Während Stiller sich bewußt mit existenziellen Fragen auseinandersetzt und redlich um ein Leben aus eigener Verantwortung kämpft, hat Walter Faber seine Welt von vorneherein so eingerichtet, daß Zweifel oder Probleme möglichst gar nicht erst aufkommen können. Stiller ist sich seines „Hochmuts" bewußt und bemüht, sich in seine „Nichtigkeit" und Endlichkeit zu ergeben. Bei Homo Faber jedoch ist der „Wille zum Willen", der Versuch einer absoluten Beherrschung der Erde, zum Prinzip erhoben.

Jede kleinste Erinnerung an die „Geworfenheit" des Daseins, an die Tatsache, daß er nicht alles und jedes beherrschen kann, wird sofort unterdrückt. Hierin liegt der eigentliche Grund für Fabers neurotische Abscheu vor Schweiß und Bartwuchs — unkontrollierbaren Vorgängen, die den Körper als Gegebenes, nicht voll Beherrschbares zeigen. (Die Szenen, in denen Homo Faber sich rasiert oder duscht, gehen in die Dutzende).

Auch Fabers extreme Bewunderung für Maschinen kommt nicht zuletzt daher, daß er sie im Vergleich zum „verfehlten Material" des menschlichen Körpers sieht. Während der Roboter sich im ewigen Kreislauf bewegen kann („feed back"), ist der Körper vergänglich; er ist unwillkürlichen, ungesteuerten Reaktionen ausgesetzt, und schließlich altert und verfällt er: „Schlimm nur die Zähne. Ich habe sie immer gefürchtet; was man auch dagegen tut: ihre Verwitterung. Überhaupt der ganze Mensch: — als Konstruktion möglich, aber das Material ist verfehlt: Fleisch ist kein Material, sondern ein Fluch." (214)

Was Walter Faber ebenfalls an der Maschine fasziniert, ist ihr Freisein von jeglicher „Befindlichkeit": „Vor allem aber: die Maschine erlebt nichts, sie hat keine Angst und keine Hoffnung, die nur stören, keine Wünsche in bezug auf das Ergebnis [...] darum behaupte ich: Der Roboter erkennt genauer als der Mensch, er weiß mehr von der Zukunft als wir, denn er errechnet sie, er spekuliert nicht und träumt nicht, sondern wird von seinen eigenen Ergebnissen gesteuert (feed back) und kann sich nicht irren; der Roboter braucht keine Ahnungen —" (91 f.)

Gerade solche „Ahnungen" und „Stimmungen" sind es, die Faber immer wieder aus seinem wohlgeplanten Leben herausreißen, das er nicht als endliches sondern als absolutes zu leben gedenkt. Je mehr er vor der „Last" seines endlichen Daseins flieht, um so unkontrollierbarer überfallen ihn die Stimmungen mit der „Ahnung" seiner Geworfenheit:

> Und gerade in der gleichgültigsten und harmlosesten Alltäglichkeit kann das Sein des Daseins als nacktes „Daß es ist und zu sein hat" aufbrechen. [...] daß das Dasein ebenso alltäglich dergleichen Stimmungen nicht „nachgibt", das heißt ihrem Erschließen nicht nachgeht und sich nicht vor das Erschlossene bringen läßt, ist kein Beweis g e g e n den phänomenalen Tatbestand der stimmungsmäßigen Erschlossenheit des Seins des Da in seinem Daß, sondern ein Beleg dafür. Das Dasein weicht zumeist o n t i s c h - e x i s t e n z i e l l dem in der Stimmung erschlossenen Sein aus, das besagt o n t o l o g i s c h - e x i s t e n z i a l: in dem, woran solche Stimmung sich nicht kehrt, ist das Dasein in seinem Überantwortetsein an das Da enthüllt. Im Ausweichen selbst i s t das Da erschlossen. (SZ, 134 f.)

Solche „befindlichen" Zeichen für Fabers Endlichkeit sind etwa gewisse Träume, die ihm noch im Wachen nachgehen: „Ich wollte protestieren, aber konnte meinen Mund nicht aufmachen, ohne die Hand davor zu halten, da mir soeben, wie ich spürte, sämtliche Zähne ausgefallen sind, alle wie Kieselsteine im Mund —"; und nach dem Erwachen: „[...] ich kontrollierte mit meiner Zunge, ob mir wirklich keine Zähne wackelten, alles andere regte mich nicht auf." (18)

Es ist übrigens aufschlußreich, daß Faber selbst, im Zusammenhang mit dem Thema „Empfindung", von „Blindheit" redet, also gefühlsmäßig erkennt, daß Stimmungen zum ursprünglichen Verstehen („Sehen") des

Daseins gehören: „Ich kann es nicht ausstehen, wenn man mir sagt, was ich zu empfinden habe, dann komme ich mir, obschon ich sehe, wovon die Rede ist, wie ein Blinder vor." (136)

Gerade, weil solche Stimmungen plötzlich und unkontrollierbar auftreten können, weil sie Faber in Gefahr bringen, seinen ganzen Lebensplan in Frage zu stellen, muß er auch sie in sein festes Weltbild einfügen und erklärt sie daher zu „technischen" Fehlleistungen: „Was die Stimmung betrifft, so mache ich mir nichts draus, wie gesagt. Manchmal wird man weich, aber man fängt sich wieder. Ermüdungserscheinungen! Wie beim Stahl. Gefühle, so habe ich festgestellt, sind Ermüdungserscheinungen, nichts weiter, jedenfalls bei mir. Man macht schlapp!" (113) Fabers Lieblingsausdruck für solche unwillkürlichen Emotionen ist das Wort „nervös". Indem er den ganzen Bereich der Stimmungen als reine Nervensache abtut, bringt er den Menschen wiederum in Zusammenhang mit der Maschine und zitiert die Fachliteratur zum Beweis für das Unbeweisbare: „Norbert Wiener: *Cybernetics or Control and Communication in the Animal and the Machine*, M. I. T. 1948." (91)

Bezeichnenderweise ist es eine „Stimmung" und nicht etwa eine vernunftmäßige Überlegung, die Faber dazu bringt, daß er zum ersten Male in seinem Leben eine Dienstreise ändert und mit Herbert zu Joachim fährt. Herbert findet es „flott", während Faber bemerkt, daß es kein durchdachter Entschluß sei: „Ich weiß nicht, was es wirklich war." (40) Auf ganz ähnliche Weise kommt er später zu dem „Entschluß", mit dem Schiff nach Europa zu fahren. Er bemerkt: „[...] ich weiß nicht, wieso ich plötzlich [...] auf die Idee kam, nicht zu fliegen. Ich war selbst überrascht." (72)

Diese zweite Änderung in seinen Lebensgewohnheiten tritt ein, nachdem die Erlebnisse im Dschungel und auf der Plantage Joachims ihn in seinem festen Weltbild erschüttert haben. Die Reise in den Dschungel wiederum unternimmt er, nachdem er die Notlandung in der Wüste miterleben mußte. Diese Notlandung ist der erste Anstoß zu einer wachsenden Unterhöhlung seines geplanten Lebens. Sie ist in gewisser Weise ein Bild der Geworfenheit des Menschen überhaupt: „[...] nichts als ein blinder Schlag, Sturz vornüber in die Bewußtlosigkeit." (24) Ohne Bewußtsein oder Kontrolle wird er plötzlich in eine unbekannte Welt „geworfen", in der er „zu sein" hat und in der er sich zurechtfinden muß.

Besonders das Gefühl der „Angewiesenheit" — auf ein rettendes Flugzeug, auf neue Eßvorräte, usw. — ist in dieser Wüstenszene vorherrschend; dazu die Erfahrung der „Nichtigkeit" des Daseins: die Herren der Erde als „Gesellschaft in Büstenhaltern und Unterhosen", (35) und der Vergänglichkeit des Menschen, dessen irdische Spuren lautlos verlöschen:

„[...] vor allem ein steter Wind, der den Sand nicht aufwirbelte, wie gesagt, aber rieseln ließ, so daß unsere Trittspuren immer wieder gelöscht waren, immer wieder sah es aus, als wäre niemand hier gewesen [...]" (32).

Von seiner technischen Schutzwelt im Stich gelassen, erlebt Faber in der Wüste zum ersten Male, wie wenig der Mensch das Seiende beherrscht, und erfährt in den unwillkürlichen Stimmungen, daß die Welt mehr ist als eine „Tankstelle" zum Verbrauch des Menschen. (Wir hatten im letzten Kapitel bereits gesehen, wie Faber in der nächtlichen Wüstenszene vergeblich versucht, sein technisches Wissen gegen die Unheimlichkeit auszuspielen, die die „Befindlichkeit" ihm spontan zu verstehen gibt).

Faber verläßt die Wüste schließlich mit einem vorlogischen Gefühl des Überdrusses an seinem bisherigen seinsverlassenen Lebensstil: „[...] es ödete mich einfach an, schon wieder in ein Flugzeug zu steigen, schon wieder Gürtel zu schnallen [...]" (40). Daß diese Aussage Ekel an einem ganzen Lebensstil bezeugt und nicht eine vorübergehende Abneigung gegen das Fliegen ist, zeigt sich daran, daß Fabers veränderte Reisepläne ebenfalls einen Flug einschließen: „— eine Stunde später flog ich mit Herbert." (40)

Ein solches Angeödetsein vom eigenen Dasein wird von Heidegger wie folgt beschrieben: „Die oft anhaltende, ebenmäßige und fahle Ungestimmtheit [...] ist so wenig nichts, daß gerade in ihr das Dasein ihm selbst überdrüssig wird. Das Sein ist als Last offenbar geworden. Warum, weiß man nicht. [Siehe Faber: „Ich wußte nicht, was es wirklich war"]. Und das Dasein kann dergleichen nicht wissen, weil die Erschließungsmöglichkeiten des Erkennens viel zu kurz tragen, gegenüber dem ursprünglichen Erschließen der Stimmungen, in denen das Dasein vor sein Sein als Da gebracht ist." (SZ, 134)

Auf seiner Fahrt zu Joachim, die in den Dschungel führt, entfernt Faber sich immer weiter von der zivilisierten Welt, die ihm zum Schutz vor der Endlichkeit diente.[4] Schon nach seiner Landung in Campeche

---

[4] In: „Reisemotive in den Romanen Max Frischs" beschreibt Gerd Hillen Fabers Reisen als eine Konfrontation mit den „menschlichen Begrenzungen", eine Definition, die an Heideggers Terminus der „Geworfenheit" anklingt: „Fabers Reisen, es sind insgesamt vier, haben alle eins gemeinsam: Sie führen zurück. Von New York, Hochburg moderner Zivilisation, zu den Tempeln des Inkareiches, von New York nach Griechenland, dem Ursprung europäischer Kultur. Sogar die Wahl der Verkehrsmittel bezeichnet die Richtung: Von der Super Constellation zum Passagierdampfer, schließlich bringen ihn Lastwagen und Eselkarren nach Athen. [...] Seine Reisen führen ihn, den Apostel technischen Fortschritts, zurück zu dem im technischen Sinne Primitiven, zu der Sphäre von Zeugung, Geburt, Altern und Tod. Indem er mit der Hybris des Technikers gegen diese schicksalhaft menschlichen

erlebt Faber einen Vorgeschmack des „Ausgesetztseins" („Geworfenheit"), das ihn im Dschungel erwartet: es herrscht eine „Hitze mit schlei-
miger Sonne und klebriger Luft, Gestank und Schlamm, der an der
Sonne verwest, und wenn man sich den Schweiß aus dem Gesicht wischt,
so ist es, als stinke man selbst nach Fisch." (40) Noch ist eine Möglichkeit
da, sich zu duschen, aber aus dem „schimmeligen Vorhang" fallen „fin-
gerlange Käfer", die Faber noch bis in seine Träume hinein verfolgen.
„Verreckte" Tiere liegen auf der Straße und werden von großen schwarzen Totenvögeln, Zopiloten, auf widerliche Weise zerhackt. (41) Faber
ist „verzweifelt", aber er fliegt nicht nach Mexico City zurück, sondern
nimmt mit Herbert den Zug nach Palenque, warum, „weiß" er nicht (!)
(41).
    Der Zug, den Faber und Herbert nehmen, hat „Air-Condition", ist
also noch Teil der vom Menschen beherrschten und kontrollierten Welt.
Aber in seiner unendlich langsamen Fahrt, in seinen ständigen Aufent-
halten auf wilder, offener Strecke, zeigt sich die Zerbrechlichkeit menschlicher Erdherrschaft. Faber selbst äußert übrigens am Ende des Romanes
seine Gedanken über die Ungesichertheit menschlichen Daseins, die er
hier im Dschungel ursprünglich durchlebt: „Zone des Lebens, wie dünn
sie eigentlich ist, ein paar hundert Meter, dann wird die Atmosphäre
schon zu dünn, zu kalt, eine Oase eigentlich, was die Menschheit be-
wohnt, die grüne Talsohle [...] eine Zeit lang gibt es noch Herden,
weidend am Rande des möglichen Lebens, Blumen — [...] dann nur
noch Geröll, dann Eis —" (243)
    Am Ziel der Zugfahrt, in Palenque, befinden Faber und Herbert
sich endgültig am „Ende der Zivilisation" (44). Der Aufenthalt in
Palenque dauert von Mittwochmorgen bis Montagmorgen. Diese fünf
Tage sind gekennzeichnet von einem völligen Zusammenbrechen aller
für Walter Faber gewohnter Schutz- und Fluchthandlungen. Wille und
Logos verlieren ihre Funktion: statt — wie Faber es immer beschreibt —
als Herr und Meister „mit beiden Beinen" auf der Erde zu stehen, „hängen" die beiden in ihren Hängematten, schlapp und „entschlußlos" und
betrachten „Schwitzen" als einzigen „Lebenszweck" (44). Faber versinkt in einen rein „befindlichen" Zustand, in dem er sich nicht mehr
dazu aufschwingen kann, die Welt als Gegenstand vor sich hinzustel-
len: „Sogar zum Filmen war ich zu faul." (48) Die tiefe Gleichgültigkeit, in die Faber untergeht, ist gekennzeichnet durch Aussagen wie:
„Man vergißt hier alles" (50), oder: „Herbert fragte, was ich denn
glaube. Nichts!... es war einfach zu heiß, um etwas zu glauben, oder
dann glaubte man geradezu alles — wie Herbert." (46)

Begrenzungen verstößt, weckt er die Erinnyen [...]" (*Wirkendes Wort*, 19 [1969],
S. 131).

Was Faber und Herbert hier erleben ist ein völliges Sichüberlassen an die „Geworfenheit". Die Geworfenheit, deren Annahme die Grundlage zur eigentlichen Existenz bilden sollte, wird zum einzigen Lebensprinzip: „Die fahle Ungestimmtheit der Gleichgültigkeit vollends, die an nichts hängt und zu nichts drängt und sich dem überläßt, was jeder Tag bringt [...] demonstriert am eindringlichsten die Macht des Vergessens in den alltäglichen Stimmungen des nächsten Besorgens. Das Dahinleben, das alles ‚sein läßt',[5] wie es ist, gründet in einem vergessenden Sichüberlassen an die Geworfenheit." (SZ, 345)

Wie ein „entschlossener" Mensch sich in der gleichen Situation verhält, zeigt sich an Marcel, dem „Ruinen-Freund", der einen „festen Punkt" besitzt, von dem aus er die extreme Situation bestehen kann. Er ist der einzige in der Gruppe der drei Männer, der sich den Verhältnissen weder hilflos überläßt, noch sinnlos dagegen anrennt, sondern dem es gelingt, auch in dieser Umgebung „in der Welt zu sein". Bezeichnenderweise ist es auch Marcel, der schließlich den rettenden Jeep für die Fahrt nach Guatemala besorgt. Während Faber und Herbert den Jeep durch Geldangebote zu bekommen suchten, erhält Marcel das Auto, weil er über mehr verfügt, als eine geschäftliche Beziehung zur Welt, nämlich seine „Freundschaft mit dem [...] Wirt" (54).

Das Gefühl der Ohnmacht und Geworfenheit verstärkt sich noch während der Fahrt durch den Dschungel. Das einzige Mittel, um dieses Gefühl überhaupt auszuhalten, ist Alkohol, also auch eine Art Flucht: „Zum Glück hatten wir Rum!" (60) Die Szenen ständiger Verwesung und Fruchtbarkeit, die einfach da sind, ohne daß der Mensch sie regulieren oder beherrschen könnte, zeigen Faber endgültig die Grenzen, die der Erdherrschaft des Daseins gesetzt sind: „Was mir auf die Nerven ging: die Molche in jedem Tümpel, in jeder Eintagspfütze ein Gewimmel von Molchen — überhaupt diese Fortpflanzerei überall, es stinkt nach Fruchtbarkeit, nach blühender Verwesung. Wo man hinspuckt, keimt es." (61)

Es handelt sich bei dieser Gegenüberstellung Fabers mit dem ungezähmten Dschungel nicht etwa um den klassischen Gegensatz Geist — Natur, mit positivem Akzent auf jeweils der einen, negativem Akzent auf der anderen Komponente. Fabers logisch-geplantes Dasein ist zwar durchaus mit negativen Vorzeichen versehen, es wäre jedoch verfehlt, in den chaotischen Dschungelszenen mit ihren Bildern von stinkenden

---

[5] Es muß darauf hingewiesen werden, daß „sein lassen" hier von Heidegger in Anführungszeichen gesetzt wird, weil es sich dabei nicht etwa um den existenziellen Akt des „Bewendenlassens" handelt, sondern um die oben beschriebene fahle Gleichgültigkeit dem eigenen Sein gegenüber.

Gewässern und gräßlichen Kadavern das positive Bild jenes „natürlichen Lebens" zu sehen, das Faber in seinem Technikerdasein versäumt
hätte.[6] Es handelt sich überhaupt nicht um das Problem zweier dialek-
tischer Lebenshaltungen, sondern um das eine Thema der „Geworfenheit" des Menschen, die sich in zwei extremen Situationen manifestiert:
einmal in Fabers sorgfältig geplantem Technikerdasein, das in seiner
Fluchthaltung schon immer zeigt, daß Faber die Last des Daseins bereits
„irgendwie" verstanden hat, und zum anderen im Ausgesetztsein im
Urwald, bei dem Faber von der Tatsache seiner Ohnmacht zutiefst
durchstimmt wird, so daß es ihm auf kurze Zeit unmöglich ist, hinter
seiner Technikerrolle Schutz zu suchen. Heidegger bemerkt über die
Geworfenheit: „Im Verhalten zu Seiendem, das der Mensch nicht ist,
findet er das Seiende schon vor als das, wovon er getragen wird, worauf
er angewiesen ist, dessen er im Grunde bei aller Kultur und Technik
nie Herr werden kann. Angewiesen auf das Seiende, das er nicht ist,
ist er zugleich des Seienden, das er ist, im Grunde nie mächtig." (KPM,
205 f.)

Daß es sich bei Fabers Abscheu vor dem Dschungel wirklich um die
Frage der menschlichen Geworfenheit und Begrenztheit handelt, erfahren wir später auch aus Fabers eigenem Munde. Der Dschungel ist für
ihn das Wahrzeichen aller Lebensbereiche, deren der Mensch sich nicht
bemächtigen kann: „Wir leben technisch, der Mensch als Beherrscher der
Natur, der Mensch als Ingenieur, und wer dagegen redet, der soll auch
keine Brücke benutzen, die nicht die Natur gebaut hat [...] Dann
auch keine Glühbirne, keinen Motor [...] keine Narkose — dann los
in den Dschungel." (131)

Für das Thema „Geworfenheit" ist es auch aufschlußreich, die unter-
schiedliche Haltung zu beobachten, die Herbert und Faber einnehmen,
als sie sich ihrer Ohnmacht bewußt werden. Was Herbert anbetrifft,
so können wir verfolgen, wie er sich zunehmend an die gegebene Situation verliert. Dies wird vor allem in den Szenen mit den Zopiloten dar-
gestellt. Zu Beginn wehrt Herbert sich in blinder Wut gegen die scheuß-
lichen Totenvögel: „Einmal, als Herbert am Steuer saß, packte ihn ein
regelrechter Koller; plötzlich gab er Vollgas und hinein in die schwarze
Meute, mitten hinein und hindurch, so daß es von schwarzen Federn
nur so wirbelte." (60) Am Ende ihrer Reise, als sie schon den Außen-
bezirk der Plantage erreicht haben, nimmt Herbert noch einmal seine

---

[6] Ursula Roisch teilt diese Ansicht. In: „Max Frischs Auffassung vom Einfluß der
Technik auf den Menschen" schreibt sie: „[Joachims] Freitod führt das retour à la
nature ad absurdum. Die bewußtlos produzierende Natur ist ebenso menschen-
feindlich wie die Alleinherrschaft des männlichen Prinzips der Nur-Zivilisation."
(*Weimarer Beiträge.* XIII, 6 (1967), S. 960).

ganze Kraft zusammen, in einem sinnlosen Anrennen gegen das Un-
kontrollierbare: „Wir suchten noch bei Mondschein, bis Herbert auf die
Zopilote stieß, Zopilote auf einem toten Esel — er schrie und fluchte
und schleuderte Steine gegen die schwarzen Vögel, nicht abzuhalten in
seiner Wut. Es war scheußlich. Die Augen des Esels waren ausgehackt,
zwei rote Löcher, ebenso die Zunge, nun versuchten sie, während Herbert noch immer Steine schleuderte, die Därme aus dem After zu zer-
ren." (65) Mit dieser letzten Anstrengung scheint Herbert seine ganze
Widerstandskraft verloren zu haben. Er bricht plötzlich zusammen und
endet im Zustand des oben bereits erwähnten „vergessenden Sichüber-
lassens an die Geworfenheit" (SZ, 345): „Einmal — ich hörte plötzlich
keine Schritte mehr und blickte nach Herbert — stand er drüben beim
toten Esel, ohne Steine zu werfen gegen die huschenden Vögel, er stand
und sah es sich an. Sie fraßen die ganze Nacht —" (65)

Wir hatten Herbert als einen Menschen kennengelernt, der alles andere
als ein „entschlossenes" Selbst ist. Mit seinen ro-ro-ro-Romanen, seinen
ständig wiederholten Klischees über „den Iwan", die „asiatische Gefahr" und die „Zukunft der deutschen Zigarre" ist er der ironisch gesehene Vertreter typischer westlicher „Kulturwerte". Die blinde Wut,
die ihn überkommt, als die angelernten Klischees versagen, zeigt nur
allzu deutlich die Oberflächlichkeit der so ernsthaft geglaubten „Ideale".
Anders als Faber, der ein viel exakter entworfenes Weltbild besitzt,
weiß Herbert nicht, wohin er sich flüchten soll. Schneller als Faber verliert er sich daher an das Gegebene, und die geglaubten Werte brechen
zusammen: „Der Esel lag offen, die Zopilote waren satt und hockten
auf den Bäumen ringsum, wie ausgestopft, als wir losfuhren ohne Weg;
Herbert als Vertreter und Neffe der Hencke-Bosch GmbH., der diese
Felder gehörten, übernahm das Steuer, nach wie vor wortlos, und fuhr
mitten durch den Tabak, es war idiotisch, hinter uns die Bahnen von
zerstörtem Tabak [. . .]" (65).

Das „Aufgeben" Herberts gipfelt schließlich darin, daß er seinem
ganzen früheren Leben den Rücken zukehrt und in Guatemala bleibt.
Er gleicht hier Stiller in seinem Frühstadium, nur, daß Herbert auf
dieser Stufe stehenbleibt, daß er seine Vergangenheit endgültig verleugnet und in eine dumpfe Vergessenheit sinkt. Als Faber ihn zwei Monate
später noch einmal besucht, ist es Herberts einzige Sorge, daß der Freund
ihn nach Düsseldorf zurückholen könnte. Indem er sich völlig von seiner als verfehlt entlarvten Vergangenheit lossagt, ist er nicht mehr in
der Lage, mit der Gegenwart fertig zu werden. Das einzige Kommuni-
kationsmittel dem Freund gegenüber ist „Grinsen" und „Blödeln",
jedes „zweite Wort" ist ein gleichgültiges „Nada!" (das spanische Wort
für „nichts"). (210)

Im Gegensatz zu Herbert Hencke kann Walter Faber sich nach der angsterfüllten Konfrontation mit seiner Geworfenheit noch einmal in sein altes Leben zurückretten, jedoch nicht ohne eine empfindliche Unterhöhlung seines Weltbildes. Er ist von Herberts „Aufgeben" zutiefst betroffen und beunruhigt. Als er mit Marcel zurückfährt und Herbert allein auf der Plantage zurückläßt, hat er ein unverhältnismäßig schlechtes Gewissen. Eine ganze Seite lang zählt er die Gründe auf, warum er nicht bei Herbert in Guatemala bleiben kann. Nun wäre es, vom vernünftig-alltäglichen Standpunkt aus gesehen, kaum zu erwarten, daß Faber mit Herbert in diesem unerträglichen Landstrich zurückbliebe. Aber gerade die Tatsache, daß man ein Bleiben weder aus „moralichen" noch aus „praktischen" Gründen erwarten könnte, beweist, daß Fabers Beunruhigung tiefer liegt, jenseits aller vernunftmäßigen oder ethischen Erwägungen. Herberts Lage zeigt ihm in aller Deutlichkeit, daß auch er bedroht ist, und daß er sich — existenzial gesehen — auf der Flucht befindet vor jenem ganzen Bereich, dem Herbert so bedingungslos verfallen ist. Die Aufgabe der eigentlichen Existenz wäre es, diesen Bereich anzunehmen und auf seinem Grunde eigentlich zu existieren.

Erst, als Faber sich überzeugt hat, daß Herbert einen gut funktionierenden Jeep und genügend Benzin zur Verfügung hat, beruhigt er sich wieder. Sein Weltbild ist noch einmal gerettet; der technisch ausgerüstete Mensch ist doch und trotz allem Herr seines Daseins. Bei seinem letzten Besuch auf Herberts Plantage beschäftigt Faber sich dann „tagelang" damit, den inzwischen völlig verschlammten Jeep zu reparieren, während Herbert vollkommen gleichgültig bleibt. Fabers Weltbild ist zu diesem Zeitpunkt durch Sabeths Tod noch schwerer erschüttert worden. Jetzt soll die „Rettung" Herberts mit Hilfe der Technik ihm noch einmal den Beweis erbringen, daß seine berechnete Welt immer noch stimmt: „Ich ließ ihn blödeln. Ohne Nash war Herbert verloren. Ich ließ mich nicht anstecken und arbeitete." (210)

Herbert Hencke und Walter Faber erscheinen hier als Protagonisten einer jeweils extremen Einstellung zur Geworfenheit des Daseins. Faber ist nicht bereit, die Geworfenheit des Menschen zu sehen, von der aus erst das eigene Dasein übernommen werden kann. Er befindet sich auf der Flucht, und die Technik bietet ihm immer wieder Schutz gegen das Unberechenbare. Herbert, auf der anderen Seite, begreift zwar das Geworfensein des Menschen, ist aber unfähig, es als Grundlage für ein mögliches Selbstsein fruchtbar zu machen: Er verfällt an die gegebene Lage, und zwar schutzlos, weil sein Weltbild aus einer Ansammlung loser Klischees bestand und nicht, wie bei Walter Faber, zu einem festen System entwickelt war.

Es gibt übrigens während der Dschungelfahrt — jenseits der Bilder menschlicher Ohnmacht — auch Szenen, die ein „Seinkönnen" des Menschen bezeugen, die Möglichkeit, Sein zu verstehen und eine echte Beziehung zur Welt aufzunehmen. So berichtet Faber etwa über einen der Zug-Aufenthalte bei der Fahrt nach Palenque: „Ich ging aufs Trittbrett hinten, Stille mit Wetterleuchten, ein Büffel stand auf dem schnurgeraden Geleise vor uns, nichts weiter [...]. Nach einigen Minuten ging der Büffel (oder was es war) langsam aus dem Scheinwerfer, dann hörte ich Rauschen im Dickicht, das Knicken von Ästen, dann ein Klatschen, sein Platschen im Wasser, das man nicht sah —" (43) Faber ist hier in der Lage, Geräusche nicht einfach technisch wahrzunehmen, sondern gleichzeitig Seiendes mitzuhören, obwohl er im Dunkeln gar nichts sieht. Auch diese Art der Wahrnehmung ist ein ursprüngliches Vermögen des Menschen, das zu seinem „Seinkönnen" in der Welt beiträgt. Laut Heidegger begreift der Mensch sein In-der-Welt-sein nicht nur in der Stimmung, sondern auch im Sehen, Reden und Hören: „,Zunächst' hören wir nie und nimmer Geräusche und Lautkomplexe, sondern den knarrenden Wagen, das Motorrad. Man hört [...] den Nordwind, den klopfenden Specht, das knisternde Feuer. Daß wir aber zunächst Motorräder und Wagen hören, ist der phänomenale Beleg dafür, daß das Dasein als In-der-Welt-sein je schon beim innerweltlich Zuhandenen sich aufhält [...]. Das Dasein ist als wesenhaft verstehendes zunächst beim Verstandenen." (SZ, 163 f.)

In einer anderen Dschungel-Szene stoßen wir auf eine leise Anspielung darauf, daß der Mensch mehr ist als reine Geworfenheit, daß er aufgerufen ist, „Hüter des Seins" zu sein. In dieser Szene erhalten wir einen Hinweis darauf, daß der Mensch sich seiner Hirtenrolle entzogen hat, obwohl das grundsätzliche Verstehen (Lichtung) gegeben ist: „Wir fuhren [...] im Zickzack, wo es uns durchließ, das Dickicht, das übrigens nicht so lückenlos ist, wie es aus der Ferne aussieht, überall gab es wieder Lichtungen, sogar Herden, aber ohne Hirten [...]" (59). Diese vielleicht unbedeutend anmutende Textstelle gewinnt ihren besonderen Rückhalt erst aus dem Ende des Romanes, und zwar auf dem Hintergrund der „Erkenntnis", die Faber über das menschliche Sein gewonnen hat. Er versteht schließlich das In-der-Welt-sein als wesenhaft „gelichtetes" (verstehendes) und die Aufgabe des Menschen als Hirtenberuf: „Auf der Welt sein: im Licht sein. Irgendwo (wie der Alte neulich in Korinth) Esel treiben, unser Beruf!" (247)[7]

---

[7] Die mythischen Vorzeichen dieses Romanes (die Reise nach Griechenland, die angedeuteten Ödipus- und Klytämnestra-Handlungen) sprechen nicht gegen eine existenziale Interpretation, sondern tragen dazu bei, Fabers Entfremdung von der Welt ins Beispielhafte zu heben, in den Horizont einer globalen Gefahr. Die

Während für Herbert Hencke also das Verfallen an die „geworfene"
Situation das letzte Wort ist, wird Faber am Ende zu einem wesentlichen
Verstehen des In-der-Welt-seins gelangen.

mythologische Deutung der Welt ist nicht etwas von der existenzialen Problematik
völlig Verschiedenes, sondern — laut Heidegger — nur ein weiteres Beispiel dafür,
daß der Mensch „von Hause aus" sein Sein schon irgendwie versteht: „[...] das
Dasein [...] ist nicht nur vorhanden, sondern hat sich, in welcher mythischen und
magischen Auslegung auch immer, je schon verstanden." (SZ, 313).

III. Heidegger: Alltäglichkeit, Verfallen, Man

Im Kapitel „Geworfenheit" war bereits von einer Flucht vor der Last des Daseins die Rede. Die übliche Weise, in der der Mensch sich der Verantwortung für das eigene Sein entzieht, ist das Untergehen in die banalen Beschäftigungen des Alltags, oder — wie Heidegger es nennt — das „Verfallen" des Daseins. (SZ, 175 f.) Wenn wir uns dem Dasein nähern, so finden wir es „zunächst und zumeist" in einem Zustand alltäglicher „Durchschnittlichkeit" (SZ, 127). In dieser Durchschnittlichkeit entscheidet das Dasein nicht selbst über seine Existenz, sondern das öffentliche „Man" hat schon immer „über die alltäglichen Seinsmöglichkeiten des Daseins entschieden" (SZ, 126). „[In der] Unauffälligkeit und Nichtfeststellbarkeit entfaltet das Man seine eigentliche Diktatur. Wir genießen und vergnügen uns, wie man genießt, wir lesen, sehen und urteilen über Literatur und Kunst, wie man sieht und urteilt; [...] wir finden ‚empörend', was man empörend findet." (SZ, 126 f.)

„Verfallen" bedeutet also, sein Dasein nicht aus dem eigenen Sein heraus, sondern aus den Ansichten, Meinungen und Regeln der „anderen" (zu denen „man" immer auch selbst gehört) zu gestalten. Es ist „uneigentliches" Existieren, Treulosigkeit dem eigenen Selbst gegenüber: „Von ihm selbst als faktischem In-der-Welt-sein ist das Dasein als verfallendes schon abgefallen" (SZ, 176). „Im Verfallen geht es um nichts anderes als um das In-der-Welt-sein-können, wenngleich im Modus der Uneigentlichkeit" (SZ, 179). Das Dahinleben mit der Menge ist in vieler Hinsicht „leichter" als ein Dasein in persönlicher Verantwortung: daher liegt im Menschen eine ständige Versuchung zum „Verfallen":

> Das Man kann es sich gleichsam leisten, daß „man" sich ständig auf es beruft. Es kann am leichtesten alles verantworten, weil keiner es ist, der für etwas einzustehen braucht. Das Man „war" es immer und doch kann gesagt werden, „keiner" ist es gewesen. [...] Das Man entlastet so das jeweilige Dasein in seiner Alltäglichkeit. Nicht nur das: mit der Seinsentlastung kommt das Man dem Dasein entgegen, sofern in diesem die Tendenz zum Leichtnehmen und Leichtmachen liegt. Und weil das Man mit der Seinsentlastung dem jeweiligen Dasein ständig entgegenkommt, behält es und verfestigt es seine hartnäckige Herrschaft (SZ, 127 f.).

> [...] das Dasein bereitet ihm selbst die ständige Versuchung zum Verfallen. Das In-der-Welt-sein ist an ihm selbst versucherisch (SZ, 177).

Das verfallende In-der-Welt-sein ist als versuchend-beruhigendes zugleich e n t -
f r e m d e n d (SZ, 178).

Die Alltäglichkeit ihrerseits ist für Heidegger keine rein negative
Bestimmung, sondern eine positive Grundweise des In-der-Welt-seins.
Ohne das alltägliche „Besorgen" könnte der Mensch nicht existieren,
und so ist auch im eigentlichen Selbstsein das Dasein nie der Alltäglichkeit enthoben. Nur, daß die Uneigentlichkeit im alltäglichen Dahinleben
ihre hartnäckigste Herrschaft antreten kann, während das eigentliche
Dasein „weiß", daß der Alltag nicht die wahre Heimat des Menschen
ist. Dem „entschlossenen" Dasein ist die Alltagswelt gleichsam „durchsichtig", das heißt es verliert sich nie endgültig an das „alltägliche Besorgen", sondern holt sich immer wieder aus dem notwendigen Umgang
mit dem Nur-Seienden in die Offenheit zum Sein zurück.

A. Stiller

In der Eröffnungsszene des Romanes treffen wir Stiller in seiner Gefängniszelle: uneins mit sich selbst und der Welt. Er wehrt sich gegen
die Art und Weise wie „man" ihn sieht und hält „ihnen" sein „Ich bin
nicht Stiller" entgegen. Er ist also schon darüber hinaus, sich „beruhigt"
der Diktatur der Öffentlichkeit zu unterwerfen, ist aber nicht imstande,
dem abgelehnten Durchschnittsdasein ein eigenes Selbst entgegenzu-
stellen. Stiller greift daher zu künstlichen Mitteln, um dem „versucheri-
schen" Einfluß der anderen auszuweichen: er schreit nach Whisky:
„Denn ohne Whisky, ich hab's ja erfahren, bin ich nicht ich selbst, sondern neige dazu, allen möglichen guten Einflüssen zu erliegen und eine
Rolle zu spielen, die ihnen so passen möchte, aber nichts mit ihr zu tun
hat" (9).

Exzessiver Alkoholgenuß kennzeichnet den Frischschen Helden im
Zwischenstadium: wenn er „stimmungsmäßig" erfaßt hat, daß er sich
von seiner uneigentlichen Existenz lossagen sollte, aber nicht wirklich
weiß, wie er zu einem „festen Punkt" gelangen soll. Das Wort „Rolle"
bedeutet in diesem Zusammenhang immer die von der Öffentlichkeit
diktierte Identität: das „Man"-selbst anstelle des „Ich"-selbst.

Da die „anderen" in irgendeiner Form immer zugegen sind, ist es
auch für ein „entschlossenes" Dasein schwierig, sich dem Einfluß der
Menge auf die Dauer zu entziehen. Stiller bemerkt daher gegen Ende
des Romanes — an einer früher bereits zitierten Stelle — daß er versuchen
müßte, „ohne Trotz durch ihre Verwechslung hindurchzugehen, eine

Rolle spielend, ohne daß ich mich selber je damit verwechsle, dazu aber müßte ich einen festen Punkt haben" (317 f.). Es wäre Stiller auf diese Weise möglich, das Zentrum seiner Existenz wirklich in das eigene Dasein zu verlegen, während eine ständige Trotzhaltung, mit der er sich um „Abstand" von der Menge bemüht, doch wiederum das Hauptgewicht auf die „anderen" verlagert. Heidegger erläutert: „Die sogenannte ‚private Existenz' ist jedoch nicht schon das wesenhafte, nämlich freie Menschsein. Sie versteift sich lediglich zu einer Verneinung des Öffentlichen. Sie bleibt der von ihm abhängige Ableger und nährt sich vom bloßen Rückzug aus dem Öffentlichen. Sie bezeugt so wider den eigenen Willen die Verknechtung an die Öffentlichkeit." (Hum, 8)

Rolf gibt eine ganz ähnliche Analyse: „Solange ich die Umwelt überzeugen will, daß ich niemand anders als ich selbst bin, habe ich notwendigerweise Angst vor der Mißdeutung, bleibe ihr Gefangener kraft dieser Angst [...]" (427). Am Ende des Romanes gelingt Stiller die von ihm ersehnte Verbindung zwischen „Rolle" und „Selbstannahme"; Rolf berichtet: „Seine Lust an Eulenspiegelei hat Stiller nie verlassen. Er brauchte ein gewisses Maß von Verstellung, um sich unter Menschen wohl zu fühlen" (518), aber: „Er war frei von der Angst, nicht erkannt zu werden, und in der Folge fühlte man sich freier auch zu ihm, wie aus einem engen Bann entlassen." (538)

Stillers „Eulenspiegelei" ist seine Weise, sich den Alltag „durchsichtig" zu machen, das heißt mit den Forderungen der Menge zu leben, ohne ihr zu verfallen. Ganz im Sinne Heideggers begreift er den Umgang mit dem alltäglichen „Man" als nicht zu ändernde Notwendigkeit der „geworfenen" Existenz. Um sich nicht selbst zu verlieren, spielt er die Rolle, mit der er persönlich im Alltag ohne Trotz existieren kann.

Im Gegensatz zu diesem späten Zeitpunkt besteht Stillers Leben vor und während seiner Gefangenschaft aus zahllosen Situationen, in denen er sein Dasein nicht aus sich selbst heraus, sondern nach Maßen und Regeln der Menge lebt. Dies geschieht — wie oben bereits angedeutet — oft gerade dann, wenn er danach strebt, sich von den „anderen" zu unterscheiden. So erfahren wir etwa beim Lokaltermin, wie Stillers Atelier aussieht: „[...] ein Ofenrohr quer durch den Raum demonstriert mit einer nicht zu übersehenden Geste, daß es hier keinerlei Konvention gibt, dabei ist es genau das Ofenrohr, wie man es in fast jedem Pariser Atelier findet, das konventionelle Requisit einer gewissen Bohème." (472 f.) Stillers eklektische Büchersammlung, die „keine einzige Gesamtausgabe" enthält, trägt ebenfalls das Gepräge anspruchsvoller Durchschnittlichkeit; jedenfalls ist es nicht möglich, einen ganzen Menschen dahinter zu sehen, denn „es würde schwerfallen, daraus einen geistigen Steckbrief" zu machen (474 f.).

Auch Stillers Aufschneidereien Knobel gegenüber sind ein Versuch, sich abenteuerlicher, exotischer, kurz „anders" zu geben als der Durchschnitt. Dabei erzählt er eigentlich nichts weiter als Allerweltsgeschichten, oberflächliche Abenteuer des Man, Geschichten wie aus schlechten Filmen. Da ist etwa die Mulattin Florence, die er mit großartiger Gebärde aus einem brennenden Haus rettet („Und wie ich sie packe, lacht sie mit der ganzen Weiße ihres Gebisses. Ich habe einen Mann! sagt sie. Also los! sage ich" (69)); oder Florences Mann Joe, der kurzerhand aus dem Weg geräumt wird („Und Schuß. Und kein Wort mehr von Joe" (66)). Seines banalen Alltagslebens überdrüssig, sieht Stiller sich hier in fantastischen Abenteuern, die auf ihre eigene Art genau so „uneigentlich" sind wie der verhaßte Alltag selbst: kein wirklich bewältigtes Leben, sondern Illustrierten-Storys, die die Last des Daseins verleugnen.

Die Florence- und Joe-Geschichten sind Ersatzträume für ungelebte Situationen aus Stillers Leben. Florence ist seine naive Wunschvorstellung von einem unkomplizierten Verhältnis zum „Du" und steht im direkten Kontrast zu seiner Hilflosigkeit Julika gegenüber. Das Verlangen nach äußerlicher Großartigkeit als Ersatz für ein persönliches Wagnis ist auch das Hauptmotiv bei Stillers Versuch als Spanienkämpfer. Es handelt sich dabei nicht um einen wirklichen Einsatz, sondern um „Flucht vor sich selbst" zugunsten einer Klischeevorstellung von „geschichtlicher und überpersönlicher Verpflichtung." (182) Sein „Versagen" ist ihm nicht zuletzt deshalb so bitter, weil er dabei einer bequemen Illusion beraubt wurde: daß er außerhalb seiner selbst, kraft der schieren Wichtigkeit und Gerechtigkeit einer „Sache", zur persönlichen „Entschlossenheit" finden könnte. Wie auch Heidegger erläutert, ist ein echter Einsatz für eine „Sache" nur dann zu erwarten, wenn das einzelne Dasein sich schon „gewählt" hat, noch bevor es eine öffentliche Aufgabe übernimmt: „Das Miteinandersein derer, die bei derselben Sache angestellt sind, nährt sich oft nur von Mißtrauen. Umgekehrt ist das gemeinsame Sicheinsetzen für dieselbe Sache aus dem je eigens ergriffenen Dasein bestimmt." (SZ, 122) Stillers spätere Versuche, sich von der Menge loszusagen, sind dann, wie wir oben bereits gesehen hatten, nur eine Flucht in die andere Richtung und ebenfalls weg vom eigenen Selbst.

In einem Gespräch mit Rolf wird die Tendenz des Daseins, vor sich selbst zu fliehen und sich hinter der anonymen Umwelt zu verstecken, noch einmal näher erörtert: „Merkwürdigerweise ist ja die Richtung unserer [Selbstüberforderung] nicht [...] eine Richtung auf unser Selbst hin, sondern weg von unserem Selbst [...]. Daß die Selbstannahme mit dem Alter von selber komme, ist nicht wahr. [...] unsere Frist wird kürzer und kürzer, eine Resignation immer leichter in Anbetracht einer ehrenvollen Karriere, noch leichter für jene, die überhaupt keine Karriere machten und sich mit der Arglist der Umwelt trösten, sich abfinden können als verkannte Genies [...]" (426).

In der Konfiguration der drei männlichen Hauptgestalten: Rolf, Stiller und Bohnenblust entwirft Frisch drei Grundweisen der menschlichen Existenz: Rolf als der „verstehende" Freund, der sich selbst mühsam zum eigenen Selbstsein durchgerungen hat und dem daher Stillers Situation „durchsichtig" ist (wir werden Rolfs Qualifikationen als Freund und Augenzeuge im Kapitel „Mitsein" noch näher erörtern); Stiller als der Mensch im Zwischenstadium, der versucht, von einem „verfallenden" Leben loszukommen und ein authentisches Selbstsein zu gewinnen; und schließlich der Vertreter des „Man", Doktor Bohnenblust, dessen Name bereits eine pflanzenhafte Unbekümmertheit andeutet, und der trotz beachtlicher „Intelligenz" (26) ein erschreckendes Lebensklischee lebt. Stiller beschreibt an einer Stelle die Bohnenblustsche Plattheit und Eindimensionalität mit einer Metapher, die an „Graf Öderland" anklingt: „[...] weil ich Leute seiner Art, die sich selbst und daher auch mir keinen Mord zutrauen können, auf die Dauer nicht ertrage." (ebd.)

Beim Lokaltermin in Stillers Atelier zeigt Bohnenblust endgültig, wie das „Man" jede „Ausnahme" und jeden „Vorrang" unterdrückt (SZ, 127). Im Jargon eines preußischen Junkers gibt er seitenlang alles von sich, was er je an Wahrheiten und Wahlsprüchen gehört hat und verwandelt mit dem ständigen Gebrauch des abschwächenden Wortes „ein bißchen" auch noch das ursprünglich Echte in Platitüden. Heidegger bemerkt über ein solches „Gerede" des Man: „Alles Ursprüngliche ist über Nacht als längst bekannt geglättet. Alles Erkämpfte wird handlich. Jedes Geheimnis verliert seine Kraft. [...] [Das Man ist] unempfindlich [...] gegen alle Unterschiede des Niveaus und der Echtheit." (SZ, 127) Bohnenblusts Rede an Stiller klingt wie eine Illustration dieses Heidegger-Zitats: „[...] Freiheit nur in der Bindung, Ehe als sittliche Aufgabe und nicht als Vergnügen, ein bißchen Reife vonnöten, ein bißchen guter Wille und es wird schon [...] Selbstkritik in Ehren, aber Schweinerei von Staub und Gebrösel, soll man nicht [...] ein bißchen mehr Herz meinerseits, das Ewig-Weibliche zieht hinan, heutzutage genug Intellektualismus in dieser Welt [...] ohne Hoffnung [...] keine Ehe, ohne Hoffnung kein Friede, kurzum, ohne Hoffnung keine Hoffnung [...] die zehn Gebote noch immer das Beste, du sollst dir kein Bildnis machen [...] also Mut und ein bißchen Vernunft, ein bißchen Glaube an Gott und an Frau Julika, an die Ehe, an die Schweiz, an das Gute in mir selbst, ein bißchen —" (489–493)

Aus Stillers existenzieller Situation erklärt sich auch die merkwürdige

Tatsache, daß sein Verteidiger als sein Gegenspieler auftritt, sein Ankläger jedoch als sein Freund. Denn was Dr. Bohnenblust verteidigt, ist der banale status quo, Stillers Dasein als ein mittelmäßiger „herzensguter [...] im Grunde durchaus vernünftiger Mensch, ein Mensch guten Willens, ein Schweizer" (26). Rolf, der Ankläger, hingegen konfrontiert Stiller mit seiner Flucht vor sich selbst, hält ihn körperlich gefangen und führt ihm so seine existenzielle Gefangenschaft vor Augen. Rolf selbst beschreibt seine Funktion einmal als „freundschaftlicher Widerstand, wo immer der Freund, der geprüfte, sich seiner Prüfung zu entziehen suchte". (566) Bohnenblust und Rolf argumentieren beide für das gleiche, nämlich dafür, daß Stiller seine Identität übernehme; aber es geschieht auf beiden Seiten mit genau umgekehrten Vorzeichen: Während Rolf versteht, daß es Stiller um sein Selbstsein geht und daß er nicht frei werden kann, wenn er sich nicht zuerst als Stiller annimmt (das heißt in seiner Geworfenheit), möchte Dr. Bohnenblust nichts weiter, als daß Stiller dankbar in den heimatlichen Schoß der Schweiz zurückkehrt.

Stillers wiederholte „Ausfälle" gegen die Schweiz richten sich genau gegen diese glatte, selbstgefällige „Beruhigung" im „Man", wie Dr. Bohnenblust sie repräsentiert, gegen ein Land, in dem — in Frischs literarischer Metapher — der beruhigte Alltag zum Prinzip erhoben ist.

Sogar Stillers Gefängnis ist so, daß „man" nichts zu protestieren hat: „Alles in diesem Land hat eine beklemmende Hinlänglichkeit. [...] Ein humanes Gefängnis, man kann nichts dagegen sagen, und darin liegt die Gemeinheit." (18) Diese Atmosphäre verführt selbst noch das Opfer, eine Komplizität mit dem bequemen „Man" einzugehen: „Und trotzdem ist es ein Kerker, und es gibt Augenblicke, da man brüllen möchte. Man tut es nicht, so wenig wie in einem Geschäftshaus, sondern man trocknet seine Hände an einem Tuch, geht auf Linoleum, sagt danke, wenn man in seine Kabine geschlossen wird." (18 f.) In einem Gespräch mit Sturzenegger, in dem Stiller die schweizerischen Baumethoden kritisiert, bemerkt der Architekt: „Jaja, aber ganz praktisch gesprochen: als Architekt, was soll ich machen, wenn das Baugesetz nur drei Stockwerke zuläßt? Man muß gerecht sein —' Auf die Frage, wer denn ihre Baugesetze mache, antwortet er nicht, sondern [...] sagt nur: Wir sind eine Demokratie." (327)

Den Höhepunkt eines entfremdeten Daseins im Man finden wir in den Szenen, die Stillers und Sibylles Leben in New York beschreiben. Stiller erzählt: „Hunderttausende von Wagen rollen am Sonntag, [...] eine Armee von Städtern, die dringend die Natur suchen. Dabei ist die Natur zu beiden Seiten schon lange da; [...] nur eben: man fährt vorbei. [...] Wie gesagt: immerfort ist die Natur zum Greifen nahe, aber nicht zu greifen, nicht zu betreten; sie gleitet vorüber wie ein Farbfilm [. . .]" (235 f.). Nach stundenlanger Fahrt erreicht „man" schließlich ein „sogenanntes Picnic-Camp" und muß einen „Eintritt in die Natur" bezahlen. Ein Liebespaar sitzt umschlungen „nicht am Ufer, sondern im Wagen", und eine junge Dame liest ein Magazin mit dem Titel „How to enjoy life" (237 f.).

Frisch entwirft hier das Bild einer hochtechnisierten Gesellschaft, die sich selbst vom In-der-Welt-sein abgeschnitten hat. Das Auto repräsentiert die Abkapselung des Einzelnen von jeglicher Nähe zum Seienden und veranschaulicht gleichzeitig das Untergehen im „Man": Man existiert nicht aus sich heraus, sondern lebt wie „man" lebt („hunderttausende von Wagen", „Magazin", „Picnic-Camp"). Durch diese Entfremdung vom Seienden wird die Welt zum seinsentleerten Gegenstand reduziert („Farbfilm", „Eintritt in die Natur"). Das Man versteht sein Dasein nicht mehr ursprünglich, sondern muß sich Rezepte aus zweiter Hand einholen, Gebrauchsanweisungen für das Leben („How to Enjoy Life").[1]

Auch Sibylle empfindet das Leben in Amerika als vergegenständlicht, des Seins — oder der Lebendigkeit — beraubt. Der Alltag war, wie sie sich erinnert, „unerhört praktisch" und dabei „unerhört glanzlos" (412): „Es war flach, nicht geistlos, um Gottes willen, es wimmelte von gescheiten Leuten, von gebildeten Leuten, aber es war leblos, irgendwie reizlos, ahnungslos" (ebd.). Nach anfänglichem Staunen über die vielen Freundschaften, die ihr „zuflogen", ist Sibylle enttäuscht über die „leutselige Beziehungslosigkeit der allermeisten Amerikaner" (413), und was sie am meisten irritiert, ist die Tatsache, daß niemand „mehr von einer menschlichen Beziehung" erwartet (ebd.), und daß sie „durchaus die einzige blieb, die überhaupt etwas vermißte" (410). Sie fügt hinzu: „Und wenn sie dann ihren strotzenden Mangel auch noch für Gesundheit hielten, nein, es war nicht immer lustig, es war langweilig". (412)

---

[1] In: „The Image of The Automobile in Max Frisch's *Stiller*", sieht Charles W. Helmetag das Auto — besonders in den oben zitierten Szenen —als „intimately connected with Stiller's search for identity; for the automobile here is a cipher for what might be called his ‚public personality‘." (Germanic Review, 47 (1972), S. 119) Helmetag sieht weiterhin eine Verbindung zwischen den Themen Auto, „Reproduktion" und „Bildnis-Gebot". Daß diese Interpretation sich im wesentlichen mit unserer Analyse deckt, daß das, was Helmetag „public personality" nennt mit Heideggers „Man" übersetzt werden kann, liegt auf der Hand. Es zeigt sich hier — wie auch in Interpretationen anderer Kritiker — daß Max Frischs Romane ihre existentielle Problematik aus sich selbst heraus entwickeln. Der Vergleich mit Heidegger macht es jedoch möglich, Szenen wie diese in ihrem strukturalen Zusammenhang zu sehen und die Seinsproblematik präziser zu analysieren.

Wenn Sibylle in bezug auf Amerika (und Stiller auch in bezug auf die Schweiz) es als besonders mühsam empfinden, daß alles so unwahrscheinlich glatt geht und vor allem, daß dieser Zustand als durchaus „gesund" empfunden wird, so stoßen sie sich an dem, was Heidegger die „Notlosigkeit" der modernen Massengesellschaft nennt. Gerade in dieser „Notlosigkeit", dem kritiklosen Behagen im status quo, liegt nach Heidegger die „höchste und verborgenste Not": denn der Mensch wird hier der „Möglichkeit enteignet, auf solchen Wegen aus der Vergessenheit des Seins je herauszukommen" (Überwindung, 82).

Die Schwierigkeit, sich in dieser modernen Welt überhaupt noch als Selbst zu behaupten, wird auch in Stillers Gedanken über das „Zeitalter der Reproduktion" deutlich: Die technischen Publikationsmittel haben dermaßen überhand genommen, daß es ungeheuer schwer fällt, sich dem allgegenwärtigen Einfluß der Öffentlichkeit zu entziehen. Stiller erklärt: „Das allermeiste in unserem persönlichen Weltbild haben wir nie mit eigenen Augen erfahren, genauer: wohl mit eigenen Augen, doch nicht an Ort und Stelle; wir sind Fernseher, Fernhörer, Fernwisser [. . .]" (244). Heidegger hält diese Aufoktroyierung öffentlicher „Information" für eine Grundgefahr der modernen Zeit, da der Mensch dabei seinem eigenen Leben entfremdet wird: „All das, womit die modernen technischen Nachrichteninstrumente den Menschen stündlich reizen, überfallen, umtreiben — all dies ist dem Menschen heute bereits viel näher als das eigene Ackerfeld, [. . .] näher als der Himmel überm Land, näher als der Stundengang von Tag und Nacht [. . .]" (Gel, 17).

Auch die Ideen und Gefühle anderer gehören zu dieser allgemeinen „Information", so daß es immer schwerer wird, Eigenes von Fremdem zu unterscheiden. Stiller führt seine Gedanken weiter aus: „Und mit dem menschlichen Innenleben ist es genau so, kann heutzutage jeder wissen. Daß ich meine Mordinstinkte nicht durch C. G. Jung kenne, [. . .] meine Todesangst nicht durch Bernanos [. . .] und allerlei Sonstiges nicht durch Thomas Mann, zum Teufel, wie soll ich es meinem Verteidiger beweisen? [. . .] es ist in diesem Zeitalter schon eine Rarität, einen Kopf zu treffen, der auf ein bestimmtes Plagiatprofil gebracht werden kann, es zeugt von Persönlichkeit, wenn einer die Welt etwa mit Heidegger sieht und nur mit Heidegger [. . .]" (244 f.).

Frischs Ausführungen enthalten hier eine doppelte Ironie: sich auf Heidegger festzulegen, wenn auch ausschließlich, ist natürlich genau so weit vom eigentlichen Selbstsein entfernt, als „in einem Cocktail" zu schwimmen, „der so ungefähr alles enthält" (245), und gerade Heidegger selbst würde es ausdrücklich ablehnen, sein Denken als „Lehrbuch" des Lebens aufgefaßt zu sehen. Denn ein von außen vorgeformtes Leben wäre genau das, was Heidegger das „Verfallen" des Daseins nennt.

Der Mensch würde sich dabei seiner Freiheit zum eigenen „Seinkönnen"
berauben. Wir erinnern uns an Heideggers bereits zitierten Ausspruch:
„Erst wenn die Bücher und Sätze verschwunden sind, [...] ist ein Verständnis erreicht", und er bemerkt an anderer Stelle:

> Es muß [...] gefragt werden: wenn das Denken, die Wahrheit des Seins beden-
> kend, das Wesen der Humanitas als Ek-sistenz aus deren Zugehörigkeit zum Sein
> bestimmt, [...] lassen sich aus solcher Erkenntnis zugleich Anweisungen für das
> tätige Leben entnehmen und diesem an die Hand geben? Die Antwort lautet: dieses
> Denken ist weder theoretisch noch praktisch. Es ereignet sich vor dieser Unter-
> scheidung. Dieses Denken ist, insofern es ist, das Andenken an das Sein und nichts
> außerdem. [...] Wesentlicher als alle Aufstellung von Regeln ist, daß der Mensch
> zum Aufenthalt in die Wahrheit des Seins findet. Erst dieser Aufenthalt gewährt
> die Erfahrung des Haltbaren. (Hum, 42)

In sehr ähnlichem Lichte sieht Frisch seine eigene Aufgabe als Schriftsteller: seine Werke sind nicht als moralische Ratgeber gedacht, sondern
als Anstoß für den Zuschauer, sich sein Dasein aus seinen einmaligen
Bedingungen heraus durchsichtig zu machen: „Als Stückeschreiber hielte
ich meine Aufgabe für durchaus erfüllt, wenn es einem Stück jemals
gelänge, eine Frage dermaßen zu stellen, daß die Zuschauer von dieser
Stunde an ohne eine Antwort nicht mehr leben können — ohne ihre
Antwort, ihre eigene, die sie nur mit dem Leben selber geben können."
(T, 141)

Von hier aus ist auch „Mr. Whites" kritische Beschreibung des verschollenen Stiller zu verstehen, den er als einen Mann schildert, der in Regeln
und Normen Ersatz für ein persönlich verantwortetes Dasein sucht: „Er
ist ein Moralist, wie fast alle Leute, die sich nicht annehmen." (332)
Auch Rolf wird — in seinem früheren, uneigentlichen Verhältnis zu
Sibylle — nicht gerade als Moralist, aber als hartnäckiger Verfechter von
Theorien und Grundsätzen geschildert. So hält er etwa lange, dogma-
tische Vorträge über „die Ehe", in denen er sich nie mit seiner wirklichen Situation, sondern vielmehr mit „Grundsätzlichem" befaßt (363).
Sibylle klagt auch darüber, daß er sich immer hinter sogenannter „Sachlichkeit" verschanzt, wenn er aufgefordert ist, auf die eigentlichen
Probleme einzugehen. Später, nachdem Rolf seine Frau „wiedergefun-
den" hat, kann er bezeichnenderweise nicht mehr theoretisch über die
Ehe reden, sondern bezieht sich — auch noch in allgemeinen Ausführungen — auf sein eigenes Leben und nur darauf: „All dies, wie gesagt, redet
er ins allgemeine, dieweil ich das Foto seiner Gattin betrachte, [...] ein
einmaliges Gesicht, lebendig, liebenswert [...] viel fesselnder als seine
Rede, die doch nur wahr ist, indem er seine verschwiegene Erfahrung
mit diesem Gesicht meint." (263) Und weiter: „Ich höre ihm den ganzen
Nachmittag lang zu. Etwas verdutzt über seine Offenherzigkeit (er
möchte sie eigentlich nicht, sieht sich aber mehr und mehr gezwungen,

präzis zu werden, um allerlei Mißverständnisse zu bannen, und sich an das konkrete Beispiel aus eigener Erfahrung zu halten) [. . .]" (264).

Trotz des „Zeitalters der Reproduktion", der Theorie und Sachlichkeit, erschließt sich für Rolf doch noch die Möglichkeit eines eigenen Daseins. Denn Situationen, die längst zu Klischees und toten Gemeinplätzen geworden sind, gewinnen wieder Sinn und Leben, sobald sie vom Dasein eigentlich „gewählt" werden, so daß sie sich — wie hier bei Rolf — auf ein „einmaliges Gesicht, lebendig und liebenswert" beziehen. Es spielt deshalb auch keine Rolle mehr, daß Rolfs Geschichte an „Anna Karenina" oder „Effie Briest" erinnert, daß es „eine Geschichte wie Tausende dieser Art" ist (264). Gemäß Heidegger ist ja „die eigentliche Existenz nichts, was über der verfallenden Alltäglichkeit schwebt, sondern existenzial nur ein modifiziertes Ergreifen dieser" (SZ, 279), und die „zuhandene ‚Welt'" wird für das entschlossene Dasein „nicht ‚inhaltlich' eine andere, der Kreis der Anderen wird nicht ausgewechselt, und doch ist das verstehende [. . .] Sein [. . .] jetzt aus [dem] eigenste[n] Selbstseinkönnen heraus bestimmt." (SZ, 297 f.) Zu einem persönlichen Leben kommt das Dasein demnach nicht durch die einmaligen äußeren Tatsachen (wie Stiller in den Florence-Abenteuern und als Spanienkämpfer vorzugeben sucht), sondern durch die Unbedingtheit des Einsatzes, mit der die eigenen Möglichkeiten ergriffen und gewählt werden.[2]

---

[2] In: „Max Frisch — engagiert und privat" bemängelt Hans Heinz Holz, daß Frisch sich — nach „Andorra" — allzusehr auf das Private beschränke. Er behauptet: „Im bloß Privaten ist der Schlüssel zur Existenz nicht zu finden" (S. 250), und er fährt fort (seine Kritik bezieht sich hier insbesondere auf „Biografie"): „Warum dieser Schlüssellochblick ins fiktive Privatleben? Anders gefragt: welche persönlichen Wahlentscheidungen gäbe es nicht, die uns mit Geschichte, das heißt mit den Bedingungen unserer Zeit konfrontieren würden? Man denke sich einen jungen Amerikaner, der in den Vietnam-Krieg geschickt werden soll! . . ."(Über Max Frisch, a. a. O., S. 259) Abgesehen von der Tatsache, daß die Darstellung eines Gewissenskampfes um den Vietnam-Krieg historisch bereits überholt ist (vielleicht sollte man es doch dem Instinkt des Autors überlassen, welches die bleibenden Themen menschlicher Existenz sind), will Frisch ja gerade zeigen, daß trotz aller wechselnder Zeitereignisse der Alltag weitergeht. Wie wir bereits im Zusammenhang mit Stillers Spanienkampf gesehen hatten, ist, um Holz' Zitat einmal umzuwenden, „im bloß Überindividuellen der Schlüssel zur Existenz nicht zu finden". Es handelt sich bei der eigentlichen Existenz nicht um „bedeutendere" oder „unbedeutendere" äußere Lebensfakten, sondern um die Beziehung des Einzelnen zu den jeweils gegebenen Tatsachen. Da das Leben, wie Sibylle einmal bemerkt, zu „neun Zehntel" aus Alltäglichem besteht (Stiller, 412), verlegt Frisch das Ringen um die eigentliche Existenz ehrlicherweise in diesen Alltag: „Manchmal scheint auch mir, daß jedes Buch, so es sich nicht befaßt mit der Verhinderung des Krieges, mit der Schaffung einer besseren Gesellschaft usw., sinnlos ist, müßig, unverantwortlich [. . .] unstatthaft. Es ist nicht Zeit für Ich-Geschichten. Und doch vollzieht sich das menschliche

Der Alltag mit seinen Gewohnheiten und seinem steten Umgang mit dem „Man" bietet dem Dasein die größte Versuchung zum Verfallen. Gleichzeitig aber ist der Mensch, als endlicher und „geworfener", auf diesen Alltag angewiesen. Er muß sich, um leben zu können, mit den Dingen seiner nächsten Umwelt befassen, und selbst noch der Zugang zum Sein ist für die begrenzte, endliche Erkenntnis nur über das Seiende möglich. Wie wir schon bei der Erläuterung des Themas „Zeug" gesehen hatten, zeigen sich „Sein" und „Bedeutung" der Welt am einfachsten im unkomplizierten Umgang mit den nächsten Dingen des Alltags. Das der menschlichen Anschauung zugängliche Seiende hat zwar die Tendenz, sich als das einzig Wahre zu geben, so daß der Mensch alles Begegnende und in gewisser Hinsicht schließlich auch sich selbst zu den Gegenständen rechnet, andererseits ist jedoch dieses Seiende der einzige Ort, an dem sich im Endlichen das Sein zu zeigen vermag. Auch Frisch deutet diese Ambivalenz des Alltagsbegriffes an, wenn er ein Problem darin sieht, daß Sibylle und Stiller ihre Beziehung nicht auf einen menschlich angemessenen Boden stellen können, daß ihre Liebe eine „Liebe ohne Wohnung im Alltag" ist (365). Diese Aussage müßte bei Frisch eigentlich überraschen, da er den Alltag mit seinen Gepflogenheiten und Banalitäten zum negativen Brennpunkt seiner Werke macht. Angesprochen ist hier jedoch die „ontologische Differenz", das heißt die Angewiesenheit der endlichen Seinserkenntnis auf das alltäglich Seiende.

Wir hatten in den früheren Kapiteln bereits besprochen, daß das Dasein sich seine Welt erschließt in den Modi der „Befindlichkeit", des „Verstehens", sowie des „Sehens", „Redens" und „Hörens". Das „verfallende" Dasein, das sich im öffentlichen „Man" aufhält, hat seine eigenen, uneigentlichen Abwandlungen dieser Erschließungsweisen: „Gerede, Neugier und Zweideutigkeit charakterisieren die Weise, in der das Dasein alltäglich sein ‚Da', die Erschlossenheit des In-der-Welt-seins, ist." (SZ, 175)

In Frischs Romanen stoßen wir immer wieder auf Beispiele, die — ob bewußt oder unbewußt — das Wort „reden" gebrauchen, wenn ein bloßes, leeres „Gerede" gemeint ist, während für eine echte Mitteilung die Termini „sprechen" und „Gespräch" vorgezogen werden. Das Wort „reden" wird zum Beispiel in folgenden Zusammenhängen verwandt: „Beim Abendessen [. . .] um doch etwas Neues zu melden, redete sie

---

Leben oder verfehlt sich am einzelnen Ich, nirgends sonst." (Gantenbein, 103) Wir erinnern uns an Heideggers Aussage, daß erst aus dem „eigens ergriffenen Dasein" ein echtes „gemeinsames Sicheinsetzen für dieselbe Sache" möglich wird und nicht umgekehrt: „Das Miteinandersein derer, die bei derselben Sache angestellt sind, nährt sich oft nur von Mißtrauen. Umgekehrt ist das gemeinsame Sicheinsetzen für dieselbe Sache aus dem je eigens ergriffenen Dasein bestimmt." (SZ, 122).

von dem jungen Sturzenegger [. . .]" (359); oder: „Du mit deinen Vorträgen. Ich dachte, du redest aus Erfahrung [. . .]" (384); und: „Wenn
du so redest, verstehe ich es auch nicht" (385); oder (bei Stillers nächtlichen Anrufen): „Rede doch etwas, es ist ja egal, aber rede doch etwas!"
(519) Im Gegensatz dazu erscheint das Wort „sprechen" in neutralen
Zusammenhängen oder für ausdrücklich bedeutungsvolle Mitteilungen. So etwa, als Stiller die Spaniengeschichte einmal nicht als abgedroschene Anekdote erzählt: „Sibylle ließ ihn sprechen. [. . .] ‚Du hast
noch nie mit jemand darüber gesprochen?' fragte sie" (354); oder: „Ich
bin gekommen, um wirklich mit dir zu sprechen" (385); oder auf dem
Friedhof in Mexiko: „Geweint wird nirgends, gesprochen nur wenig,
nur das Nötige [. . .]" (322). In einer der letzten Begegnungen zwischen
Sibylle und ihrem Liebhaber Stiller werden die Wörter „Gespräch" und
„Reden" noch einmal im Sinne bedeutungsvoller Mitteilung, beziehungsweise sinnlos gewordener Worte gebraucht: „Erst auf dem Heimweg
kam es zu einem etwas wirklicheren, wenn auch kurzen und einseitigen
Gespräch" (395), dagegen etwas später: „Alles Reden war jetzt einfach
verfehlt" (396).[3]

Die drei Kommunikationsweisen des Man: „Gerede", „Neugier"
und „Zweideutigkeit" werden von Frisch wörtlich angeführt, und zwar
in der Beschreibung von Stillers Bruder Wilfried, eines Menschen, der
ganz aus sich selbst heraus existiert, und der sich gerade dadurch auszeichnet, daß er von den oben genannten Weisen des „Verfallens" völlig

---

[3] In seinem Aufsatz „Mundart und Schriftsprache" bemerkt Walter Schenker: „Auffallend häufig gebraucht Max Frisch den Ausdruck ‚reden', wo man hochsprachlich
den Ausdruck ‚sprechen' erwarten würde: ‚jede Kellnerin amerikanisch'
(Stiller, 103); ‚Und da meine andre Hand ihren zarten Unterkiefer umklammerte,
war sie außerstande zu reden' (Stiller, 77); ‚Ich redete mit fremden Gesichtern in
einer Milch-Bar' (Stiller, 447). Das komme sicher daher, sagt Frisch, daß er den
Ausdruck ‚sprechen' als Mundartwort nicht kenne, in der Mundart sage man immer
‚reden'. In Wirklichkeit gebraucht er den Ausdruck sprechen auch in der Mundart, er sagt z. B.: ‚ich spriche äigetlich zimlich starch au wän ich schrybe'." Schenker
bringt hierzu die Erklärung: „Sicher ist ‚spräche' kein bodenständiges Mundartwort, sondern schon eine Angleichung an die Schriftsprache — und eben deshalb
widerlegt es nicht Frischs Feststellung, er kenne ‚sprechen' nicht als Mundartwort:
Da er sich an die Mundart bloß ‚erinnert', sind für ihn Angleichungen an die
Schriftsprache, wie sie seine tatsächliche Mundart heute aufweist, gar nicht maßgebend." (Über Max Frisch, a. a. O., S. 293 f.)
Wir möchten zusätzlich die Erklärung anbieten, daß Frisch das Wort „reden" deshalb so häufig verwendet, weil seine Romane sich durchweg mit dem alltäglichen
Dahinleben und seinem „Gerede" befassen (wie auch die von Schenker angeführten Zitate andeuten). Frischs persönliche Aussage, daß es sich hier um eine Eigenart der Mundart handele (was dann durch Schenkers eigenes Beispiel widerlegt
wird) kann durchaus daher rühren, daß Frisch einfach nicht bereit ist, sich auf eine
detaillierte Interpretation seiner Sprache einzulassen.

frei ist: „Wilfried ist nicht zweideutig, nicht geistreich, nicht neugierig, ein Mensch des natürlichen Daseins, nicht des Ausdrucks. Noch wenn ich schweige, komme ich mir vor ihm geschwätzig vor." (432)*

In seiner natürlichen Existenz aus dem eigenen Selbst heraus ist Wilfried auch sicher vor dem „Zeitalter der Reproduktion". Er lebt nicht aus zweiter Hand, sondern hält seinen Blick und sein Urteil offen: „[...] in jener Illustrierten [...] war auch eine große Reportage über moderne Schädlingsbekämpfung, die Wilfried, als ich im Gespräch darauf komme, zum Lachen bringt; nicht einmal in dieser Sache stimmt es, was die Illustrierte verkündete." (433)

Während Wilfrieds Beziehung zu anderen aus der Fähigkeit zum Selbstsein hervorgeht, steht es mit Stillers Verhältnis zu seiner Mitwelt gerade umgekehrt: Er „kann nicht allein sein", er klammert sich an die Öffentlichkeit, weil er mit sich selbst nicht ins Reine gekommen ist:

> Und ich war nicht allein bei meiner Fähre am Tajo; im Falle meines Todes, ich wußte es, würde Anja nicht zusammenbrechen [...]; in den Stunden des Grauens [...], in den Stunden der Unfähigkeit, allein zu sein, war stets ein Weib, Erinnerung oder Hoffnung um ein Weib, womit ich meinem Alleinsein entschlüpfte. [...] Und ich war nicht allein [...] als blinder Passagier. [...] Es wäre die Chance meines Lebens gewesen, allein zu sein [...]. Und was tat ich mit meiner Chance, so groß wie der Atlantik? [...] im Geiste sah ich Julika [...] und keine wache Stunde verging, wo mir nicht irgendetwas einfiel gegen dieses zarte Weib in Davos, und niemand hörte meine lautesten Verwünschungen, aber allein war ich nicht. (443—446)

Am Ende des Romanes wird Julika zu Stillers letztem „Prüfstein", an sie klammert er sich, nachdem er sich vom „Man" im allgemeinen losgesagt hat: „Verstummt war in ihm die leidige Frage, wofür wir ihn halten [...]" (536), stattdessen heißt es jetzt (in Stillers Worten): „[...] letztlich wird alles von Julika abhängen, nur von Julika [...]" (476). Julika wird zu einer Art Ersatz-Man, einem letzten Versuch Stillers, die Verantwortung für sich selbst auf andere abzuschieben. Auch dieser Versuch selbst ist noch eine Folge der alltäglichen Gewohnheiten des „Man", die nicht von heute auf morgen abzulegen sind: „Gegenüber Frau Julika, der Gefährtin von vorher, war die Versuchung am größten, in alte Ängste und zerstörerische Verwirrungen zu verfallen, weniger weit zu sein, als Stiller es doch tatsächlich, anderen Menschen gegenüber, bereits war [...] die Gewohnheiten, die sich auf Schritt und Tritt anbieten, können teuflisch sein." (538 f.)

Stiller ist Julika gegenüber in einer schwierigen Lage, aber es wäre fruchtlos, sie endgültig zu verlassen und auf ein scheinbar leichteres

---

* Unsere Betonung

Leben überzuwechseln. Denn Stiller muß auf jeden Fall zunächst mit sich selbst ins Reine kommen, was auch ohne Julika schwierig wäre. Zudem ist es wiederum eine Folge der Endlichkeit und Geworfenheit des Daseins, daß es nicht unendlich viele Möglichkeiten ergreifen kann, sondern daß seine Freiheit darin besteht, die Möglichkeiten, in die es sich nun einmal gebracht hat, eigentlich zu übernehmen („Wiederholung"): „Die Freiheit aber ist nur in der Wahl der einen [Möglichkeit], das heißt im Tragen des Nichtgewähltabens und Nichtauchwählenkönnens der anderen." (SZ, 285) Rolf spricht den gleichen Gedanken aus, wenn er bemerkt, daß „wir ja nicht einfach, wenn's schiefgeht, auf ein anderes Leben hinüberwechseln können. [...] Es ist ja doch unser Leben, was da schiefgegangen ist. Unser allereigenstes und einmaliges Leben." (560)

Mit diesem Leben, zu dem Julika unwiderruflich gehört, muß Stiller zurechtkommen. Obwohl er am Ende glaubt, sein Bestes zu tun, hat er immer noch nicht gelernt, wirklich „allein" zu sein. Noch immer akzeptiert er Julika nicht um ihrer selbst willen, sondern mißbraucht sie als Schutzwand vor einer Konfrontation mit sich selbst.

Wie sehr er auf Julika angewiesen ist — und wie austauschbar sie für ihn ist, als Trägerin einer bestimmten Rolle — zeigt sich immer in den nächtlichen Anrufen an Rolf, der Julikas „Aufgabe" übernehmen soll, wenn sie einmal wieder „in die Höhe" muß. An Rolfs Beschreibung wird deutlich, wie sehr Stiller noch immer hofft, daß ihm von außen her „geliefert" werden könnte, was er nicht in sich selbst verwirklicht: „Seine Späße täuschten mich nicht über den Grad seiner Einsamkeit, über sein Verlangen nach einem Freund. Gerade das deutliche Gefühl hiervon machte mich hilflos. Allzu oft konnte ich einfach das Erwartete nicht liefern, denn ich hatte es nicht [...]" (519).

Obwohl Stiller am Ende „sehr weit" ist, kann er nicht zu sich selbst kommen, weil er den letzten Schritt aus dem „Man" noch nicht vollzogen hat. Wie Heidegger bemerkt: „Das Vorlaufen läßt das Dasein verstehen, daß es das Seinkönnen, darin es schlechthin um sein eigenstes Sein geht, einzig von ihm selbst her zu übernehmen hat. [...] Das Dasein ist eigentlich es selbst nur, sofern es sich [...] primär auf sein eigenstes Seinkönnen, nicht aber auf die Möglichkeit des Man-selbst entwirft." (SZ, 263)

Wir werden im nächsten Kapitel besprechen, wie Stiller Julika als freies „Mitsein" akzeptiert und sich damit bereit erklärt, im eigentlichen Sinne „allein" zu sein.

B.   Homo Faber

Im Falle Homo Fabers ist von Anfang an ersichtlich, daß er sein Leben nicht aus sich selbst heraus lebt, sondern daß er sich an eine Form des „Man", eine von außen angelegte Norm hält. Faber faßt seine Vorstellung von sich selbst in der Aussage: „Ich bin Techniker" zusammen. Dieser Satz ist in seinem wichtigsten Punkt mit Stillers „Ich bin nicht Stiller" verwandt. Beide Protagonisten erklären — von verschiedenen Standpunkten aus — daß sie nicht sie selbst sein wollen oder können. Während Stiller aber bereits gegen ein Leben in Konformität aufgestanden ist, identifiziert Faber sich noch vollkommen mit seinem Dasein als „Jedermann": „Ich lebe, wie jeder wirkliche Mann, in meiner Arbeit." (111)

Fabers Selbstverständnis stützt sich demzufolge fast ausschließlich auf seine Rolle, das heißt auf äußerliche Erfolge in seiner Arbeit. Sobald er sich in einer menschlichen Situation bedroht fühlt, richtet er sich jedesmal wieder auf mit dem Gedanken daran, was „unsereiner" (Man) schon geleistet hat. So reagiert er etwa Sabeths „Schnäuzchenfreund" gegenüber, auf den er wegen seiner Jugend eifersüchtig ist: „Meinerseits kein Grund zu Minderwertigkeitsgefühlen [. . .] nur vertrage ich immer weniger diese jungen Leute [. . .] es interessiert sie einen Teufel, was unsereiner in dieser Welt tatsächlich geleistet hat; wenn man es ihnen einmal aufzählt, lächeln sie höflich" (100), oder an anderer Stelle: „Ich habe schließlich nicht nötig, Minderwertigkeitsgefühle zu haben, ich leiste meine Arbeit. [. . .] soviel wie ein Baptist aus Ohio, der sich über die Ingenieure lustig macht, leiste ich auch, ich glaube: was unsereiner leistet, das ist nützlicher, ich leite Montagen, wo es in die Millionen geht, und hatte schon ganze Kraftwerke unter mir. [. . .] ich bin nicht hinter dem Mond daheim – [. . .]" (119).

Das Leben in Amerika, „the American Way of Life", dient auch in diesem Roman wieder als Folie eines vom „Man" beherrschten, entleerten Daseins. Im Gegensatz zu Stiller hat Faber keinen kritischen Abstand von dieser mechanisierten Lebensform. Als Marcel den amerikanischen Lebensstil einmal als „Versuch, das Leben zu kosmetisieren" beschreibt, kontert Faber mit einem geringschätzigen „Künstlerquatsch" (61).

Nachdem Faber jedoch im Dschungel mit seiner Geworfenheit, mit Angst und Tod konfrontiert wurde, zeigt sich die Unterhöhlung seiner festgelegten Lebensweise nicht zuletzt daran, daß er anfängt, „Amerikanisches" zu kritisieren. Und zwar ist der erste Anstoß dazu bemerkenswert: es ist die Erinnerung an Hanna, das heißt, seine einzige Erinne-

rung an ein mögliches eigenes Dasein: „[...] ich musterte sämtliche
Damen, die keine jungen Mädchen mehr sind, in aller Ruhe [...] ich
konnte mir denken, daß Hanna noch immer schön ist, ich meine liebenswert. [...] Allerlei Verbrauchtes, allerlei, was vermutlich nie geblüht
hat, lag auch da, Amerikanerinnen, die Geschöpfe der Kosmetik. Ich
wußte bloß: So wird Hanna nie aussehen." (97) Auf Kuba, wo Faber
in vier Tagen von „Schauen" und „Singen" (stimmungshaft-verstehen-
den Erlebnissen) eine ursprüngliche Beziehung zur Welt gewinnt, beginnt er damit, daß er Amerika verflucht: „The American Way of
Life. Schon ihre Häßlichkeit [...] sie leben, weil es Penicillin gibt,
das ist alles, ihr Getue dabei, als wären sie glücklich, weil Amerikaner,
[...] ihr Optimismus, bis sie besoffen sind, dann Heulkrampf, Aus-
verkauf der weißen Rasse [...]" (219 f.). Faber bleibt aber bei der
bloßen Ablehnung des „Man" nicht stehen, sondern geht einen notwendigen Schritt weiter: „Mein Zorn auf mich selbst!" (220) Denn
„The American Way of Life", wie auch das „Zeitalter der Reproduktion" sind zwar faktische Hindernisse, die das Selbstsein erschweren,
es wäre jedoch paradox, dem „Man" die Verantwortung dafür zuzu-
schieben, weil „man" ja auch selbst immer dazu gehört und diesen
Lebensstil mitermöglicht.

Übrigens gebraucht auch Heidegger den Vergleich mit Amerika, um
Standardisierung und Beziehungslosigkeit des modernen Daseins zu verdeutlichen; er zitiert dabei Rilke: „Die einst gewachsenen Dinge schwin-
den rasch dahin. Sie können durch die Vergegenständlichung hindurch
nicht mehr ihr Eigenes zeigen. In einem Brief vom 13. November 1925
schreibt Rilke: ‚Noch für unsere Großeltern war ein „Haus", ein
„Brunnen", ein ihnen vertrauter Turm [...] unendlich mehr, unendlich
vertraulicher; fast jedes Ding ein Gefäß, in dem sie Menschliches vor-
fanden und Menschliches hinzusparten. Nun drängen, von Amerika her,
leere gleichgültige Dinge herüber, Schein-Dinge, Lebens-Attrappen
... Ein Haus, im amerikanischen Verstande, ein amerikanischer Apfel
oder eine dortige Rebe, hat nichts gemeinsam mit dem Haus, der
Frucht, der Traube, in die Hoffnung und Nachdenklichkeit unserer
Vorväter eingegangen war ...' (Briefe aus Muzot, 335 f.)." (Dichter,
268) Aber auch Heidegger fügt hinzu, daß die wirkliche „Verantwortung" nicht beim amerikanischen Lebensstil als solchem liege, da dieser
lediglich Ausdruck einer bedrohlichen technischen Welt sei, der der
Mensch sich seit langem ohne Bedenken ausgesetzt habe: „Nicht das
Amerikanische erst umdroht uns Heutige, sondern das unerfahrene
Wesen der Technik umdrohte schon unsere Vorväter und ihre Dinge."
(ebd., 269)

Wie Rolf, der dazu neigte, seinen Mangel an persönlichem Verant-

wortungsbewußtsein mit Schlagwörtern wie „Prinzip" und „Grundsätzliches" zu beschönigen, so zieht auch Faber sich mit Vorliebe hinter
Gemeinplätze zurück. So bemerkt er etwa, daß er „grundsätzlich" nicht
heirate (7), als ob seine Unfähigkeit zu menschlicher Nähe damit irgendwie zu öffentlichem Ansehen käme. An anderer Stelle beschreibt Faber
seinen Beruf als besonders „männlich" (auch dies wieder ein Klischee),
weil er „mit den Tatsachen fertig wird" (94). Wir erinnern uns dabei
an Sibylles Klage über Rolfs bequemen Rückzug auf „Sachlichkeit".

Die Art, wie persönliche Verantwortung durch allgemeine „Sachlichkeit" und „Richtigkeit" ersetzt wird, zeigt sich vielleicht am deutlichsten in der unmöglichen Rechnung, die Faber aufstellt, um zu beweisen,
daß Sabeth nicht seine Tochter sein kann. Daß diese Rechnung vom
„Man" aufgestellt wird, zeigt sich allein schon an dem achtlosen „Gerede" Fabers während dieser „Datenverarbeitung": „Ich rechnete im stillen (während ich redete, mehr als sonst, glaube ich) pausenlos, bis die
Rechnung aufging, wie ich wollte: Sie konnte nur das Kind von Joachim
sein! Wie ich's rechnete, weiß ich nicht; ich legte mir die Daten zurecht,
bis die Rechnung wirklich stimmte, die Rechnung als solche." (149)
Ironischerweise kommt Faber bei dieser immanenten „Datenverarbeitung" seinem vielgepriesenen Computer am nächsten, der sich, laut
Fabers Aussage, „nicht irren" kann, weil er von seinen eigenen Ergebnissen gesteuert wird (92). Diese Behauptung wird hier von Faber
selbst ad absurdum geführt: Fakten und Daten können manipuliert
werden, und die immanente Richtigkeit einer Rechnung zeugt durchaus nicht von der Wahrheit ihrer Ergebnisse. Denn „Wahrheit" entspringt, wie Heidegger erläutert, nicht aus dem sogenannten „exakten"
Denken, sondern nur aus einem Denken, welches das Sein mitdenkt
(WiM, 44).[4] Über das seinsentleerte Rechnen mit den „Tatsachen" bemerkt Heidegger: „Das Richtige meistert das Wahre und beseitigt die

---

[4] Zu Fabers Rechnung sind zwei Beobachtungen zu machen:
  1. Das Ergebnis, daß Joachim Sabeths Vater ist, kann nur aufrechterhalten werden,
     wenn Faber alle genauen Monatsdaten verschweigt, die in diesem Falle von
     ausschlaggebender Wichtigkeit sind. Die Tatsachen, die uns bekannt sind, sind
     folgende:
     a. Irgendwann zwischen Frühjahr und Herbst 1936 hat Hanna Faber von
        ihrer Schwangerschaft unterrichtet (57).
     b. Falls Hanna das Kind zur Welt gebracht hat, müßte es heute, 1957, um die
        zwanzig Jahre alt sein. Sabeth ist im April 1957 bereits zwanzig (101), so
        daß sie durchaus Fabers Tochter sein könnte.
     c. Joachim kommt nur dann als Vater in Frage, wenn Hanna nach erfolgter
        Abtreibung spätestens im Juli 1936 wieder schwanger geworden wäre. Faber
        vermeidet es, uns Sabeths genaues Geburtsdatum zu geben; aber wenn Joachim
        ihr Vater wäre, müßte sie im April 1957 fast genau zwanzig sein und keinen
        Monat älter. Je näher Sabeth dem Alter von einundzwanzig Jahren kommt,

Wahrheit. Der Wille zur unbedingten Sicherung bringt erst die allseitige Unsicherheit zum Vorschein." (Überwindung, 80)

Fabers auffallende Vorliebe für Statistik gehört ebenfalls in diesen Zusammenhang. Es geht auch dabei wieder um einen öffentlich anerkannten „richtigen" Maßstab, der ihm hilft, die „wahren" Hintergründe zu ignorieren.

So beschönigt er etwa seine grundsätzliche Entscheidung für die Karriere (die öffentliche Rolle) und gegen Hanna und das Kind (die persönliche Verantwortung) mit amtlich ermittelten Bevölkerungsziffern: Abtreibung als lebensnotwendige Geburtenkontrolle wegen statistisch erwiesenen Rückganges tödlicher Krankheiten. Faber verwendet fast drei Seiten darauf, die absolute Notwendigkeit der Geburtenkontrolle zu beweisen: „Die natürliche Überproduktion (wenn wir drauflos gebären wie die Tiere) wird zur Katastrophe, nicht Erhaltung der Art, sondern Vernichtung der Art. Wieviele Menschen ernährt die Erde?" (129 ff.) Der Wortreichtum, mit dem Faber sich hier abzusichern sucht, macht, um noch einmal Heidegger zu zitieren, seine „allseitige Unsicherheit" nur umso deutlicher. Bezeichnend für Faber ist es auch, daß er sich die Richtigkeit dieser Tatsachen noch einmal vom öffentlichen „Man" bestätigen läßt: „[...] habe ich mit mehreren und verschiedenartigen Leuten darüber gesprochen, wie sie sich zur Schwangerschaftsunterbrechung stellen, und dabei festgestellt, daß sie (wenn man es grundsätzlich betrachtet) meine Ansicht teilen." (129) Aufschlußreich ist, daß Faber nicht etwa seine persönliche Situation zur Debatte stellt, sondern daß er „grundsätzliche" Fragen erörtert. Die Zustimmung des „Man" ist ihm dabei erwartungsgemäß sicher, da niemand eine spezifische Verantwortung für grundsätzliche Äußerungen zu übernehmen hat. Heidegger beschreibt dieses verantwortungslose Sichberufen auf das „Man" wie folgt: „Das Man ist überall dabei, doch so, daß es sich auch schon

---

um so gewisser ist sie Fabers Tochter. Die Zahl „einundzwanzig" muß Faber daher strengstens vermeiden, die Zahl „zwanzig" wird zu seinem Alibi.

2. Faber macht in diesem Zusammenhang einen logischen Fehler, der für einen Techniker erstaunlich ist. Er behauptet nämlich Hanna gegenüber immer wieder, daß er sie vor „zwanzig" Jahren (die magische Zahl!) zum letzten Male gesehen habe (S. 176, 179, 195). Hanna verbessert diese Rechnung ständig, aber Faber gibt nicht nach: „Wie Hanna rechnete, daß sie auf einundzwanzig Jahre kam, wußte ich nicht." (175) Das Absurde dabei ist, daß Faber so sehr auf die Zahl „zwanzig" fixiert ist, daß er sie in einem völlig falschen Zusammenhang verwendet: denn falls er erst vor zwanzig Jahren aus Hannas Leben verschwunden wäre, müßte er ja praktisch noch die Geburt Sabeths miterlebt haben. Logischer wäre eine Lüge in die andere Richtung: daß er Hanna seit zweiundzwanzig Jahren nicht gesehen habe, so daß er an einem zwanzigjährigen Kind keinen Anteil haben könnte.

immer davongeschlichen hat, wo das Dasein auf Entscheidung drängt. Weil das Man jedoch alles Urteilen und Entscheiden vorgibt, nimmt es dem jeweiligen Dasein die Verantwortlichkeit ab. Das Man kann es sich gleichsam leisten, daß „man" sich ständig auf es beruft. Es kann am leichtesten alles verantworten, weil keiner es ist, der für etwas einzustehen braucht." (SZ, 127) In Wirklichkeit ging es bei Fabers Entscheidung im Jahre 1936 natürlich gar nicht um „grundsätzliche" Fragen. Weit entfernt von seiner oben diskutierten globalen Rücksicht auf die Menschheit, war er nicht einmal bereit, eine kleinere, private Verantwortung zu übernehmen. Was ihn zu jener Zeit wirklich interessierte, war die „Stelle in Bagdad", beziehungsweise die „beruflichen Möglichkeiten eines Ingenieurs überhaupt" (58).

Statistische Daten als nachträgliche Rechtfertigung zweifelhafter Motive: dieser Mißbrauch von Fakten ist noch relativ harmlos. Die Manipulation der Tatsachen rächt sich jedoch auf schwerwiegende Weise, als ein erneuter Versuch Fabers, Statistik als Alibi zu verwenden, Sabeths Tod herbeiführt. Denn während Faber sich mit gewollter Blindheit an die statistische Tatsache klammert, daß Schlangenbiß „nur" in drei bis zehn Prozent der Fälle tödlich ist, stirbt Sabeth an einem „nichtdiagnostizierten Schädelbasisbruch" (197). Das ironische dabei ist, daß der Schädelbruch, statistisch betrachtet, noch weit harmloser gewesen wäre als ein Schlangenbiß, denn er hätte „ohne weiteres behoben werden können" (ebd.). Wie Faber zuvor vor einem Inzest die Augen verschloß, nur um sich die Endlichkeit seines Daseins zu verbergen (Sabeth als Garant der Ewigkeit), so läßt er es hier sogar auf Sabeths Tod ankommen, weil er es nicht aushält, sich die ganze Tragweite seiner Verfehlung einzugestehen (Sabeths Sturz auf den Hinterkopf, infolge ihres Erschreckens vor seinem nackten, alten Körper). In beiden Fällen geben Tatsachenrechnungen und Statistiken ihm das Alibi, durch das es ihm überhaupt erst möglich wird, seine gewollt herbeigeführte Blindheit zu rechtfertigen. Und in beiden Fällen stehen die Rechnungen und Tatsachen schließlich gegen ihn auf und bewirken das genaue Gegenteil dessen, was er erreichen wollte. Wir werden auf diese Einzelheiten in den nächsten Kapiteln noch näher eingehen. Hier wollen wir nur besonders betonen, daß die gewollte Blindheit, mit der Faber sich in seine Schuld stürzt, ein Resultat seiner uneigentlichen Existenz ist, seiner Komplizität mit dem öffentlichen „Man".

Als kennzeichnende Ausdrucksweisen des „Man" hatten wir im ersten Teil dieses Kapitels „Gerede, Neugier und Zweideutigkeit" kennengelernt. Es ist zu erwarten, daß Fabers Umgang mit seiner Mitwelt von diesen Kommunikationsweisen getragen wird.

Betrachten wir zunächst das „Gerede", in dem das echte Gespräch

vermieden wird: Das Gerede führt dazu, „das In-der-Welt-sein nicht
so sehr in einem gegliederten Verständnis offenzuhalten, sondern zu
verschließen und das innerweltlich Seiende zu verdecken" (SZ, 169).
Wir können immer wieder beobachten, wie Faber sich in entscheidenden
Situationen vor einem erschließenden Gespräch drückt und sich in ein
wesenloses Gerede zurückzieht. Ein Beispiel dafür ist etwa sein belangloses Reden („mehr als sonst") während er seine Fehlrechnung über
Sabeths Geburt aufstellt. Jedesmal, wenn Faber sich derart „fängt"
und unter den Schutz des „Man" zurückbegibt, gelingt es ihm, die aufge-
worfenen Probleme noch einmal zu vergessen und weiterzuleben, als
wäre nichts gewesen. Heidegger erläutert diese trügerische Selbstbe-
lügung, die das Gerede mit sich bringt: „In der Selbstverständlichkeit
und Selbstsicherheit der durchschnittlichen Ausgelegtheit jedoch liegt es,
daß unter ihrem Schutz dem jeweiligen Dasein selbst die Unheimlichkeit
der Schwebe, in der es einer wachsenden Bodenlosigkeit zutreiben kann,
verborgen bleibt." (SZ, 170)

Fabers gesamte Beziehung zu Sabeth wird vom Gerede mitgeformt,
in dem die wahren Sachverhalte unterdrückt werden, während die Auslegung des „Man" alles harmlos und alltäglich erscheinen läßt. Wenn
wir einmal verfolgen, wie Faber seine Blindheit in bezug auf Sabeth
rechtfertigt, so beginnt er immer damit, daß er behauptet, es habe ihm
nur diese oder jene Tatsache gefehlt, ansonsten hätte er „natürlich" sofort alles gewußt. Sobald er sich dann aber im Besitz dieser alles erklä-
renden Tatsache befindet, zerredet er sie solange, bis das Problem ver-
harmlost erscheint und wieder einmal ignoriert werden kann.

Auf dem Schiff sieht er etwa Sabeths Ähnlichkeit mit Hanna, sagt
sich jedoch, daß „jedes junge Mädchen" ihn an Hanna erinnern würde,
und daß die Erfahrung ihn gelehrt habe, Ähnlichkeiten in der Gestik
nicht ernst zu nehmen (96–98). Statt auf die wirkliche Situation einzugehen, ergeht er sich in Verallgemeinerungen: „jedes Mädchen", „Erfahrung", etc. Faber behauptet hier auch, daß er Sabeth „natürlich"
als seine Tochter behandelt hätte, wenn er „auf dem Schiff (oder später)
auch nur den mindesten Verdacht" gehabt hätte, daß ein Zusammenhang zwischen ihr und Hanna bestünde (98). Sabeths Name, „Elisabeth
Piper", ist ihm dabei das willkommene Alibi, um jeden Verdacht von
sich zu weisen (ebd.). Noch auf dem Schiff erfährt Faber jedoch, daß
„Mama" in Athen lebt, „Herr Piper" (nicht „Papa") aber in Ostdeutsch-
land (100). In Rom spricht Sabeth dann endgültig aus, daß Piper nicht
ihr Vater ist, so daß dieses Alibi unweigerlich zusammenbricht (138).
Auf dem Schiff erzählt Faber Sabeth auch sein Erlebnis mit dem toten
Joachim, ohne Namen zu nennen. Er behauptet, daß sich alles aufge-
klärt hätte, wenn er nur „Joachim Hencke" erwähnt hätte (103). Später

stellt sich jedoch heraus, daß der Zusammenhang Joachim-Sabeth nicht nur alles unaufgeklärt läßt, sondern ihm sogar als letztes Alibi dient, um seine eigene Vaterschaft zu leugnen.

Nachdem Faber in Avignon mit Sabeth geschlafen hat, beginnt er, ihre vorher zugegebene Ähnlichkeit mit Hanna zu verneinen, was seine frühere Aussage, er nehme Ähnlichkeiten nicht ernst, widerlegt: „Ihre Ähnlichkeit mit Hanna ist mir immer seltener in den Sinn gekommen, [. . .] seit Avignon überhaupt nicht mehr. [. . .] Von Ähnlichkeit keine Spur!" (142)

In Rom erfährt Faber schließlich endgültig den Namen von Sabeths Mutter. Er ist tief erschrocken, muß jedoch zugeben: „Eine Überraschung war es ja nicht, bloß die Gewißheit." (145) Dieses Eingeständnis beweist, daß Faber immer schon mehr weiß, als er sich selber zugibt, und daß ihm das Verdrängen der Wahrheit zur zweiten Natur geworden ist. In dieser Szene können wir deutlich den Mechanismus beobachten, der abläuft, damit Faber sich aus einer erschrockenen Konfrontation mit der Wahrheit in die Scheinberuhigung des „Man" zurückretten kann: Als Sabeth ihn nach ihrer Offenbarung einige Minuten allein läßt, geht er die Hilfsmittel des „Man" durch, um die Sache irgendwie in die Hand zu bekommen. Die Technik, als supremes Schutzmittel, ist sein erster Gedanke: „Am liebsten wäre ich auf den Flugplatz gegangen." (145) Da ihm dieser Schutz jedoch im Augenblick versagt bleibt, besinnt er sich auf ein anderes typisches Fluchtmittel des „Man", die „Tendenz zum Leichtnehmen und Leichtmachen" (SZ, 128). Während er noch vor wenigen Minuten gesagt hatte: „Ich brauchte meine ganze Kraft, nur um dazusitzen" (145), behauptet er jetzt: „Ich schätze es, Gewißheit zu haben. Wenn sie einmal da ist, dann amüsiert sie mich fast. Sabeth: die Tochter von Hanna! Was mir dazu einfiel: eine Heirat kam wohl nicht in Frage." (ebd.) Aber noch hat er sich nicht wieder völlig in der Hand: als Sabeth zurückkommt, sieht sie sofort, daß etwas mit Faber nicht stimmt: „,Walter', fragt sie, ,was ist los?'" Und nun gelingt es Faber durch belangloses Gerede das Gewesene zu vergessen und sich in die Selbstverständlichkeit seiner Rolle zurückzufinden: „,Weißt du', sagte sie, ,du rauchst zuviel!' Dann unser Gespräch über Aquaedukte — Um zu reden! Meine Erklärung der kommunizierenden Röhre. [. . .] Ihr Spaß, als ich beweise, daß die alten Römer, wären sie bloß im Besitz dieser Skizze auf meiner Zigarettenschachtel gewesen, mindestens 90 % ihrer Maurerarbeit hätten sparen können." (146) Unmittelbar danach hat Faber das Vorherige verdrängt. Während er gerade noch gedacht hatte, daß eine Heirat mit Sabeth nicht in Frage käme, bemerkt er jetzt: „Ihrerseits kein Gedanke an Heirat" (ebd.), (das heißt, seinerseits doch wieder der Gedanke daran, als wäre nichts gewesen).

Einen ähnlichen Mechanismus können wir beobachten, als Faber nach Sabeths Unfall mit der Tatsache fertig werden muß, daß dieses Unglück ein direktes Ergebnis seiner fehlgeleiteten Beziehung zu ihr war, daß nicht der Schlangenbiß ihr die tödliche Verletzung gebracht hat, sondern ihr Sturz bei der Flucht vor ihm. Faber verdrängt dieses Wissen wiederum durch Gerede. Einen ganzen Abend lang redet er zu Hanna über „Mortalität bei Schlangenbiß" und hält „einen ganzen Vortrag" über Statistik (166). Was er wirklich weiß, tritt jedoch zutage, als er später allein im Bad sitzt: „Die Mumie im Vatikan — Mein Körper unter Wasser — [. . .] Hanna (so dachte ich) könnte ohne weiteres eintreten, um mich von rückwärts mit der Axt zu erschlagen; ich lag mit geschlossenen Augen, um meinen alten Körper nicht zu sehen —" (167) Der Gedanke an seinen alten, mumienhaften Körper und an Hanna als rächende Klytämnestra werden in einem Atem genannt: er weiß, wo die Schuld an Sabeths Unfall wirklich liegt. Sobald er jedoch erneut Gelegenheit zum Gerede findet, gelingt es ihm, sich wieder völlig zu fangen: „Später, im Laufe des Abends, redete ich wieder, als wäre nichts dabei. Ohne Verstellung; es war eigentlich nichts dabei, Hauptsache, daß Sabeth gerettet war. Dank Serum. Ich fragte Hanna, wieso sie nicht an Statistik glaubt, statt dessen aber an Schicksal und Derartiges." (168)

Auch in der schwierigen Situation, als er mit Hanna zum Unfallort fährt, rettet er sich vor dem unerträglichen Schweigen (einer Ausdrucksmöglichkeit des eigentlichen Daseins) in belangloses Gerede: „Ich redete neuerdings, weil Schweigen unmöglich, über Mortalität bei Schlangenbiß, beziehungsweise über Statistik im allgemeinen" (173); und: „[. . .] ich redete und redete" (174). Hanna, die an verschiedenen Stellen die Aufgabe übernimmt, Fabers Verhalten existenzial zu deuten, hat auch ein Gehör für die Seinsleere, die sich in seinem Gerede enthüllt. Obwohl Faber mit Hanna vielleicht direkter und offener spricht als je mit einem anderen Menschen, fordert sie ihn schließlich zum Schweigen auf: „Es wird alles so klein, wenn du darüber redest!" (182)

Die hier erwähnten Beispiele einer Flucht Fabers ins bodenlose Gerede stehen nur stellvertretend für viele ähnliche Szenen. Es wurden hier zudem nur Situationen erwähnt, in denen Faber ganz wörtlich redet um des Geredes willen. Eigentlich gehören zu dem Komplex des Geredes aber auch andere Ausdrucksweisen, etwa Fabers früher bereits besprochene Passion für Berechnungen und sein sogenanntes Tatsachendenken, und zwar dann, wenn sie lediglich dazu mißbraucht werden, wahre Sachverhalte zu „zerreden". Wie Heidegger erläutert: „Das Gerede ist die Möglichkeit, alles zu verstehen ohne vorgängige Zueignung der Sache. Das Gerede behütet schon vor der Gefahr, bei einer solchen Zueignung zu scheitern" (SZ, 169). „Das im Gerede sich haltende Dasein ist als

In-der-Welt-sein von den primären und ursprünglich-echten Seinsbezügen zur Welt, zum Mitdasein, zum In-sein selbst abgeschnitten."
(SZ, 169 f.)

Auch die zweite Ausdrucksweise des „Man", die „Neugier", bestimmt
Fabers Verhalten auf grundlegende Weise. Die Neugier ist eine uneigentliche Abart des eigentlichen „Sehens", des „lumen naturale". Sie bezeichnet ein Sehen, das nicht die Absicht hat, das Gesehene zu verstehen, sondern das aufenthaltslos von Sache zu Sache eilt: „Die beiden für die
Neugier konstitutiven Momente des Unverweilens in der besorgten
Umwelt und der Zerstreuung in neue Möglichkeiten fundieren den
dritten Wesenscharakter dieses Phänomens, den wir die Aufenthaltslosigkeit nennen. Die Neugier ist überall und nirgends. Dieser Modus
des In-der-Welt-seins enthüllte eine neue Seinsart des alltäglichen Daseins, in der es sich ständig entwurzelt." (SZ, 172 f.)

In diesem Phänomen der Neugier (das offenkundig nicht im rein
landläufigen Sinne zu nehmen ist) ist Walter Fabers hektischer Lebensstil begründet. Seine ständigen Reisen mit dem Flugzeug, seine „Aufenthaltslosigkeit", die ihn heute in Paris, morgen in Caracas sein läßt,
sind ein direkter Ausdruck seiner Weigerung, in der Welt zu „wohnen", im Sinne eines wirklichen Da-seins. Indem er überall dabei ist und
alles gesehen hat, verhüllt er sich die Tatsache, daß er sich immer weiter
vom eigentlichen Verstehen entfernt. Die Aufenthaltslosigkeit der Neugier führt zu einem Verlust der Nähe: „Alle Entfernungen in der Zeit
und im Raum schrumpfen ein. Wohin der Mensch vormals wochen-
und monatelang unterwegs war, dahin gelangt er jetzt durch die Flug-
maschine über Nacht. [...] Allein das hastige Beseitigen aller Entfernungen bringt keine Nähe. [...] Alles wird in das gleichförmig Abstand-
lose zusammengeschwemmt." (Ding, 37 f.)

Eine solche Nivellierung der Welt wird auch von Hanna im Sinne
Heideggers kritisiert: „Technik als Kniff, die Welt als Widerstand aus
der Welt zu schaffen, beispielsweise durch Tempo zu verdünnen, damit
wir sie nicht erleben müssen." (211) „Welt als Widerstand", wie Hanna
es nennt, ist die Welt, die Ansprüche an den Menschen stellt, die ihn
aufruft, sich in seiner Geworfenheit zu verstehen: „Nur sofern Wider-
ständiges [...] entdeckt ist, kann sich das faktische Dasein in seiner
Überlassenheit an eine ‚Welt', deren es nie Herr wird, verstehen."
(SZ, 356) Sich in die „Aufenthaltslosigkeit" zu stürzen, die Welt „durch
Tempo zu verdünnen", heißt, jegliche Nähe zu vermeiden und allem die
Schablone der Gleichgültigkeit aufzuzwingen; die „Neugier" ist immer
schon einen Schritt weiter, wo das Dasein zur Verantwortung aufgerufen ist.

Nun ist jedoch zum Beispiel das Flugzeug, wie alle anderen technischen Einrichtungen, ein unabänderlicher Teil der modernen Welt, Teil des angebrochenen „Zeitalters der Reproduktion". Es wäre völlig sinnlos, sein Vorhandensein zu leugnen oder zu bekämpfen. Denn ein solcher Kampf wäre nicht Freiheit, sondern vergleichbar mit Stillers Gefangenschaft in seinem Trotz, in dem es ihm unmöglich wurde, zu sich selbst zu kommen. Was auch hier wieder erforderlich ist, ist das „Durchsichtig"-werden des Alltags, hier der Technik: Es ist dem eigentlichen Dasein möglich, die Technik zwar zu nutzen, aber doch nicht an sie zu „verfallen". Diese Haltung wird von Heidegger „Gelassenheit" genannt: „Aber wir können auch Anderes. Wir können zwar die technischen Gegenstände benutzen und doch zugleich [...] uns von ihnen so freihalten, daß wir sie jederzeit loslassen. [...] Ich möchte diese Haltung des gleichzeitigen Ja und Nein zur technischen Welt mit einem alten Wort nennen: die Gelassenheit zu den Dingen." (Gel, 24 f.)

Wir können eine solche Haltung an Faber selbst beobachten, als er nach seinem Kuba-Erlebnis zum letzten Male im Flugzeug sitzt. Während das Fliegen ihn zuvor in seiner „Aufenthaltslosigkeit" unterstützte und ihm dazu verhalf, eine schablonenhafte Welt aufrechtzuerhalten („ein Flug wie hundert andere zuvor" (9), „Start wie üblich" (16), etc.), ist er jetzt fähig und bereit, sich seine Lage „durchsichtig" zu machen. Er verliert sich nicht an die durch das Tempo bedingte „Entfremdung", sondern hält sich offen für die mögliche Nähe zur Welt: „Mein letzter Flug! Wieder eine Super-Constellation [...] Wunsch, auf der Erde zu gehen — dort unter den letzten Föhren, die in der Sonne stehen, ihr Harz riechen und das Wasser hören, vermutlich ein Tosen, Wasser trinken [...]." (242)

Dieser letzte Flug wird für Faber zu einer echten „Wiederholung", wo alles wie üblich ist und doch ein neues, einmaliges Gesicht gewinnt: „Alles wie üblich: [...] Das grüne Blinklicht der Tragfläche — Das rote Glühen in der Motorhaube — Ich war gespannt, als fliege ich zum ersten Male in meinem Leben; [...] dann der übliche weiche Stoß (ohne Sturz vornüber ins Bewußtlose) mit den üblichen Staubschwaden hinter dem Fahrgestell —" (245) Es ist bezeichnend, daß jenes Erlebnis in der Wüste (das — wie hier noch einmal angedeutet ist — der erste Anstoß für Fabers veränderte Einstellung zur Welt war) ebenfalls eine Erfahrung von „Nähe" enthielt. Wir erinnern uns, wie Faber, daran gewöhnt, sich die Welt durch Tempo vom Leibe zu halten, plötzlich erschrickt, als er die „Nähe des Sandes" vor dem Kabinenfenster erblickt (31).[5]

---

[5] Auch das bereits erwähnte „Umsteigen" Fabers auf immer langsamer werdende Verkehrsmittel (s. Gerd Hillen, Kap. II, Anmerkung 4, Seite 51) verweist auf ein

Gerede und Neugier sind — auch in Fabers Leben — nicht zwei unabhängige Phänomene, sondern gehören eng zusammen: „Diese beiden
alltäglichen Seinsmodi der Rede und der Sicht sind in ihrer Entwur-
zelungstendenz nicht lediglich nebeneinander vorhanden, sondern eine
Weise zu sein reißt die andere mit sich. Die Neugier, der nichts verschlossen, das Gerede, dem nichts unverstanden bleibt, geben sich, das
heißt dem seienden Dasein, die Bürgschaft eines vermeintlich echten,
lebendigen Lebens." (SZ, 173)
Auch die dritte Ausdrucksweise des Man, die Zweideutigkeit, geht
mit Gerede und Neugier Hand in Hand: „Mit dieser Vermeintlichkeit
aber zeigt sich ein drittes Phänomen, das die Erschlossenheit des alltäglichen Daseins charakterisiert." (ebd.) Die Zweideutigkeit ist dasjenige Phänomen, das dem Dasein die Entscheidung darüber erschwert,
ob etwas echt ist oder ob es nur als solches ausgegeben wird. So wird
es dem „Man" möglich — auch ohne die ausdrückliche Absicht der Täuschung — Scheinerfolge zu erzielen, wo im existenzialen Sinne nichts geschieht oder wo die Wahrheit des Seins gerade beseitigt wird. Fabers
Selbstverständnis als erfolgreicher Techniker, der das Leben meistert
und die Welt sieht, wie sie ist, ist nur auf dem Grunde dieser täuschen-
den Zweideutigkeit möglich. Der Zweideutigkeit genügt es, wenn der
Schein gewahrt bleibt. Die Wahrheit scheint schon gefunden zu sein,
wenn etwas berechnet und bewiesen werden kann: „Irgendeine Lösung
gibt es immer" (195), sagt Faber zu Hanna, und: „Ich bin gewohnt,
Lösungen zu suchen, bis ich sie gefunden habe" (196). Nur, weil Schein
und Wahrheit sich auf diese zweideutige Weise gleichen, kann Faber
sich ständig in Scheinlösungen beruhigen. Und nur so kann er einer
wachsenden „Bodenlosigkeit" zutreiben und trotzdem der Ansicht sein,
„mit beiden Beinen auf der Erde" zu stehen. Durch die Beruhigung in
Scheinlösungen und Scheinerfolgen versäumt das Man seine eigentlichen Seinsmöglichkeiten; es „versieht" sich in dem, was wirklich wichtig wäre: „Das Verstehen des Daseins im Man versieht sich [...] in
seinen Entwürfen ständig hinsichtlich der echten Seinsmöglichkeiten."
(SZ, 174) Hanna lehnt aus diesem Grunde später auch Fabers Theorie
ab, daß sein Verhältnis zu Sabeth einem Zufall entsprungen sei. Sie

allmähliches Sichnähern Fabers auf die Dinge hin, bis er schließlich in der Lage ist,
seine Flugzeugreisen zu „wiederholen", ohne den einmal erreichten Bezug zur „Nähe"
zu verlieren. Die Rolle der Verkehrsmittel zeigt sich übrigens besonders deutlich, als
Faber — mit der verletzten Sabeth auf dem Armen — verzweifelt versucht, ein Auto
anzuhalten, dessen Fahrer ihn nicht merkt: „[...] ich schrie so laut ich konnte,
aber der Ford fuhr vorbei", während das Tempo eines vorbeikommenden Esel-
karrens langsam genug ist, um menschliches „Sehen" und Verstehen zu ermöglichen:
„Ich weinte und ging, bis endlich dieser Zweiräder kam. [...] Ein Arbeiter, der nur
griechisch redete, aber sofort verstand angesichts der Wunde." (157)

beschreibt Fabers ganzes Leben als ein Sich-Versehen, einen Irrtum: „Es ist kein zufälliger Irrtum gewesen, sondern ein Irrtum, der zu mir gehört (?) wie mein Beruf, wie mein ganzes Leben sonst." (212)

Eine der vielleicht eindringlichsten Szenen, in denen das „Man" in seinem Hang zum Gerede, zur Zweideutigkeit und zur äußersten Beziehungslosigkeit gezeigt wird, spielt sich in Fabers New Yorker Wohnung ab, als er seinen Freund Dick und dessen Partyfreunde zu sich eingeladen hat. Schon der Grund für diese Einladung ist kennzeichnend: die Einladung gilt nicht eigentlich Dick selbst, sondern der „Freund" dient nur als Vorwand, um Faber vor dem Alleinsein mit Ivy zu schützen, mit der er sich nicht persönlich auseinandersetzen möchte. Ein Mitmensch wird hier gegen den anderen ausgespielt; die Beziehung zum Nächsten wird nicht um ihrer selbst willen gesucht, sondern andere existieren für Faber als Figuren, die er an bestimmten Stellen in seinen „Spielplan" einsetzen kann.

Die Tatsache, daß die engste Beziehung zwischen Faber und seinem Freund Dick in ihrem gemeinsamen Schachspiel besteht, ist nicht ohne Ironie. Faber sieht das Schachspiel ausdrücklich als ein willkommenes Hilfsmittel, um sich vom Reden und Hören (den Kommunikationsweisen der authentischen Existenz) fernzuhalten und die Nähe zu anderen zu vermeiden: „Ich schätze das Schach, weil man Stunden lang nichts zu reden braucht. Man braucht nicht einmal zu hören, wenn der andere redet. Man blickt auf das Brett, und es ist keineswegs unhöflich, wenn man kein Bedürfnis nach persönlicher Bekanntschaft zeigt." (27)

Fabers Party ist ein Musterbeispiel menschlicher Beziehungslosigkeit. Dabei wird jedoch geflissentlich die Illusion erzeugt, als ob man dem anderen verbunden sei und für ihn einstünde: „Dick stellte vor: ‚This is a friend of mine –' Ich glaube, er kannte die Brüder selber nicht, jemand wurde vermißt. [...] Dick fühlte sich verantwortlich, daß keine Freunde verlorengingen und zählte mit Fingern, um nach langem Hin und Her festzustellen, daß immer noch einer fehlte. ‚He's lost', sagte er, ‚anyhow –'" (80f.) Nach all dem Getue ist der andere mit diesem „anyhow" bereits abgetan, die Sache erledigt sich mit dem Aufgehen der Rechnung. Dicks Abzählen der Freunde wirkt wie eine Illustration zu jenem „rücksichtslosen" Rechnen mit anderen, das Heidegger in „Sein und Zeit" beschreibt: „Sofern Dasein überhaupt ist, hat es die Seinsart des Miteinanderseins. Dieses kann nicht als summatives Resultat des Vorkommens mehrerer ‚Subjekte' begriffen werden. Das Vorfinden einer Anzahl von ‚Subjekten' wird selbst nur dadurch möglich, daß die zunächst in ihrem Mitdasein begegnenden Anderen lediglich noch als ‚Nummern' behandelt werden. [...] Dieses ‚rücksichtslose' Mitsein ‚rechnet' mit den Anderen, ohne daß es ernsthaft ‚auf sie zählt' oder auch nur mit ihnen ‚zu tun haben' möchte." (SZ, 125)

Faber, der durch seine Erlebnisse in der Wüste und im Dschungel zum ersten Male beginnt, seines früheren Lebens überdrüssig zu werden, spürt die Leere zwischen ihm und diesen Menschen: „Ich hatte auch nach einer Stunde noch keine Ahnung, wer diese Leute waren" (81), und: „Als ich gelegentlich auf die Toilette ging, war die Tür verriegelt. Ich holte einen Schraubenzieher und sprengte die Türe. Einer saß am Boden und rauchte und wollte wissen, wie ich heiße. So ging's die ganze Nacht." (ebd.)

Auch vom sinnlosen Gerede und der bodenlosen Zweideutigkeit dieser Gesellschaft ist Faber bestürzt: „Einer sollte ein berühmter Artist sein. Um es zu beweisen, drohte er, einen Handstand auf dem Geländer unseres sechzehnten Stockwerkes zu machen, was verhindert werden konnte; dabei fiel eine Whisky-Flasche über die Fassade hinunter — natürlich war er kein Artist, sondern sie sagten es bloß, um mich zu foppen, ich weiß nicht warum. [...] Ich war sofort hinuntergegangen, darauf gefaßt, eine Ansammlung von Leuten zu treffen, Sanität, Blut, Polizei, die mich verhaften würde. Aber nichts von alledem! Als ich in meine Wohnung zurückkehrte, brachen sie in Gelächter aus; denn es wäre gar keine Whisky-Flasche über die Fassade hinuntergefallen — Ich wußte nicht, was stimmte." (ebd.)

In diesen fast archetypischen Szenen des zweideutigen, beziehungslosen und verantwortungslosen „Man" wird Faber völlig auf sich selbst zurückgeworfen. In der grotesken Übertreibung dessen, was das Man alltäglich ist, sieht Faber erschreckend deutlich, daß es ihm im Grunde keinen Schutz zu bieten hat, und daß er auf sich selbst gestellt ist, wo es „das Erste und Letzte" gilt: „In eurer Gesellschaft könnte man sterben, sagte ich, man könnte sterben, ohne daß ihr es merkt, von Freundschaft keine Spur, sterben könnte man in eurer Gesellschaft! schrie ich, und wozu überhaupt miteinander reden, schrie ich, wozu denn (ich hörte mich selber schreien), wozu diese ganze Gesellschaft, wenn einer sterben könnte, ohne daß ihr es merkt — Ich war betrunken." (81 f.) Beim Niederschreiben dieser Szene hat Faber sich längst wieder in der Hand: Sein „unerhörtes" Benehmen (in dem er spontan zum Ausdruck brachte, daß das Mitsein mehr sein sollte als eine leere Scheinbeziehung im „Man") erhält eine alltägliche Erklärung: Unzurechnungsfähigkeit wegen Trunkenheit. Ein näheres Eingehen auf das wirkliche Problem kann damit noch einmal beiseite geschoben werden.

Während in dieser Szene das Verhalten zu anderen nur unter dem privativen Aspekt des „Man" betrachtet wurde, wird im nächsten Kapitel die Bedeutung des „Mitseins" auch von ihren positiven Aspekten her beleuchtet werden.

IV. Heidegger: Mitsein, Fürsorge

In den vorangehenden Kapiteln wurde bereits angedeutet, daß das Dasein kein abgekapseltes Ego ist, sondern daß es über sich hinausgehen, sich von seiner Welt angehen lassen und Sein verstehen kann. In all seinem Tun und Lassen, ob im Streben zur Freiheit oder in der Flucht vor sich selbst, „sorgt" sich der Mensch „um das eigenste Seinkönnen selbst" (SZ, 181). Heidegger bezeichnet die Grundstruktur dieses In-der-Welt-seins, bei dem es dem Menschen um das eigene Sein geht, als „Sorge", ein Terminus, der nicht etwa mit „Kummer" oder „Not" gleichzusetzen ist. Das Wort „Sorge" beschreibt die endliche Transzendenz des Daseins, „die Einheit der transzendentalen Struktur [seiner] innersten Bedürftigkeit" (KPM, 213). „Bedürftig" ist der Mensch insofern, als er sich ständig um sein Seinkönnen „sorgen" muß, ein Beleg für seine Unvollkommenheit, sprich Endlichkeit. Das Wort „Sorge" zeigt zum anderen eine positive Fähigkeit des Daseins, sein „Seinkönnen": es kann „sorgend" über sich hinausgehen, das heißt verstehend in der Welt sein. Heidegger beschreibt die „Sorge"-Struktur des Daseins als „sich-vorweg-schon-sein-in (der Welt) als Sein-bei (innerweltlich) begegnendem Seienden. Damit sind die fundamentalen Charaktere des Seins des Daseins ausgedrückt: im Sich-vorweg die Existenz, im Schon-sein-in ... die Faktizität, im Sein bei ... das Verfallen" (SZ, 249 f.).

Analog zu dieser Sorgestruktur des Daseins wird sein Umgang mit den alltäglichen Bedürfnissen als „Besorgen" bezeichnet, der Umgang mit anderen, dem „Mitdasein", wird „Fürsorge" genannt.

Das „Mitsein" ist ein untrennbares Existenzial des In-der-Welt-seins. Der andere, das „Mitdasein", ist gleichursprünglich mit dem eigenen Dasein: „Auf dem Grunde dieses mithaften In-der-Welt-seins ist die Welt immer die, die ich mit den Anderen teile. Die Welt des Daseins ist Mitwelt. Das In-Sein ist Mitsein mit Anderen. Das innerweltliche Ansichsein dieser ist Mitdasein." (SZ, 118) Die Fähigkeit des Daseins, Sein zu verstehen, bezieht sich von vornherein auch auf das Mitdasein: „Die zum Mitsein gehörige Erschlossenheit des Mitdaseins Anderer besagt: im Seinsverständnis des Daseins liegt schon, weil sein Sein Mitsein ist, das Verständnis Anderer. Dieses Verstehen ist, wie Verstehen überhaupt, nicht eine aus Erkennen wachsende Kenntnis, sondern eine ursprüngliche existenziale Seinsart, die Erkennen und Kenntnis allererst möglich macht." (SZ, 123 f.)

Das über sich selbst hinausgehende Verstehen anderer ist „fürsorgend" und hat die möglichen Weisen der „Rücksicht" und „Nachsicht" (SZ, 123). Daß das Mitsein mit anderen wesenhaft „Fürsorge" ist, ändert sich auch dann nicht, wenn die oben genannten positiven Weisen der Fürsorge „die entsprechenden defizienten und indifferenten Modi durchlaufen bis zur Rücksichtslosigkeit und dem Nachsehen, das die Gleichgültigkeit leitet" (SZ, 123).

Auch das völlige Fehlen anderer spricht nicht dagegen, daß das Dasein von Hause aus in der Weise des Mitseins existiert. Schon der Ausdruck „Fehlen" besagt ja, daß es sich hier um eine privative Weise des Mitseins handelt: „Das Mitsein bestimmt existenzial das Dasein auch dann, wenn ein Anderer faktisch nicht vorhanden und wahrgenommen ist. Auch das Alleinsein des Daseins ist Mitsein in der Welt. Fehlen kann der Andere nur in einem und für ein Mitsein. Das Alleinsein ist ein defizienter Modus des Mitseins, seine Möglichkeit ist der Beweis für dieses. Das faktische Alleinsein wird andererseits nicht dadurch behoben, daß ein zweites Exemplar Mensch ‚neben' mir vorkommt oder vielleicht zehn solcher. Auch wenn diese und noch mehr vorhanden sind, kann das Dasein allein sein." (SZ, 120)

Im vorigen Kapitel hatten wir gesehen, daß das Dasein sich „zunächst und zumeist" nicht in der echten Fürsorge auf die anderen bezieht. Es nivelliert sich und die anderen in eine Art „Neutrum" (SZ, 126) und wird zum „Man": „Als Man-selbst ist das jeweilige Dasein in das Man zerstreut und muß sich erst finden [...]" (SZ, 129). Mit diesem Verlust seiner selbst geht dem Dasein auch das Verstehen des Mitdaseins verloren: es betrachtet die anderen als bloßes Vorhandenes und rechnet sie sozusagen zu den Gegenständen: „Weil aber in diesem Aufgehen in der Welt das Weltphänomen selbst übersprungen wird, tritt an seine Stelle das innerweltlich Vorhandene, die Dinge. Das Sein des Seienden, das mit-da-ist, wird als Vorhandensein begriffen". (SZ, 130)

Wegen dieser alltäglichen Tendenz zur Seinsvergessenheit muß das Dasein als eigentliches Selbst- und Mitsein sich eigens finden:

> Wenn das Dasein die Welt eigens entdeckt und sich nahebringt, wenn es ihm selbst sein eigentliches Sein erschließt, dann vollzieht sich das Entdecken von „Welt" und Erschließen von Dasein immer als Wegräumen der Verdeckungen und Verdunkelungen, als Zerbrechen der Verstellungen, mit denen sich das Dasein gegen es selbst abriegelt. (SZ, 129)

> Die Entschlossenheit zu sich selbst bringt das Dasein erst in die Möglichkeit, die mitseienden Anderen „sein" zu lassen in ihrem eigensten Seinkönnen und dieses in der vorspringend-befreienden Fürsorge mitzuerschließen [...] Aus dem eigentlichen Selbstsein der Entschlossenheit entspringt allererst das eigentliche Miteinander, nicht aber aus den zweideutigen und eifersüchtigen Verabredungen und redseligen Verbrüderungen im Man und dem, was man unternehmen will. (SZ, 298)

A. Stiller

Stiller, der Gefangene, der das ursprüngliche In-der-Welt-sein nicht versteht, ist aufgrund seiner Gefangenschaft auch nicht fähig, sich „fürsorgend" auf andere zu beziehen.

Als er Julika zum ersten Male begegnet, ist sie nicht wesentlich anders, als sie sich in der Ehe mit ihm zeigt: gesundheitlich zart, kühl, scheu, ein Mensch, der sich nicht in Worten ausdrücken kann und will. Aber gerade deshalb wählt er sie ja, gerade diese Wesenszüge, die er für Schwächen hält, ziehen ihn an. Und dann, nachdem er Julika ihrer Eigenart wegen geheiratet hat, dreht er den Spieß um und macht ihr ihr Wesen zum Vorwurf. Denn im Mittelpunkt seines Interesses steht nicht Julika, sondern er selbst. Sie kümmert ihn nicht in erster Linie als freies Mitdasein, sondern als Gegenstand, den er für seine Zwecke manipulieren kann.

Durch die Beschreibung ihrer „Nußknacker-Suite"-Ehe ziehen sich gewisse Themen wie Leitmotive hindurch. Einmal das Thema „Ich-Bezogenheit" (113, 127, 131, 135, 140), wobei Stiller alles, was Julika tut, auf sich zurückführt, zum Beispiel: „[...] Julika sagte es auch jedem wartenden Verehrer, daß sie müde sei. Nur Stiller glaubte immer, daß Julika bloß müde für ihn sei." (113) Das andere Thema, mit dem ersten nahe verwandt, ist Julikas ständiges Gefühl, daß Stiller immer etwas von ihr will, das heißt, daß er sie nicht „sein läßt", etwa „[...] dabei blickte er sie immer an, als schuldete sie ihm irgendeine Antwort auf irgendeine Frage, die Julika indessen [...] nicht erriet. Was wollte Stiller denn von ihr wissen?" (134) Oder: „In seiner Ich-Bezogenheit verschloß er sich einfach vor allen solchen Erwägungen. Was erwartete er nur immer von Julika?" (139) Und: „Er blickte Julika bloß an, schwieg. Was erwartete er nur immer von ihr?" (160) Am Ende schließt sich der Kreis: wir erfahren, wie wenig sich an Stillers Verhalten zu Julika geändert hat, als Rolf das Ehepaar in Glion besucht: „Was will er denn immer von mir!" (530 f.) sagt sie zu Rolf, und dann: „Wissen Sie, Rolf, was er immer von mir erwartet?" (533)

Was hier vor sich geht, ist eine Manipulation des anderen: Rolf liest Stillers Aufzeichnungen aus dem Gefängnis und findet, daß Julika darin „auf erschreckende Weise vergewaltigt" wird (535). Stiller versucht, Julika dafür verantwortlich zu machen, daß er nicht zu sich selbst kommt. Er wählt eine Frau mit Julikas „Schwächen", damit seine Unfähigkeit zur echten Fürsorge (und das heißt zum Selbstsein) als Resultat ihrer Ausdruckslosigkeit und „Frigidität" erscheint. Und gleichzeitig nimmt er es ihr übel, daß sie sich nicht ändert, weil eine solche

Änderung — als Ergebnis ihrer Ehe mit ihm — seine eigene Großartigkeit, seine Erlöserkraft, beweisen würde. Julika erfüllt also für Stiller einen doppelten Zweck — und Zweck heißt hier schon, daß ihr nicht gestattet wird, ein eigenes Dasein zu haben. Für Stiller existiert sie nur als seine Entschuldigung für heute und seine Hoffnung auf morgen. Währenddessen kann die Frage nach dem, was Stiller sich selbst schuldig ist, wo seine eigene Verantwortung liegt, stillschweigend vermieden werden.

Das traurige an diesem Arrangement ist, daß solch ein Leben in ständiger Reaktion auf den anderen, ein Leben, das sich vor der eigenen Entschlossenheit drückt, „auf die Dauer langweilig" ist (174), wie der junge Seminarist in Davos Julika ihrerseits zu bedenken gibt. Denn dieses Verhältnis, zustandegekommen, um Stiller die Last der eigenen Verantwortung zu erleichtern, wird seinerseits zur Last in den zermürbenden Situationen des Alltags. Stiller wird oft erdrückt von der Seinsleere seines Lebens, von der Fremdheit zwischen ihm und Julika; er sehnt sich dann mit Verzweiflung — wir erinnern uns hier nur an die „Tarzan-Szene" in Davos (160) — nach der echten Fürsorge, nach Liebe, die er durch seine Einstellung zu Julika gerade verhindert. Julika kann ihm nicht in freier Liebe begegnen, weil er ihr die Freiheit raubt, indem er sie nicht sein läßt.

Als Stiller Julika zum letzten Male auf der Veranda in Davos besucht, hält er ihr besonders ihren „Konsum an Rücksicht" (193) vor und die Tatsache, daß sie sich fortwährend als „schonungsbedürftig" gebe (191, 193). Während seiner reichlich höhnischen Anklagerede merkt Stiller überhaupt nicht, daß er hier vor allem sein eigenes Fehlverhalten kritisiert. Denn „Rücksicht" (als Modus der echten „Fürsorge") sollte ein natürlicher Bezug zum anderen sein, während Stiller darin nur einen veräußerlichten, vergegenständlichten Dienst sieht, den der andere infolgedessen als „Konsum"gut verbrauchen kann. Und die „Schonung" wiederum, um die Julika immer bittet, ist nur ein anderes Wort für „Seinlassen", die Bitte darum, ihre eigenen Möglichkeiten leben zu können.

Das wirkliche „Seinlassen" hat nichts zu tun mit Verlassen oder Zurücklassen: Wenn Stiller am Ende dieses Gesprächs auf Jahre hin aus Julikas Leben verschwindet, so ist dies das bloße Zerrbild eines eigentlichen Seinlassens und ein Grund mehr, warum er schließlich doch zu ihr zurückkehren muß, wenn er sich je eigentlich bewähren möchte. Denn die volle existenziale Bedeutung des Seinlassens ist nicht Unterlassen, sondern ein positives Behüten des anderen in seinem Wesen. Wie Heidegger erläutert: „Das hier nötige Wort vom Seinlassen [...] denkt nicht an Unterlassung und Gleichgültigkeit, sondern an das Gegenteil. Sein-lassen ist das Sicheinlassen auf das Seiende" (WdW, 83). In diesem Sinne ist das Seinlassen auch ein „Schonen": „Das Schonen selbst besteht nicht darin, daß wir dem Geschonten nichts antun. Das eigentliche Schonen ist etwas Positives und geschieht dann, wenn wir etwas im voraus in seinem Wesen belassen, wenn wir etwas eigens in sein Wesen zurückbergen [. . .]" (Bauen, 23).

Daß es Julika in ihrer Bitte um „Schonung" wirklich um ein Seinlassen ihres Wesens geht, zeigt sich daran, daß sie auf Stillers anklagende Rede mit der Bemerkung antwortet, er habe sich „ein Bildnis" von ihr gemacht, er habe sie zu etwas Fertigem, Gegenständlichem fixiert und ihr so die Freiheit versagt, ihre eigensten Möglichkeiten zu leben:

> Jedes Bildnis ist eine Sünde. Es ist genau das Gegenteil von Liebe, siehst du, was du jetzt machst mit solchen Reden. Ich weiß nicht, ob du's verstehst. Wenn man einen Menschen liebt, so läßt man ihm doch jede Möglichkeit offen und ist trotz allen Erinnerungen einfach bereit, zu staunen, immer wieder zu staunen, wie anders er ist, wie verschiedenartig und nicht einfach so, nicht ein fertiges Bildnis, wie du es dir machst von deiner Julika. Ich kann dir nur sagen: es ist nicht so. [. . .] du sollst dir kein Bildnis machen von mir! das ist alles, was ich dir darauf sagen kann. (196)

Julika richtet hier einen Appell an Stiller, wie er deutlicher nicht formuliert werden kann. Stiller jedoch, nicht willens, sich selbst und damit andere anzunehmen, überhört gezielt den Sinn ihrer Worte und geht zum Grausam-Objektiven über: „Woher hast du das?" (ebd.) Dies ist die eigentliche Tat, die er später als Julikas „Ermordung auf der Veranda" (446) bezeichnet: er hat sie endgültig zum Gegenstand reduziert, sie aus einem freien Menschen mit offenen Möglichkeiten in ein fertiges und damit totes Ding verwandelt. Das Bildnis, das Stiller sich von Julika gemacht hat, ist so ausgeprägt, daß er ihm bereits „bildhauerische" Gestalt gegeben hat, in Form der früher schon erwähnten „seltsamen", toten „Vase" (339), von der Sibylle sich in seinem Atelier so befremdet fühlt.

Es ist bezeichnend für eine solche seinsentleerte „Sicht" des anderen, daß Stiller hier in Davos geradezu mit Blindheit geschlagen ist. Denn gerade jetzt, da er sie auf immer verlassen will, kommt Julika dem Wunschtraum nahe, den Stiller immer von ihr hatte. Aber Stillers Haltung entspringt seinen vorgeformten Ideen und „nicht diesem Augenblick, nicht diesem Ort und nicht der Gegenwart seiner armen Julika" (190). Daher kann er nicht sehen, daß zwischen ihm und Julika ganz neue Möglichkeiten entstanden sind, die eine wirkliche Beziehung anbahnen könnten. Denn im Angesicht ihres drohenden Todes hat Julika Erfahrungen gemacht, die eine ganz neue Perspektive in ihr Verhältnis zu sich selbst und zur Welt bringen. Sie versteht plötzlich ihr bisheriges Leben als oberflächlich, ihr geliebtes Ballett als Scheinwelt und ihre vielen guten Freunde vom Theater als Menschen ohne Tiefe oder Fähigkeit zum echten Mitsein.[1] Julika ist auf dem Wege, sich von dieser Scheinwelt zu lösen (ihre „innere Entfernung vom Ballett" (169)) und zur „Erdenschwere" zurückzukehren.

Zu diesem Sein auf der Erde gehört auch der Körper, den Julika in der künstlichen Welt des Balletts immer als überirdisch verstehen wollte. Jetzt, zum ersten Mal vielleicht, tritt sie in die Wirklichkeit ein, die Endlichkeit, und ihre Rückkehr (Wiederholung) auch in das Körperliche manifestiert sich in ihrem „bisher unbekannten [...] Verlangen nach dem Mann" (172). Julikas Tragödie ist, daß sie mit ihren neuen Erfahrungen vollkommen allein bleibt: „Julika war sehr einsam" (ebd.). Vom alltäglichen Leben abgeschnitten sitzt sie auf ihrer unwirklichen Veranda, und es ist niemand da, dem sie sich „offenbaren" könnte, sie kann ihre Möglichkeiten nicht wirklich „sein". Als sie dann zu Stiller fliehen will, spontan, ohne den geringsten Gedanken an seine Affäre mit Sibylle, ist er nicht für sie da: Das Telefon klingelt in seinem Atelier, aber Stiller hebt nicht ab, weil Sibylle bei ihm ist (348).

Julika weiß sich schließlich nicht anders zu helfen, als daß sie zum Gewohnten zurückkehrt, sich in die Scheinwelt des Balletts zurück-

---

[1] In: „Max Frischs Romane" behauptet Hans Mayer, daß „gemeinsame Arbeit" Julika und Stiller einander näher gebracht hätte. Er erläutert: „Wobei Frisch übrigens die Aufhebung der Selbstentfremdung durch gemeinsame A r b e i t nicht unter die Verhaltensmodelle seiner Geschichte aufnahm. In den drei Ehen des Buches wurde die gemeinsame Arbeit ausgespart. Julika ist beim Ballett und hat kein Verständnis für Fragen der bildenden Kunst. Rolf ist Jurist und Sibylle eine ‚vielseitig interessierte' Dame der Gesellschaft, die aber eine Allianz der Arbeitspraxis weder mit Rolf noch mit Stiller einzugehen vermag. Weshalb es in allen Fällen bei der Verdinglichung bleibt, mag die Wiederholung der ersten Eheexperimente nun einigermaßen gut ausgehen, wie bei Rolf und Sibylle, oder abermals scheitern, wie bei Stiller und Julika." (*Zur deutschen Literatur der Zeit*, Hamburg, 1967, S. 197) Die Frage nach Julikas und Stillers Ehe ist komplexer als ihr bloßes „Gelingen" oder „Scheitern", wie im Laufe des IV. Kapitels noch auszuführen ist. Hier soll nur das Problem der „gemeinsamen Arbeit" betrachtet und darauf hingewiesen werden, daß Frisch — im Zusammenhang mit Julikas Theaterfreunden — ausdrücklich betont, daß sich auf der bloßen Tatsache gemeinsamer Arbeit keine echte und bleibende Beziehung aufbauen lasse: „Es hätte gar keine Tuberkulose gebraucht, um von diesen so herzlichen Menschen in einem Vierteljahr vergessen zu sein [...] Menschen ohne Interesse für Menschen, die nicht vom Theater reden, man könnte ihnen melden, man habe keine Lunge mehr, überhaupt keine, und sie würden scheinbar zuhören [...] und zum Schluß [...] würden sie fragen: Bist du heute in der Vorstellung gewesen?" (Stiller, 171) Julika betont sogar noch einmal besonders, daß eine Beziehung zu diesen Freunden nur bestünde, „wenn man mit ihnen arbeitet und solange man mit ihnen arbeitet." (Stiller, 171) Wir erinnern uns an dieser Stelle auch noch einmal an Heideggers Aussage, daß einem gemeinsamen Sicheinsetzen für eine Sache das „eigens ergriffene Dasein" vorangehen müsse (SZ, 122).

träumt. Natürlich wird es Julika nie wieder möglich sein, völlig an diese Scheinwelt zu verfallen, da ihre „innere Entfernung" als echte Erfahrung nicht mehr auszulöschen ist. Julika hat jedoch auch keinen Ort gefunden, wo ihre Erfahrung hätte fruchtbar werden können. So kommt es, daß sie in ihrem letzten Veranda-Gespräch mit Stiller dasitzt, als wäre sie wie immer und doch weiß: „So ist es nicht, mein guter Stiller, es ist doch alles ganz anders!" (190) Stiller jedoch, in seiner oben beschriebenen Blindheit, ist nicht der Mensch, der ihr „fürsorgend" helfen würde, dieses „Andere" voll zu akzeptieren und ins Sein zu bringen.

Wir könnten hier die Frage erheben, inwiefern Julika — in ihrer schwierigen und verschlossenen Art — es Stiller besonders schwer macht, eine echte Beziehung zu ihr zu gewinnen. Aber eine solche Frage würde an der eigentlichen Not, in der Stiller sich befindet, vorbeireden. Es geht um die eigentliche Existenz, die als eigentliche „je meine" (SZ, 42) ist, eine Verantwortung, die Stiller trotz und mit Julika selbst zu tragen hat.

Daß bereits vor allen Schwierigkeiten mit Julika etwas an seiner eigenen Haltung verfehlt ist, zeigt sich wohl am deutlichsten daran, daß auch seine Begegnung mit Sibylle nicht fruchtbar wird. Dabei ist Sibylle ganz anders als Julika, ein Mensch, der sich ihm öffnet, und der bereit ist zum persönlichen Einsatz und unbedingten Wagnis. Trotzdem kann auch sie ihm nicht geben, was er selbst in sich verweigert und verleugnet. Wie Rolf im Nachtgespräch bemerkt: „Du bildest dir doch nicht ein, [...] daß man mit einer anderen, vielleicht offeneren Frau, mit Sibylle etwa, an alledem vorbeikommt, was man in sich selbst hat?" (555) Obwohl Stiller immer von Frauen schwärmt, die das genaue Gegenteil von Julika sind, die ihn einfach annehmen („Sie küßte mich [...] das ist mein Typ" (66)), erweist es sich, daß er es auf die Dauer nicht erträgt, wirklich angenommen zu werden. Wie Sibylle voll „Traurigkeit" bemerkt: „Er verschanzte sich. Er wollte nicht geliebt werden. Er hatte Angst davor." (355) Ganz ähnlich spricht Mr. White über den verschollenen Stiller: „[...] er ist nicht bereit, nicht imstande, geliebt zu werden als der Mensch, der er ist, und daher vernachlässigt er unwillkürlich jede Frau, die ihn wahrhaft liebt, denn nähme er ihre Liebe wirklich ernst, so wäre er ja genötigt, infolgedessen sich selbst anzunehmen — davon ist er weit entfernt!" (333) Wir verstehen Julikas bedrängte Lage, wenn selbst Sibylle, die offene und unabhängige Sibylle, sich von Stiller gezwungen fühlt, sobald sie an sein Selbst appelliert: „Warum wollte er nicht geliebt werden, nicht wirklich geliebt werden? Es blieb ihr nur noch, die Rolle zu spielen, die Stiller ihr aufzwang [...]" (356).

Rolf versteht, daß es in Stillers Ringen um das eigenste Selbstsein geht und nur um dieses. Als Stiller einmal vor Rolf seine „Selbstgerechtigkeit" gegenüber Julika verteidigt, mit der Bemerkung, daß auch sie selbstgerecht sei, verweist ihn Rolf auf den eigentlichen Kern des Problems: „Ihre Selbstgerechtigkeit ist ihre Sache." (553) Etwas ganz Ähnliches sagt auch der junge Seminarist in Davos zu Julika: „Julika müßte doch einmal aufhören, ihr eigenes Verhalten gegenüber ihrem Mann und überhaupt gegenüber Menschen nur als Reaktion zu sehen, sich selbst nie als Initiantin zu begreifen [. . .]. ‚Nun ja', lächelte er, [. . .]. ‚Sie wollen nicht verantwortlich werden für Ihr eigenes Leben, und das ist schade.'" (174)

Mr. Whites Beschreibung seines Kampfes mit „Little Grey", der Katze, ist ein weiteres Beispiel dafür, daß es beim Mitsein mit anderen vor allem auf die eigene Einstellung ankommt. Whites „Protokoll" über Stillers und Julikas Ehe ist deutlich von Vorurteilen gefärbt, obwohl er behauptet, daß er Julika „gerecht werden" möchte (116). Doch allein schon die geringschätzige Art, wie er sie seitenlang mit dem Epitheton „die schöne Julika" belegt (114, 116, 125, 128, 131), zeigt, daß er nicht fähig ist, sie wirklich „gerecht" zu sehen. Durch seine bewußte Typisierung erscheint Julika von vorneherein ironisiert, eindimensional, so daß alles, worum sie sich „sorgt", als oberflächliches Getue erscheint; zum Beispiel: „[. . .] aber als feinfühlender Mensch mußte Stiller wohl merken, was die schöne Julika, ihrer scheuen Art gemäß, vielleicht empfand, ohne es ausdrücken zu können [. . .]" (115).

Im Gegensatz dazu steht Whites Beschreibung seines Verhältnisses zu „Little Grey": weil hier von Julika direkt überhaupt nicht die Rede ist, ist diese Schilderung echter, vorurteilsloser und läßt Stiller-White ganz anders erscheinen, als er sich in der unmittelbaren Beschreibung seiner Ehe gibt. Die Identifikation von Julika und „Little Grey" ist explizit in Sätzen wie: „Und war es nicht meine grazile Balletteuse, so war es doch ‚Little Grey', dieses grazile Biest von einer Katze [. . .]" (447 f.), oder: „Im Augenblick, da ich ‚Little Grey' erwürge, weiß ich, daß es gar nicht die Katze ist, sondern Julika" (502).

Das große Thema, das diese Kämpfe durchzieht, die Kämpfe sowohl mit „Little Grey" als auch mit Julika, ist, daß Stiller nicht mit ihnen „fertig wird". So erzählt er über die Katze: „Alles begann von vorne [. . .]. Ich wurde mit diesem Tier nicht fertig –" (80), und über Julika: „Wir sind nicht fertig geworden miteinander [. . .]. Es ging nicht, weil ich nicht fertig wurde mit dir, mit uns." (452) Mit jemandem „fertig" werden ist das genaue Gegenteil von Fürsorge: es ist der Drang, einen anderen in ein Objekt zu verwandeln und als „Fertiges", das heißt Verfügbares, vor sich zu haben.

Whites Kampf mit „Little Grey" (es sind in Wirklichkeit „innere Kämpfe" (246), wie er gesteht) stellt sich so dar, daß das Tier hartnäckig und unbeirrbar um seine Liebe schreit, die er ebenso hartnäckig verweigert. Das einzige, was ihm dabei wichtig ist, sind die Nachbarn, bei denen er sich als grausamen Menschen verschrieen sieht, vor allem bei Florence, die er liebt, weil sie leicht zu lieben ist. Diese Beschreibung erinnert an Stillers neurotisches Verhalten zu seiner Umwelt während seiner Ehe: er glaubt immer, daß die anderen mit Julika sich gegen ihn verbünden, und er wirft Julika auch immer vor, daß sie ihn „verrät", wie er sich hier von „Little Grey" verraten sieht.

Vor allem hindert ihn sein Kampf mit „Little Grey" daran, sie überhaupt richtig zu sehen. Seine eigentlichen Begegnungen mit ihr finden statt, wenn sie des Nachts als schwarzer Schatten vor seinem geschlossenen Fenster sitzt. Er spricht daher — obwohl sogar ihr Name „Little Grey" besagt, daß sie grau ist — von seinen „inneren Kämpfen mit dieser schwarzen Katze" (ebd.). Ebenso „fremd" ist sein Verhältnis zu Julika (auch mit ihrem Namen „stimmt" übrigens etwas nicht: Julika ist lediglich ihr „Künstlername" (16), wie am Anfang berichtet wird, aber Stiller nennt sie nie anders). Stiller will Julika nicht sehen, wie sie ist. „Das ist gar nicht ihr Gesicht", muß er am Ende gestehen, „das ist es nie gewesen —!" (571) So, wie die Katze deshalb schwarz ist, weil er sie selbst in die Nacht hinausgeworfen hat, so trägt auch Julika ihre Maske, weil sie sich mehr und mehr von jeglichem Verstehen abgeschnitten fühlt. Im Gespräch mit Rolf verrät Julika am Ende ihre tiefe Resignation darüber, daß Stiller sie nicht „hört": „,Ich weiß nicht', sagte Frau Julika [...], ,Hab ich es ihm nicht gesagt? Aber wenn er mich nicht hört?'" (527)

„Hören" als ein Modus des „Redens" ist bei Heidegger ein Grundexistenzial des verstehenden In-der-Welt-seins. Einen anderen hören heißt, sich ihm als freiem Mitdasein öffnen: „Das Hören auf ... ist das existenziale Offensein des Daseins als Mitsein für den Anderen." (SZ, 163) Für das eigentliche Hören ist es daher auch nicht notwendig, daß eine Sache — wie Heidegger es nennt — „weitläufig beredet" wird (SZ, 164): „Wer im Miteinander schweigt, kann eigentlicher ,zu verstehen geben', das heißt das Verständnis ausbilden, als der, dem das Wort nicht ausgeht." (SZ, 164) Daß Stiller Julika „nicht hört", hängt also mehr von seiner Weigerung zur echten Nähe ab als von ihrer mangelnden Ausdrucksfähigkeit.[2]

---

[2] In: „Bin oder Die Reise nach Peking" beschreibt Frisch das „Hören" ausdrücklich als Zeichen einer echten Beziehung zum Mitsein. Der Erzähler in „Bin" versucht vergeblich, ein versäumtes Gespräch mit dem toten Maler Holder nachzuholen; aber Holder hört ihn nicht, obwohl er und alle anderen Anwesenden um ihn her einander verstehen. Bin erklärt dazu: „Wahrscheinlich sind es Freunde gewesen [...] darum hören sie einander — die haben sich schon im Leben drüben gehört." (*Bin oder Die Reise nach Peking*, Frankfurt a. M. (Bibliothek Suhrkamp 8), 1968, S. 45).

Auf dem Höhepunkt seines Kampfes mit „Little Grey" geht White schließlich so weit, daß er sie in den Eisschrank steckt und dann pfeifend umhergeht, als habe er sie vergessen. Diese Handlung ist ein Hinweis auf Stillers nicht unbeträchtlichen Anteil an Julikas Kälte, ihrer vielbesprochenen „Frigidität".

In seinem Nachtgespräch mit Rolf behauptet Stiller, daß er immer vergeblich auf ein „Zeichen" von Julika gewartet habe. In diesem Gespräch stellt sich jedoch heraus, daß Julika gesagt hat, auch sie habe gewartet. Stiller, der schon in Davos Julikas wahres Wesen so gezielt übersehen hatte, will ihr immer noch nicht zugestehen, daß sie sich um ihr Zusammenleben mit ihm auch nur gesorgt habe. Deshalb berichtet er von ihrem „Warten" mit einem „höhnischen Lächeln": „Sie hat gewartet. Hörst du? Auf meine Einsicht gewartet. Wieviele Jahre lang? [...] Ist ja egal. Drum ist sie erschöpft, verstehst du. Ich habe sie kaputt gemacht. Und sie mich nicht!" (559)

Aus Whites Erzählungen über „Little Grey" geht hervor, daß Julika wirklich gewartet hat. Und mehr noch: sie hat um seine Liebe gefleht, auf ihre eigene Art, die Stiller nicht verstehen wollte, weil es seinen ganzen Einsatz gefordert hätte. „Warum schreit sie nicht?" (559) fragt er Rolf bei seinem Nachtgespräch. Mr. Whites „Little Grey" schreit wirklich, aber es kommt — wie schon erwähnt — nicht so sehr darauf an, wie sich jemand ausdrückt, sondern ob der andere ihn wirklich hören will: „Und war es nicht meine grazile Balletteuse, so war es doch ‚Little Grey', dieses grazile Biest von einer Katze, das immerfort auf meinen Fenstersims hüpfte und mir doch nichts zu sagen hatte" (447 f.), und: „[...] ich pflegte sie, bis sie wieder zu schnurren anfing und um meine Hosenbeine streifte [...] wenn auch mit der Miene einer Siegerin, ohne daß sie mir auch jetzt etwas zu sagen hatte" (448). Die „Zeichen", die „Little Grey" ihm gibt, sind deutlich genug, und dennoch verhält er sich blind und taub gegen sie.

Florence, Stillers geliebte Mulattin, die in kindlicher Unbefangenheit lebt, eins mit sich selbst, legt ihm immer wieder die Katze ans Herz: „What about your cat?" fragt sie jedesmal, wenn er sich das Leben in Gedanken an Florence erleichtern und sich der schwierigen Aufgabe, „Little Grey" zu akzeptieren, entziehen will. Sie sagt ihm schließlich, was seine Aufgabe ist, und ihre Worte gelten ebensosehr für Julika als für die Katze: „‚What about your cat?' fragte sie. Sie hatte das Biest sogar auf ihrem Arm. ‚D'you know she's hurt?' sagte sie, ‚awfully hurt! [...] And you don't feel any pity for her?' sagte sie, ‚you are cruel, you just don't love her.' Und damit bot sie mir das Biest herüber. ‚You should love her!' ‚Why should I?' ‚Of course you should.'" (255)

Florence trifft hier genau das Wesen der echten Fürsorge oder Liebe:

Stiller ärgert sich immer über sogenannte Freunde, die ihm ans Herz legen, daß Julika ein „wertvoller" (157) Mensch sei, und die sich fragen, ob Stiller ihre Liebe „verdient" (143, 144) habe. In solchen Reden ist der ursprüngliche Bezug, das Mitsein, zu einem „Wert" herabgemindert. Es wird zu einer Art kalter Währung, mit der man den anderen kaufen und demzufolge besitzen kann. Heidegger erläutert: „[...] durch die Einschätzung von etwas als Wert wird das Gewertete nur als Gegenstand für die Schätzung des Menschen zugelassen [...]. Es läßt das Seiende nicht: sein, sondern das Werten läßt das Seiende lediglich als Objekt seines Tuns — gelten. " (Hum, 34 f.)

Ganz anders Florence: Die Katze ist verwundet, meint sie, und er muß für sie fühlen. Mehr noch: sie ist Teil seines Lebens, und daher muß er sie lieben. „Warum?" fragt er, und eben dieses Warum deutet auf sein mangelndes Verstehen der eigentlichen Existenz hin: Liebe ist das Natürliche („of course you should"), das nur dann wirkliche Liebe ist, wenn es einfach geschieht, ohne Bedingungen oder Gründe. Florence übernimmt in ihren Gesprächen mit White spontan eine der Hauptmöglichkeiten echter Fürsorge: dem anderen zum „Gewissen" zu werden, nicht, indem man ihm Moralpredigten hält, sondern indem man ihm die Freiheit läßt, sich in seiner „Sorge" durchsichtig zu werden. Heidegger erklärt:

Die Fürsorge hat [...] zwei extreme Möglichkeiten. Sie kann dem Anderen die „Sorge" gleichsam abnehmen und im Besorgen sich an seine Stelle setzen, für ihn einspringen. Diese Fürsorge übernimmt das, was zu besorgen ist, für den Anderen. Dieser wird dabei aus seiner Stelle geworfen, er tritt zurück, um nachträglich das Besorgte als fertig Verfügbares zu übernehmen, bzw. sich ganz davon zu entlasten. In solcher Fürsorge kann der Andere zum Abhängigen und Beherrschten werden, mag diese Herrschaft auch eine stillschweigende sein und dem Beherrschten verborgen bleiben [...]. Ihr gegenüber besteht die Möglichkeit einer Fürsorge, die für den Anderen nicht so sehr einspringt, als daß sie ihm in seinem existenziellen Seinkönnen vorausspringt, nicht um ihm die „Sorge" abzunehmen, sondern erst eigentlich als solche zurückzugeben. Diese Fürsorge, die wesentlich die eigentliche Sorge — das heißt die Existenz des Anderen betrifft und nicht ein Was, das er besorgt, verhilft dem Anderen dazu, in seiner Sorge sich durchsichtig und für sie frei zu werden. (SZ, 122)

Florences Handlungen entsprechen genau dieser echten Fürsorge: sie könnte einfach die Katze zu sich nehmen und White von dieser „Sorge" entlasten. Eine solche Hilfe wäre jedoch nur äußerlich, da sie das „Was" aus der Welt schaffen würde, um das es White aber gar nicht geht. Florence gibt ihm stattdessen die „Sorge" „eigentlich als solche zurück" („Und damit bot sie mir das Biest herüber"), indem sie ihm zu verstehen gibt, worum es hier eigentlich geht: „Of course you should [love her]".

Natürlich ist nicht zu erwarten, daß ein solches fürsorgendes Verhalten in dem anderen auf der Stelle dramatische Veränderungen hervorruft. Es bedarf vieler solcher Erfahrungen und echter Begegnungen, aber jede davon macht es dem Dasein schwerer, weiterhin vor seiner eigentlichen Verantwortung davonzulaufen.

Wilfried, der Bruder, ist ebenfalls ein Mensch, der Stiller in echter Fürsorge begegnet. Trotz aller Unterschiede ist er in seinem innersten Wesen Florence verwandt, „ein Mensch des natürlichen Daseins" (432). Wie wir bereits im letzten Kapitel gesehen hatten, ist er frei von der Herrschaft des „Man", fähig, in allem seine eigene Sicht zu wahren. Stiller selbst faßt die Ursprünglichkeit und Ungebrochenheit Wilfrieds in der Bemerkung zusammen, daß Wilfried „ein Bruder" sei. In der Tat geht ja sein brüderliches Verhalten weit über eine bloße verwandtschaftliche Beziehung hinaus. Als etwa Stiller ihm brieflich mitgeteilt hat, daß er nicht sein verschollener Bruder sei, „sorgt" sich Wilfried dessenungeachtet weiter um ihn: „In der Hoffnung, Sie empfinden es nicht als Zudringlichkeit, wenn ich unsere Einladung, nach der Haftentlassung bei uns zu wohnen, wiederhole, auch wenn Sie nicht mein verschollener Bruder sind [. . .]" (240).

Wir können diese Art eines ursprünglichen, bedingungslosen Bruderseins mit Heideggers Terminus „Mitsein" übersetzen: die spontane Offenheit für den anderen „als wäre er mein Bruder". (In diesem Licht gesehen erklärt sich auch Stillers verweigerte Hilfe für den alten Mann in der Bowery als grundsätzliche Verleugnung des echten In-der-Welt-seins. Des fürsorgenden Mitseins nicht fähig, behandelt er den alten Mann „als wäre er nicht sein Vater": „Sein Gesicht entsetzte mich, so daß ich weiterlief, und ich meldete nichts, obzwar es der eigene Vater war." (234))

In diesen Passagen über Wilfried als Bruder zeigt sich vielleicht am deutlichsten, was praktisch mit den Termini „eigentliches Selbstsein" und „Entschlossenheit" gemeint ist, und was es heißt, sich seine Existenz durch alle zerstreuten Möglichkeiten des Alltags hindurch „durchsichtig" zu machen. („Durchsichtig machen" ist dabei niemals ein theoretisches Verhalten, sondern der spontane Einsatz der ganzen Existenz.) Wilfried zeigt beispielhaft an einer Facette des In-der-Welt-seins, am Mitsein mit anderen, was es bedeutet, durch alle Wandlungen und Äußerlichkeiten hindurch eine echte Beziehung „entschlossen" aufrecht zu halten:

> Er ist ein Bruder, was ich nicht bin, und es stört ihn nicht einmal, daß ich es nicht bin. [. . .] Ebenso irritiert es mich, daß dieser Mann bei keiner noch so komischen Divergenz unserer Wesen seinerseits irritiert ist, sondern ohne weiteres annimmt, daß mein Leben für ihn zwar unverständlich, für mich aber sicherlich in Ordnung ist, und irgendwie wahrt er dann einfach, indem er sich keineswegs einmischt, eine Distanz der Achtung, die mich jedesmal beschämt [. . .]. Aber diese Achtung ist ihm ernst [. . .]. Für Wilfried ist es eine klare Sache, daß wir Brüder sind. (433 f.)

Die von Stiller empfundene „Distanz der Achtung" ist Wilfrieds
Fähigkeit, den anderen sein zu lassen. Wer so von Grund auf Bruder
ist, hat eine „eigentliche" Existenz, die jede theoretische Frage nach der
eigenen Identität überflüssig macht: „Brüder sind jedenfalls Brüder, und
im Letzten [. . .] spielt es gar keine Rolle, wer ich bin, wäre ich bloß ein
wirklicher Bruder." (230)

Stiller fühlt sich von Wilfrieds Gegenwart derart betroffen, daß er
mehrmals „den Tränen sehr nahe" ist (433). Die „Distanz der Achtung"
ist ja als Seinlassen kein Ausdruck der Gleichgültigkeit, sondern ein
stummes Vertrauen auf die Möglichkeiten des anderen. Angesprochen
ist das Mit-dasein in seinem innersten Wesen, in seiner eigentlichen
„Sorge". So findet sich denn Stiller am Ende dieser Begegnung unwillkürlich vor eine grundsätzliche Existenzfrage gestellt: „Die heutige Begegnung hat mich doch sehr verwirrt. Wie stehe ich in dieser Welt?" (435)

Am Ende des Romanes ist es Rolf, der Staatsanwalt und Freund, der
Stiller in bedingungsloser Fürsorge begegnet. Anders als Florence und
Wilfried, deren Eigentlichkeit — im guten Sinne — „naiv" ist, hat Rolf
sich aus einem leeren Rollendasein zurückgeholt und eigens zu sich selbst
entschlossen. Er versteht daher am ehesten Stillers innere Kämpfe und
weiß, worum es dem Freund letztlich geht. Im Zusammenhang mit Rolf
erscheint dann auch wörtlich der Heideggersche Terminus „Seinlassen":
„Mein Freund, der Staatsanwalt, ist ein Geschenk des Himmels. Sein
Lächeln ersetzt mir den Whisky. Es ist ein fast unmerkliches Lächeln,
das den Partner von vielem Getue erlöst, und es läßt ihn sein.* Wie
rar ist solches Lächeln! Nur wo einer selbst einmal geweint hat und sich
selber zugibt, daß er geweint hat, erblüht so ein gutes, in seinem Wissen
sehr präzises und durchaus nicht verschwommenes, aber unschnödes
Lächeln." (243)

Diese Fähigkeit zum Seinlassen ist es, die Rolf nach Stillers „Verstummen" zum bestmöglichen Augenzeugen macht: als der Freund, der sich
zutiefst um den anderen sorgt, sich jedoch niemals einmischt, weil seine
Einsicht ihm verbietet, dem anderen die persönliche Freiheit zu rauben.

Aus Rolfs Beschreibungen erfahren wir, daß Stiller seit seiner Gefangenschaft wesentliche persönliche Fortschritte gemacht hat. Er ist frei
von seinem Trotz gegen das „Man" und damit frei, seine Anstrengungen
auf wesentlichere Dinge zu richten: er fängt an, „in der Welt zu sein"
(538). Auch den Freunden gegenüber ist Stiller ohne Trotz, er „zwingt"
sie nicht mehr, ihn in einem bestimmten Lichte zu sehen: „Im Umgang
mit ihm fühlte ich mich wie aus einem bisher kaum bewußten Zwang
entlassen; ich selbst wurde freier." (536)

---

* Unsere Betonung

Allein Julika gegenüber ist Stiller „weniger weit", als er es „tatsächlich, anderen Menschen gegenüber, bereits war" (539). Sie wird ihm zur letzten Hoffnung, daß das Selbstsein vielleicht doch nicht in aller erdrückenden Einsamkeit („ich kann nicht allein sein") geleistet werden müsse, zur Hoffnung, daß sie ihm diese Aufgabe abnehmen oder doch wenigstens leicht machen könne. Das ist der Anspruch, den er unausgesprochen an sie stellt, das ist es, was er immer von ihr „erwartet". Wie er kurz vor seiner Verurteilung sagt: „[...] nur darauf kommt es jetzt an. Nur auf dich, Julika, einzig und allein auf dich." (484) Julika, als letzte Hoffnung für seine Selbstwerdung, wird gerade dadurch zum letzten Hindernis.

Stiller weiß — wie sich in seiner Rückkehr aus der Verschollenheit zeigt — daß Julika zu seinem „Leben geworden" (555) ist, daß er nicht einfach eine neue Existenz ohne sie beginnen kann. Wie Rolf bemerkt:

> Und andererseits, glaube ich, wußte unser Freund nun um die Unmöglichkeit der Flucht; es half nichts, irgendein neues Leben anzufangen, indem das alte einfach liegenblieb. Ging es für Stiller nicht eben darum, das Vergangene in seiner Beziehung zu dieser Frau, das Sterile, das diese beiden Leute verkettet hatte, wirklich aus der Welt zu schaffen, nämlich es nicht zu fliehen, sondern es einzuschmelzen in die neue lebendige Gegenwart? Anders wurde diese neue Gegenwart nie ganz wirklich. [...] Selbstverständlich braucht die Beziehung zu einer Frau, im Sinne der Ehe, nicht immer dieser letzte Prüfstein zu werden; in diesem Fall war sie es geworden. (539)

Was Rolf hier beschreibt, ist die Notwendigkeit einer echten „Wiederholung", ein Schritt, zu dem Stiller immer noch nicht bereit ist, da er sich infolgedessen auch in seiner Geworfenheit und Nichtigkeit annehmen müßte. Stiller weiß zwar, daß er Julika nicht fliehen kann, aber er versucht jetzt, ein ganz neues Leben nicht ohne, sondern mit ihr zu beginnen: Sie soll ihn als Mr. White lieben und damit die Vergangenheit, das Vakuum zwischen ihnen, einfach verleugnen. Er ist nicht bereit, diese Leere, diese „Nichtigkeit", die sich nicht aufheben läßt, wirklich anzunehmen und auszuhalten. Julika soll das Gewesene verneinen, sich durch die Begegnung mit ihm wandeln, plötzlich als neuer Mensch dastehen und auch ihm ein neues Leben ermöglichen. Als Gegenstand dieser unmöglichen Hoffnung steht sie buchstäblich zwischen ihm und dem Nichts, zwischen ihm und dem Selbstsein. (Erst durch ein Offensein für das Nichts kann Stiller endgültig zur Eigentlichkeit gelangen, wie später noch genauer zu erläutern ist).

Daß Stiller Julika weiterhin als Gegenstand betrachtet, als Mittel zu einem Zweck, zeigt sich auch zu diesem späten Zeitpunkt wieder daran, daß er „Rücksicht" und „Fürsorge" immer noch als vergegenständlichte Dienstleistungen versteht und nicht als ein Hören auf das Wesen des anderen in seiner Sorge. Während Rolf bei seinem ersten

Besuch in Glion sofort das Wesentliche sieht: daß Julikas Miene „wie ein stumm gewordenes Erschrecktsein in Permanenz" (527) erscheint (was er dann kurz darauf als ihre tiefe Todesangst begreift), „kümmert" Stiller „sich nicht darum" (ebd.), sondern ergeht sich in nichtigen Dienstleistungen, die seinen Mangel an wahrer Fürsorge überspielen sollen. Die Art, wie er ihr, „halb Rücksicht, halb Nötigung" (ebd.), ein nicht gewolltes Kissen aufdrängt, zeigt, daß seine Sorge für sie mehr der eigenen Beruhigung dient als ihrer wirklichen Not. Auf Rolf wirken Stillers Gesten als ein deutlicher Mangel an echtem Einsatz: „Oft dachte ich: er macht es sich zu leicht. Er zahlt mit Charme, wovon er genug hat, das kostet ihn nichts." (ebd.) Julika reagiert bezeichnenderweise wieder mit der Bitte, seingelassen zu werden: „Laß doch!" (528) sagt sie, und: „Ich bin doch so wie ich bin, warum will Stiller mich immer ändern?" (533)

Stillers Art der Fürsorge ist die oben bereits beschriebene, die versucht, den anderen aus seiner Stelle zu werfen und ihn zu versklaven. Stiller erlaubt Julika nicht, die Aufgabe ihres Selbstseins für sich zu übernehmen, sondern will sie seinerseits „erlösen" und „ändern". Julika verheimlicht schließlich ihren Gesundheitszustand und ihre Todesangst vor Stiller, weil dies das Einzige ist, was ihr noch selbst gehört. Den Tod, als ihre letzte, eigentlichste Möglichkeit, will sie allein bestehen. Bezeichnenderweise zögert sie jedoch nicht, sich Rolf anzuvertrauen, da sie spürt, daß er ihr Wesen nicht antasten wird.

Stiller ist am Ende erschüttert, daß Julika allein ins Krankenhaus gegangen ist. „Dieser Mensch ist böse" (564), sagt er und ist überzeugt, daß Julika sozusagen aus Rache sterben will, daß sie sich freut, ihm damit wehe zu tun. Rolf übernimmt während dieser quälenden Nachtwache Stillers die schwere Aufgabe, ihm zum „Gewissen" zu werden, ohne ihm die Last seiner Existenz trügerisch zu erleichtern, ohne ihm mit billigen Trostworten das Eigentliche zu verdecken. Rolf ist sich seiner „Amtslosigkeit" voll bewußt, aber gerade daran zeigt sich seine Fähigkeit zum Seinlassen, die Distanz der Achtung, die dem anderen die Sorge erst eigentlich vor Augen hält: „Bestenfalls gelang mir nicht mehr als freundschaftlicher Widerstand, wo immer der Freund, der geprüfte, sich seiner Prüfung zu entziehen suchte . . ." (566)

Stillers Anklagen gegen Julika stammen aus seinem egozentrischen Verhältnis zu ihr, bei dem er immer alles, was sie tut, auf sich selbst bezieht, sogar noch ihr Sterben. Er zeigt ein völliges Mißverständnis für den Tod, dessen Erschließen die wesentliche Voraussetzung zum eigentlichen Selbstsein ist (wie später noch genauer zu untersuchen ist). Gemäß Heidegger ist der Tod „sofern er ‚ist‘, wesensmäßig je der meine" (SZ, 240). Der richtig verstandene Tod ist die letzte, eigentlichste Möglichkeit des Daseins und nicht ein „Akt", mit dem man einen anderen erfreuen oder betrüben könnte. Rolf bemerkt daher: „Was du vorher gesagt hast, glaubst du ja selber nicht. Wer stirbt schon einem andern zuliebe oder zuleide!" (556)

Mit ihrem einsamen Gang zum Krankenhaus zeigt Julika, daß sie den Tod als ihren eigenen auf sich nehmen will, daß sie sich nicht von anderen trösten und von der Schwere ihres Schicksals ablenken lassen will. Wir erinnern uns, daß Rolf sie versteht, so daß er sie, als er ihre Todesangst miterlebt, keineswegs mit Trostworten abspeist. Julika weiß aber auch, daß Stiller ihr den eigenen Tod sozusagen nicht „gestatten" würde, wie er ja auch jetzt noch behauptet, sie sterbe nur ihm zuleide. Der wirklich erschlossene Tod (als ständig gegenwärtige, von keinem anderen zu übernehmende Möglichkeit) vereinzelt den Menschen, wirft ihn auf sich selbst zurück und zeigt ihm, daß jede „Hilfe" von anderen nur Flucht vor sich selbst bedeutet. Die zutiefst durchlebte Todesangst enthüllt dem Dasein „die Verlorenheit in das Man-selbst und bringt es vor die Möglichkeit, auf die besorgende Fürsorge primär ungestützt, es selbst zu sein, selbst aber in der leidenschaftlichen, von den Illusionen des Man gelösten, faktischen, ihrer selbst gewissen und sich ängstenden Freiheit zum Tode" (SZ, 266).

Was im Angesichte von Julikas drohendem Tode (und der Tod droht eigentlich immer) wichtig ist, ist nur noch dieses: ob Stiller sie wirklich liebt, das heißt, ob er ihr in Freiheit begegnen kann. Das ist der Punkt, auf dem Rolf die ganze Nacht hindurch beharrt: „Du liebst sie", erklärt er immer und immer wieder. Wenn Stiller sich klar wird, daß er Julika wirklich liebt, wenn ihm im Angesicht ihres Verlustes aufgeht, daß er sie akzeptiert als unabhängig von sich selbst, nicht da, um ihm das Leben zu erleichtern, sondern da, um ihr eigenes Seinkönnen zu verwirklichen, dann hat auch er selbst endlich den letzten Schritt in seine eigene Freiheit getan. Liebe zu ihr bedeutet, das Vakuum zwischen ihnen aufzufüllen, indem aus der Leere zwischen ihnen Freiheit erwächst: die Freigabe des anderen, das Seinlassen, das eine positive Kraft ist und kein leeres Aufgeben.

Wie alle wesentlichen Einsichten des Daseins, so kann auch diese nicht als theoretisches Wissen gewonnen werden, sondern nur im Existieren selbst. Stiller erlebt seine eigene Wandlung zur Einsicht in allen Schattierungen der „Befindlichkeit": vom tiefen Haß und Bitterkeit gegen die Sterbende zu einem vollkommenen Versinken in die Angst, in der er ursprünglich seine eigene Endlichkeit erfährt: daß er für Julika zu spät kommt, daß er selbst ohnmächtig und sterblich ist und daß keine Julika da sein wird, um ihn vor der Last des Daseins zu schützen. Während Stiller in seiner Angst versinkt, ist er völlig auf sich selbst zurückgeworfen, auf die „Fürsorge primär ungestützt" sich „ängstigend"; kein Mitdasein kann ihm abnehmen, was er durchlebt. Rolf berichtet: „Ich ging nicht aus dem Zimmer; meine Anwesenheit fiel schon nicht mehr ins Gewicht." (571)

Stiller, in den Grundfesten seiner Existenz erschüttert durch die Erkenntnis, daß Julika, von der sein Leben so abhängig war, letztlich durch nichts zu halten ist, muß sich entscheiden: ob er wieder in ein Ersatzleben fliehen will, oder ob er akzeptieren kann, daß das eigentliche Selbstsein ausschließlich seine eigene „sehr einsame Sache" (261) ist, wie er selbst gesagt hatte, ohne es existierend zu verwirklichen: Julika war ja bisher immer da, um ihm einen letzten Ausweg zu verschaffen.

Am Ende dieser Nacht hat Stiller das bisher Unmögliche erreicht: er sieht auf einmal, daß Julika ihm wichtig ist um ihrer selbst willen. Erst im Erzittern über ihr mögliches Nichtsein begreift er die Gnade ihres Seins, kann er von ihr lassen als Folie für sich selbst und sie akzeptieren, so wie sie ist: „‚Rolf', sagte er, ‚es wäre gegangen! Ohne Wunder, glaub mir, es wäre gegangen, sie und ich, so wie wir sind — damals nicht! Aber jetzt [. . .] Jetzt zum erstenmal, jetzt und hier . . .'" (569) Für diese freie und bedingungslose Annahme Julikas gibt es nur eine Beschreibung: „Ich liebe sie —" (572), sagt Stiller am Ende dieses Gesprächs, und es bleibt die letzte und endgültige Aussage über Julika in dieser Nacht.

Gemäß der existenzialen Wahrheit, daß ein „Entschluß" nie theoretisch ist („Seinkönnen aber ist nur verstanden im Existieren in dieser Möglichkeit" (SZ, 295)), verwirklicht Stiller am nächsten Tag die äußerste Konsequenz seiner Liebe zu Julika und des notwendig damit verbundenen Seinlassens: Während fast das ganze Nachtgespräch von der bangen Frage durchzogen war: „Wird sie sterben?" und dem verzweifelten Trost: „[. . .] morgen um neun Uhr werde ich sie sehen" (572), erweist Stiller Julika an diesem Morgen die größtmögliche Liebe: er respektiert ihre Einsamkeit, ihren Wunsch, ohne ihn zu sterben und versagt sich den Trost, sie im Krankenhaus zu besuchen.

Dies ist Stillers eigentlicher, im Existieren vollzogener Schritt in das Selbstsein. Wie alles wahre Existieren bleibt dieser Schritt eher stumm. Heidegger schreibt über die „Verschwiegenheit" (die sich im später noch zu erläuternden „Gewissensruf" manifestiert): „Das Gewissen ruft [. . .] das aufgerufene Dasein als still zu werdendes in die Stille seiner selbst zurück." (SZ, 296) Stiller (dessen Name hier eine existenziale Deutung findet) erklärt sich nicht: von seinen „Ausreden", warum er nicht zu Julika geht, ist keine einzige „stichhaltig" (574). Aber als Rolf mit der Nachricht von Julikas Tod aus dem Krankenhaus kommt, „weiß" Stiller es sofort, in einer Art, die Rolf als „gefaßt" bezeichnen würde, wenn dieses Wort die „erschreckende" Geistesabwesenheit mit einschließen könnte, die Stiller an den Tag legt (575 f.). Stiller zeigt sich als jemand, der tief getroffen und erschüttert ist, der das Geschehene jedoch schon im vorhinein „gewußt" und akzeptiert hat, und der jetzt bereit ist, seine Erschütterung ungetröstet auszuhalten. Rolf ist wiederum imstande, den wahren Geisteszustand seines Freundes zu verstehen: Als Sibylle befürchtet, Stiller könnte sich etwas antun, „glaubt" Rolf dies „keinen Atemzug lang" (576). Er begreift, daß Stiller zu sich selbst gefunden hat.

Im Gegensatz zu früheren Zeiten, als Stiller Rolf mit nächtlichen Telefonanrufen bedrängte, wenn immer Julika in Davos war, hat Rolf nach ihrem Tod nicht mehr das Gefühl, daß Stiller ihn „braucht". Dabei wird jedoch ausdrücklich betont, daß Stiller nicht etwa zum verbitterten Einsiedler wird, daß er dem Freund durchaus nicht einfach den Rücken kehrt: „Wir sahen einander dann und wann." (577) Die Freundschaft ist jedoch selbstverständlicher geworden, hat nicht mehr die Dringlichkeit und ängstliche Redseligkeit eines Menschen, der den anderen für sich „benutzt": „Wir sahen uns dann und wann; seine nächtlichen Anrufe blieben aus, und seine Briefe waren karg." (ebd.)

Auf die Fürsorge anderer „primär ungestützt" ist Stiller fähig, sich seiner eigenen Existenz zu stellen. Und auch eine Flucht in eine neue Umgebung, die vielleicht frei wäre von allerlei trüben Erinnerungen, erübrigt sich: „Stiller blieb in Glion und lebte allein." (577)[3]

[3] In der Kritik, die das Ende dieses Romanes als Scheitern oder Resignation beschreibt (Werner Liersch, Manfred Jurgensen, Hans Bänziger, Hans Mayer, Paul K. Kurz, u. a.) wird übersehen, daß die Aussage: Stiller „lebte allein" im Romanzusammenhang einen wesentlichen existenzialen Fortschritt anzeigt. „Ich kann nicht allein sein" (a. a. O.) war Stillers eigene Klage über seine Unfähigkeit, mit sich selbst ins Reine zu kommen. „Alleinsein" bedeutet für Stiller also keine Resignation, sondern eine „Chance, so groß wie der Atlantik" (a. a. O.), wie er es selbst nennt. Wahrscheinlich stößt sich die Kritik daran, daß Stiller zu keiner handgreiflichen „Lösung" kommt, daß seine äußere Entwicklung der existenzialen gleichsam entgegenläuft. Aber gerade in der Ablegung äußerlicher Wichtigkeit gelingt es Stiller, die Lebensattrappen beiseitezuräumen, die ihm den Weg zu sich selbst verdeckten. Zu einer endgültigen „Lösung" kann es nie kommen, da das Existieren kein Erstarren auf einer einmal erreichten Stufe ist, sondern dynamischer Prozeß. „Stiller [...] lebte allein" bedeutet soviel und sowenig, als daß er zum ersten Male bereit ist, seine Existenz selbst zu verantworten. Es ist damit nicht gesagt, daß er etwa seine Arbeit als Bildhauer nie wieder aufnehmen wird. Wir erfahren hier nur, daß Stiller frei geworden ist für das, was er von nun an betreiben wird, da er nicht mehr unter dem Zwang steht, irgendwo anders Ersatz für sein mangelndes Selbstsein zu suchen. Eine Interpretation des Stiller-Schlusses, die sich weitgehend mit unserer Auffassung deckt, gibt Kathleen Harris in: „Stiller (Max Frisch): Ich oder Nicht-Ich?" Harris betont in ihrer Analyse die Aspekte des „Seinlassens" und des „Eigentlich-

B.   Homo Faber

Wenn wir daran denken, daß Stiller „nicht allein" sein kann, weil er sich auf der Flucht vor sich selbst befindet, so überrascht es zunächst, daß Walter Faber behauptet: „Ich will allein sein! [...] Alleinsein ist der einzigmögliche Zustand für mich." (111 f.) Stillers und Fabers Haltung unterscheiden sich jedoch nur äußerlich, denn ihre Absicht ist im Grunde die gleiche: beide wollen durch ihr Verhalten zum Mitmenschen einer Konfrontation mit sich selbst entgehen.

Faber ist dabei noch einen Schritt weiter gegangen als Stiller. Seine Haltung macht anschaulich, was Heidegger meint, wenn er von den „Möglichkeiten" des Daseins spricht, die es „ergreifen" oder bei denen es sich „vergreifen" kann (SZ, 144): Denn mit dem ersten „irrtümlichen" Entwurf seiner Rolle als Techniker hat Faber sich auch gleichzeitig der Möglichkeit menschlichen Kontaktes begeben. Auf Grund seiner Rolle ist alles Menschliche für ihn gewissermaßen mit der Dschungel-Sphäre verwandt, da es unberechenbar und nie einwandfrei zu beherrschen ist. Anders als Stiller hat Faber sich gleichsam die Möglichkeit entzogen, hinter anderen Menschen Schutz zu suchen; seine „Turbinen" besorgen diese Aufgabe weit besser. Menschen stören nur, weil sie ihn ständig daran erinnern, daß mit seinem Weltbild etwas nicht in Ordnung ist. „Menschen sind anstrengend" (8), bemerkt er, und: „[...] nach drei Wochen (spätestens) sehne ich mich nach Turbinen." (110)

Daß auch Faber lediglich im physischen und nicht im existenzialen Sinne allein sein kann, zeigt sich in seinen eigenen Schilderungen: „Ich gebe zu: auch ich bin [...] Stimmungen ausgeliefert, aber gerade dann begrüße ich es, allein zu sein. Zu den glücklichsten Minuten, die ich kenne, gehört die Minute, wenn ich eine Gesellschaft verlassen habe, wenn ich in meinem Wagen sitze, die Türe zuschlage und das Schlüsselchen stecke,

seins", ohne diese Begriffe explizit zu verwenden. Sie schreibt unter anderem: „Es handelt sich [...] um die Darstellung davon, wie Stiller zur Wahrhaftigkeit und zur endgültigen Einsicht gelangt, daß er zwar sein Ich zurückerobert, indem er sich selbst angenommen, seinem Du aber — also Julika — nicht dieselben Rechte gegönnt habe. [...] Kann man das [erste Kierkegaard-Motto] nach dem Vorliegenden wirklich nur als schmückendes Beiwort oder zufällige Parallele gelten lassen? Nun hatte Stiller schließlich Ehrlichkeit gewählt und konnte sich, auch ohne Julika, auf sich selbst verlassen. Daher blieben die nächtlichen Anrufe aus; daher waren seine Briefe ‚karg'. [...] So muß man wohl, um Stiller gerecht zu werden, ihn nicht als ‚gescheitert' verurteilen, sondern ihn vielmehr — um Rolfs Beschreibung von Julika zu gebrauchen — ‚ein unvollendetes Lebenswerk' [...] nennen." (*German Quarterly*, 41 (1968), S. 695).
(Vgl. in diesem Zusammenhang auch Helmut F. Pfanner, Kap. V, Anmerkung 3, Seite 151 f.)

Radio andrehe, meine Zigarette anzünde mit dem Glüher, dann schalte,
Fuß aufs Gas; Menschen sind eine Anstrengung für mich, auch Männer."
(112) In dieser Aussage wird deutlich, daß Faber — entgegen seiner Behauptung — nicht wirklich allein sein kann: das Radio und der ganze
technische Aufwand in seinem Wagen bieten ihm Zuflucht und Ablen-
kung. Damit ist auch gleichzeitig angedeutet, warum Faber Menschen
so besonders anstrengend findet: Sie gehorchen ihm nicht mechanisch, sind
nicht „mit einem Knopfdruck zu bedienen" wie die technischen Gegenstände in seinem Wagen, die er hier fast liebevoll schildert: Tür, Anlas-
ser, Radio, Zigarettenanzünder, Gaspedal: alles funktioniert und folgt
präzise seinen Anweisungen.

Es stellt sich bei näherem Zusehen heraus, daß in entscheidenden Situationen (Situationen, die Stiller „Stunden des Grauens" nannte) auch
Faber andere Menschen braucht: So etwa nach der Abreise von Joachims
Plantage, im nächtlichen Dschungel, wo die Technik als Aufenthaltsort
versagt und Faber sich ausgesetzt fühlt an die Unheimlichkeit des Unberechenbaren: „Ich war froh, nicht allein zu sein, obschon eigentlich
keinerlei Gefahr, sachlich betrachtet" (84), und in der nächtlichen Wüste,
wo er unbewußt zugibt, daß das „Mitsein" mit anderen eine „existenziale Bestimmtheit" (SZ, 120) des Daseins ist, und daß er sich vor einem
Leben als einziger Mensch auf der Erde grauen würde: „Ferner weiß
ich, daß ich nicht (wenn es im Augenblick auch so aussieht) der erste
oder letzte Mensch auf der Erde bin; und ich kann mich von der bloßen
Vorstellung, der letzte Mensch zu sein, nicht erschüttern lassen, denn
es ist nicht so. Wozu hysterisch sein?" (29)

Fabers eigentliche Unfähigkeit, allein zu sein, zeigt sich also immer
dann, wenn die Technik versagt und die „Stimmungen" überhand
nehmen. Erst dann steht Faber existenziell auf der gleichen Stufe wie
Stiller: zu sich selbst aufgerufen, aber nicht fähig, diese schwierigste
und echteste Art des Alleinseins auszuhalten: „Gefühle, habe ich festgestellt, sind Ermüdungserscheinungen, nichts weiter, jedenfalls bei mir.
Man macht schlapp! Dann hilft es auch nichts, Briefe zu schreiben, um
nicht allein zu sein. Es ändert nichts; nachher hört man doch nur seine
eigenen Schritte in der leeren Wohnung. Schlimmer noch: diese Radio-
Sprecher, die Hundefutter anpreisen, Backpulver oder was weiß ich,
dann plötzlich verstummen: Auf Wiederhören morgen früh! Dabei ist
es erst zwei Uhr. Dann Gin, obschon ich Gin, einfach so, nicht mag [...]".
(113) In solchen Szenen der „Befindlichkeit" ist ihm stimmungshaft bewußt, daß das Mitsein ein untrennbares Existenzial des Daseins ist und
daß es „mühsam" (113) ist, ohne echten Kontakt zu leben.

In dem aber, was er zu seinem „normalen" Leben gemacht hat, in
seinem alltäglichen Technikerdasein, hält Faber sich die Mitmenschen

vom Leibe und nähert sich ihnen nur, soweit er sie für sich „brauchen"
kann. Um sie dabei als „Widerstand" aus der Welt zu schaffen, reduziert
er sie von vornherein zu manipulierbaren Objekten, leeren Masken, die
ihn menschlich nicht beeindrucken können.

Eine solche Gestalt ist zum Beispiel Ivy, seine New Yorker Freundin.
Er gibt sich überhaupt nur mit ihr ab, weil auch er nicht völlig ohne
andere und ohne einen Geschlechtspartner auskommen kann. Aber in
dem Bild, das er von ihr entwirft, ist sie, um Rolfs Worte zu gebrauchen, „auf erschreckende Weise vergewaltigt". Er spricht ihr zunächst
alle persönlichen Züge ab, indem er sie mit „allen Frauen" vergleicht und
liefert gleichzeitig sein Motiv für diese Sicht: daß er Kontakt einfach
nicht will: „Ivy heißt Efeu, und so heißen für mich eigentlich alle Frauen.
Ich will allein sein." (111) Um dieses verallgemeinerte Bild Ivys aufrechtzuerhalten, hat er in all der Zeit, die er mit ihr verbrachte, nie
etwas Persönliches über sie erfragt: „[...] ich wußte, daß sie zähe ist. —
Sonst wußte ich wenig von Ivy" (78), und: „[...] anfangs hatte ich sie
für eine Tänzerin gehalten, dann für eine Kokotte, beides stimmte nicht
— ich glaube, Ivy arbeitete wirklich als Mannequin" (82).

Wenn Faber von Ivy spricht, so erscheint sie stets als ein solches
Mannequin, eine oberflächliche Kleiderpuppe, deren Garderobe mit der
Autofarbe übereinstimmen muß, und die ihn ab und zu wider seinen
Willen zum Geschlechtsverkehr verführt, weil sie sentimental ist („wie
alle Frauen") oder weil sie ihn „hörig machen" will oder weil sie sich
„für irgendetwas zu rächen" hat. Wenn wir einmal hinter Fabers Schilderungen blicken, so erscheint Ivy ganz anders, erstaunlich geduldig
seinem „flegelhaften" Benehmen gegenüber, aufrichtig besorgt um ihn,
als er zum Beispiel von seiner Flugangst spricht und immer wieder zum
Einlenken bereit, wenn er sie enttäuscht und erschreckend rücksichtslos
behandelt hat.

In Fabers eigenen Worten kommt zutage, daß Ivy nur deshalb so
oberflächlich erscheint, weil er sich überhaupt nicht für sie interessiert
und jeden Ansatz zu einer tieferen Sicht ihres Wesens übergeht: „[...]
sie war rührend und begleitete mich sogar aufs Schiff. Natürlich weinte
sie." (82) (Mit diesem „natürlich" spricht er ihr spontane Gefühle ab;
sie reagiert „wie zu erwarten"). Und weiter: „Wen Ivy außer mir hatte
[...] wußte ich nicht; Vater und Mutter hatte sie nie erwähnt; ich
erinnerte mich bloß an ihren drolligen Ausspruch: I'm just a dead-end-
kid! Sie stammte aus der Bronx, sonst wußte ich wirklich nichts von
Ivy." (ebd.)

Fabers grundsätzliche Einstellung zu Ivy zeigt sich vielleicht am
deutlichsten in dem Brief, den er ihr in der Wüste schreibt. Zunächst will
er (um nicht als der einzige Passagier ohne Freunde aufzufallen) wie

die anderen ringsum einen normalen Brief schreiben, einen freund-
schaftlichen Brief. Aber selbst diese einfachste Form des Kontaktes fällt
ihm noch zu schwer: er findet es mühsam, im Freundschaftston auch nur
eine einzige Seite zu füllen. Dann denkt er plötzlich daran, daß er schon
lange vorhatte, mit Ivy Schluß zu machen. Und nun, da er nicht mehr
an sie, sondern gegen sie denkt, geht das Schreiben wie von selbst:

> [...] sowieso hatten wir in letzter Zeit nur noch Krach, schien mir, Krach um
> jede Kleinigkeit [...]. Ich brauchte nur daran zu denken, und es tippte plötzlich
> wie von selbst, im Gegenteil, ich mußte auf die Uhr sehen, damit mein Brief noch
> fertig wurde. [...] Daß ich grundsätzlich nicht heirate, das hatte ich oft genug
> gesagt, zumindest durchblicken lassen, zuletzt aber auch gesagt, und zwar auf dem
> Flugplatz. [...] Ivy hatte sogar geweint, somit gehört, was ich sagte. Aber viel-
> leicht brauchte Ivy es schwarz auf weiß. Wären wir bei der Notlandung ver-
> brannt, könnte sie auch ohne mich leben! – schrieb ich ihr (zum Glück mit Durch-
> schlag) deutlich genug, so meinte ich, um uns ein Wiedersehen zu ersparen. (36 f.)

Faber behandelt Ivy hier vollends als Objekt: er will sie („mit Durch-
schlag") wie eine Geschäftssache erledigen; auf dem Flugplatz (wo er
sofort davonlaufen konnte), hat er ihr seine Meinung gesagt, und jetzt,
da er unerreichbar ist, schreibt er alles nieder mit der Absicht, sich ein
Wiedersehen zu „ersparen", das heißt sich die Beziehung zu ihr nichts
weiter „kosten" zu lassen.

Fabers ganzes Verhältnis zu Ivy ist letztlich von der geheimen Furcht
durchzogen, daß er sich mit ihr auseinandersetzen müßte, daß sich die
Beziehung eines Tages nicht mehr manipulieren lassen könnte und sich
seiner Kontrolle entzöge: „Ich weiß nicht, wie es wieder kam. Ich glaube,
Ivy wollte, daß ich mich haßte, und verführte mich bloß, damit ich mich
haßte, und das war ihre Freude dabei, mich zu demütigen, die einzige
Freude, die ich ihr geben konnte. Manchmal fürchtete ich sie." (80) Was
er fürchtet, ist der menschliche Abgrund, der sich auftun könnte: sein
Selbsthaß stößt ihn immer wieder darauf, daß — wie oberflächlich
oder „pervers" (78) Ivy auch immer sein möge — die Leere der Beziehung letztlich von ihm ausgeht.

Bezeichnenderweise hat er ja auch seinen zur Zeit besten Freund, den
Amerikaner Dick, so ausgewählt, daß er sich möglichst beziehungslos
zu ihm verhalten kann: „Dick, zum Beispiel, ist nett, auch Schachspie-
ler, hochgebildet, glaube ich, jedenfalls gebildeter als ich, ein witziger
Mensch, den ich bewunderte (nur im Schach war ich ihm gewachsen) oder
wenigstens beneidete, einer von denen, die uns das Leben retten könnten,
ohne daß man deswegen je intimer wird —" (72)

Faber fühlt sich in seiner Rolle nur sicher, wenn er menschliche Kon-
takte unter Kontrolle halten kann. Sein Selbsthaß bezeugt, daß er sich
immer wieder nach einem Mehr in den menschlichen Beziehungen sehnt;

seine Rolle erfordert jedoch, daß er sich nicht auf allzu Menschliches (und das heißt für ihn: Unberechenbares) einläßt.

Wie sehr er sich gegen das echte „Mitsein" sträubt, erweist sich besonders deutlich in einer Szene auf dem Flughafen in Houston. Faber ist auf der Toilette ohnmächtig zusammengebrochen, und als er zu sich kommt, kniet die „Putzerin", eine Negerin, neben ihm, selbstlos um sein Wohlergehen besorgt. Sie betet für ihn, das heißt behandelt ihn mit aufrichtiger „Fürsorge", obwohl es ihr vom egoistischen Standpunkt aus gleichgültig sein könnte, ob er stirbt. Sie sieht ihn nicht als Objekt, sondern behandelt ihn als Bruder, der selbstverständlich der Sorge bedarf.

Faber entzieht sich dieses Erlebnisses einer „nächsten Nähe" (12), indem er der Negerin überhaupt keine menschlichen Züge verleiht, sondern sie in lauter mechanische Einzelteile zerlegt: „[...] ihr Riesenmaul mit den schwarzen Lippen, das Rosa ihres Zahnfleisches" (ebd.). Ihre kindliche Freude darüber, daß er lebt, ihr Lachen aus voller Seele, beschreibt er als rein physischen Reflex, dessen auslösenden Mechanismus er nicht begreift: „[...] ich begriff nicht, wieso die Negerin plötzlich lachte — es schüttelte ihre Brust wie einen Pudding, so mußte sie lachen, ihr Riesenmaul, ihr Kruselhaar, ihre weißen und schwarzen Augen [...]" (13). Unfähig, ihrer echten Fürsorge entgegenzukommen, drängt er sie schließlich vollends ins Reich der Objekte ab: „Großaufnahme aus Afrika" (ebd.). Das „Zeitalter der Reproduktion" bietet ihm das Mittel, Abstand zu halten vom eigenen Erleben und die Welt als immer schon bekannten Kulturfilm zu betrachten.

Wie sehr er das echte „Mitsein" dieser „Putzerin" ablehnt oder bestenfalls mißversteht, zeigt sich daran, daß er am Ende ihre „Fürsorge" als käuflichen Service behandelt: er gibt ihr Geld. Aber sie drängt ihm die Banknote wieder auf, weil ihre „Liebe" kein Gegenstand ist, sich nicht bezahlen läßt wie eine Ware: „Sie weigerte sich, Geld anzunehmen, es wäre ein Vergnügen (pleasure) für sie, daß der Lord ihr Gebet erhört habe, ich hatte ihr die Note einfach hingelegt, aber sie folgte mir noch auf die Treppe, wo sie als Negerin nicht weitergehen durfte, und zwang mir die Note in die Hand." (ebd.) Eine weitere Ironie dieser Szene liegt darin, daß sie „als Negerin" auf der Treppe nicht weitergehen darf: sie wird als Objekt gesehen und nicht als freies „Mitdasein" auch von jener Öffentlichkeit, der Faber hörig ist. Dabei käme ihr auf existenzieller Ebene eine ausgezeichnete Stellung zu.

Fabers Manie, jeden Seinsbezug zum anderen zu leugnen, führt dazu, daß er Mitmenschen nicht als lebendige Ganzheit sieht, sondern daß er sie — wie am Beispiel der Negerin veranschaulicht — als eine Summe mechanischer Einzelteile betrachtet. Diese sinnentleerte Sicht des Menschen erklärt auch Fabers ausgeprägte Abscheu vor dem Geschlechtsverkehr: gerade hier ist ein Erlebnis „nächster Nähe" gegeben, dem er glaubt, auf keinen Fall nachgeben zu dürfen. Aus der möglichen Erfahrung einer menschlichen Beziehung bleibt ihm nur die Erinnerung an einen sinnlosen Mechanismus, der absurd ist, weil er ihn aus jedem Seinszusammenhang gelöst sieht: „[Ich] wollte nicht daran denken, wie Mann und Weib sich paaren, trotzdem die plötzliche Vorstellung davon, unwillkürlich, Verwunderung, Schreck wie im Halbschlaf. Warum gerade so? Einmal von außen gedacht: Wieso eigentlich mit dem Unterleib? [...] Warum gerade so? Es ist absurd, wenn man nicht selber durch Trieb dazu genötigt ist, man kommt sich verrückt vor, auch nur eine solche Idee zu haben, geradezu pervers." (114)

Wir können von dieser Aussage Fabers her Rückschlüsse auf sein ursprüngliches Verhältnis zu Hanna ziehen, wenn er über sie sagt: „Nur mit Hanna ist es nie absurd gewesen." (22) Es muß eine Zeit gegeben haben, in der Faber noch fähig war, einem Mitmenschen wirklich zu begegnen, in seiner Ganzheit, ohne das Bedürfnis, ihn in mechanischen Einzelteilen zu sehen und dadurch Abstand von ihm zu gewinnen. Fabers jetzige seinsleere Haltung zu anderen ist nur so zu erklären, daß er in den letzten zwanzig Jahren jede Erinnerung an ein mögliches echtes Dasein und Mitsein freiwillig unterdrückt hat.

Tatsächlich läuft er ja zunächst vor Herbert Hencke davon, weil diese Begegnung ihn zum ersten Male wieder deutlich an seine Vergangenheit erinnert: an Joachim (von dem er später sagt: „[Er] war mein einziger wirklicher Freund" (72)) und natürlich auch an Hanna. Während er noch behauptet, daß der „Düsseldorfer" ihm als Deutscher und wegen seiner ganzen Art auf die Nerven ginge, ist ihm die Ähnlichkeit mit Joachim insgeheim schon längst aufgefallen: „Im Augenblick, als wir die Maschine verließen und vor dem Zoll uns trennten, wußte ich, was ich vorher gedacht hatte: Sein Gesicht [...] erinnerte mich an Joachim — ich vergaß es wieder. Das war in Houston, Texas." (11) Kurz darauf versucht Faber, seiner Vergangenheit dadurch zu entgehen, daß er das Flugzeug und damit Herbert „verpaßt". Auch sein Geständnis, daß „es" mit Hanna „nie absurd" gewesen wäre, macht er nicht ohne weiteres, sondern er tut zunächst so — auch vor sich selbst — als könnte er sich nicht recht erinnern: „Ich trank mein Bier und versuchte, mich zu erinnern, ob es mit Hanna (damals) auch absurd gewesen ist, ob es immer absurd gewesen ist." (115) Damit impliziert er, daß das Ganze für ihn ziemlich nebensächlich und daher leicht zu vergessen sei (in der oben erwähnten Begegnung mit Herbert spricht er mit der gleichen scheinbaren Gleichgültigkeit über Joachim: „Ich vergaß es wieder").

Es ist nicht leicht zu rekonstruieren, wie Fabers wahre Beziehung zu Hanna aussah, ehe er sich gegen sie entschied und seine Rolle antrat. Er verwendet seinen Bericht ja nicht dazu, sie wirklich zu schildern, sondern schreibt eine Apologie für sein eigenes Verhalten. Aber obwohl wir nur zwischen den Zeilen lesen können, bezeugt allein schon der Wortschwall, mit dem er seine Trennung von Hanna zu rechtfertigen sucht, daß eine menschliche Fehlhaltung zugrunde liegt (einen ähnlichen Sachverhalt hatten wir bereits bei Fabers wortreicher Verteidigungsrede über die Geburtenkontrolle beobachtet).

Auch in kleinen Randbemerkungen leuchtet immer wieder auf, daß seine Beziehung zu Hanna eine echte Seinsmöglichkeit barg, die er jedoch am Ende ablehnte, weil ihm die öffentliche Rolle als erfolgreicher Ingenieur mehr zusagte. Das Geständnis (er muß sich diese Aussage ja wirklich erst abringen), daß die geschlechtliche Begegnung mit Hanna „nie absurd" war, ist vielleicht der eindeutigste Beleg für seine ursprüngliche Nähe zu Hanna. In einer anderen Bemerkung sagt Faber: „Ich habe Hanna nicht geheiratet, die ich liebte, und wieso soll ich Ivy heiraten?" (36) Daß er Hanna immer noch als ganzen Menschen sieht, erweist sich auf dem Schiff, als er die mitreisenden Damen mustert, sie sorgfältig in allen Einzelheiten seziert und dann bemerkt: „[...] ich konnte mir denken, daß Hanna noch immer sehr schön ist, ich meine liebenswert." (97) In dieser Aussage wird deutlich, daß er Hanna nicht als eine Ansammlung von Einzelteilen sieht, sondern als Ganzheit, wobei das Äußere („schön") von der Beziehung zu ihr („liebenswert") nicht zu trennen ist.

Daß Faber in solchen Worten von einem anderen redet, ja, daß er sich überhaupt über ein eigennütziges Motiv hinaus wieder für einen Menschen interessiert, ist eine Folge seines Aufenthaltes in der Wüste und seines noch weit erschütternderen Erlebnisses der Dschungelfahrt zu dem toten Joachim. Als das Zusammentreffen mit Herbert seine lange verschütteten Erinnerungen weckt, ist seine erste Reaktion Flucht: er will sich mit dem, was er solange begraben und vergessen hat, nicht auseinandersetzen. Die Flucht scheitert jedoch, die unbewältigte Vergangenheit drängt sich ihm auf, und plötzlich zieht sie ihn auf ihm unerklärliche Weise an: er begleitet Herbert zu Joachim, ohne eigentlich „zu wissen, warum", und er ist nicht mehr zur Umkehr zu bewegen, selbst als die Reise für ihn unerträglich und unheimlich wird und er sich immer wieder mit Gedanken an einen Rückflug befaßt. Daß Faber „nicht weiß", warum er zu Joachim will, zeugt dafür, daß er auf dem Grunde der „Befindlichkeit" handelt: in dieser Befindlichkeit, die nach Heidegger weiter trägt als das alltägliche „Wissen", wird ihm zu verstehen gege-

ben, „wie ihm ist und wird": er sorgt sich um sein Sein in der Welt.
Wenn Faber hier auf der Suche nach seinem „einzigen wirklichen Freund"
ist, so ist er gleichzeitig auch auf der Suche nach sich selbst, nach der
„Wiederholung" eines ursprünglicheren Daseins, in dem er der Nähe
zu anderen und damit zu sich selbst noch fähig war. Der tote Joachim
zeigt Faber jedoch in erschreckender Deutlichkeit die Endlichkeit und
Ungesichertheit des menschlichen Daseins, die Unwiederbringlichkeit
einmal verpaßter oder zu lange aufgeschobener Möglichkeiten.

Als Faber nach New York zurückkehrt, ist er erfüllt von einem tiefen
Überdruß an seinem bisherigen leeren Leben: „Ich stand am Fenster und
haßte die ganze Zeit, die ich in diesem Manhattan verbracht hatte [...]"
(75). Während er sein mechanisches Leben lebte und seine kostbare Zeit in
einem entfremdeten Verhältnis zu der ungeliebten Ivy und dem ihm
menschlich gleichgültigen Dick vergeudete, hat er seinen besten Freund
unwiderruflich versäumt. Der Kontrast zwischen dem, was möglich gewesen wäre und dem, was er in Wirklichkeit betrieben hat, wird augenfällig.

Seine Reise mit dem Schiff statt mit dem Flugzeug ist dann nicht nur
ein Versuch, so schnell wie möglich von Ivy loszukommen: es ist auch
eine Art unbewußten Aufstandes gegen sein bisheriges „entwurzeltes"
Dasein, bei dem ihm das Tempo der Flugreisen eine „Notlosigkeit"
vorspiegelte, die die Frage eines eigenen Daseins und echter menschlicher
Beziehung überhaupt nicht aufkommen ließ. Etwas von der harten
Schale des überzeugten Technikers ist zerbrochen, und dieses Nachlassen
in der jahrelang aufrecht erhaltenen „Form" erfüllt ihn zunächst einmal
mit Erleichterung: Der ewigen Eintönigkeit seiner Existenz entronnen,
hat er das Gefühl, ein neues Leben zu beginnen: „— ich freute mich aufs
Leben wie ein Jüngling, wie schon lange nicht mehr. Meine erste Schiff-
fahrt!" (77)

Daß er hier durchaus noch am Anfang eines möglichen neuen Lebens
steht, daß die alte Rolle ihm mit großer Zähigkeit anhaftet und sich nicht
von heute auf morgen ablegen läßt, zeigt sich zunächst vor allem daran,
daß er bei aller Abneigung gegen sein bisheriges Leben durchaus nicht
bereit ist, die Verantwortung für die Leere dieses Daseins selbst zu übernehmen. Wie wir oben bereits gesehen hatten, verwendet er große Sorg-
falt darauf, in Ivys Oberflächlichkeit und Mangel an Persönlichkeit
den Grund für seine lieblose, vergegenständlichte Haltung zu suchen.
Obwohl die Durchbrechung seiner strengen Lebensform ihn mit Erleichterung erfüllt, heißt das noch nicht, daß Faber von nun an schutzlos in
der Welt stehen und ganz ohne seine Rolle auskommen könnte.

Aus dieser eigenartigen Mischung eines Zerbrechens seiner alten Rolle
und des gleichzeitigen Festhaltens an ihr erklärt sich auch Fabers ambi-

valentes Verhalten zu Sabeth. Denn von Fabers Rollendasein aus betrachtet ist es ein ungeheurer Fortschritt, daß er hier plötzlich beginnt, sich für einen Menschen zu interessieren und daß er zunehmend den Stimmungen und Gefühlen in sich nachgibt. Wie die Reise zu Joachim, so entstammt auch das Interesse an Sabeth ursprünglich dem Wunsch nach einer „Wiederholung" der liegengebliebenen Vergangenheit. Sabeth gefällt ihm ja offensichtlich deshalb so besonders, weil sie Hanna ähnlich sieht, der „liebenswerten" Freundin aus einer ursprünglicheren Daseinsphase. Wenn Faber sich Sabeth zuwendet und sich ihr öffnet, wie er es seit Jahrzehnten keinem Menschen gegenüber getan hat, so versucht er unbewußt, seine positive Beziehung mit Hanna zu wiederholen.

Auch dabei ist er übrigens nicht fähig oder bereit, seine Technikerrolle, den äußersten Verteidigungsmechanismus, aufzugeben. Immer wieder gibt er „technische" Erklärungen und Meinungen von sich, die Sabeth für einen Scherz hält, weil sie ihm einfach nicht glauben kann, daß er solche seins- oder sinnlosen Bemerkungen ernst meinen könnte. Aber da Fabers neues Verhältnis zu Sabeth im Grunde durchaus nicht dazu angetan ist, seine „Form" zu unterstützen, geschieht es schließlich öfter, daß er sich bewußt an seine Rolle erinnern muß, wenn es gilt, vor seiner neuen Ungesichertheit Schutz zu suchen: „Meinerseits kein Grund zu Minderwertigkeitsgefühlen, ich bin kein Genie, immerhin ein Mann in leitender Stellung [. . .]", usw. (100).

Eine äußerst subtile Konfrontation zwischen dem alten Selbstverständnis als Techniker und den ganz neuen aufsteigenden Gefühlen können wir in der Maschinenraum-Szene beobachten: Faber, dem sonst die Maschinen die Welt bedeuten, nimmt hier die Besichtigung des Schiffsraumes nur als Ausrede, um mit Sabeth zusammen zu sein. Und im Maschinenraum sieht er deutlicher die Gesichter der Matrosen, die Sabeth nachpfeifen, als die technischen Einrichtungen selbst. Und während er dann doch Hydraulik und Ampère erklärt, sind seine Gedanken eigentlich bei der herumkletternden Sabeth, die er „sehr schön" findet und die er schließlich, fast gegen seinen Willen, berühren muß (106).

Der negative Aspekt seines Verhältnisses zu Sabeth besteht darin, daß er auch diese neuen Gefühle und Stimmungen wieder umzubiegen versteht, daß er auch dieses, in seinem leeren Dasein so außergewöhnliche Erlebnis, für seine Zwecke mißbraucht. Statt Sabeth in Offenheit und Freiheit zu begegnen, das heißt in einer echten Beziehung, wird sie in kurzer Zeit für ihn zu einem Ding, einem Mittel zur Flucht vor sich selbst, an dem er nun besonders verzweifelt festhalten muß, da seine gewohnte „Form" zu zerbrechen beginnt.

Daß Faber Sabeth für sich „braucht", statt ihr in Freiheit entgegenzukommen, zeigt sich vor allem daran, daß er sie nicht „sein läßt", daß er immer etwas „von ihr will". Obwohl er so tut, als ob er sich taktvoll im Hintergrund hielte, um das Mädchen nicht zu „belästigen" (95), fühlt sie sich fast von Anfang an von ihm bedrängt: „Sie beobachten mich die ganze Zeit, Mister Faber, ich mag das nicht!" (104) sagt sie, und sie stellt ihm die gleiche Frage, die Julika Stiller stellt: „Was wollen Sie überhaupt von mir?" (ebd.)

Was Faber von ihr will, ist das gleiche, was Stiller immer von Julika erwartet: daß sie ihm die Last seines Daseins abnimmt. Fabers Heiratsantrag, nachdem er Sabeth erst fünf Tage lang kennt, ist begleitet von der ungeheuerlichen Feststellung: „Mein Leben lag in ihrer Hand —" (116) Er macht sein Sein oder Nichtsein von Sabeth abhängig, nicht von sich selbst, hofft, durch eine Verbindung mit ihr sein Leben neu beginnen zu können. Dabei sagen ihm alle seine Instinkte — und dazu gehört auch sein latentes Wissen davon, wer Sabeth wirklich ist — daß diese Beziehung „unmöglich" ist (117). Sobald er Sabeth wie eine Geliebte behandelt, wird sie ihm „fremd", „fremder als je ein Mädchen" (ebd.). Denn als Geliebte ist sie für ihn kein freies Mitsein, sondern Mittel zu einem Zweck, ein manipulierbarer Gegenstand, dem er notwendigerweise entfremdet, das heißt ohne Möglichkeit einer wirklichen Beziehung, gegenübertreten muß.

Fabers erste Verfehlung Sabeth gegenüber, das „Unnatürliche" an seinem Verhältnis zu ihr, liegt also durchaus nicht darin, daß er als Fünfzigjähriger eine Zwanzigjährige liebt. Der Altersunterschied wäre existenziell nicht wesentlich, wenn er nicht für Faber der eigentliche Grund für seine „Liebesbeziehung" wäre. Nicht umsonst kommt er sich neben Sabeth oft wie ein „Betrüger" vor (133), ohne genau zu wissen, warum. Sein „Betrug" besteht darin, daß er sie nicht um ihrer selbst willen zur Geliebten gemacht hat, sondern um ihrer Jugend willen. Es ist keine Beziehung von Mitdasein zu Mitdasein, sondern die Ausnutzung eines anderen zu einem Zweck.

Dieser andere kann übrigens niemand anders als Sabeth sein, weil nur sie — in ihrer Ähnlichkeit mit Hanna — ihm die Möglichkeit gibt, sich Liebesgefühle vorzuspiegeln und ihm so die vergangenen Zeiten wiederbringt, in denen er noch jung war und ohne Rollenzwang leben konnte. Die zweite Verfehlung Fabers in seinem Verhältnis zu Sabeth besteht also darin, daß er versucht, sich nicht nur den Altersunterschied zunutze zu machen, sondern auch sein latentes Wissen davon, wer Sabeth eigentlich ist (wobei er ausdrücklich gegen seine Instinkte handelt). In diesem Mißbrauch eines Menschen um jeden Preis liegt auch seine „Schuld", was den Inzest anbetrifft. Selbst wenn der Inzest, äußerlich gesehen, nur ein Irrtum Fabers wäre, so wäre sein Verhalten doch kaum mit dem eines Ödipus zu vergleichen, da Faber sich in seiner Beziehung zu Sabeth ausdrücklich über das hinwegsetzt, was er für richtig hält. Der alternde Techniker, der sich vor dem Verfallen des menschlichen Körpers fürchtet, und dem die Maschinenwelt als Schutz zu versagen beginnt, klammert sich an ein junges Mädchen, das ihm, sowohl vom Alter als auch von der Herkunft her, seine Jugendjahre wiederbringt.

Hanna begreift später die Ambivalenz in Fabers Verhältnis zu Sabeth, bei dem ein im Grunde positives Erlebnis mißdeutet und mißbraucht wurde: „Hanna findet es nicht unbegreiflich, daß ich mich gegenüber Sabeth so verhalten habe; ich habe (meint Hanna) eine Art Beziehung erlebt, die ich nicht kannte, und sie mißdeutet, indem ich mir einredete, verliebt zu sein. Mein Irrtum, daß wir Techniker versuchen, ohne den Tod zu leben." (211 f.)

Hanna weist hier auf den tiefsten Grund für Fabers Rollendasein hin: der Tod ist — wie wir noch ausführen werden — der wirkliche Anstoß für die Flucht des uneigentlichen Menschen vor sich selbst; denn mit der Selbstannahme müßte er ja auch seine Endlichkeit und Ohnmacht im Angesichte des unvermeidlichen Todes übernehmen. Faber selbst gibt in einer seiner Ausführungen über die Technik zu, daß sie für ihn ein Versuch ist, den Tod zu verneinen: „[. . .] daß Skulpturen und Derartiges nichts anderes sind (für mich) als Vorfahren des Roboters. Die Primitiven versuchten, den Tod zu annullieren, indem sie den Menschenleib abbilden — wir, indem wir den Menschenleib ersetzen. Technik statt Mystik!" (94)

Nach zwanzig Jahren fängt die Technik als Schutzwelt an, sich für Faber zu verbrauchen; es ist zu mühsam, Tag für Tag „in Form" zu bleiben, besonders jetzt, da er sich der Leere seines Lebens bewußt geworden ist. Neben Sabeth kann er sich wieder lebendig fühlen, jung („hutlos wie ein Jüngling" (123)), von ihr angenommen und daher irgendwie mit ihr gleichgestellt, so daß sein Alter unwesentlich wird: „Unsere Reise durch Italien — ich kann nur sagen, daß ich glücklich gewesen bin, weil auch das Mädchen, glaube ich, glücklich gewesen ist trotz Altersunterschied." (131)

Daß Sabeth ihn — nach anfänglichem Mißtrauen und instinktiver Ablehnung — akzeptiert, hängt mit ihrer kindlichen Ahnungslosigkeit und Naivität zusammen. Faber ist sich durchaus bewußt, daß er ihre Unbefangenheit ausnutzt und sie (die sich offensichtlich nicht nach weiterer Bekanntschaft drängt) manipuliert: „,Das habe ich Ihnen nie geglaubt,' sagte sie, ,daß Sie nie in den Louvre gehen —' ,Jedenfalls selten.' ,Selten!' lachte sie. ,Vorgestern schon habe ich Sie gesehen — unten bei den Antiken — und gestern auch.' Sie war wirklich ein Kind, wenn auch Kettenraucherin, sie hielt es wirklich für Zufall, daß man sich in diesem Paris nochmals getroffen hatte." (122 f.)[4]

Nach diesem „zufälligen" Wiedersehen mit Sabeth macht Faber es sich zunutze, daß sie kein Geld hat und daß sie sich wie ein Kind freut, als sie trotzdem in die Opéra gehen und Patisserie „futtern" kann. Faber bemerkt im Laufe ihrer Reise immer wieder, wie „kindlich" Sabeth ist, wie „unbefangen", wie „ahnungslos". Auch im sexuellen Bereich ist Sabeth völlig natürlich („ihre Unbefangenheit blieb mir immer ein Rätsel" (100), sagt Faber dazu), und auch das nutzt er für sich aus. Sabeth ist vor Faber mit zwei Männern zusammengewesen, das Verhältnis zu einem von ihnen beschreibt sie als „Irrtum" (148); das heißt, es bedarf keiner Versicherung von ewiger Liebe und Treue, um mit Sabeth intim zu sein. Sie betrachtet es offensichtlich als natürlichen Teil eines nahen Verhältnisses zum Mann. Faber hingegen hofft im stillen, daß er der einzige Mann in ihrem Leben gewesen ist. Er braucht dringend den Beweis, daß er für Sabeth mehr bedeutet als jeder andere Mann, daß sie ihn heiraten wird und daß er auf ewig als Partner (und das heißt verjüngt) mit ihr leben kann. Er hat sich von Sabeth so abhängig gemacht, daß er es, trotz latenten Wissens, lieber auf einen Inzest ankommen läßt, als zuzugeben, daß sie für ihn nicht in Frage kommt, daß ihre Beziehung „unmöglich" ist. Mit der sexuellen Intimität will er erreichen, daß er zum einzigen und wichtigsten Mann in ihrem Leben wird. Faber versucht, Sabeth eine Äußerung dieser Art zu entlokken, und sein Verhalten dabei macht anschaulich, daß er sie — wie immer wenn er als Liebhaber auftritt — wie einen Gegenstand betrachtet: „Ich hielt ihren Kopf so, daß sie sich nicht rühren konnte, mit beiden Händen, wie man beispielsweise den Kopf eines Hundes hält. [...] meine Hände wie ein Schraubstock. Sie schloß die Augen. Ich küßte nicht. Ich hielt bloß ihren Kopf, wie eine Vase, leicht und zerbrechlich, dann immer schwerer." (147)

Faber fährt fort, sie so festzuhalten und stellt ihr schließlich die Frage, ob er der erste Mann in ihrem Leben war. Sabeth wehrt sich gegen die Art, wie er sie bedrängt, wie er nicht frei mit ihr redet, sondern offen-

---

[4] Spätestens zu diesem Zeitpunkt brechen Fabers Beteuerungen, daß alles auf einem Zufall beruht habe, zusammen. Er nähert sich Sabeth planmäßig und trotz des klaren Gefühls, daß er ihr fernbleiben sollte („Ich konnte nie glücklicher sein als jetzt" (128)). Bei dem Thema „Zufall" ist auch Fabers Leben als Ganzes zu berücksichtigen, das, wie Hanna sagt, auf einem „Irrtum" beruht: Nur weil er sich damals gegen Hanna und das Kind und für seine Rolle entschieden hatte, konnte es ja überhaupt erst zu den sogenannten Zufällen kommen; ohne seine gewollt herbeigeführte Trennung von seinem Kind hätte es nie geschehen können, daß er Sabeth jetzt als Unbekannter gegenübertritt. Auch in diesem Punkt unterscheidet Faber sich grundsätzlich von Ödipus, der sein Unwissen ja nicht selbst herbeigeführt hatte.

sichtlich etwas „von ihr will". „Laß mich!" (ebd.) sagt sie, in genau
dem abwehrenden Ton, den Julika gebraucht, wenn Stiller versucht,
sie zu manipulieren. Auch bei Sabeth ist der Grund für die Abwehr das
Gefühl, in ihrem Wesen verletzt und mißbraucht zu werden. Die Abwehr bezieht sich jedenfalls nicht auf irgendwelche Scheu, sexuelle Erfahrungen zu erwähnen, die sie dann ohne weiteres „bekannt gibt",
während sie sich kämmt (148).

Wenn wir Sabeths Haltung zu Faber betrachten, so wird immer deutlicher, daß sie in ihm eigentlich den Vater sucht: einen Mann, der ihr
überlegen ist, bei dem sie sich geborgen fühlen kann, und der sie „ernst
nimmt". Sie haßt es, wenn Faber sarkastisch wird, weil dieses Nicht-
ernstnehmen ihr spontanes Verhältnis zur Welt stört und ihr ein Gefühl der Unsicherheit gibt. Sabeth vertraut darauf, daß er, der überlegene „Mann", alles ins rechte Lot rücken kann, und es ist nicht das
Vertrauen einer Geliebten, sondern das eines Kindes, wenn es sich von
seinem Vater noch Wunder verspricht: „Ihre komische Idee immer:
Du bist ein Mann! Offenbar hatte sie erwartet, daß ich aufspringe und
Steine schleudere, um die Leute zu vertreiben, wie eine Gruppe von
Ziegen. Sie war allen Ernstes enttäuscht, ein Kind, das ich als Frau
behandelte, oder eine Frau, die ich als Kind behandelte, das wußte ich
selber nicht." (140)

Sabeth äußert sich auch immer spöttisch über die „jungen Herren",
bei denen sie sich nicht geborgen fühlt, sondern bei denen sie sich eher
wie eine „Mutter" vorkommt (132). Dieses Bedürfnis Sabeths, Geborgenheit bei einem älteren Mann zu suchen, besonders bei einem, der sich
immer wieder „wie ein Papa" (142) aufführt, ist letzten Endes auf
Faber selbst zurückzuführen (unterstützt durch Hannas Verhalten, das
wir unten noch genauer untersuchen werden). Sabeth ist ohne Vater auf-
gewachsen; trotz Joachims Anwesenheit während ihrer ersten Jahre
war sie schon immer ein „vaterloses" Kind, wie Hanna später sagt.
Faber hat ihr durch seine Trennung von Hanna den Vater entzogen,
den er jetzt, sozusagen auf Schleichwegen, wieder bei ihr einführen will.

Es ist bezeichnend, daß Sabeth in Avignon, bevor sie zum ersten
Male miteinander schlafen, zärtlicher ist als je zuvor, weil sie, wie Faber
berichtet, „zum ersten Male" findet, „daß ich uns beide ernstnehme"
(153). Es ist, als ob der Vater, der sie so leichthin verlassen hat, sie
endlich angenommen hätte. Faber behauptet dann, daß die erste intime
Geste von ihr ausgegangen sei, weil sie es war, die „in jener Nacht,
nachdem wir bis zum Schlottern draußen gestanden hatten, in mein
Zimmer kam —" (ebd.). Er übergeht dabei die Tatsache, daß Sabeths
„Schlottern" nicht einfach ein Zeichen von Kälte ist (sie schlottert übrigens jedesmal vor wichtigen Wendepunkten in ihrem Verhältnis zu

Faber, so bei seiner ersten Annäherung auf dem Schiff und am Morgen vor ihrem Tode in Korinth). Es ist auch Angst dabei: beide haben während der „beklemmenden" Mondfinsternis über „Tod und Leben" gesprochen und sich als ausgesetzt auf der finsteren Erde erfahren. Beide fühlen sich durch dieses Erlebnis sehr „aufgeregt" (ebd.), und wenn sogar der nüchterne Techniker Faber innerlich erschüttert ist, so ist leicht einzusehen, daß die unerfahrene und kindliche Sabeth sich ängstigt und daß sie bei einer Vatergestalt Schutz sucht vor der unsicheren Welt. Daß es Faber gelingt, ihren Appell in sexuelle Intimität umzubiegen, liegt an Sabeths bereits beschriebener Unbefangenheit Männern gegenüber.

Faber gibt übrigens später unbeabsichtigt zu, daß die Verantwortung für sein Verhältnis mit dem „Kind" bei ihm liegt, und des weiteren, daß dieses Verhältnis keine normale Liebesbeziehung ist, sondern irgendwie fragwürdig: „Was in Avignon gewesen ist, wäre es mit jedem Mann gewesen? Ich dachte an Heirat wie noch nie — Ich wollte ja das Kind, je mehr ich es liebte, nicht in ein solches Fahrwasser bringen." (133) Die Lösung für das, was ihm selbst suspekt erscheint („ein solches Fahrwasser"), sucht er hier noch in einer Heirat: er kann sich auf diese Weise sagen, daß sein ungutes Gefühl über die Geschlechtsbeziehung oberflächlich-bürgerliche Gründe hat. Eine Heirat paßt zudem am besten in seine Pläne, da er Sabeth ja auf keinen Fall aufgeben möchte.

Ein anderes Beispiel dafür, daß Sabeth Faber unwillkürlich in seiner Eigenschaft als Vater sucht, zeigt sich an jenem Abend in Rom, nachdem er die unmögliche Rechnung über Joachims Vaterschaft aufgestellt hat. Als er das Ergebnis seiner Rechnung in einer Taverne „gefeiert" hat, das heißt jedes genauere Nachdenken durch selbstgemachte „Stimmung" verhindert hat, kommt Sabeth noch einmal an seine Zimmertür. Sie hat verweinte Augen, weil sie fürchtet, daß Faber sie „nicht mehr lieb" hat (150), und sie hat außerdem „Angst", daß er „fortgeht" (151). Sie kommt offensichtlich, um sich väterlichen Trost zu holen, und Faber sagt auch ausdrücklich, daß sie „nicht eintreten" wollte, „sondern nur nochmals Gutnacht sagen" (150). Faber ist es dann augenscheinlich, der sie in sein Zimmer holt, und dieses Mal quält sein Verhalten ihn so sehr, daß er die ganze Nacht daliegt „wie gefoltert" (151).

Sabeths Weinen und ihre Angst, daß er „fortgehen" könnte, ist durch keinerlei äußere Umstände motiviert. Sabeth spricht hier instinktiv als Fabers Tochter, die schon einmal von ihrem Vater verlassen wurde und die jetzt fürchtet, daß er wieder fortgehen könnte. Daß ihre Angst um ihn mit Verliebtheit nichts zu tun hat, zeigt sich an ihrem jämmerlichen Aufschluchzen, als er ihren Freund Hardy aus Yale erwähnt. Sabeths Gefühle sind hier völlig verwirrt: sie schluchzt um Hardy, der ihr die Geborgenheit eines Vaters nicht geben konnte, und sie weiß nicht, was fühlen bei einem Mann, der ihre Sehnsucht nach einem Vater, ihre Angst, den Vater zum zweiten Male zu verlieren, dazu verwendet, sich zu ihrem Liebhaber zu machen.

Das Verhältnis zwischen ihr und Faber kann auch ihr selbst im Laufe der Zeit nicht mehr „natürlich" erscheinen, weil Faber immer schon „weiß", daß es unnatürlich ist, so daß er als Liebhaber oft unwillkürlich den falschen Ton anschlägt und sich als „Papa" aufführt. Auch Sabeth muß auf die Dauer merken, daß etwas in ihrer Beziehung nicht „stimmt" und daß Faber als Liebhaber letztlich nicht in Frage kommt. Es braucht eine Weile, ehe Sabeth aus ihrer kindlichen Unbefangenheit vollends aufwacht (und zwar im wahrsten Sinne des Wortes). Als dies geschieht, in der Unglücksszene am Strand, handelt es sich wieder um eine Situation, in der Sabeth sich ängstigt und in der sie dringend Hilfe braucht von jemandem, der überlegen handelt und ihr väterlich beisteht. Ihre Angst ist diesmal unmittelbarer, hautnah und entzieht sich daher jeder logischen Erwägung: Sie ist in der heißen Sonne eingeschlafen, wacht auf, wahrscheinlich benommen von der Hitze und erschrickt furchtbar, als sie bemerkt, daß sie von einer Schlange gebissen wurde. Sie stößt einen Hilfeschrei aus, aber statt eines helfenden Vaters kommt ein „Betrüger" (wie Faber sich selbst genannt hatte) auf sie zu: ein Mann mit nacktem, altem Körper, der weder ihr Vater noch ihr Liebhaber sein kann. Es kommt hier zur (rein „befindlichen") Kulmination dessen, was bereits in der Luft lag: die Beziehung ist völlig unmöglich, sie kann diesen Mann nicht mehr akzeptieren und muß sich so schnell wie möglich von ihm lösen. Bei ihrer Flucht vor ihm stürzt sie die Böschung hinunter und zieht sich die tödliche Verletzung am Hinterkopf zu.

Später, im Krankenhaus, während ihrer Fieberträume, hat sie den Gedanken an Faber völlig ausgelöscht. Sie redet immerzu von dem jungen Hardy in Yale und erwähnt Faber mit keinem einzigen Wort. Es war keine Beziehung, sondern ein grotesker Irrtum; Faber behält in ihrem Leben weder als Vater noch als Liebhaber eine mögliche Wirklichkeit.

Daß Faber den Unfall als Konsequenz seiner unnatürlichen Beziehung zu Sabeth sieht, wird daran deutlich, daß er den Sturz im Krankenhaus nie erwähnt. Mit seinem ständigen Gerede von „Sterblichkeitsstatistik bei Schlangenbiß" verdrängt er auch vor sich selbst den ungeheuerlichen Gedanken daran. Er versäumt die Gelegenheit, Sabeth zu retten, weil er nicht fähig ist, die ganze Tragweite seiner Handlungen auszuhalten. Erst Stunden vor Sabeths Tod, als er mit Hanna zum Unfallort zurückgeht, erwähnt er zum ersten Male Sabeths Sturz und beschreibt ihn (noch ehe die ärztliche Diagnose über Sabeths Schädelbruch gestellt ist) als das eigentliche Unglück: „Sie hält ihre rechte Hand auf die linke Brust, wartet und gibt keinerlei Antwort, bis ich die Böschung ersteige (es ist mir nicht bewußt gewesen, daß ich nackt bin) und mich nähere — dann der Unsinn, daß sie vor mir, wo ich ihr nur helfen will, langsam zurückweicht, bis sie rücklings (dabei bin ich sofort stehengeblieben) über die Böschung fällt. Das war das Unglück." (193)*[5]

Faber fühlt sich gedrängt, Hanna den wirklichen Ablauf der Ereignisse zu schildern, weil es im Verhältnis zu ihr auf die Dauer keine Ausflüchte gibt. Durch ihr vorwurfsloses Schweigen und ihre rein sachlichen Fragen entzieht sie ihm immer mehr die Gelegenheit, seine Rolle zu spielen. Sie ist die erste Gestalt des Romanes, die ihm als selbständiges Dasein begegnet, die sich einfach nicht manipulieren läßt und sich allen seinen Versuchen, sie in ein Klischee zu zwingen, widersetzt: „Hanna ist eine Frau, aber anders als Ivy und die andern, die ich gekannt habe, nicht zu vergleichen; auch anders als Sabeth, die ihr in vielem gleicht. Hanna ist vertrauter; ohne Hader, als sie mich anblickt." (179)

Wäre Hanna voller Vorwürfe, so könnte er sich widersetzen, sie ungerecht nennen oder doch wenigstens Entschuldigungen für sein Verhalten vorbringen. Sie aber konfrontiert ihn nicht mit Vorwürfen, so daß es ihm immer schwerer wird, seine Rolle, die auf einer Flucht— und Verteidigungsmentalität beruht, aufrechtzuerhalten: „Ich staunte über Hanna; ein Mann, ein Freund, hätte nicht sachlicher fragen können. Ich versuchte auch sachlich zu antworten. Wozu hundertmal versichern, daß ich nichts dafür kann! Hanna machte ja keinerlei Vorwürfe, sondern fragte bloß, Blick zum Fenster hinaus. Sie fragte, ohne mich anzublicken: ‚Was hast du gehabt mit dem Kind?'" (156) Für diese Sach-

---

* Unsere Betonung

[5] In seinem Aufsatz „Existentialist Elements in Frisch's Works" versucht W. G. Cunliffe, Jaspers' Interpretation einer „irrationality of Being" auf „Homo faber" anzuwenden. Cunliffe ignoriert den Text, wenn er schreibt: „Faber, in *Homo Faber* is to be understood as the sympathetic portrait of a man who tries, and fails, to exist by being honest and avoiding illusions: ‚Ich bin Techniker und gewohnt, die Dinge zu sehen, wie sie sind.' [...] it is entirely mistaken to regard him as that stock figure, the one-sided technician who fails to lead a balanced life and thus brings disaster on his head. [...] Faber is [...] portrayed [...] as a man of the type that Frisch [...] mentions in his *Tagebuch*: ‚Segensreich empfinde ich das tägliche Arbeiten mit Männern, die nichts mit Literatur zu schaffen haben.'" (a. a. O., S. 117) Im Anschluß an diese Beschreibung schildert Cunliffe die Ereignisse um Sabeths Tod, als habe Faber überhaupt keinen persönlichen Anteil daran: „Sabeth is killed, and Faber discovers that he has, against the laws of probability, committed incest. His attempt to shape his existence has been defeated by the irrationality of Being, a terrifying, truculent principle whose presence is hinted at by the recurring mention of the Erinyes. Man's ignorance of this principle is represented by the recurring motif of blindness." (S. 117 f.)

lichkeit, von der Faber immer behauptet, daß sie die einzig vernünftige
Haltung sei, hat er keine Antwort; er lenkt ab: „Wieso keine Kreuz-
otter?" (ebd.)

Faber empfindet es als Last, daß er sich die Konfrontation mit Hanna
nicht durch Bemerkungen wie „typisch Frau" erleichtern kann. So
erklärt er etwa an einer Stelle: „Daß Hanna nicht einmal weinte, machte
alles noch schwerer." (180) (Wir erinnern uns, daß er Ivy immer dadurch abtut, daß er ihre Gefühlsausbrüche als typisch beschreibt: „Natürlich weinte sie", usw.).

Durch ihre ungewöhnliche Haltung wird Hanna zu einer Art Kataly-
sator für Fabers Gewissen. Während sie ihre sachlichen Fragen stellt oder
ihn nur stumm anblickt, muß Faber sich ihre wirklichen Gedanken
selbst deuten, das heißt er ist gezwungen, seine eigene Wahrheit auszu-
sprechen, die sie nicht erwähnt und vielleicht nicht einmal so meint:
„‚Wo‘, fragt sie, ‚seid ihr in Rom gewesen?‘ Ich rapportierte. Ihr Blick —
Man hätte meinen können, ich sei ein Gespenst, so blickte Hanna mich
an; ein Ungetüm mit einem Rüssel und mit Krallen, ein Monstrum, was
Tee trinkt. Ich werde diesen Blick nie vergessen. Ihrerseits kein Wort —"
(173)

Nur ein einziges Mal während ihres Zusammenseins vor Sabeths Tod
„verliert" Hanna „die Nerven" (168). Dies geschieht, als Faber ihr
vorwirft, sie schneide ihn bewußt von jeder Kommunikation mit Sabeth
ab und verhalte sich „wie eine Henne" (169): „Hanna war außer sich
wegen meiner Bemerkung, weibischer als ich sie je gesehen habe." (ebd.)

In diesem unerwarteten Zusammenstoß wird deutlich, daß auch
Hannas Leben einen „wunden Punkt" hat, ein Existenzproblem, das sie
noch nicht bewältigt hat und nicht einmal anerkennen will, wie ihre
überempfindliche Reaktion zeigt. Der wunde Punkt, den Faber mit
seiner Bemerkung berührt, ist Hannas gebrochenes Verhältnis zum
Mitdasein, in ihrem Falle spezifisch zum Mann. Auch Joachim hat, wie
sich später herausstellt, einmal die gleiche Bemerkung gemacht, daß
Hanna sich wie eine „Henne" aufführe (250). Das Wort beschreibt die
begrenzte Welt, die Hanna für sich aufgebaut hat: eine Welt, in der
es nur Hanna und ihr Kind gibt und von der Männer als gleichberechtigte Partner ausgeschlossen sind. Hanna betrachtet Männer nicht als
frei in ihrem Mitsein, sondern sieht sie verallgemeinert, kategorisiert:
„Von Vorwurf keine Spur; höchstens findet sie uns komisch, die Männer
ganz allgemein." (171)

Als Kind hat Hanna einmal mit ihrem Bruder gerungen, und er hat
sie dabei auf den Rücken gelegt. Seitdem hat sie die physische Unterle-
genheit der Frau als Ungerechtigkeit Gottes empfunden (das heißt sie
hat sich gegen die unabänderliche „Geworfenheit" ihres Daseins auf-

gelehnt). Während sie jedoch ursprünglich nur Gott selbst als „unfair"
betrachtete und „nicht ihren Bruder" (228), hat sich die Ablehnung ihrer
„Geworfenheit" im Laufe der Jahre immer mehr in einem gestörten
Verhältnis zum Mann niedergeschlagen. Dieses Verhältnis bezieht sich
durchaus nicht allein auf Geschlechtspartner, sondern zum Beispiel auch
auf den eigenen Bruder, um den sie sich nicht wirklich „sorgt", sondern
den sie nur noch verdinglicht sehen kann, in seiner Eigenschaft als der
Stärkere: „Ich habe nicht gewußt, daß Hanna einen Bruder hat. Hanna
sagt: er lebt in Canada und ist tüchtig, glaube ich, er legt alle auf den
Rücken." (ebd.) Ihren Mangel an physischer Überlegenheit hat Hanna
wettzumachen versucht, indem sie sich intellektuell besonders auszeich-
nete: „Hanna beschloß, gescheiter zu sein als alle Jungen von München-
Schwabing, und gründete einen geheimen Mädchen-Club, um Jehova
abzuschaffen." (ebd.)

Als Faber Hanna zum ersten Male wiedersieht, spielen ihre intellektuellen Qualitäten eine tragende Rolle. Da auch Faber in Klischeevorstellungen über das andere Geschlecht lebt, beschreibt er seinen Eindruck so, daß Hanna „sachlich" ist „wie ein Mann", „wie ein Freund"
(156, 194). Er berichtet auch, daß Hanna aussieht wie eine „Ärztin,
eine Anwältin oder so etwas" (154), und daß man sie in Athen behandelt „wie eine Professorin, eine Nobelpreisträgerin!" (173)

Für Hanna ist diese intellektuelle Auszeichnung ungeheuer wichtig,
da sie damit beweisen kann, daß sie dem Manne trotz allem ebenbürtig
oder sogar überlegen ist. Als Faber bei seinem ersten Besuch die Bemerkung macht, ihre Wohnung sehe aus wie die eines Gelehrten, vergißt
Hanna seinen Ausspruch nicht, sondern zitiert ihn zu einem späteren
Zeitpunkt, um den männlichen Anspruch auf geistige Vorrangstellung
zu widerlegen: „[...] später hat Hanna, in irgendeinem Gespräch über
Männer, meinen damaligen Ausspruch von der Gelehrten-Wohnung
zitiert als Beweis dafür, daß auch ich die Wissenschaft für ein männli-
ches Monopol halte, überhaupt den Geist." (164)

Und doch weiß Hanna — und dies wohl gerade wegen ihrer intellektuellen Aufrichtigkeit — daß sie mit ihrer Art zu leben nicht weiter-
gekommen ist. Obwohl sie, wie Faber ihren Schilderungen entnimmt,
„immer getan [hat], was ihr das Richtige schien [und] das Leben führte,
wie sie's wollte" (171), hält Hanna ihr Leben als Ganzes für „verpfuscht" (ebd.). Der Versuch, ihrer Geworfenheit durch geistige Fähig-
keiten zu entkommen, scheitert im Endeffekt doch immer an ihrem Verhältnis zum Mann: über ihre grundsätzliche Auflehnung gegen das, was
sie als „Proletarier"-Stellung der Frau empfindet und dem Mann in die
Schuhe schiebt, kommt sie nicht hinaus: „Hanna bereut, daß sie Dr. phil.
geworden ist. Solange Gott ein Mann ist und nicht ein Paar, kann das

Leben einer Frau, laut Hanna, nur so bleiben, wie es heute ist, nämlich erbärmlich, die Frau als Proletarierin der Schöpfung [...]" (172).

Was Hanna wirklich sucht, wenn sie Gott als „Paar" will, ist eine gleichberechtigte, freie Beziehung zwischen Mann und Frau, das heißt eine Begegnung im Modus des eigentlichen Mitseins. Ihre Sehnsucht nach einer echten Beziehung zeigt sich in ihrer langgehegten Hoffnung, einen Mann zu finden, der sich ihren Klischeevorstellungen widersetzt. Doch diese Hoffnung erweist sich als illusorisch, weil — wie Hanna behauptet — Männer von Natur aus „borniert" sind: „Wenn Vorwurf, dann sind es Selbstvorwürfe; sie findet es natürlich, daß die Männer (sagt sie) borniert sind, und bereut nur ihre Dummheit, daß sie jeden von uns [...] für eine Ausnahme hielt." (ebd.)

Hannas Art, sich vom Mann als Mitdasein abzuschneiden, ist äußerst subtil: ihr Bildnis ist fertig, und sie läßt sich nicht einmal mehr auf Vorwürfe und Auseinandersetzungen ein: die Borniertheit des Mannes ist naturgegeben, und sie kann höchstens über sich selbst lächeln, daß sie es nicht schon längst gemerkt hat. Damit wird dem anderen, in diesem Falle dem Mann, jegliche Möglichkeit abgesprochen, sich zu entwickeln: er ist ein für allemale fixiert auf eine Stufe, von der aus es zu keiner wirklichen Begegnung kommen kann. Hannas „Selbstvorwürfe" bedeuten keinesfalls, daß sie den Grund für ihre „Entfremdung" bei sich selber sucht. Es klingt zwar so, als ob sie alles auf sich selbst nähme, statt dem Mann Vorwürfe zu machen, aber in Wirklichkeit ist es genau umgekehrt: sie betrachtet den Mann in seiner „Borniertheit" als den eigentlichen Urheber aller Beziehungslosigkeit und bestärkt diese Anklage noch, indem sie in bezug auf sich selbst lediglich ihre „Dummheit" bedauert, durch die ihr die wahren Sachverhalte so lange verborgen blieben. Die scheinbare Vorwurfslosigkeit ihrer Haltung macht es Hanna sehr schwierig, sich selbst auf die Schliche zu kommen, das heißt ihre eigene Haltung dem anderen Geschlecht gegenüber in Frage zu stellen.

Hanna ist (ähnlich Stiller) „sehr weit", solange es nicht um eine Beziehung zum Mitdasein geht. Sie hat den Mut, ihr Leben selbst zu verantworten und versteckt sich weder hinter anderen Menschen (wie Stiller) noch hinter der Technik (wie Faber): „Hanna brauchte mich nicht. Sie lebte ohne eignen Wagen, aber dennoch zufrieden; auch ohne Television." (164) Wie Stiller, so „weiß" auch Hanna sehr viel und kraft dieses Wissens übernimmt sie wiederholt die Aufgabe, Fabers Dasein existenzial zu deuten. Aber sie bleibt bei dieser bloßen Deutung stehen; sie ist nicht fähig, sich ihm zu öffnen und ihm in wirklicher „Fürsorge" zu begegnen. An ihrer Sachlichkeit und Vorwurfslosigkeit prallt Faber immer wieder zurück. Zwar zwingt sie ihn unwillkürlich zur Aufrichtigkeit, indem sie ihm den Boden für seine Rolle entzieht, aber diese neue Ehrlichkeit kann für Faber nicht fruchtbar werden, weil sie sozusagen ins Leere stößt. Hanna, die zu diesem Zeitpunkt Fabers einzige Wirklichkeit ist, gestattet ihm nicht, ein rollenloses Dasein existierend zu verwirklichen. Fabers wiederholte Gesten, mit denen er um Kontakt bittet, sein Versuch sozusagen, sowohl den beziehungslosen Techniker als auch den fehlgeleiteten Liebhaber zu überwinden, weist sie sofort und betont ab. „Rühr mich nicht an!" (195) sagt sie und entzieht sich jeder leisesten Berührung, wenn er etwa ihren Arm anfaßt oder die Hand auf ihre Schulter legt.

Wir könnten vielleicht annehmen, daß Hanna Faber deshalb zurückweist, weil sein Verhalten gegenüber Sabeth sie zutiefst entsetzt. Aber wäre dieses Entsetzen wirklich so stark, so wäre kaum einzusehen, warum sie ihn die ganze Zeit über in ihrer Wohnung duldet.

Das entscheidende an Hannas Haltung zu Faber ist, daß sie ihn zwar dulden kann, daß sie jedoch zu keiner wirklichen Nähe bereit ist; sie errichtet durch ihre Mutterschaft über Sabeth bewußt eine Art Bollwerk gegen ihn, um ihn fernzuhalten. Immer wieder zeigt sie, daß sie Faber von ihrem „Bund" mit Sabeth ausgeschlossen sehen will. Sie erlaubt ihm zum Beispiel nicht, länger als eine Minute an Sabeths Krankenbett zu bleiben, sie ruft ihre Tochter heimlich im Hospital an und spricht Griechisch, als Faber dann doch hinzukommt; und sie geht frühmorgens ins Krankenhaus, damit Faber sie nicht begleiten kann. Immer, wenn sie Faber auf diese Weise ausschließt, benimmt sie sich „sonderbar" oder „merkwürdig" (161, 169, 187), als habe sie vor ihm ein schlechtes Gewissen, daß sie so handelt.

Hanna vermeidet die Auseinandersetzung mit Faber, weil sein Wiedererscheinen als Sabeths Liebhaber ihr zum ersten Anstoß wird, sich selbst auf die Spur zu kommen. Sie muß sehen, daß sie Fabers Verfehlung dadurch mitermöglicht hat, daß sie Sabeth bewußt als ein „vaterloses" Kind aufgezogen hat, „das keinen Mann etwas angeht" (250). Aber dieses Geständnis macht sie erst am Ende, als sie begonnen hat, Kontakt zu Faber zu gewinnen. Hier fängt sie zumindest an, ihre eigene Lebenshaltung in Frage zu stellen: „Was kannst denn du dafür!" (180) sagt sie einmal, nachdem Faber ihr von Joachims einsamen Tod erzählt hat. Einmal muß sie beginnen, sich nicht mehr als die Frau zu sehen, die vom Manne enttäuscht wurde, sondern als die Frau, die den Mann ihrerseits bewußt von sich ferngehalten hat.

Tatsächlich ist Hannas Verhältnis zu Männern, seitdem ihr Bruder sie „auf den Rücken geworfen" hat, ganz anders gewesen, als sie sich und andere glauben machen will. Es stellt sich zum Beispiel heraus, daß ihre Ehe nicht etwa an Joachims männlicher „Borniertheit" zerbrach, sondern an Hannas eigener Rücksichtslosigkeit: sie selbst nennt

Joachim einen „lieben Menschen" (171), aber während ihrer Ehe sah sie in ihm lediglich den Gegenspieler in ihrem Aufstand gegen den Mann. So wie sie gegen die Männerwelt im allgemeinen ihre Intelligenz ausspielte, so distanzierte sie sich von Joachim mit Hilfe ihrer Mutterschaft, die ihr „ein Gefühl der Macht gegenüber dem Mann" gab (131), wie Faber es einmal nennt. Sie bildete zusammen mit Sabeth einen „Bund", bei dem Joachim sich „überflüssig" (251) vorkam: „[...] es war ja nicht sein Kind, auch nicht mein Kind, sondern ein vaterloses, einfach ihr Kind, ihr eigenes, ein Kind, das keinen Mann etwas angeht." (250) Diese Macht der Mutterschaft, die Hanna mit keinem Manne teilen will, hält sie schließlich dadurch aufrecht, daß sie Joachims Wunsch nach einem gemeinsamen Kind bewußt zerstört, indem sie sich heimlich sterilisieren läßt. Diese Handlung, die eine unglaubliche Rücksichtslosigkeit dem anderen gegenüber beweist, widerspricht allem, was Hanna in ihren Gesprächen über die Männer zu sagen hatte. Sie kann selbst mit dieser Tatsache nur so leben, daß sie „noch heute [darauf] pocht", daß es „damals allerlei vernünftige Gründe [gab], keine weiteren Kinder in die Welt zu setzen, vor allem für eine deutsche Halbjüdin" (251). Wo Hannas Fähigkeit zum „Mitsein" versagt, führt sie wieder ihre Sachlichkeit und „Vernunft" ins Feld. Joachim, der ihr die Gründe nie geglaubt hat und der ihre Motive durchschaut („er meinte, Hanna wolle nur Kinder, wenn nachher der Vater verschwindet" (251)), verläßt sie endgültig.

Wogegen Hanna sich im Kampf gegen den Mann letztes Endes wehrt, ist (wie bereits erwähnt) ihre „Geworfenheit" schlechthin, das Gefühl, der Dinge „nie Herr" zu werden; diese Geworfenheit hält sie fälschlicherweise für das Los der Frau als des „schwachen Geschlechtes", annullierbar durch einen Sieg über den Mann. Ihre Erfahrung hat ihr jedoch gezeigt — und zeigte es ihr in diesem Augenblick wieder in aller Schmerzlichkeit — daß weder der „Dr. phil." noch die Mutterschaft verhindern konnten, daß ihr Leben „verpfuscht" ist. Der Boden, auf dem sie ihre Geworfenheit den Männern ankreiden konnte, wird ihr zusehends entzogen, und Hanna wird immer mehr dazu gedrängt, sich selbst gegenüberzutreten.

Es gibt übrigens einen Mann, gegen den Hanna sich nie aufgelehnt hat und den sie, laut eigener Aussage, „heute noch" liebt. Dies ist ein blinder Greis namens Armin, den sie, wie sie behauptet, als Schulmädchen immer im Englischen Garten traf, an den Tagen, an denen sie ihre Geigenstunden hatte. Armin war „vollkommen blind, aber er konnte sich alles vorstellen, wenn man es ihm sagte. Hanna sagt: es war einfach wunderbar, mit ihm durch die Welt zu gehen." (228) Hannas Traum-Mann ist ein Mann, der nicht frei und unabhängig ist, sondern der mit ihren Augen sieht, der auf ihre Sprache angewiesen ist, während sie von Männern allgemein sagt, daß sie „nicht gezwungen [sind] die Sprache der Unterdrückten [Frau] zu lernen" (172).[6] Als Armin eine Sprache zwischen ihnen einführt, die nicht Hannas Sprache ist, die sozusagen ihre Vormundschaft über ihn durchbricht, wird dies als seine „Vergewaltigung" bezeichnet: „Armin konnte Griechisch, und das Mädchen mußte ihm aus den Schulbüchern vorlesen, damit er's auswendig lernen konnte. Das war sozusagen seine Vergewaltigung." (229)

Daß Armin für Hanna eigentlich kein wirklicher Mensch ist, sondern nur ein Spiegel, der sie selbst bestätigt, zeigt sich daran, daß sie ihm jede persönliche Wirklichkeit abspricht. So behauptet sie etwa, daß sie nicht wußte, „wo er wohnte und wie" (229), daß sie ihn stets im Englischen Garten traf und wieder verließ. In Wirklichkeit aber entsinnt sich Faber, daß sie Armin, der ihr eigener Onkel war, im Cafe Odeon abholte und dann in die Pension Fontana führte, wo er wohnte (230). Selbst ihre Schulmädchen-Geigenstunden sind eine fiktive Romantisierung, denn später berichtet Hanna, daß sie „mit vierzig Jahren noch Geige [lernte]" (251 f.). Armin ist eine Erfindung Hannas, eine wirkliche Gestalt, die sie in eine Fiktion verwandelt hat. Es ist leicht für sie, ihn zu lieben, weil er an sie keinerlei Ansprüche als reale Gegenwart stellt: „Hanna redet heute noch von Armin, als lebe er, als sehe er alles." (230) Sobald er jedoch zu große Wirklichkeit gewinnt, distanziert sie sich sofort von ihm: „Ich habe gefragt, warum Hanna nie mit ihm nach Griechenland gefahren ist. Hanna lacht mich aus als wäre alles nur ein Scherz gewesen, Kinderei." (ebd.) Armin, Hannas Alibi dafür, daß sie die Männer wirklich lieben könnte, wenn sie nur hellsichtig wären wie er, erweist sich als Fiktion: bewußt aller Züge beraubt, die dem Verhältnis eine störende Realität verleihen könnten.

Was Faber anbetrifft, so geht er aus seiner ersten Wiederbegegnung mit Hanna hervor, ohne ein echtes „Mitsein" verwirklichen zu können. Seine Erinnerung an eine spontane Beziehung zu ihr („nur mit Hanna

---

[6] In seiner ausgezeichneten und textnahen Abhandlung, wohl der bisher besten Faber-Interpretation, beschreibt Hans Geulen das Fragwürdige an Hannas Verhältnis zu Armin. Geulen schreibt unter anderem: „Hannas Episode von Armin, dem blinden Greis, zeugt von ihrer, letzten Endes ich-bezogenen, Zuneigung zu einem alten Mann, dem sie, da er blind ist, die Welt erzählen kann." (*Max Frischs „Homo Faber"*, Berlin, 1965, S. 84) Im Gegensatz dazu spricht Manfred Jurgensen undifferenziert davon, daß zwischen Hanna und Armin „Freundschaft, Liebe und Einverständnis zu einem gemeinsamen Erlebnis führen" (*Max Frisch: Die Romane*, Bern, 1972, S. 171). Er betrachtet Armin als „neuen Tiresias" im Gegensatz zu Walter Faber als „neuem Ödipus" (S. 169). Diese Vergleiche lassen sich so anstandslos nicht aufrechterhalten, da die Ironie in der Neugestaltung dieser mythischen Figuren berücksichtigt werden müßte.

ist es nie absurd gewesen") zerbricht daran, daß sie den Mann schlechthin ablehnt. Noch einmal fällt Faber zurück in seine Technikerrolle
und verdeckt sich die Schwere seiner Verfehlung an Sabeth mit einer
sachlich-klinischen Beschreibung ihres Todes: „[...] ihr Tod war die
Folge einer nichtdiagnostizierten Fraktur der Schädelbasis, compressio
cerebri, hervorgerufen durch ihren Sturz über die kleine Böschung.
Verletzung der arteria meningica media, sog. Epidural-Haemotom, was
durch chirurgischen Eingriff (wie man mir sagt) ohne weiteres hätte
behoben werden können." (167)

Erst auf seiner anschließenden Reise, während seines Aufenthaltes
auf Cuba, erschließt sich ihm die Möglichkeit, seine Erfahrungen und
blitzartigen Einsichten über das menschliche Dasein und Mitsein existierend zu verwirklichen. Faber ist auf Cuba von aller äußerlichen Wichtigkeit und jeder Notwendigkeit, sich zu verstellen, befreit: Niemand kennt
ihn hier, er hat nicht das Geringste zu erledigen, und alle seine Geschäfte
als Techniker sind abgeschlossen. Er ist offen wie nie zuvor für einen
Anruf des Seins, für ein unmittelbares, maskenloses In-der-Welt-sein.
Im Gegensatz zu Hanna, die ihm sachlich-intellektuell gegenübertritt,
haben die Menschen, denen er auf Cuba begegnet, ein offenes, noch naives
Verhältnis zur Welt und zum Mitdasein: „Alles spaziert, alles lacht."
(215) Der Kontakt zu anderen – ob Schuhputzer oder Zuhälter – ist
unbefangen, direkt. Auf der Grundlage seiner Erkenntnis, daß alles
vergänglich ist, erfährt Faber die Gnade des Daseins, das Glück, überhaupt sehend leben zu dürfen: „Ich hatte keinen besonderen Anlaß,
glücklich zu sein, ich war es aber. Ich wußte, daß ich alles, was ich sehe,
verlassen werde, aber nicht vergessen." (225) Faber schließt in seine
neue, verstehende Sicht der Welt nicht nur diesen Augenblick ein, sondern „wiederholt" spontan auch sein früheres Dasein: nicht nur die
Menschen, denen er hier begegnet, werden in seine neue Fähigkeit zum
Mitsein aufgenommen, sondern auch die Menschen, denen er in seinem
bisherigen Leben ohne Kontakt gegenüberstand.

Wir erinnern uns etwa an die Negerin in Houston, Texas, die er so
beschrieb: „[...] ihr Riesenmaul, ihr Kruselhaar, ihre weißen und
schwarzen Augen, Großaufnahme aus Afrika" (13). Auf Cuba hingegen sagt er: „Seine Augen erinnern mich an Houston, Texas, an die
putzende Negerin [...] das Weiß ihrer großen Augen, die überhaupt
anders sind, schön wie Tieraugen. Überhaupt ihr Fleisch!" (219)

Über eine seiner kalkulierten, vergegenständlichten Begegnungen mit
Ivy hatte er berichtet: „[...] ich strich mit der rechten Hand, während
sie meine linke Hand entzifferte, über ihr Haar — was ein Fehler war.
Ich spürte ihren heißen Schädel. [...] Es kam genau, wie ich's nicht
wollte." (75) Auf Cuba „wiederholt" er fast dieselbe Szene: die Geste

ist die gleiche geblieben, nur die Sicht hat sich völlig geändert: „Der Siebenjährige, der mir schon einmal die Schuhe geputzt hat [...] ich greife nach seinem Kruselhaar [...] man spürt den kindlichen Schädel darunter, warm, wie wenn man einen geschorenen Pudel greift. Er grinst nur und putzt weiter — Ich liebe ihn." (219)

Fabers Verhältnis zu Sabeth ging daran zugrunde, daß er sie für sich „brauchte". Auf Cuba begegnet er Juana, der jungen Packerin, die ihn an Sabeth erinnert: „Juana ist achtzehn. (Noch jünger als unser Kind). [...] Ihre Unbefangenheit." (223) Faber „wiederholt" sein Verhältnis zu Sabeth, indem er Juana ganz einfach nur bewundert, indem er ihr nicht heimlich nachstellt, sondern sie offen grüßt und anlacht. Wie Sabeth (als sie sich von Faber bedrängt fühlt) streckt Juana ihm die Zunge heraus. Der Unterschied ist jedoch, daß Juana sich nicht wirklich bedrängt fühlt, sondern daß sie gleich darauf unbefangen zurücklacht. Wie zur Bestätigung sagt Faber noch einmal ausdrücklich, daß er nicht die geringste Absicht hat, sie für sich zu „gebrauchen", daß er fähig ist, sie sein zu lassen: „Ich will nichts von ihr." (215)

Indem Faber Juana — und damit nachträglich auch Sabeth — sein läßt, nimmt er seinen verfehlten Anspruch an Sabeth („Mein Leben lag in ihrer Hand") zurück. Auf Cuba erfährt er, daß er sich durch seine Suche nach einem Leben ohne Lastcharakter auch von der Freude eines unmittelbaren Erlebens abgeschnitten hatte. Während Sabeth ihm „fremder" war als „je ein Mädchen", fühlt er sich den Menschen auf Cuba — da er sie sein läßt — ursprünglich vertraut („Ich liebe ihn", (219); „ihre geradezu lieben Augen" (223); „‚Walter, you are my brother'" (217); usw.). Wie Stiller, als er lernt, Julika sein zu lassen, so ist auch Faber zum ersten Male fähig, sich selbst gegenüberzutreten und wirklich allein zu sein. Er zieht sich dabei nicht mehr in eine Scheineinsamkeit zurück, mit Automobil und Radio, sondern rudert weit aufs Meer hinaus, setzt sich dem Alleinsein gleichsam schutzlos aus: „Später mietete ich ein Boot. Um allein zu sein! [...] Ich ruderte weit hinaus. Hitze auf dem Meer — Sehr allein." (220 f.)[7]

Auch Fabers Hang, lebendige Menschen in tote Gegenstände zu verwandeln und die Erde als Ganzes in leeren Maßeinheiten zu sehen, wird ausdrücklich zurückgenommen: Faber, für den der Mond nur eine Sache der Gravität war, ein Gebirge nur die Folge vulkanischer Eruptionen, zeichnet eine Frau in den „heißen Sand", und der Sand wird für ihn lebendig, er legt sich hinein und „spricht laut zu dieser Frau" (221).

---

[7] Wieder zeigt sich hier Frischs kunstvoller Gebrauch scheinbar nebensächlicher Details: ein ganzes existenzielles Geschehen leuchtet auf in dem Übergang von Fabers scheinbarem Alleinsein im Automobil zum gewollten Alleinsein im ungeschützten Boot.

Faber ist durchdrungen von der Freude am Lebendigen, angerührt vom Sein („Meine Lust, hier und jetzt zu sein" (218)). Sogar das Versagen seines Körpers nimmt er „gelassen" hin, weil der Körper seine Wichtigkeit als einwandfreie mechanische Konstruktion verliert. Statt zu beklagen, was nicht ist, ist Faber offen für das, was noch möglich ist: „Ich habe gewußt, daß es einmal so kommen wird, später liege ich in meinem Hotel — schlaflos, aber gelassen, es ist eine heiße Nacht, ab und zu dusche ich meinen Körper, der mich verläßt, aber ich nehme kein Schlafpulver, mein Körper taugt gerade noch, um den Ventilator-Wind zu genießen [...]" (222).

Wie zu einer letzten Probe faßt Faber in einem Gespräch mit Juana noch einmal die entscheidenden Fragen seiner bisherigen Existenz zusammen: Wird das Leben von außen her gelenkt, oder ist er selbst verantwortlich? Ist von anderen (von Juana) zu erwarten, daß sie ihm gültige Antworten geben und seine Existenzprobleme lösen? Wie Wilfried und Florence in bezug auf Stiller, so bewahrt auch Juana aus einem natürlichen Instinkt heraus den „Abstand der Achtung" vor Fabers Leben. Sie „nimmt ihm die Sorge nicht ab", sondern „gibt sie ihm erst eigentlich zurück" (SZ, a. a. O.), indem sie ihn auf den einzigen Menschen verweist, der ihm Antwort geben kann: er selbst: „Meine Frage, ob Juana an eine Todsünde glaubt, beziehungsweise an Götter; ihr weißes Lachen; meine Frage, ob Juana glaubt, daß Schlangen (ganz allgemein) von Göttern gesteuert werden, beziehungsweise von Dämonen. ‚What's your opinion, Sir?'" (224)

Als Faber nach diesen für ihn grundlegenden Erlebnissen zu Hanna zurückkehrt, findet er sie wie vor seiner Abreise. Nach wie vor ist sie unfähig, wirklichen Kontakt zu ihm aufzunehmen. Ihre schwarze Trauerkleidung macht augenfällig, daß es noch immer um sie und Sabeth geht, während sie in Fabers Welt, in seinem „weißen" Krankenzimmer, wie eine Fremde wirkt: „Hanna besucht mich täglich, mein Schreck jedesmal, wenn es an die weiße Doppeltür klopft; Hanna in Schwarz, ihr Eintreten in mein weißes Zimmer." (201) Ihre Weigerung, sich zu setzen, ihr Stehen am Fenster, während er liegen muß, ihr Schweigen über alles, was sie angeht, bezeugen Hannas Unfähigkeit, die Kluft zu überwinden, die sie zwischen sich und dem Manne entstehen ließ. Ihre täglichen Besuche zeigen jedoch, daß sie sich nach einer Annäherung sehnt, daß sie jeden Tag aufs neue die Anstrengung macht, ihre Fremdheit zu überwinden. Faber sieht die Ambivalenz in Hannas Verhalten, hat jedoch keine Möglichkeit, die Hintergründe zu begreifen, da sie sich weigert, mit ihm zu sprechen: „Wenn Hanna mich nicht aushalten kann, warum kommt sie?" (205) fragt er, und: „Wie kann Hanna, nach allem was geschehen ist, mich aushalten?" (240)

Faber ist nach Athen zurückgekehrt, weil er das Bedürfnis hat, Hanna zu „sehen, beziehungsweise [zu] sprechen mit ihr" (205). In beiden Worten, „sehen" und „sprechen", wird deutlich, daß er eine echte „verstehende" Beziehung zu ihr sucht, daß er sie in seine neue Fähigkeit zum eigentlichen Mitsein aufnehmen möchte. Hanna befindet sich jedoch auf einer Flucht, so daß es für Faber schwierig ist, ihr nahezukommen. Hanna sieht die Gefahr, daß die letzte Schutzwand vor der Anerkennung ihrer „Geworfenheit" zerbrechen könnte: Wenn sie Fabers (und ihrem eigenen) Verlangen nach wirklicher Nähe stattgibt, wenn sich erweist, daß sich mit einem Mann (der nicht eine Fiktion ist wie Armin) eine freie, gleichberechtigte Beziehung gewinnen läßt, so hat sie ihre Entschuldigung für die sogenannte „Proletarierstellung" der Frau verloren: Sie muß dann ihr eigenes „geworfenes" Dasein als Grund ihrer existenziellen Ohnmacht und Nichtigkeit übernehmen und kann sich nicht mehr mit versteckten Vorwürfen gegen andere („die Männer") trösten.

Während Hanna noch an ihrer alten Einstellung festhält, ist sie im Grunde genommen (ähnlich wie Faber auf Cuba) offen wie nie zuvor für eine Konfrontation mit sich selbst. Sie ist zu diesem Zeitpunkt gleichsam „ausgesetzt", das heißt aller äußerlichen Wichtigkeit beraubt: Ihre Rolle als Mutter ist zerstört durch Sabeths Tod und durch die von ihr ausdrücklich beklagte Unmöglichkeit, weitere Kinder zu gebären („‚Ich werde keine Kinder mehr haben —' Das sagte sie im Laufe des Abends zweimal" (171)). Auch die Rolle als Intellektuelle, die für Hanna so besonders wichtig war, wird ihr genommen: Bei ihrer freiwillig abgebrochenen Flucht aus Athen hat sie ihren anspruchsvollen Beruf am Institut aufgeben. Sie arbeitet jetzt als Fremdenführerin, und zwar im banalsten Sinne des Wortes: sie „führt vor allem Gruppen, die alles an einem Tag machen, Mittelmeerreisegesellschaften." (249)[8] Auch die anderen äußeren Zeichen für Hannas geistige Überlegenheit: ihre „Gelehrten-Wohnung" und ihre Bücher, existieren für sie nicht mehr. Die Wohnung hat sie aufgegeben, und sie wohnt jetzt in einer Pension. Die Einrichtung (wobei die „Bücher" eigens erwähnt werden) ist verkauft oder verschenkt (248).

---

[8] Hannas neuer Beruf ist nicht nur eine ironische Zurücknahme ihres charakteristischen Anspruchs, sich intellektuell auszuzeichnen. Es wird hier auch noch im besonderen auf ihre überlegene Haltung Armin gegenüber angespielt: auf ihren Traum, eines Tages mit ihm nach Griechenland zu fahren und ihm die griechischen Tempel zu zeigen (229). Statt dieses erträumten Zuhörers, der ganz auf ihre Führung angewiesen wäre und ihrer Rolle ungeheure Wichtigkeit verliehe, muß sie sich jetzt mit „Mittelmeerreisegesellschaften" befassen, an die jedes geistreiche Wort verschwendet ist.

Das einzige, was Hanna gewissermaßen noch „besitzt", ist ihre Trauer um Sabeth (die ihrer nicht mehr bedarf) und die Möglichkeit einer nahen Beziehung zu Walter Faber als ihre letzte Chance, eine neue Daseinsperspektive zu gewinnen. Es wird nicht berichtet, wie Hannas Hinwendung zu Faber und damit die Überwindung einer Flucht vor dem Mit- und Selbstsein im einzelnen zustandekommt. Es ist der Höhepunkt eines krisenhaften Prozesses, in dem sie nach und nach jeglicher Fluchtmittel beraubt wird. An der Art, wie sie Faber schließlich „tröstet" (205), weil sie nicht an den statistisch beglaubigten Erfolg seiner Operation glaubt, wird deutlich, daß ihr im Laufe der Zeit klar geworden ist, daß Faber nicht mehr lange zu leben hat. Die verrinnende Zeit, die ihr auch diese letzte Wirklichkeit entziehen wird, spitzt die Krisensituation aufs äußerste zu und drängt zur Entscheidung.

Hannas Abwendung von ihrem „Bund" mit Sabeth (gegen die Männer und damit gegen Faber), und ihre liebevolle Zuwendung zu ihm wird unmittelbar sichtbar daran, daß sie ihre Trauerkleidung ablegt und plötzlich ganz in Weiß erscheint: „Hanna ist dagewesen. Ich sagte ihr, sie sehe aus wie eine Braut. Hanna in Weiß! Sie kommt plötzlich nicht mehr in ihrem Trauerkleid; ihre Ausrede: es sei zu heiß draußen. Ich habe ihr soviel von Zopiloten geredet, jetzt will sie nicht als schwarzer Vogel neben meinem Bett sitzen — und meint, ich merke ihre liebe Rücksicht nicht, weil ich früher (noch vor wenigen Wochen) soviel nicht gemerkt habe. Hanna hat viel erzählt." (227)

Das weiße Kleid, in dem sie sich nicht mehr wie eine Fremde von seiner weißen Umgebung abhebt, veranschaulicht ihre Bereitschaft, ihm nahe zu sein. Ihr bräutliches Aussehen betont den Aspekt der „Liebe" in einer offenen und freien Beziehung. „Rücksicht", als Modus der eigentlichen „Fürsorge", weist ebenfalls direkt auf Hannas Durchbruch zum echten „Mitsein" hin. Im Gegensatz zu früher steht Hanna nicht mehr am Fenster, sondern sie sitzt an seinem Bett, und ihr beharrliches Schweigen wird durch ein langes Gespräch ersetzt, in dem sie Faber lauter Dinge mitteilt, die sie wirklich angehen. Faber, der schon durch sein Erlebnis auf Cuba bereit war, Hanna in Offenheit zu begegnen, ist für ihre „Fürsorge" unmittelbar empfänglich: zunächst einmal „merkt" er ihre „liebe Rücksicht" und ist dankbar dafür, und zum anderen beginnt er von jetzt an, den Bericht über sich selbst hintanzustellen und Hannas Leben zum Brennpunkt seiner Schilderungen zu machen. Das Niederschreiben ihrer Erzählungen bezeugt, wie wichtig er Hannas Offenheit nimmt und wie ernst ihm seine Rolle als Zuhörer und Vertrauter ist.

Für Hanna hat dieses Erzählen ihres Lebens die Funktion einer echten „Wiederholung": zum ersten Male hält sie sich — wenn auch noch durch-

brochen von langgewohnten Erklärungen und Ausreden — ihr Leben
als Ganzes vor Augen; und ihr Bericht ist nicht einfach das erinnernde
Nachsprechen eines Vergangenen, sondern gegenwärtiges, existenzielles
Geschehen: denn während sie berichtet und durch die Tatsache ihres
Berichtens bezeugt und befestigt sie eine vertraute Beziehung zum Mann,
die sie in der Erzählung selbst noch nicht ganz vollzogen hat. Noch spricht
sie über ihre alten Ressentiments, aber ihre Gegenwart hat sich bereits
perspektivisch verändert, durch die Begegnung mit Faber sind die Ressentiments in Wirklichkeit bereits überwunden.

Am Ende treffen die Fäden von Vergangenheit und Gegenwart zusammen: Hanna ist bereit, über alles Gewesene hinaus ihre eigene Verantwortung zu übernehmen: für ihr eigenes Leben, für Sabeths Tod
und selbst noch für Fabers Verfehlung. Ähnlich Faber, der auf Cuba
sein Leben Juana erzählte, und dem plötzlich sein ganzes bisheriges
Dasein „belanglos" (223) vorkam vor der neuen, lebendigen Wirklichkeit, so sieht auch Hanna sich selbst plötzlich mit neuen Augen an. Es
besteht — existenzial gesehen — ein ungeheurer Unterschied zwischen
der alten Hanna, die kopfschüttelnd über die „Borniertheit" der Männer sprach, und der jetzigen Hanna, die an Fabers Bett kniet und ihn
um Verzeihung bittet. Hanna, die nie einen „Mann lieben" (227) wollte,
weil ihr Bruder sie auf den Rücken geworfen hatte, unterwirft sich freiwillig, weil es schon nicht mehr um „Stärke" oder „Schwäche" geht, sondern um viel Grundsätzlicheres und Wichtigeres: das Sichhineinstellen
in die persönliche existenzielle Verantwortung, ohne den geringsten
Versuch, die „Schuld" des anderen gegen die eigene aufzuwiegen:[9] „Ob
ich verzeihen könne! Sie hat geweint, Hanna auf den Knien, während
jeden Augenblick die Diakonissin eintreten kann, Hanna, die meine
Hand küßt, dann kenne ich sie gar nicht." (252)

Hanna steht völlig verändert vor Faber; er „kennt" sie nicht mehr,
weil ihre Veränderung über das Alltagswissen hinausgeht, weil sie sich
nicht in „bekannten" Worten schildern läßt. (Seine eigene Ergriffenheit
durch das Sein auf Cuba hatte er in gleicher Weise beschrieben: „[...] ich
kannte mich selbst nicht" (221). Daß Faber Hanna genau versteht,
zeigt sich nicht so sehr an seinen Worten, als an der Art, wie er ihre Haltung spontan erwidert: Er, der durch seinen ganzen Bericht hindurch

---

[9] Hans Geulen (a. a. O.) ist einer der wenigen, der den Zwiespalt in Hanna durchschaut und sie nicht als rein positive Gestalt deutet: „Hanna ist [...] schuldig aus
egozentrischem Wollen, das ausschließlich für sich in Anspruch nahm und verschloß,
was noch einem anderen gehörte." (S. 94) „Ihre Verschwörung wider den Mann
geschieht auf dem Wege einer leidenschaftlichen Inthronisation des Weiblichen.
[Die Mutterschaft] ist, nach Hannas Auffassung, das unaufhörliche Ziel der Frau,
ihre Überlegenheit, die den Mann zum Unmündigen macht." (S. 84)

gefragt hatte: „Was ist denn meine Schuld?" und dem sich jetzt ein Schuldiger freiwillig anbietet, kommt nicht in die leiseste Versuchung, Hannas Reue für sich auszunützen. Gemäß ihrem Beispiel wendet er sich ihr, dem Mitdasein, noch einmal liebevoll zu und nimmt dann, ganz ohne dramatische Geste, die volle Schuld auf sich selbst: „[. . .] es ist Hanna schon schwer genug gefallen, das Mädchen auf die Reise zu lassen, wenn auch nur für ein halbes Jahr. Hanna hat immer schon gewußt, daß ihr Kind sie einmal verlassen wird; aber auch Hanna hat nicht ahnen können, daß Sabeth auf dieser Reise gerade ihrem Vater begegnet, der alles zerstört." (252)

V. Heidegger: Tod, Angst, Gewissen

Heidegger sieht das Sterben nicht als einmaliges „Ereignis", das der Existenz am Ende „angestückt" würde, sondern der Tod bestimmt die Existenz von Grund auf. Er gibt dem Dasein ständig seinen Horizont und seine Grenze, von der aus es sein Leben als ganzes entwerfen kann: „Das ‚Ende' des In-der-Welt-seins ist der Tod. Dieses Ende, zum Seinkönnen, das heißt zur Existenz gehörig, begrenzt und bestimmt die je mögliche Ganzheit des Daseins." (SZ, 234)

Der Tod hat für das Dasein drei charakteristische Aspekte:

1. Er ist die „eigenste" Möglichkeit des Daseins, in der es sich um sein In-der-Welt-sein schlechthin sorgt: „Der Tod ist eine Seinsmöglichkeit, die je das Dasein selbst zu übernehmen hat [. . .]. Wenn das Dasein als diese Möglichkeit seiner selbst sich bevorsteht, ist es v ö l l i g auf sein eigenstes Seinkönnen verwiesen." (SZ, 250) In diesem Zitat wird deutlich, daß es nicht um das Ereignis des Todes geht, den „Todesfall", sondern vielmehr um den Tod als M ö g l i c h k e i t, die das Dasein ständig umdroht: „So wie das Dasein [. . .] ständig, solange es ist, schon sein Noch-nicht i s t, so i s t es auch schon immer sein Ende. Das mit dem Tod gemeinte Ende bedeutet kein zu-Ende-sein des Daseins, sondern ein S e i n z u m E n d e dieses Seienden. Der Tod ist eine Weise zu sein, die das Dasein übernimmt, sobald es ist. ‚Sobald ein Mensch zum Leben kommt, sogleich ist er alt genug zu sterben.'" (SZ, 245; Zitat aus: „Der Ackermann aus Böhmen"). Der Tod bestimmt die Endlichkeit des Daseins und macht sein gesamtes Sein zutiefst abhängig von der Zeit.

2. Der Tod vereinzelt das Dasein und nimmt ihm die Möglichkeit, die tiefsten Gründe seiner Existenz in anderen, spezifisch im „Man", zu suchen: „K e i n e r k a n n d e m A n d e r e n s e i n S t e r b e n a b n e h m e n [. . .]. Das Sterben muß jedes Dasein jeweilig selbst auf sich nehmen." (SZ, 240) „So sich bevorstehend sind ihm alle Bezüge zu anderem Dasein gelöst." (SZ, 250)

3. Der Tod ist die äußerste Möglichkeit des Daseins, die jede weitere Möglichkeit ausschließt: „Als Seinkönnen vermag das Dasein die Möglichkeit des Todes nicht zu überholen. Der Tod ist die Möglichkeit der schlechthinnigen Daseinsunmöglichkeit". (SZ, 250) Das Dasein gewinnt aus dieser „unüberholbaren" Möglichkeit die Perspek-

tive auf die relative Wichtigkeit aller anderen Daseinsmöglichkeiten.
Heidegger faßt die drei Aspekte des Todes zusammen: „So enthüllt
sich der Tod als die eigenste, unbezügliche, unüberholbare
Möglichkeit." (SZ, 250)

In der Alltagswelt des Man wird der Tod nicht als Weise des Existierens gesehen, sondern als „Todesfall", der zudem immer „die anderen"
trifft, nie einen selbst: „Das alltägliche Sein zum Tode ist als verfallendes eine ständige Flucht vor ihm." (SZ, 254) „Daß je schon das alltägliche Dasein zu seinem Ende ist, das heißt sich mit seinem Tode
ständig, wenngleich ‚flüchtig‘ auseinandersetzt, zeigt, daß dieses das
Ganzsein abschließende und bestimmende Ende nichts ist, wobei das
Dasein erst zuletzt in seinem Ableben ankommt." (SZ, 259)

Im Ausweichen vor ihm ist das „Sein zum Tode" uneigentlich ver-
standen. Wie aber bezeugt sich dieses Sein eigentlich? „Das fragliche
Sein zum Tode kann offenbar nicht den Charakter des besorgenden
Aus-seins auf seine Verwirklichung haben." (SZ, 261) Ein eigentliches
Verstehen des Todes als „Sein zum Ende" gewährt die wesenhafte Angst:
„Die Geworfenheit in den Tod enthüllt sich [...] ursprünglicher und
eindringlicher in der Befindlichkeit der Angst. [...] Sie ist keine belie-
bige und zufällige ‚schwache‘ Stimmung des einzelnen, sondern, als
Grundbefindlichkeit des Daseins, die Erschlossenheit davon, daß das
Dasein als geworfenes Sein zu seinem Ende existiert." (SZ, 251 f.)

Verfallen an die alltägliche Welt des Man könnte das Dasein seine
Eigentlichkeit nie finden, wenn sie ihm nicht in der existenziellen Angst
unvermutet bezeugt würde. In der Angst „greift" das Dasein ins „Nichts
der Welt" (SZ, 343) und erfährt im Angesichte des Nichts ein Aufleuchten des Seins: „Die in der Angst erschlossene Unbedeutsamkeit der Welt
enthüllt die Nichtigkeit des Besorgbaren, das heißt die Unmöglichkeit
des Sichentwerfens auf ein primär im Besorgten fundiertes Seinkönnen
der Existenz. Das Enthüllen dieser Unmöglichkeit bedeutet aber ein Auf-
leuchten-lassen der Möglichkeit eines eigentlichen Seinkönnens." (SZ,
343)

Aus dieser in der Angst enthüllten „Unheimlichkeit" des alltäglichen
Daseins erwächst auch das eigentliche „Gewissen". Das Gewissen ist der
„Ruf der Sorge", mit dem das Dasein sich selbst zu seinem eigentlichen
Seinkönnen zurückruft: „Sofern es dem Dasein — als Sorge — um sein
Sein geht, ruft es aus der Unheimlichkeit sich selbst als faktisch-verfal-
lendes Man auf zu seinem Seinkönnen." (SZ, 286 f.) Da das Dasein,
verfallen an die Welt, sich selbst nicht mehr kennt, empfindet es den
Gewissensruf wie eine „fremde Stimme" (SZ, 277).

Das Gewissen gehört zur „Erschlossenheit" der Existenz, zum verstehenden In-der-Welt-sein des Daseins im Modus der Rede. Was der

Gewissensruf zu verstehen gibt, ist kein „Etwas", keine Mahnung oder Warnung in bezug auf bestimmte Fehler oder Vergehen, sondern er bezeugt dem Dasein ein grundsätzliches Schuldigsein: „Seiendes, dessen Sein Sorge ist, kann sich nicht nur mit faktischer Schuld beladen, sondern ist im Grunde seines Seins schuldig [. . .]" (SZ, 286).

Heideggers Schuldbegriff ist nicht moralisch zu verstehen, sondern er beschreibt das wesenhafte „nicht", das der Existenz als endlicher ständig anhaftet: „Seinkönnend steht es je in der einen oder anderen Möglichkeit, ständig ist es eine andere nicht und hat sich ihrer im existenziellen Entwurf begeben. Der Entwurf ist nicht nur als je geworfener durch die Nichtigkeit des Grundseins bestimmt, sondern als Entwurf wesenhaft nichtig. [...] Das Dasein ist als solches schuldig, wenn anders die formale existenziale Bestimmung der Schuld als Grundsein einer Nichtigkeit zurecht besteht." (SZ, 285)

Nur wenn das Dasein den Gewissensruf versteht, das heißt seine Nichtigkeit (Schuld) voll übernimmt, eröffnet sich ihm die Freiheit des Wählens: Es vergeudet nicht seine Zeit mit dem, was der Zufall bringt, oder mit bloßem Hoffen und Wünschen; stattdessen weiß es, was es nicht sein kann, und stellt sich bewußt in das, was es sein kann: „Die gemeinte Nichtigkeit gehört zum Freisein des Daseins für seine existenziellen Möglichkeiten. Die Freiheit aber ist nur in der Wahl der einen, das heißt im Tragen des Nichtgewählthabens und Nichtauchwählenkönnens der anderen." (SZ, 285)

Wenn das Dasein so seine Nichtigkeit, die es immer schon war, voll übernimmt, wählt es sich selbst:

> Der Rufsinn wird deutlich, wenn das Verständnis [. . .] sich an den existenzialen Sinn des Schuldigseins hält. [. . .] Dann bedeutet aber das Aufrufen zum Schuldigsein ein Vorrufen auf das Seinkönnen, das ich je schon als Dasein bin. [. . .] Das rechte Hören des Anrufs kommt [. . .] gleich einem Sichverstehen in seinem eigensten Seinkönnen, das heißt dem Sichentwerfen auf das eigenste eigentliche Schuldigwerdenkönnen. [. . .] Das Dasein ist rufverstehend hörig seiner eigensten Existenzmöglichkeit. Es hat sich selbst gewählt. (SZ, 287)

> Das Rufverstehen ist das Wählen — nicht des Gewissens, das als solches nicht gewählt werden kann. Gewählt wird das Gewissen-haben als Freisein für das eigenste Schuldigsein. Anrufverstehen besagt: Gewissen-haben-wollen. (SZ, 288)

Gewissen-haben-wollen bedeutet faktisch, daß das Dasein in seinem notwendigen Umgang mit den Geschäften des Alltags nie endgültig „verfällt", sondern daß es sich offen hält für den Rückruf zu sich selbst. Da die Angst diejenige Befindlichkeit ist, die den Gewissensruf durchstimmt, bedeutet Gewissen-haben-wollen: Bereitschaft zur Angst: „Das Faktum der Gewissensangst ist eine phänomenale Bewährung dafür, daß das Dasein im Rufverstehen vor die Unheimlichkeit seiner selbst

gebracht ist. Das Gewissenhabenwollen wird Bereitschaft zur Angst."
(SZ, 296)

Wenn der Gewissensruf das Dasein aus dem Man zu sich selbst zu-
rückrufen soll, so muß er sich grundsätzlich vom lauten Gerede der
Öffentlichkeit unterscheiden. Die Redeweise des Gewissens ist das
Schweigen, der Ruf ergeht lautlos. Heidegger faßt die Erschließungsweisen des Gewissens zusammen: „Die im Gewissen-haben-wollen lie-
gende Erschlossenheit des Daseins wird [...] konstituiert durch die Befindlichkeit der Angst, durch das Verstehen als das Sichentwerfen auf
das eigenste Schuldigsein und durch die Rede als Verschwiegenheit.
Diese ausgezeichnete [...] eigentliche Erschlossenheit − das verschwiegene, angstbereite Sichentwerfen auf das eigenste Schuldigsein nennen
wir die Entschlossenheit." (SZ, 296 f.)

Da das Dasein schuldig ist, solange es ist, und nicht nur „zuweilen
und dann wieder nicht", ist die Entschlossenheit nur eigentlich, wenn
das Schuldigsein als ständiges verstanden ist:

> Dieses Verstehen aber ermöglicht sich nur dergestalt, daß sich das Dasein das Sein-
> können „bis zu seinem Ende" erschließt [...]. Die Entschlossenheit wird eigentlich
> das, was sie sein kann, als verstehendes Sein zum Ende, d. h. als Vorlaufen
> in den Tod. (SZ, 305)

> Die vorlaufende Entschlossenheit ist kein Ausweg, erfunden, um den Tod zu
> „überwinden", sondern das dem Gewissensruf folgende Verstehen, das dem Tod
> die Möglichkeit freigibt, der Existenz des Daseins mächtig zu werden und
> jede flüchtige Selbstverdeckung im Grunde zu zerstreuen. (SZ, 310)

> Das Dasein ist eigentlich selbst in der ursprünglichen Vereinzelung der ver-
> schwiegenen, sich Angst zumutenden Entschlossenheit. Das eigentliche Selbst-sein
> sagt als schweigendes gerade nicht „Ich-Ich", sondern „ist" in der Verschwiegen-
> heit das geworfene Seiende, als welches es eigentlich sein kann. (SZ, 322 f.)

A. Stiller

Ein grundlegendes existenzielles Erlebnis für Stiller ist sein mißlunge-
ner Selbstmordversuch in Amerika. Er steht hier unmittelbar im Angesichte des Todes und erfährt ihn nicht als „Todesfall", sondern als „Sein
zum Ende". Stillers Irrtum − er selbst bezeichnet später Selbstmord
schlechthin als „Illusion" (110) − bestand darin, daß er den Tod nur
in der oberflächlichen Auslegung des Man sah: als einmaliges Schluß-
ereignis und nicht als ständiges Existieren in einer „unüberholbaren
Möglichkeit": „Dabei war ich, wie vermutlich die meisten Selbstmörder,

überzeugt, daß es dann, wenn man es getan hat, einfach Schluß ist, Licht aus, Schluß der Vorstellung." (500)

Statt des erwarteten Schlusses durchlebt Stiller eine Phase niegekannter Pein: „Ich glaube nachträglich, die entsetzliche Pein bestand darin, plötzlich nichts mehr zu können [. . .], dennoch vorhanden zu bleiben, rettungslos, ohne Schluß, ohne Tod. Wie man ja in Träumen mitunter genau weiß, daß es Traum ist, wußte ich, daß dies nicht der Tod ist, auch wenn ich jetzt sterbe." (500 f.)

Stiller durchlebt hier die unwahrscheinliche Erfahrung, daß der Tod, im existenzialen Sinne, etwas grundsätzlich anderes ist als die biologische Tatsache des „Ablebens". Der biologische Tod ist nicht der „wirkliche Tod", der die ganze Existenz des Daseins betrifft. Wie Heidegger erklärt: „Enden besagt nicht notwendig Sich-vollenden" (SZ, 244), und: „Sofern [. . .] das Dasein aber auch enden kann, ohne daß es eigentlich stirbt, andererseits qua Dasein nicht einfach verendet, bezeichnen wir dieses Zwischenphänomen als Ableben. Sterben aber gelte als Titel für die Seinsweise, in der das Dasein zu seinem Tode ist." (SZ, 247)

Stiller hatte geglaubt, sein leeres Leben durch den Tod abschließen zu können, und er erfährt mit großer „Verblüffung" (501), daß ein ungelebtes Leben auch einen „wirklichen" Tod ausschließt. Selbstmord ist „Illusion", weil — wie Heidegger sagt — das Dasein sich durch die „Herbeiführung des Ablebens [. . .] gerade den Boden für ein existierendes Sein zum Tode [entzöge]." (SZ, 261)

Genau diese Erfahrung empfindet Stiller als „entsetzliche Pein": ihm ist der Boden für ein existierendes „Sein zum Tode" entzogen; sein Zustand ist zeitlos („alles bleibt wie gewesen, nichts vergeht, alles bleibt nun ein für allemal" (501)), und infolge dieser Zeitlosigkeit verliert er seine Fähigkeit zu „handeln", sein endliches „Seinkönnen". Erst im Ausgesetztsein an das Nichts („nichts mehr zu können, nicht rückwärts, nicht vorwärts, nicht stürzen können, kein Oben und kein Unten mehr" (ebd.)) erfährt er die Gnade des Seinkönnens.

Mitten in diesen „unerträglichen" Zustand hinein erfolgt der Gewissensruf, der lautlose Rückruf an sich selbst: „[. . .] und der Zustand war unerträglich, dabei nicht schmerzhaft. Eher sogar Sehnsucht nach Schmerz. Das Gefühl gerufen zu werden, selber keine Stimme zu haben." (500) Dieser Gewissensruf gehört zu Stillers plötzlicher Einsicht, daß sein Selbstmord ein Irrtum war: „Vom Ruf getroffen wird, wer zurückgeholt sein will." (SZ, 271)

Der Gewissensruf bezeugt, daß Stiller durchdrungen ist von der Angst, die sich dann im physiologischen „Schrecken" der verabreichten Spritzen konkretisiert: „Diese Linderungen, Stärkungen, Betäubungen [. . .] waren es wahrscheinlich, was mich jedesmal dem Schrecken wieder näher

brachte, der dann in Dämmerzuständen sein bildliches und dem Ge-
dächtnis begreiflicheres Echo hatte. So wenigstens denke ich es mir; ich
habe nie mit jemandem darüber gesprochen. Kann man denn hierüber
sprechen? Ich kann hier lediglich sagen, daß es dieser Schrecken ist, was
ich ‚meinen Engel‘ nenne . . .“ (501)

Daß die Angst mit den verabreichten Spritzen zutage tritt, spricht
nicht gegen ihren existenzialen Charakter. Wie Heidegger bemerkt:
„Physiologische Auslösung von Angst wird nur möglich, weil das Dasein
im Grunde seines Seins sich ängstet.“ (SZ, 190) Und Stiller selbst hebt
dieses Erlebnis auf die ontologische Ebene, wenn er den Schrecken seinen
„Engel“ nennt.[1] Die Angst ist die Befindlichkeit, die das Dasein auf
sich selbst zurückwirft, indem sie seine „Flucht“ vor der eigentlichen
Existenz unterbricht. Stillers Selbstmordversuch muß als einer der radikalsten Fluchtversuche verstanden werden, und die Angst — der „Engel“ — ist seine „Ahnung“ des Seins, seine Erfahrung, daß ihm ein
eigenstes Seinkönnen möglich ist: „Die Angst offenbart im Dasein das
Sein zum eigensten Seinkönnen, das heißt das Freisein für die Freiheit des Sich-selbst-wählens und -ergreifens. Die Angst bringt das Dasein vor sein Freisein für . . . die Eigentlichkeit seines Seins als Möglichkeit, die es immer schon ist.“ (SZ, 188)

Stillers Erfahrung mit dem „Engel“ schlägt sich nieder als genau
dieses Bewußtsein einer „ungeheuren Freiheit“: er darf sich selbst wählen, seine Existenz von sich aus wiederholen. Diese Freiheit ist jedoch
nur möglich als endliche, als Sein zum Tode: „Es blieb mir die Erinnerung an eine ungeheure Freiheit: Alles hing von mir ab. Ich durfte
mich entscheiden, ob ich noch einmal leben wollte, jetzt aber so, daß
ein wirklicher Tod zustande kommt. Alles hing von mir ab, ich sagte es
schon. Näher bin ich dem Wesen der Gnade nie gekommen.“ (503)

Im Selbstmord des Freundes Alex sieht Stiller Parallelen zu seinem
eigenen Selbstmordversuch. Im Gegensatz zu Stiller konnte Alex „seinen Irrtum nicht mehr verlassen“ (313). Sein Selbstmord war ebenfalls Flucht vor dem Selbstsein, die Weigerung, sich als schwachen und
„nichtigen“ Menschen anzunehmen. Stiller vermutet, daß auch Alex
erfahren hat, „daß der Tod [nicht] einfach das Ende“ ist (313) und

---

[1] Manfred Jurgensen (a. a. O.) deutet den Engel implizit von dieser existenzialen
Perspektive aus, als Bild der Todesangst, die die Gnade des Lebens enthüllt: „Er
sucht und findet nicht Gott, sondern einen persönlichen Schutzengel, der zum Aus-
druck der Gnade alles Lebendigen wird. Insofern erfährt Stiller im Engel die eigene
Angst vor der Ohnmacht des Todes. Solange ihn sein Engel nicht verläßt, wird
Stiller angstvoll um seine Identität bangen. Keinesfalls zufällig schließen seine
Aufzeichnungen im Gefängnis damit, daß er angesichts der ihm durch gerichtlichen
Urteilsspruch auferlegten Identität erklärt: ‚Mein Engel halte mich wach.‘ (453)“.
(S. 77)

daß auch er den lautlosen, von Angst erfüllten Rückruf an sich selbst ausgestoßen hat: „[...] vielleicht geschrien, aber ohne Stimme geschrien" (ebd.).

Alex' Eltern wollen von Stiller erfahren, wer ihr Sohn wirklich war. Aber Alex ist nicht mehr zu erkennen, es ist „zu spät", weil er „seit sechs Jahren schon ohne Zeit ist" (ebd.). Alles, was das Dasein sein kann, ist abhängig vom Sein in der Zeit, der endlichen Frist, die ihm gegeben ist. Alex ist durch den Selbstmord biologisch vernichtet, ohne daß seine Existenz wirklich abgeschlossen wäre oder noch zur Vollendung kommen könnte. Wer das Dasein ist, das heißt sein Selbstsein, entscheidet sich nur, wenn es sich bereits im Existieren auf den Tod hin entwirft und so Richtung und Horizont für seine „Handlungen" gewinnt. Alex hat sich durch seinen „Irrtum" dieser endlichen Freiheit beraubt: „Er bittet um Erlösung. Er bittet um den wirklichen Tod ..." (ebd.)

In beiden Selbstmordszenen spielt die Erfahrung des Nichts eine tragende Rolle. Es ist ein Zeichen der Endlichkeit menschlicher Erkenntnis, daß das Sein sich nie rein und unverstellt zeigt; wenn Stiller seine Erfahrung des Seins beschreibt, so verwendet er evokative Ausdrücke wie „Gnade" und „Engel" und beteuert darüberhinaus, daß seine Erfahrung unsagbar sei (499). Erst die Konfrontation mit dem Nichts ist der Ort, an dem das Dasein am reinsten erfährt, was „Sein" bedeutet: „Die Angst ist diejenige Grundbefindlichkeit, die vor das Nichts stellt. Das Sein des Seienden ist aber überhaupt nur verstehbar — und darin liegt die tiefste Endlichkeit der Transzendenz — wenn das Dasein im Grunde seines Wesens sich in das Nichts hineinhält." (KPM, 214) „Ohne ursprüngliche Offenbarkeit des Nichts kein Selbstsein und keine Freiheit." (WiM, 32)

Von hier aus verstehen wir Stillers Verlangen nach einem „Sprung ins Nichts", da er nur auf dem tragenden Boden seines „nie gelebten Lebens" die Freiheit des Selbstseins erfahren könnte: „Wieder einmal das bekannte Gefühl: fliegen zu müssen, auf der Brüstung eines Fensters zu stehen (in einem brennenden Haus?) und keinerlei Rettung zu haben, wenn nicht durch plötzliches Fliegenkönnen. Dabei die Gewißheit: Es hilft gar nichts, sich auf die Straße zu stürzen, Selbstmord ist Illusion. Das bedeutet: fliegen zu müssen im Vertrauen, daß eben die Leere mich trage, also Sprung ohne Flügel, einfach Sprung in die Nichtigkeit, in ein nie gelebtes Leben, in die Schuld durch Versäumnis, in die Leere als das Einzigwirkliche, was zu mir gehört, was mich tragen kann ..." (110)

Das „brennende Haus" (die Wohnung) deutet an, daß es hier um das In-der-Welt-sein schlechthin geht, um das Dasein in seiner Endlichkeit und ständigen Bedrohtheit. Nur die Annahme dieser „Nichtigkeit" ermöglicht einen Halt im Sein. Auch Heidegger spricht von einem solchen „Sprung" und „Schweben" im Nichts, einem „eigentümlichen Einsprung der eigenen Existenz in die Grundmöglichkeiten des Daseins im Ganzen. Für diesen Einsprung ist entscheidend: [...] das Sichloslassen in das Nichts, d. h. das Freiwerden von den Götzen, die jeder hat und zu denen er sich wegzuschleichen pflegt; zuletzt das Ausschwingenlassen dieses Schwebens, auf daß es ständig zurückschwinge in die Grundfrage der Metaphysik, die das Nichts erzwingt: Warum ist überhaupt Seiendes und nicht vielmehr Nichts?" (WiM, 38)

Diese staunende Seinsfrage: warum überhaupt etwas ist und „nicht vielmehr nichts", durchzieht auch Stillers Erinnerungen an seine Reisen in Mexiko. In der grandiosen Öde der Wüste überkommt ihn die Unwahrscheinlichkeit menschlicher Existenz, das Wunder des Seins:

> Ich sehe ihre große Öde voll blühender Farben, wo sonst nichts anderes mehr blüht [...]. Ich liebe die Wüste. Kein Vogel in der Luft, kein Wasser, das rinnt, kein Insekt, ringsum nichts als Stille [...] und nie eine Wolke, nie auch nur ein Dunst, nie das Geräusch eines fliehenden Tiers [...], all dies sehe ich mit offenen Augen, wenn ich es auch nie werde schildern können, traumlos und wach wie jedesmal, wenn ich es sehe, betroffen von der Unwahrscheinlichkeit unseres Daseins. Wieviel Wüste es gibt auf diesem Gestirn, dessen Gäste wir sind, ich habe es nie vorher gewußt, nur gelesen, nie erfahren, wie sehr doch alles, wovon wir leben, Geschenk einer schmalen Oase ist, unwahrscheinlich wie die Gnade [...]. Man fragt sich, was die Menschen hier machen. Man fragt sich schlechthin, was der Mensch auf dieser Erde eigentlich macht... (32 f.)

Die Konfrontation mit dem Nichts erzwingt die Frage nach dem Sein und führt zur Frage nach der menschlichen Existenz „schlechthin". Heidegger beschreibt den gleichen Sachverhalt: „Einzig weil das Nichts im Grunde des Daseins offenbar ist, kann die volle Befremdlichkeit des Seienden über uns kommen. Nur wenn die Befremdlichkeit des Seienden uns bedrängt, weckt es und zieht es auf sich die Verwunderung. Nur auf dem Grunde der Verwunderung — d. h. der Offenbarkeit des Nichts — entspringt das ‚Warum?' [...] Die Frage nach dem Nichts stellt uns — die Fragenden — selbst in Frage." (WiM, 37)

In die Schweiz zurückgekehrt, vermißt Stiller vor allem dieses Infragestellen der menschlichen Existenz. In Mexiko, wo alles „sehr malerisch" ist, lauert gleich unter der schönen Farbfilmoberfläche die Unheimlichkeit. Bettler und Krüppel gehören zum Straßenbild, überall unter der strahlenden Sonne und der Bläue des Himmels erweist sich die Vergängnis und Bedrohtheit menschlichen Daseins: „Ein Gefühl: Was ist los? begleitet mich seltsam. Aber nichts ist los! Alles ist sehr malerisch." (37) „[Ich sehe] den ewigen Schnee auf dem Popocatepetl, den Rauchenden Berg, der nicht mehr raucht, ein weißes Zelt, wunderbar. Wo ist das Unheimliche?" (ebd.)

Die Unheimlichkeit, der Stiller sich ausgesetzt fühlt, ist kein bestimmtes Etwas, nichts, was für die Neugierde des Man zu bereden wäre. „Nichts ist los!" — es ist das Nichts, das sich zeigt, der Abgrund unter der Fassade des Alltags.

In Zürich ist von der Unheimlichkeit menschlicher Existenz nichts mehr zu verspüren; die Straßen sind blankgeputzt, das Alltagsleben ist makellos: „[...] in der Erinnerung fällt mir auf, daß wir keinen einzigen Bettler getroffen haben, auch keine Krüppel. Die Leute sind zwar nicht mit Eleganz, jedoch mit Qualität gekleidet, so daß man nie Mitleid haben muß, und die Straßen sind sauber von Morgen bis Abend. Unbehelligt von Bettlern [...] schlendern wir fast eine Stunde lang." (102) „Unbehelligt": das heißt nie dem Alltag entrissen, nie betroffen von der Nichtigkeit des Daseins. Trotz des „Fluches" von „Fäulnis und Verwesung" (36) war Mexiko „schön", ein Ort, wo die Wahrheit des menschlichen Daseins sich noch unverstellter zeigte. Stiller, gefangen im Schweizer Alltag, sehnt sich zurück: „Aasgeier, die Vögel von Mexiko. Und doch war es schön! Warum bin ich nicht drüben geblieben —" (38)

In Mexiko lernt Stiller auch ein indianisches Volk kennen, das den Tod noch als selbstverständlichen Teil der menschlichen Existenz versteht. Der „Totentag" geht ohne feierliche Gesten vor sich, „ohne Betonung, ohne Stimmung, ohne schauspielerischen Ausdruck, daß hier etwas Sinnbildliches gemeint sei" (423). Die Frauen „zerrupfen gelbe Blumen, streuen sie gegen die Toten, eine Verrichtung, wie man etwa Gemüse rüstet, nicht nachlässig, aber ohne unnötige Gebärde [...]." (ebd.) Diese Menschen sind fähig, den Tod anzunehmen, ohne Flucht, ohne Maske: „[...] ein Friedhof ohne einen einzigen Grabstein oder sonst ein Zeichen; jedermann vom Dorf weiß, wo seine Toten liegen, wo er selber einmal liegen wird." (421) „Es ist einfach Stille. Es gibt, angesichts der Tatsache von Leben und Tod, gar nichts zu sagen." (422) Der Totentag ist ein schonungsloses, durch kein „Gerede" und kein Ritual erleichtertes Sich-aussetzen an die Gewißheit von Leben und Tod: „Nichts geschieht. Die Frauen knien nicht, sondern sitzen auf der Erde, damit die Seelen der Verstorbenen aufsteigen in ihren Schoß. Das ist alles, bis der Morgen graut, eine Nacht der stillen Geduld, eine Hingabe an das unerläßliche Stirb und Werde." (423)

Im krassen Gegensatz zu dieser „Hingabe" des „primitiven" Indianervolkes stehen die ungeschriebenen Regeln und Gebräuche, kraft derer die westliche Zivilisation mit dem Tode „fertig" wird. Julikas Davoser Sanatorium ist ein typisches Beispiel dafür, wie das Man sich geflissentlich vor der Tatsache des Todes drückt, selbst noch in der hautnahen Bedrohung. Gerade hier, wo der Tod am augenfälligsten sein sollte, wird eine Atmosphäre der „Notlosigkeit" vorgespiegelt: „Der Tod ging nicht als knöcherner Sensenmann umher, nein, da wurde nur Gras gemäht, Heu duftete herauf [...] und in den Lärchen vor ihrer Veranda turnte ein neckisches Eichhörnchen" (147 f.); „Kurz und gut, Julika langweilte sich nicht, und solange sie ins Tageslicht blickte, ob Sonne oder Regen, trug sie ihr Kranksein beinahe ohne Not." (150)

Der junge Seminarist bemerkt einmal zu Julika: „[...] auch wenn hier jemand stirbt, macht es keinen tollen Eindruck. Wer je hofft, daß er uns damit Eindruck machen könnte, stirbt vollkommen umsonst. Hier imponiert nur das Leben!" (154) In dieser Aussage ist der Tod als „Todesfall" verstanden, der immer die anderen trifft, während „wir", die Lebenden, unbeeindruckt bleiben. Heidegger beschreibt das alltägliche „Sein zum Tode" wie folgt:

> Das Sterben, das wesenhaft unvertretbar das meine ist, wird in ein öffentlich vorkommendes Ereignis verkehrt, das dem Man begegnet. [...] Das Man setzt sich aber zugleich mit dieser das Dasein von seinem Tod abdrängenden Beruhigung in Recht und Ansehen durch die stillschweigende Regelung der Art, wie man sich überhaupt zum Tode zu verhalten hat. Schon das „Denken an den Tod" gilt öffentlich als feige Furcht, Unsicherheit des Daseins und finstere Weltflucht. Das Man läßt den Mut zur Angst vor dem Tode nicht aufkommen. (SZ, 254)

Über den eigenen Tod des jungen Seminaristen wird berichtet: „Zwar kam der junge Mensch weiterhin, saß am Fußende ihres Bettes, plauderte witzig, übermütig, immer ausgelassener, je näher sein Tod kam, den er gerade in jenem milden September keineswegs erwartete." (175) Heidegger beschreibt, durch welche Mittel das Man sich die ständige Gewißheit des Todes verdeckt:

> Man sagt: der Tod kommt gewiß, aber vorläufig noch nicht. Mit diesem „aber..." spricht das Man dem Tod die Gewißheit ab [...]. Die Alltäglichkeit drängt in die Dringlichkeit des Besorgens und begibt sich der Fesseln des müden, „tatenlosen Denkens an den Tod". Dieser wird hinausgeschoben auf ein „später einmal" und zwar unter Berufung auf das sogenannte „allgemeine Ermessen". So verdeckt das Man das Eigentümliche der Gewißheit des Todes, daß er jeden Augenblick möglich ist. (SZ, 258)

Diese Verleugnung des Todes wird offiziell fortgesetzt durch die Art, wie das Zimmer des toten Seminaristen heimlich und ohne Aufsehen ausgeräumt wird: „Julika war fassungslos. So hatte Julika den Tod hier nicht erwartet, so beiläufig und unsichtbar, so lautlos, so glimpflich-jäh und ohne Vorboten, so unfair, so wie das zufällige Auslöschen einer Nachttischlampe, wenn man gerade liest. Und in der Tat, man redete einfach nicht mehr von ihm. Schwester und Oberarzt übergingen Julikas wiederholte Fragen, als hätte ihr Nachbar [...] etwas Unanständiges begangen." (175) Heidegger erklärt ein solches Verhalten: „Und selbst im Falle des Ablebens noch soll die Öffentlichkeit durch das Ereignis nicht in ihrer besorgten Sorglosigkeit gestört und beunruhigt werden. Sieht man doch im Sterben der Anderen nicht selten eine gesellschaftliche Unannehmlichkeit, wenn nicht gar Taktlosigkeit, davor die Öffentlichkeit bewahrt werden soll." (SZ, 254)

Nur in den Nächten, wenn die Beruhigung des Man ihre Wirkung verliert, versinkt Julika in Todesangst, die sie im hellen Tageslicht niemandem beschreibt: „Anders wohl waren ihre Nächte. Julika redet kaum davon, immerhin kommt zum Vorschein, daß zuweilen am Morgen, wenn die Schwester ins Zimmer trat, das Licht noch brannte und eine gänzlich erschöpfte, in kaltem Schweiß gebadete, in einem durch und durch zerwühlten Bett eingeschlummerte Julika gefunden wurde." (152)

Diese „grauenvollen Nächte" (ebd.), verbunden mit dem „glimpflichen" Tod des jungen Jesuiten, treiben Julika schließlich zur Flucht. Julika ist nicht die einzige, die einen solchen Ausbruch versucht, wie der Seminarist ihr erzählte: „Es geht hier allen so. Am Anfang, so die ersten Wochen und Monate, ist man baff, wie hübsch es hier ist [...] und dann kommt das Grauen halt doch. Man heult in seine Kissen und weiß nicht recht warum, es schadet ja nur, man weiß bloß, daß unser fiebriger Körper wie Zunder verfallen wird. Und dann, früher oder später, denken hier alle an Ausbruch. Vor allem in der Nacht, wenn man allein ist [...]" (153 f.).

Dieser „Ausbruch" ist physischer Beleg dafür, daß das Man nicht bereit ist, die Angst vor dem Tode auszuhalten: „Das Dasein stirbt faktisch, solange es existiert, aber zunächst und zumeist in der Weise des Verfallens. Denn faktisches Existieren ist nicht nur überhaupt und indifferent ein geworfenes In-der-Welt-sein-können, sondern ist immer auch schon in der besorgten ‚Welt' aufgegangen. In diesem verfallenden Sein bei... meldet sich die Flucht aus der Unheimlichkeit, das heißt jetzt vor dem eigensten Sein zum Tode." (SZ, 251 f.)

Mit dieser Flucht vor dem Tod verstellt sich das Man zugleich sein Selbstsein: „Der Tod ist eigenste Möglichkeit des Daseins. Das Sein zu ihr erschließt dem Dasein sein eigenstes Seinkönnen, darin es um das Sein des Daseins schlechthin geht." (SZ, 263)

Wenn das Dasein sich der Unheimlichkeit der ins Nichts gehaltenen Existenz entzieht, so flieht es auch vor dem Gewissensruf, der Mahnung des Ich-selbst an das Man-selbst: „Unheimlichkeit ist die obzwar alltäglich verdeckte Grundart des In-der-Welt-seins. Das Dasein ruft als Gewissen aus dem Grunde dieses Seins" (SZ, 277); „Der Anruf ist vorrufender Rückruf, vor: in die Möglichkeit, selbst das geworfene Seiende, das es ist, existierend zu übernehmen, zurück: in die Geworfenheit, um sie als den nichtigen Grund zu verstehen, den es in die Existenz aufzunehmen hat. Der vorrufende Rückruf des Gewissens gibt dem Dasein zu verstehen, daß es — nichtiger Grund seines nichtigen Entwurfes —

aus der Verlorenheit in das Man sich zu ihm selbst zurückholen soll, das heißt schuldig ist." (SZ, 287)

In Stillers Aufzeichnungen im Gefängnis ist immer wieder von seinem „schlechten Gewissen" die Rede. Er macht Julika dafür verantwortlich, daß sie ihn, kraft seines schlechten Gewissens, an sich fesselte: „Und auch Stiller, scheint es, stand damals unter der steten Angst, in irgendeinem Sinne nicht zu genügen; es fällt auf, wie häufig dieser Mensch sich glaubte entschuldigen zu müssen" (116); „[...] fast alles, was sie erzählt, deutet doch darauf hin, daß sie ihren Stiller nur durch sein schlechtes Gewissen glaubte fesseln zu können, durch seine Angst, ein Versager zu sein" (ebd.); „Du warst verliebt in meine heimliche Angst [...] ein Mann mit schlechtem Gewissen [...] der es stets als seine Schuld empfinden wird, wenn etwas nicht klappt." (192) An einer Stelle erklärt Stiller, was dieses „schlechte Gewissen" im Grunde genommen ist: ein „falsches Gewissen": „Du hättest damals einem Mann begegnen sollen, der kein falsches Gewissen hat und doch viel Geduld, freie Geduld." (195)

Für Heidegger ist allein schon das Konzept eines „guten" oder „schlechten" Gewissens verfehlt. Gewissen ist, wie oben bereits erklärt, der Rückruf des Selbst an das Man-selbst, die Aufforderung, sich in seiner grundsätzlichen Nichtigkeit (das heißt schuldig) zu übernehmen. Das Man verdeckt sich die Tragweite des Gewissensrufes, indem es die existenzielle Schuld in konkrete Verschuldungen umdeutet. In der öffentlichen Auslegung folgt das „schlechte Gewissen" auf verrechenbare Fehler, das „gute Gewissen" entspringt der Unterlassung oder Wiedergutmachung von Schuld,

> als wäre das Dasein ein „Haushalt", dessen Verschuldungen nur ordentlich ausgeglichen werden brauchen, damit das Selbst als unbeteiligter Zuschauer „neben" diesen Erlebnisabläufen stehen kann. (SZ, 293)

> Das „gute" Gewissen müßte, entsprechend wie das „schlechte" ein „Bösesein", das „Gutsein" des Daseins kundgeben. Man sieht leicht, daß damit das Gewissen [...] zum Knecht des Pharisäismus wird. Es soll den Menschen von sich sagen lassen: „ich bin gut"; wer kann das sagen, und wer wollte es weniger sich bestätigen als gerade der Gute? An dieser unmöglichen Konsequenz des guten Gewissens kommt aber zum Vorschein, daß das Gewissen ein Schuldigsein ruft. (SZ, 291)

In Stillers „Entschuldigungen", in seiner Angst zu „versagen" und „nicht zu genügen", ist gleichzeitig mit dem „schlechten Gewissen" das Phänomen des „Schuldigseins" schon irgendwie verstanden. Da das „schlechte Gewissen" jedoch ein „falsches Gewissen" ist, redet Stiller sich ein, sein Schuldgefühl resultiere aus realen und verrechenbaren Anlässen. Entgegen allem, was er über seine Ehe mit Julika behauptet, ist sie ihm im Grunde ein willkommener Anlaß, sein existenzielles

Schuldgefühl in lauter konkretes Versagen zu verwandeln: er sieht es „stets als seine Schuld [...] wenn etwas nicht klappt" (192), macht sich ein „komisches Gewissen daraus, daß Julika gewissermaßen [...] seinetwegen auf Kinder verzichten mußte" (118) und betrachtet es als „Niederlage seiner Männlichkeit, wenn die schöne Balletteuse [...] nicht in Empfindung zerschmolz" (130). „Haben Sie gesehen, daß ich jemals etwas anderes getan habe als Unrecht?" (146) fragt Stiller einmal einen Besucher.

Stiller sieht sich — auch in solchen ironischen Bemerkungen — als jemanden, der Unrecht tut. Diese Verwandlung der Grundschuld in ein „Ding", das man tun und lassen und am Ende vielleicht sogar abstreifen kann, reicht jedoch nicht aus, um das nagende Gefühl des Schuldigseins völlig zu unterdrücken. Stiller erreicht schließlich den Punkt, an dem er selbst gegen sein schlechtes Gewissen vor Julika rebelliert. Er muß sich eingestehen, daß trotz aller möglichen Erklärungen ein konkreter Grund für sein Schuldgefühl nicht festzustellen ist: „Man kann nicht jahrelang ein schlechtes Gewissen haben, [...] ohne zu verstehen, warum man ein schlechtes Gewissen hat!" (41)

Sobald Stiller sich jedoch von Julika, der vermeintlichen Urheberin seines Schuldgefühles, losgesagt hat, ist das „schlechte Gewissen" wieder da, und er sieht sich genötigt, einen neuen, konkreten Anlaß zu finden: seine „Niederlage in Spanien": „Hatte er nicht jahrelang auch von Julika verlangt, daß sie sein Verhalten in Spanien vortrefflich fand? Und jetzt war es plötzlich eine Niederlage, eine Sache die in die Waagschale fällt als Anfang aller Übel, als Fluch, als Unstern, womit sich Stiller auch die Unglücklichkeit ihrer Ehe erklärte." (186)

Als Stiller später mit Sibylle über sein „Versagen" in Spanien spricht, wird deutlich, daß er diese konkrete „Niederlage" braucht, daß er nicht ohne sie leben will: „Stiller gefiel sich (so sagte sie) in seiner Verwundung; er wollte nicht damit fertig werden. Er verschanzte sich." (355) Sibylle versucht, Stiller die Endlichkeit menschlicher Entwürfe vor Augen zu halten, die Tatsache, daß die Existenz vom „Nicht" durchzogen ist: „,Und du hast erwartet, daß du in deinem Leben nie versagen würdest? [...] Du schämst dich, daß du so bist wie du bist. Wer verlangt von dir, daß du ein Kämpfer bist, ein Krieger, einer, der schießen kann? Du hast dich nicht bewährt, findest du, damals in Spanien. Wer bestreitet das! Aber vielleicht hast du dich als jemand bewähren wollen, der du gar nicht bist.' Darauf ging Stiller nicht ein." (ebd.)

Stillers hartnäckiges Beharren auf seiner „Niederlage" ist der Versuch des Man, sich nicht als schuldig im Sinne des „Grundseins einer Nichtigkeit" (SZ, 283) zu verstehen: „Die Verständigkeit des Man kennt nur Genügen und Ungenügen hinsichtlich der handlichen Regel und öffentlichen Norm. Verstöße dagegen verrechnet es und sucht Ausgleiche. Vom eigensten Schuldigsein hat es sich fortgeschlichen, um desto lauter Fehler zu bereden." (SZ, 288)

Eine solche „Wahrhaftigkeit bis zum Exhibitionismus" wird von „White" als eine Hauptcharakteristik des Verschollenen gesehen:

> [. . .] sein Grundgefühl, etwas schuldig zu bleiben, hält er für seine Tiefe, mag sein, sogar für Religiosität [. . .]. Er möchte wahrhaftig sein. Das unstillbare Verlangen, wahrhaftig zu sein, kommt auch bei ihm aus einer besonderen Art von Verlogenheit, man ist dann mitunter wahrhaftig bis zum Exhibitionismus, um einen einzigen Punkt, den wunden, übergehen zu können [. . .]. Er weiß nicht, wo genau dieser Punkt liegt, dieses schwarze Loch, das dann immer wieder da ist, und hat Angst, auch wenn es nicht da ist. (332 f.)

Dieses „schwarze Loch", das Bewußtsein einer grundsätzlichen Nichtigkeit, versucht Stiller nicht nur dadurch aufzufüllen, daß er „Fehler beredet", sondern allem Augenschein nach auch dadurch, daß er sich gezielt in Situationen begibt, in denen er versagen muß („Aber vielleicht hast du dich als jemand bewähren wollen, der du gar nicht bist").

Rolf nennt ein solches Beharren in einer falschen Rolle „Selbstüberforderung". Das Dasein findet in der „Selbstüberforderung" eine konkrete Entschuldigung dafür, daß es nicht wird, was es ist:

> Zur Selbstüberforderung gehört unweigerlich eine falsche Art von schlechtem Gewissen. Einer nimmt es sich übel, kein Genie zu sein, [. . .] und Stiller nahm es sich übel, kein Spanienkämpfer zu sein . . . Es ist merkwürdig, was sich uns, sobald wir in der Selbstentfremdung sind, nicht alles als Gewissen anbietet. Die innere Stimme, die berühmte, ist oft genug nur die kokette Stimme eines Pseudo-Ich, das nicht duldet, daß ich es endlich aufgebe, daß ich mich selbst erkenne, und es mit allen Listen der Eitelkeit, nötigenfalls sogar mit Falschmeldungen aus dem Himmel versucht, mich an meine tödliche Selbstüberforderung zu fesseln. Wir sehen wohl unsere Niederlagen, aber begreifen sie nicht als Signale, als Konsequenzen eines verkehrten Strebens weg von unserem Selbst. (424 f.)

Das wirkliche Streben, sagt Rolf, setzt „die Demut vor unseren begrenzten Möglichkeiten voraus" (425). Existieren ist ja kein theoretischer Plan, sondern das Dasein „ist" nur, wenn es sich in seine Möglichkeiten gestellt hat: „Weil das Dasein existiert, bestimmt es sich als Seiendes, wie es ist, je aus einer Möglichkeit, die es selbst ist und versteht." (SZ, 259) Eigentlich es selbst sein aber kann das Dasein nur, wenn es seine Möglichkeiten (und damit sich selbst) als endlich versteht oder als „begrenzt", wie Rolf es nennt: „Frei für die eigensten, vom Ende her bestimmten, das heißt als endliche verstandenen Möglichkeiten, bannt das Dasein die Gefahr [. . .] sich der eigensten faktischen Existenz zu begeben." (SZ, 264)

Stillers „schlechtes Gewissen" erinnert ihn nur allzuoft an seine grundsätzliche „Nichtigkeit", aber er versucht immer wieder, diese Leere mit konkreten Fehlern zu füllen. Im Nachtgespräch redet ihm Rolf in diesem Sinne „ins Gewissen": „Ich weiß nicht, [. . .] was du unter Schuld verstehst. Jedenfalls bist du soweit, sie nicht mehr bei andern zu suchen. Aber vielleicht, ich weiß nicht, meinst du, sie hätte sich vermeiden lassen. Schuld als Summe von eigenen Fehlern, die man hätte vermeiden können, meinst du es so? Ich glaube allerdings, die Schuld ist etwas anderes. Die Schuld sind wir selbst —" (560) Rolfs Schuldverständnis deckt sich mit Heideggers Begriff der wesenhaften Schuld: „Das Dasein ist als solches schuldig, wenn anders die formale existenziale Bestimmung der Schuld als Grundsein einer Nichtigkeit zurecht besteht." (SZ, 285)

Trotz aller Ausflüchte „weiß" auch Stiller hierum, aber selbst im vollen Bewußtsein seiner Nichtigkeit sucht er noch immer zu entkommen: „Mit der Einsicht, ein nichtiger und unwesentlicher Mensch zu sein, hoffe ich halt immer schon, daß ich eben durch diese Einsicht kein nichtiger Mensch mehr sei [. . .]. ich hoffe eigentlich nur, daß Gott (wenn ich ihm entgegenkomme) mich zu einer anderen, nämlich einer reicheren, tieferen, wertvolleren, bedeutenderen Persönlichkeit machen werde —" (427)

Die geforderte „Bereitschaft", sich als nichtig zu übernehmen, ist synonym mit dem in der Einleitung besprochenen „Gewissen-haben-wollen" (SZ, 296), das sich faktisch bewährt in der „Bereitschaft zur Angst" (ebd.): einem fluchtlosen Aushalten der Tatsache, daß das Dasein ständig vor seinem Ende steht.

Gegen Schluß des Romanes ist Stiller, solange es nicht um Julika geht, zu einem solchen „Aushalten" seines Daseins bereit. Das äußere Zeichen für diese Bereitschaft ist sein Leben in der „ferme vaudoise". Es verwundert zunächst, daß Stiller sein „Schwyzerhüsli" (522) in den Briefen an Rolf als waadtländischen Bauernhof beschreibt und daß er in seinen Skizzen statt der „skurrilen Kitschigkeit" (ebd.) schöne alte Dinge zeichnet. Diese „Eulenspiegelei" Stillers darf nicht als Täuschungsmanöver verstanden werden, denn wollte er sich vor Rolf großtun, so würde er ihn wohl kaum so dringlich um einen Besuch bitten. Bei Rolfs Erscheinen fühlt Stiller sich durchaus nicht als ertappter Aufschneider, sondern tut seine Schilderungen ganz nebenbei als „Scherz" ab. (523)

Dieser „Scherz" hat die Funktion, dem Leser zu verdeutlichen, daß Stiller sich der Geschmacklosigkeit und Kitschigkeit seiner Umgebung voll bewußt ist und daß er nicht etwa in Blindheit oder resignierende Gleichgültigkeit verfallen ist. Daß ihn das alles „nicht stört" (524), ist ein Zeichen dafür, daß er äußere Prätentionen (wie sie sich zum Beispiel noch in der künstlich hergestellten Atmosphäre seines Ateliers manifestierten) nicht mehr braucht. So wie Stiller selbst die „ferme vaudoise" als „Haus meines Lebens" (516) bezeichnet und damit auf das Wohnen als In-der-Welt-sein anspielt, so sieht auch Rolf das Leben in dieser Umgebung als etwas, was die ganze Existenz Stillers betrifft: „Was macht der Mensch mit der Zeit seines Lebens? [. . .] Wie hält dieser Stiller es aus, so ohne gesellschaftliche oder berufliche Wichtigkeiten gleichsam schutzlos vor dieser Frage zu sitzen? Er saß auf der verwitterten Balustrade, [. . .] bei seinem Anblick konnte ich mir nicht vorstellen, wie er sein Dasein aushielt, ja, wie überhaupt ein Mensch, einmal seiner Erfahrungen bewußt und also frei von allerlei nichtigen Erwartungen, sein Dasein aushält." (524)

Was Rolf in dieser Beschreibung noch einmal ausspricht, ist die Tendenz des Daseins, sich hinter äußerlicher Wichtigkeit zu verbergen, um den Grundfragen seiner Existenz und der Last des Daseins zu entgehen. Die Frage, die immer wieder vermieden werden soll, ist die Frage nach der „Zeit" des „Lebens", nach der Endlichkeit und Sterblichkeit des Menschen, die nicht „ausgehalten" wird.

Bei Heidegger sind eigentliches Existieren und Aushalten (der Möglichkeit des Todes) ein und dasselbe: „[Die vorlaufende Entschlossenheit] ist nur so möglich, daß das Dasein überhaupt in seiner eigensten Möglichkeit auf sich zukommen kann und die Möglichkeit [. . .] als Möglichkeit aushält, das heißt existiert." (SZ, 325)

Daß Stiller bereit ist, sich so schutzlos der Last seines Daseins auszusetzen, wirft ein ganz neues Licht auf sein Leben im „Schwyzerhüsli", das von der Kritik allgemein als letztes Zeichen seines resignierenden Niederganges gedeutet wird.[2]

Das „Aushalten" — diesmal eines Daseins ohne Hoffnung auf Julika — wird auch zum Grundthema des Nachtgespräches zwischen Rolf und Stiller: es geht für Stiller um das Tragen der Gewißheit, ein nichtiger Mensch zu sein, sich selbst überantwortet, ohne den Ausweg eines „besseren" Lebens mit Julika. „Du bist sehr weit," sagt Rolf zu Stiller, „oft habe ich den Eindruck, es fehlt dir nur noch ein einziger Schritt." Und Stiller antwortet — wenn auch ironisch — mit seiner alten Hoffnung auf Julika: „Und wir sitzen hier mitten in einer Hochzeit, meinst du?" Aber Rolf übergeht die Ironie und stößt Stiller auf das, was wirklich wichtig ist: das Aushalten seiner Nichtigkeit ohne äußere Hilfe: „Und du erwartest nicht mehr, meine ich, daß Julika dich von deinem Leben lossprechen kann oder umgekehrt. Was das im Praktischen heißt, weißt du. [. . .] Es gibt keine Änderung, [. . .] ihr lebt miteinander, [. . .] und der einzige Unterschied: Ihr foltert euch nicht mehr Tag für Tag mit dieser irren Erwartung, daß wir einen Menschen verwandeln kön-

---

[2] Vgl. Manfred Jurgensen, a. a. O., S. 83, Hans Mayer, a. a. O., S. 201.

nen, einen anderen oder uns selbst, mit dieser hochmütigen Hoffnungslosigkeit ... Ganz praktisch: Ihr lernt beten füreinander." (565 f.)

Was Stiller in dieser Nacht lernt, das heißt existierend erfährt, ist
das volle Ausmaß seiner Ohnmacht: „Ich bin schwach," sagt er zu Rolf,
und Rolf versteht, daß diese „Schwäche" nicht mehr intellektuell begriffen, sondern existenziell „verstanden" ist: „Wenn du weißt, daß du
schwach bist, [...] das ist schon viel. Vielleicht weißt du's zum erstenmal. Seit gestern mittag, als du gedacht hast, sie stirbt." (565)

Rolf, der weiß, daß Stiller nur noch diesen „einzigen Schritt" der
Übernahme seiner „Schwäche" zu vollziehen hat, ruft ihn auf zur „Bereitschaft zur Angst", zur Bereitschaft, sich seine Nichtigkeit als ständige
vor Augen zu halten: „Du zitterst, hast du gesagt. Zittere! du weißt
schon wie ich das meine. Du zitterst, weil immer wieder, immer wieder
diese gleiche Ergebung von dir verlangt wird." (555)

Die „Ergebung" Stillers vollzieht sich am Ende faktisch mit dem
im letzten Kapitel besprochenen „Seinlassen" Julikas: „,Rolf', sagte
er, ,es wäre gegangen! Ohne Wunder, glaub mir, es wäre gegangen, sie
und ich, so wie wir sind [...]. Jetzt zum erstenmal, jetzt und hier ...'"
(569).

Stillers Weinen am Ende hat das volle Gewicht der wesenhaften Angst:
„Stiller weinte nun, wie ich noch selten einen Mann habe weinen sehen.
Dabei stand er aufrecht, die Hände in den Hosentaschen. Ich ging nicht
aus dem Zimmer; meine Anwesenheit fiel nicht mehr ins Gewicht ..."
(571). Heidegger beschreibt diese „Vereinzelung" des Daseins auf sich
selbst: „Worum sich die Angst ängstet, ist das In-der-Welt-sein selbst.
In der Angst versinkt das umweltlich Zuhandene, überhaupt das innerweltlich Seiende. Die ,Welt' vermag nichts mehr zu bieten, ebensowenig
das Mitdasein Anderer [...]. Sie wirft das Dasein auf das zurück, worum
es sich ängstet, sein eigentliches In-der-Welt-sein-können." (SZ, 187)

Es ist bezeichnend, daß Stillers Weinen Rolf an Julikas Todesangst
erinnert, die er als stummer Zeuge miterlebte. Diese Angst, die Julika
von Grund auf durchschütterte, zerstört vielleicht am nachhaltigsten
das erstarrte Bildnis („Warum schreit sie nicht?"), das Stiller von ihr
gezeichnet hatte. Rolfs Kritik, daß Stiller Julika in seinen Aufzeichnungen „vergewaltigt" habe, schließt sich nicht ohne Grund direkt an
diese Schilderung ihrer Angst an:

Wie ich gelegentlich aufblickte, [...] fand ich ein gänzlich entformtes Gesicht; —
ich werde dieses Gesicht, das schon keines mehr war, nie vergessen. Ihr Mund war
offen wie bei antiken Masken. Vergeblich versuchte sie, auf die Lippen zu beißen.
Ihr Mund blieb offen, wie erstarrt, zitternd. Ich sah ihr Schluchzen, und dabei
war es, als wäre ich taub. Ihre Augen offen ohne Blick, verschwommen in lautlosen Tränen, ihre zwei kleinen Fäuste im Schoß, ein schlotternder Körper, so saß
sie da, nicht zu erkennen, mit keinem Ruf zu erreichen, es blieb ihr kein persön

licher Zug mehr, keine Stimme, nichts als ein verzweifelter Leib, ein lautlos schreiendes Fleisch in Todesangst. (533 f.)

Aber die Angst ist selbst noch nicht der Entschluß, sondern sie bringt das Dasein vor die Möglichkeit eines eigentlichen Seinkönnens: „Die Angst bringt nur in die Stimmung eines möglichen Entschlusses." (SZ, 344) Rolf ist am Ende dieser Szene „irritiert", daß Julika, die bei Stillers Ankunft das Zimmer verlassen hatte, zurückkehrt, als wäre nichts geschehen: „Sie hatte sich gepudert; doch war es nicht das allein. Sie selbst schien nichts zu wissen. Ich hatte das irritierende Gefühl, als handele es sich gar nicht um dieselbe Person [. . .]. Ich konnte mir nicht vorstellen, wie dieser Abend zu verbringen sein würde; doch für Stiller lag nichts Ungewöhnliches vor, auch für Frau Julika nicht." (535)

Rolf beobachtet hier zwei charakteristische Aspekte der Todesangst: Einmal ist die Angst so fundamental, daß sie sozusagen nicht die Person trifft, sondern ihr Dasein, ihr reines „Daß". Julika ist, wie Rolf bemerkt, aller persönlichen Züge beraubt, weil in der wesentlichen Angst nichts mehr bleibt, was Halt bieten könnte:

> Dies Wegrücken des Seienden im Ganzen, das uns in der Angst umdrängt, bedrängt uns. Es bleibt kein Halt. Es bleibt nur und kommt über uns — im Entgleiten des Seienden – dieses „kein". Die Angst offenbart das Nichts. Wir „schweben" in Angst. Deutlicher: die Angst läßt uns schweben, weil sie das Seiende im Ganzen zum Entgleiten bringt. Darin liegt, daß wir Selbst — diese seienden Menschen — inmitten des Seienden uns mitentgleiten. Daher ist im Grunde nicht „dir" und „mir" unheimlich, sondern „einem" ist es so. Nur das reine Da-sein in der Durchschütterung dieses Schwebens, darin es sich an nichts halten kann, ist noch da. (WiM, 29 f.)

Die aus der hereinbrechenden Angst erwachte Julika, zurückgekehrt in den Alltag, muß notwendig eine andere sein als ihr von der Angst erschüttertes Dasein.

Der zweite Aspekt in Julikas Angst ist, daß sie nach dem „Erwachen" nicht nur anders ist, sondern daß sie darüberhinaus völlig „ahnungslos" erscheint. Diese „Ahnungslosigkeit" ist ein Zeichen für Julikas Angst vor der Angst. Sie kann das Hereinbrechen dieser Grundstimmung nicht verhindern, sie kann jedoch die „Bereitschaft zur Angst" ablehnen und sich damit dem in der Angst enthüllten Selbstsein entziehen. Es „lag nichts Ungewöhnliches vor", beschreibt Rolf Julikas Haltung. Genau das ist die Geste, mit der das Man versucht, sich die Angst geheuer zu machen: „Wenn die Angst sich gelegt hat, dann pflegt die alltägliche Rede zu sagen: ‚es war eigentlich nichts'. Diese Rede trifft in der Tat ontisch das, was es war. [. . .] Wovor die Angst sich ängstet, ist nichts von dem innerweltlichen Zuhandenen. Allein dieses Nichts von Zuhandenem, das die alltägliche umsichtige Rede einzig versteht, ist kein totales Nichts. [...] wovor die Angst sich ängstet, ist das In-der-Welt-sein selbst." (SZ, 187)

Stiller und Julika kommen am Ende beide dazu, sich dem Aufgerufenwerden durch die Angst zu öffnen: Sie „nehmen den Ruf an" — Julika in ihrem Mut zur Angst, ihrem einsamen Gang ins Krankenhaus, Stiller in der Übernahme seiner eigenen „Nichtigkeit", manifestiert im „Seinlassen" Julikas. Diese Selbstwahl, synonym mit „Gewissen-haben-wollen", „Bereitschaft zur Angst" und „Freiheit zum Tode" ist, in Stillers eigenen Worten, kein gesicherter Besitz, sondern ein „Schritt in den Glauben" (261). Wie das Kierkegaard-Motto zum Ersten Teil verdeutlicht, liegt die „Seligkeit" des Wählens nicht im Besessenen, sondern nur in der Wahl selbst, als ständigem Kampf: „ — : indem die Leidenschaft der Freiheit in ihm erwacht (und sie erwacht in der Wahl, wie sie sich in der Wahl selber voraussetzt), wählt er sich selbst und kämpft um diesen Besitz als um seine Seligkeit, und das ist seine Seligkeit." (7) Heidegger spricht ebenfalls vom „Wählen" als eigentlichem Besitz, im Gegensatz zu der aus der Wahl resultierenden Freiheit, die nie vollkommen ist: „Wenn das Dasein vorlaufend den Tod in sich mächtig werden läßt, versteht es sich, frei für ihn, in der eigenen Übermacht seiner endlichen Freiheit, um in dieser, die je nur ‚ist' im Gewählthaben der Wahl, die Ohnmacht der Überlassenheit an es selbst zu übernehmen [...]" (SZ, 384).

Sich selbst wählen bedeutet mithin nicht „Versteifung" auf ein erreichtes Ideal, sondern vielmehr ständige Neugestaltung des Daseins aus der Eigentlichkeit heraus: „Das Vorlaufen erschließt der Existenz als äußerste Möglichkeit die Selbstaufgabe und zerbricht so jede Versteifung auf die je erreichte Existenz. Das Dasein behütet sich, vorlaufend, davor, hinter sich selbst und das verstandene Seinkönnen zurückzufallen und ‚für seine Siege zu alt zu werden (Nietzsche)." (SZ, 264)[3]

---

[3] In: „Stiller und das ‚Faustische' bei Max Frisch" deutet Helmut F. Pfanner den Roman als psychologisches Porträt eines Versagers, der sich selbst überfordert, um seine Schwäche zu verneinen. Stillers Erinnerung an das Höhlenerlebnis wird in Jungscher Terminologie als beginnende „Heilung des Patienten" beschrieben, weil sie zu einer Unterscheidung zwischen dem „persönlichen ‚Schatten'" und der „kollektiven ‚Anima'" führe. (*Orbis Litterarum*, XXIV (1969), S. 210)
Mit ganz anderen Vorzeichen als wir sieht Pfanner den Schluß des Romanes dann ebenfalls als „offen", nicht im Sinne eines Scheiterns, sondern als Verneinung jedweder Erstarrung: „Stiller [geht] in die Einsamkeit der Natur und des Alleinseins, ein Zustand, den er während seines früheren Lebens nicht hätte ertragen können. [...] Faust und Stiller [haben] aber auch jetzt noch etwas Gemeinsames. Es liegt [...] in der Verneinung eines dauernden Stillstandes oder der Bejahung des ewigen Wechsels. [...] Stiller [findet...] zu einer geduldigen ‚Hingabe an das unerläßliche Stirb und Werde', [...] das er schon auf dem Wege seiner psychologischen Heilung [...] bewundert hat [...] Stiller ist zweifellos der Mensch, der die

Wenn Stiller sich am Ende in das vom Man unabhängige „Alleinsein" begibt, so ist dies sein „Schritt in den Glauben", das einzige „Ziel",
das er ontisch erreichen kann. Nie ganz frei von den Bedingungen der
Welt, von den Ansprüchen der Öffentlichkeit und den Notwendig-
keiten des Alltags, ist er das, was er sein kann: „entschlossen", aber
nicht „gerettet": „Das Dasein ist eigentlich selbst in der ursprünglichen Vereinzelung der verschwiegenen, sich Angst zumutenden Entschlossenheit. Das eigentliche Selbstsein sagt als schweigendes gerade
nicht ‚Ich-Ich', sondern ‚ist' in der Verschwiegenheit das geworfene
Seiende, als welches es eigentlich sein kann." (SZ, 322 f.)

B.   Homo Faber

Gemäß seiner Komplizität mit dem „Man" verneint Faber den Tod
ständig und grundsätzlich. Aber gerade durch sein überbetontes Leugnen beweist er, daß auch er das latente Gefühl seiner Endlichkeit nie
abstreifen kann. So behauptet er etwa immer wieder, daß ihn gewisse
„unheimliche" Szenen und Ereignisse nicht „nervös" machen oder ihm
„keine Angst" bereiten: Schon die Eingangsszene auf dem La Guardia
Airport soll zeigen, daß Faber keine Todesfurcht kennt — und enthüllt
in Wirklichkeit das genaue Gegenteil: „[...] und was mich nervös
machte, so daß ich nicht sogleich schlief, war nicht die Zeitung, die unsere
Stewardeß verteilte, First Pictures of World's Greatest Air
Crash In Nevada, sondern einzig und allein die Vibration in der stehenden Maschine mit laufenden Motoren [...]" (7).
   Später, als Fabers Flugzeug den Maschinenschaden entwickelt, behauptet er noch immer, daß ihn das alles nicht „nervös" mache: „Eine
anständige Landkarte, wie bei der Swissair immer zur Hand, gab es
hier nicht, und was mich nervös machte, war lediglich diese idiotische
Information, Kurs nach Tampico, während die Maschine landeinwärts
fliegt —" (21) Dabei ist er in Wirklichkeit so verstört, daß er pausenlos
redet und sich auch sonst ungewöhnlich verhält: „Ich hielt ganze Vorträge, scheint es, über Amöben, beziehungsweise über Hotels in Tampico.
Sobald ich merkte, daß er gar nicht zuhörte, mein Düsseldorfer, griff

---

Dämonie des ‚faustischen' Strebens überwunden hat und der, wie Aufbau und
Ende des Romans zeigen, schon eine bedeutende Strecke auf dem Weg der neuen
Wirklichkeitserfahrung vorangeschritten ist. Vielleicht war das Ziel noch weit, aber
schon die gemachten Schritte veranlaßten den Staatsanwalt [...] zu der hoffnungs-
vollen Bemerkung: ‚Stiller fing an, in der Welt zu sein.'" (S. 214 f.)

ich ihn am Ärmel, was sonst nicht meine Art ist, im Gegenteil, ich hasse die Manie, einander am Ärmel zu greifen. Aber anders hörte er einfach nicht zu. Ich erzählte ihm die ganze Geschichte meiner langweiligen Fischvergiftung in Tampico, 1951, also vor sechs Jahren —" (20)

Erst bei seiner Dschungelfahrt mit Marcel muß Faber zum ersten Mal zugeben, daß er Angst hat. Noch auf der Hinfahrt hatte er — offensichtlich zur Verschleierung seiner wirklichen Gefühle — jegliche Angst geleugnet: „Ich war für Umkehren. Ich hatte keine Angst (wovor denn!) [...]" (62). Nach der plötzlichen Konfrontation mit dem toten Joachim, der eine unwiederholbare Möglichkeit auch seiner eigenen Existenz darstellt, gesteht er schließlich implizit seine Angst: „Ich war froh, nicht allein zu sein, obschon eigentlich keinerlei Gefahr, sachlich betrachtet [...]" (84).

Beiden Aussagen gemeinsam ist, daß Faber ein „Wovor" der Angst oder eine eigentliche „Gefahr" nicht sehen kann. Dieses Fehlen eines greifbaren Grundes unterscheidet die Angst — die das Dasein vor die Unheimlichkeit seiner ganzen Existenz bringt — von der bloßen Furcht. Heidegger erläutert: „Wie unterscheidet sich phänomenal das, wovor die Angst sich ängstet, von dem, wovor die Furcht sich fürchtet? Das Wovor der Angst ist kein innerweltliches Seiendes [...]. Das Wovor der Angst ist völlig unbestimmt. Diese Unbestimmtheit läßt nicht nur faktisch unentschieden, welches innerweltliche Seiende droht, sondern besagt, daß überhaupt das innerweltliche Seiende nicht ‚relevant' ist." (SZ, 186)

Fabers Angst entspringt einem immer stärker werdenden Gefühl des Nichtzuhauseseins in der Welt. Heidegger bemerkt:

> In der Angst ist einem „unheimlich". Darin kommt zunächst die eigentümliche Unbestimmtheit dessen, wobei sich das Dasein in der Angst befindet, zum Ausdruck: das Nichts und Nirgends. Unheimlichkeit meint dabei aber zugleich das Nicht-zuhause-sein. [...] Bei der ersten phänomenalen Anzeige der Grundverfassung des Daseins [...] wurde das In-sein bestimmt als Wohnen bei..., Vertrautsein mit... Dieser Charakter des In-seins wurde dann konkreter sichtbar gemacht durch die alltägliche Öffentlichkeit des Man, das die beruhigte Selbstsicherheit, das selbstverständliche „Zuhause-sein" in die durchschnittliche Alltäglichkeit des Daseins bringt. Die Angst dagegen holt das Dasein aus seinem verfallenden Aufgehen in der „Welt" zurück. Die alltägliche Vertrautheit bricht zusammen. (SZ, 188 f.)

Bezeichnenderweise unterdrückt Faber die aufbrechende Angst, soweit es ihm möglich ist: „Es gurgelte die ganze Nacht, wir ließen unsere Scheinwerfer an, obschon wir nicht fuhren [...]" (83). Die Angst wird hier buchstäblich „abgeblendet"; Heidegger erläutert: „Wenn wir existenzialontologisch die Unheimlichkeit des Daseins als die Bedrohung interpretieren, die das Dasein selbst von ihm selbst her trifft, dann wird damit nicht behauptet, die Unheimlichkeit sei in der faktischen Angst auch immer schon in diesem Sinne verstanden. Die alltägliche Art, in der das Dasein die Unheimlichkeit versteht, ist die verfallende, das Unzu-hause ‚abblendende' Abkehr." (SZ, 189)

Auch Fabers Erleichterung über Marcels Anwesenheit bedeutet eine „verfallende Abkehr" von der vollen Wirkung der Angst: Die Angst wirft das Dasein in die Vereinzelung seiner selbst: „Die Überlassenheit des Daseins an es selbst zeigt sich ursprünglich konkret in der Angst." (SZ, 192) Marcels Anwesenheit gibt Faber noch einmal die Möglich-keit, die Last seiner Vereinzelung zu verneinen.

Die angeführten Szenen verdeutlichen, wie Faber immer wieder ver-sucht, die Unheimlichkeit seiner Existenz zu annullieren, wie er jeden Hinweis darauf zerredet oder ignoriert. Aus diesem Grunde versäumt er es auch, zum Arzt zu gehen und seinen Magen untersuchen zu lassen. Er scheint zu glauben, daß er dem Tod entgehen kann, wenn er seine Krankheitssymptome nicht beachtet und auch von keinem Arzt bestäti-gen läßt. Immer wieder erklärt er: „Ich bin in meinem Leben nie krank gewesen" (46, u. a.), als könnte diese Tatsache ihm ein ewig unbedroh-tes Leben garantieren.

Daß Faber seine Magenschmerzen insgeheim als Todesdrohung sieht, erfahren wir später, als sich herausstellt, daß er seit zwei Jahren von Professor O.'s unheilbarem Magenkrebs weiß (127). Doch als er auf der Flughafentoilette in Houston seinen Schwächeanfall erlebt, ver-wendet er wieder alle Mittel des „Man", um auch noch vor diese unmit-telbare Bedrohung den beruhigten Alltag zu schieben: „Mein Gesicht im Spiegel, während ich Minuten lang die Hände wasche, dann trockne: weiß wie Wachs, mein Gesicht, beziehungsweise grau und gelblich mit violetten Adern darin, scheußlich wie eine Leiche. Ich vermutete, es kommt vom Neon-Licht [...]" (12). Der anschließende Ohnmachts-anfall wird ebenfalls wegerklärt: „[...] es war ein Schweißanfall, nichts weiter, Schweißanfall mit Schwindel." (13) Gemäß den Gepflogen-heiten des Man wird die mögliche Angst vor dem Tode im Keime er-stickt: „Es war eigentlich nichts" (SZ, 187), ist auch Fabers Ausflucht, um sich die eigentliche Wahrheit zu verbergen.

Die Konfrontation mit seiner Nichtigkeit („Ohnmacht") läßt sich jedoch nicht völlig unterdrücken. Aus der Unheimlichkeit der Situation erwacht sein Gewissen und ruft ihn zu sich selbst zurück. Dieser Gewis-sensruf konkretisiert sich in dem Lautsprecheraufruf: „Passenger Faber, passenger Faber" (13), der unmittelbar nach seinem Zusammenbruch ertönt. Wie Heidegger erklärt, kommt der Ruf „aus mir und doch über mich" (SZ, 275): Faber hat den Ruf selbst verursacht, indem er sich weigerte, den Flug fortzusetzen. Der Lautsprecherruf ist Aufruf an Faber, die Flucht des „Man" zu unterbrechen, das heißt hier, Herbert — dem Boten aus seiner versäumten Vergangenheit — nicht länger auszuweichen. Daß der Lautsprecherruf Gewissensruf ist, zeigt sich auch an seiner zielsicheren „Einschlagsrichtung" (SZ, 274): Faber fühlt sich von ihm verfolgt und getroffen; der Ruf ergeht im existenzialen Sinne im „Modus des Schweigens" (SZ, 277), da niemand außer Faber hört, was er zu sagen hat: „Passenger Faber, passenger Faber! Das war ich." (13) „Passenger Faber, passenger Faber — Niemand konnte wissen, daß ich gemeint war [...]" (14).

Obwohl der Ruf in diesem Sinne völlig privat ist, reagiert Faber wie ein bloßgestellter Missetäter und ist nicht imstande, der mahnenden Stimme standzuhalten: wie Adam im Paradiese versteckt er sich: „ — ich hielt sie nicht aus, diese Warterei auf meine Person, und begab mich neuerdings ins Untergeschoß, wo ich mich hinter der geriegelten Tür eines Cabinets versteckte, als es nochmals kam: Passenger Faber, passenger Faber." (14)

Daß Faber sich wie ein ertappter Sünder versteckt, ist ein Zeichen dafür, daß der Gewissensruf ein „Schuldigsein" zuruft. Tatsächlich erklärt Faber, daß er in sein Versteck geht, weil er sich „schämt": „Ich weiß nicht, wieso ich mich eigentlich versteckte. Ich schämte mich; es ist sonst nicht meine Art, der letzte zu sein." (15) Fabers Ausrede, er schäme sich nur, „der letzte" zu sein, widerspricht allen Tatsachen: er hat sich ja in Wirklichkeit bewußt verspätet, mehr noch, er ist im Begriff, sein Flugzeug absichtlich zu verpassen; zudem weiß niemand um ihn her, wer mit dem Lautsprecherruf gemeint ist — wieso also diese „Scham"? Faber ist so schnell mit einer Erklärung zur Hand, weil er sich davor bewahren will, die wahren Hintergründe zu sehen: Er hat für Augenblicke seine Geworfenheit in den Tod erfahren, und sein Gewissen ruft ihm zu, sich nicht vor der Schuld zu verstecken, sondern sie voll zu übernehmen — das heißt sein Leben, so wie es ist, als nichtiges und endliches „auszuhalten".

Die Flucht ins Versteck manifestiert, daß Faber zu diesem „Aushalten" noch nicht bereit ist. Heidegger beschreibt das Sein zum Tode unter dem Aspekt des „Aushaltens": „Im Sein zum Tode [...] muß die Möglichkeit ungeschwächt als Möglichkeit verstanden, als Möglichkeit ausgebildet und im Verhalten zu ihr als Möglichkeit ausgehalten werden." (SZ, 261)

Die Gewissenskonfrontation bleibt jedoch nicht ganz ohne Wirkung: Faber formuliert plötzlich zum ersten Male den Gedanken, daß er nicht Mittelpunkt und Herr der Welt ist, den Gedanken an seine eigene Nichtigkeit: „Es war merkwürdig: plötzlich ging es ohne mich." (15)

Als Faber schließlich von der Stewardeß erkannt und zum Flugzeug gebracht wird, zeigt sich noch einmal die außergewöhnliche Intensität seines Schuldgefühls: „Ich ging wie einer, der vom Gefängnis ins Gericht geführt wird." (16) Mit seiner anschließenden Entschuldigung Herbert gegenüber enthüllt Faber unwillkürlich, in welchen Bereich diese Schuld gehört: „Ich sagte, meine Uhr sei stehengeblieben [. . .]" (ebd.). Fabers Uhr ist in gewisser Weise tatsächlich stehengeblieben: er lebt, als gäbe es keine Zeit, kein Alter, keinen Tod.

Doch was er im wachen Zustand scheinbar erfolgreich verleugnet, bricht auch hier in seinen Träumen wieder hervor:

> [. . .] Ich träumte von Ivy, glaube ich, jedenfalls fühlte ich mich bedrängt, es war in einer Spielbar in Las Vegas [. . .], Klimbim, dazu Lautsprecher, die immer meinen Namen riefen, ein Chaos von blauen und roten und gelben Automaten, wo man Geld gewinnen kann, Lotterie, ich wartete mit lauter Splitternackten, um mich scheiden zu lassen (dabei bin ich in Wirklichkeit gar nicht verheiratet), irgendwie kam auch Professor O. vor, mein geschätzter Lehrer an der Eidgenössischen Technischen Hochschule, aber vollkommen sentimental, er weinte immerfort, obschon er Mathematiker ist, beziehungsweise Professor für Elektrodynamik, es war peinlich, aber das Blödsinnigste von allem: — Ich bin mit dem Düsseldorfer verheiratet! [. . .] Ich wollte protestieren, aber konnte meinen Mund nicht aufmachen, ohne die Hand davor zu halten, da mir soeben, wie ich spürte, sämtliche Zähne ausgefallen sind, alle wie Kieselsteine im Mund — (17 f.)

Faber hat sein Leben auf Äußerlichkeiten („Geld gewinnen") und Zufällen („Lotterie") aufgebaut. Aber mitten im „Klimbim" der Spielhalle, dem supermanipulierten Alltag, ertönt der Lautsprecherruf, der Aufruf zu sich selbst aus der Fassade des Man. Seine Unfähigkeit, sich zu sich selbst und damit zum Mitdasein zu verhalten, zeigt sich in dem Wunsch, sich scheiden zu lassen; daß er „nicht verheiratet" ist, bestätigt nur die Grundsätzlichkeit seiner Isolierung. Fabers Angst vor dem Tod manifestiert sich in der Gestalt Professor O.'s, der Faber hier schon beschäftigt, lange bevor sie in Paris plötzlich zusammentreffen. Und sein Grauen vor dem Altern verbildlicht sich in der Traumgewißheit, daß ihm alle Zähne ausgefallen sind. Die Verquickung seines Lebens mit Herbert schließlich, die er im wachen Zustand noch leugnen möchte, erscheint in Form der „blödsinnigen" Tatsache, daß er „mit dem Düsseldorfer verheiratet" ist.

Fabers nächste Konfrontation mit der Unheimlichkeit seiner Existenz ereignet sich bei der Notlandung in der Wüste. Während der Notlandung verliert er „im letzten Augenblick die Nerven" (24); nicht in der Lage, die Möglichkeit seines Todes auszuhalten, nimmt er „beide Hände vors Gesicht" und stürzt „vornüber in die Bewußtlosigkeit" (ebd.). Im entscheidenden Augenblick ist er, der immer so „bewußt" handelt, völlig hilflos: „[. . .] niemand hatte auch nur eine Nottüre aufgetan, ich auch nicht [. . .]" (ebd.).

Seine erste Reflexhandlung, nachdem er das Flugzeug verlassen hat: er stellt die Zeit fest („Zeit: 11:05") und zieht seine Uhr auf (25).

Fabers innere Uhr, sein Verstehen eines „Seins in der Zeit", ist stehengeblieben; stattdessen liest er die Zeit an Äußerlichkeiten ab: die Uhr zerlegt die Zeit in lauter Punkte und Daten, die ihn in seinem Innersten nicht betreffen; Heidegger bemerkt: „Sofern nun das alltägliche Besorgen sich aus der besorgten ‚Welt' her versteht, kennt es die ‚Zeit', die es sich nimmt, nicht als seine, sondern besorgend nützt es die Zeit aus, die ‚es gibt', mit der man rechnet." (SZ, 411) Ein solches Rechnen mit der Zeit zerlegt die Zeit in eine unendliche Kette von „Jetztfolgen" (SZ, 423), die das Man davor bewahrt, auf das Ende sehen zu müssen: „Die uneigentliche Zeitlichkeit des verfallend-alltäglichen Daseins muß als solches Wegsehen von der Endlichkeit die eigentliche Zukünftigkeit und damit die Zeitlichkeit überhaupt verkennen." (SZ, 424)

Wie sehr Faber sich vom Sinn der Zeit als seiner eigenen Lebenszeit entfernt hat, zeigt sich wenig später, als Herbert beginnt, von Joachim zu erzählen. Faber bemerkt: „Ich staunte, wie die Zeit vergeht, wie man älter wird." (30) Er liest das „Älterwerden" an fremdem Leben ab, als wäre es in seiner eigenen Existenz nicht sichtbar; und er verwendet das verallgemeinernde „man wird älter", um sich sein eigenes Altern doch wieder zu verbergen.

Heidegger erläutert die öffentliche Auslegung der Tatsache, daß „die Zeit vergeht":

> Allein so wie auch im Ausweichen vor dem Tode dieser dem Fliehenden nachfolgt und er ihn im Sichabwenden doch gerade sehen muß, so legt sich auch die lediglich ablaufende, harmlose, unendliche Folge der Jetzt doch in einer merkwürdigen Rätselhaftigkeit „über" das Dasein. Warum sagen wir: die Zeit vergeht und nicht ebenso betont: sie entsteht? [...] In der Rede vom Vergehen der Zeit versteht am Ende das Dasein mehr von der Zeit, als es wahrhaben möchte [...]. Die Rede vom Vergehen der Zeit gibt der „Erfahrung" Ausdruck: sie läßt sich nicht halten. Diese „Erfahrung" ist wiederum nur möglich auf dem Grunde eines Haltenwollens der Zeit. [...] Das Dasein kennt die flüchtige Zeit aus dem „flüchtigen" Wissen um seinen Tod [...]. Und weil der Tod sogar in der Rede vom Vergehen der Zeit verdeckt bleiben kann, zeigt sich die Zeit als ein Vergehen „an sich". (SZ, 425)

Daß Faber versucht, die Zeit zu halten, daß er ihr Vergehen, unabhängig von sich selbst, als Geschehen „an sich" sehen will, zeigt sich am deutlichsten in seinem Verhalten zu Sabeth. Durch eine Heirat mit ihr glaubt er, die Zeit zurückstellen zu können. Hanna verweist Faber später auf den Zusammenhang von Sein („Leben") und Zeit: „Wir können das Leben nicht in unseren Armen behalten, Walter, auch du nicht." (170) „Das Leben geht mit den Kindern. Wir können uns nicht mit unseren Kindern nochmals verheiraten." (ebd.) „[...] auch ich, (ob ich es wisse?) hätte nur ein einziges Leben." (171)

Was Hanna Faber erklären möchte — ohne daß er hier bereit wäre, sie zu verstehen — ist, daß die Zeit „je die meine" ist, bestimmt und begrenzt durch meine einmalige Existenz. Die Zeit ist, in bezug auf mein einmaliges und einziges Leben, keine unendliche Jetztfolge, sondern sie weist auf ein Ende hin.[4] Die Zeit geht weiter, nicht, weil ich selbst ewig fortfahre zu existieren, sondern weil andere, „die Kinder", ihre eigene Zeit durchleben.

Hanna faßt ihre Gedanken über das Sein in der Zeit später noch einmal zusammen:

> Mein Irrtum: daß wir Techniker versuchen, ohne den Tod zu leben. Wörtlich: du behandelst das Leben nicht als Gestalt, sondern als bloße Addition, daher kein Verhältnis zur Zeit, weil kein Verhältnis zum Tod. Leben sei Gestalt in der Zeit [. . .]. Leben sei nicht Stoff, nicht mit Technik zu bewältigen. Mein Irrtum mit Sabeth: Repetition, ich habe mich so verhalten, als gebe es kein Alter, daher widernatürlich. Wir können nicht das Alter aufheben, indem wir weiter addieren, indem wir unsere eigenen Kinder heiraten. (212)

Hanna beschreibt hier — ganz im Sinne Heideggers — das Leben als „Gestalt in der Zeit". Die „Gestalt" des Lebens — im Gegensatz zu seiner bloßen „Addition" — ist gleichbedeutend mit Existieren als „Sein zum Tode". Grenze und Horizont des Lebens sind hier schon immer in jeden gegenwärtigen Augenblick einbezogen, und auch das Gewesene ist nie vergangen, weil es in der ständigen „Wiederholung" das Dasein trägt und bestimmt.

Heidegger beschreibt das Leben als „Gestalt in der Zeit" in folgenden Worten:

> Im Sein des Daseins liegt schon das „Zwischen" mit Bezug auf Geburt und Tod. Keineswegs dagegen „ist" das Dasein in einem Zeitpunkt wirklich und außerdem noch von dem Nichtwirklichen seiner Geburt und seines Todes „umgeben". Existenzial verstanden ist die Geburt nicht und nie ein Vergangenes im Sinne des Nicht-

---

[4] In: „Tagebuch 1946—1949" erläutert Max Frisch seine Auffassung von der Zeit, die er auch dort — im Heideggerschen Sinne — im Zusammenhang mit Tod, Angst und Gnade des Seins versteht: „Vielleicht müßte man unterscheiden zwischen Zeit und Vergängnis: die Zeit, was die Uhren zeigen, und Vergängnis als unser Erlebnis davon, daß unserem Dasein stets ein anderes gegenübersteht, ein Nichtsein, das wir als Tod bezeichnen. Auch das Tier spürt seine Vergängnis; sonst hätte es keine Angst. [. . .] wir leben und sterben jeden Augenblick, beides zugleich, nur daß das Leben geringer ist als das andere, seltener, und da wir nur leben können, indem wir zugleich sterben, verbrauchen wir es, wie eine Sonne ihre Glut verbraucht [. . .]. Es gibt kein Leben ohne Angst vor dem andern; schon weil es ohne diese Angst, die unsere Tiefe ist, kein Leben gibt: erst aus dem Nichtsein, das wir ahnen, begreifen wir für Augenblicke, daß wir leben. Man freut sich seiner Muskeln, [. . .] man freut sich des Lichtes, [. . .] und weiß mit jedem Atemzug, daß alles, was ist, eine Gnade ist. Ohne dieses spiegelnde Wachsein, das nur aus der Angst möglich ist, wären wir verloren; wir wären nie gewesen . . ." (*Tagebuch 1946—1949*, Frankfurt a. M. (Bibliothek Suhrkamp 261), 1962, S. 178 f.).

mehrvorhandenen, so wenig wie dem Tod die Seinsart des noch nicht vorhandenen, aber ankommenden Ausstandes eignet. Das faktische Dasein existiert gebürtig, und gebürtig stirbt es auch schon im Sinne des Seins zum Tode. (SZ, 374)

Die „Addition" und „Repetition", die Faber versucht, stammen aus einem Mißverständnis der Zeitdimensionen („Ekstasen"), die eine einheitliche Gestalt bilden und kein additives Nacheinander: „Die Zeitigung bedeutet kein ,Nacheinander' der Ekstasen. Die Zukunft ist n i c h t später als die Gewesenheit und diese n i c h t f r ü h e r als die Gegenwart. Zeitlichkeit zeitigt sich als gewesende-gegenwärtigende Zukunft." (SZ, 350)[5]

Fabers „Repetition" ist sein Versuch, die Vergangenheit, seine eigene Jugend, wiederzubringen; die echte Zeitlichkeit dagegen setzt an die Stelle der Repetition die „Wiederholung":

> Das wiederholende Sichüberliefern einer gewesenen Möglichkeit erschließt [...] das dagewesene Dasein nicht, um es abermals zu verwirklichen. Die Wiederholung des Möglichen ist weder ein Wiederbringen des „Vergangenen", noch ein Zurückbinden der „Gegenwart" an das „Überholte". Die Wiederholung läßt sich, einem entschlossenen Sichentwerfen entspringend, nicht vom „Vergangenen" überreden, um es als das vormals Wirkliche nur wiederkehren zu lassen. Die Wiederholung e r w i d e r t vielmehr die Möglichkeit der dagewesenen Existenz. (SZ, 386)

Daß die Zeit mehr ist als eine öffentlich ablesbare Uhrzeit, erlebt Faber am eindringlichsten, als er die schwerverletzte Sabeth ins Krankenhaus bringen will und zunächst von einem Eselskarren mitgenommen wird: „Ich bat den Arbeiter, geschwinder zu fahren [...]. Es war ein ächzender Karren mit schiefen, wackligen Rädern, ein Kilometer wurde zur Ewigkeit. [...] Ich beschwor ihn, weiterzufahren und keine Zeit zu verlieren." (157) Die Zeit wird hier — unabhängig von dem, was die Uhren zeigen würden — zu Fabers eigener Zeit. Ein Kilometer läßt sich nicht mehr in seiner „Tatsächlichkeit" fixieren, sondern wird zur „Ewigkeit" in bezug auf das, was für Faber (und Sabeth) wirklich „zählt". Wie unwesentlich die Zeit des „Man", die berechenbare Stundeneinheit des Technikers, geworden ist, wird ironisch veranschaulicht, als Faber seine Uhr hergibt, weil es plötzlich nur noch um die Lebens-

---

[5] In: „Bin oder Die Reise nach Peking" gibt Max Frisch eine ähnliche Definition der Zeit; auch er versteht die Zeit als gleichzeitig persönlich und frei vom üblichen kalendermäßigen Nacheinander: „Wenn wir nicht wissen, wie die Dinge des Lebens zusammenhängen, so sagen wir immer: zuerst, dann, später. Der Ort im Kalender! Ein anderes wäre natürlich der Ort in unserem Herzen, und dort können Dinge, die Jahrtausende auseinanderliegen, zusammengehören [...]. Du hast selber gesagt: daß Dinge, die wir für Erinnerung halten, Gegenwart sind. Ich hatte noch nie darüber gedacht, ich fühlte nur öfter und öfter, daß die Zeit, die unser Erleben nach Stunden erfaßt, nicht stimmt; sie ist eine ordnende Täuschung des Verstandes, ein zwanghaftes Bild, dem durchaus keine seelische Wirklichkeit entspricht." (a. a. O., 36 f.)

zeit geht: „ — in Megara, wo er stoppte, gab ich dem Fahrer [...] meine Omega-Uhr, damit er unverzüglich weiterfährt, ohne seine Röhren abzuladen." (158 f.)

Faber ist schließlich nicht mehr imstande, die Zeit als beliebige Addition zu verstehen: Sabeths Unfall zeigt unwiderruflich, daß die Zeit auf ein Ende hingeht und sich nicht zurückstellen läßt: „Ich redete über meine Uhr, die ich dem Lastwagenfahrer vermacht hatte, und über die Zeit ganz allgemein; über Uhren, die imstande wären, die Zeit rückwärts laufen zu lassen." (191) Fabers Aussage im Irrealis trägt einen Unterton von Trauer und Resignation: die Zeit läßt sich nicht umkehren, eine Tatsache, die sich selbst noch in der nivellierten, öffentlichen Uhrzeit bestätigt. Heidegger bemerkt in diesem Zusammenhang:

> Aber selbst noch an dieser an sich vergehenden reinen Jetztfolge offenbart sich durch alle Nivellierung und Verdeckung hindurch die ursprüngliche Zeit. Die vulgäre Auslegung bestimmt den Zeitfluß als ein nichtumkehrbares Nacheinander. Warum läßt sich die Zeit nicht umkehren? An sich ist, und gerade im ausschließenden Blick auf den Jetztfluß, nicht einzusehen, warum die Abfolge der Jetzt sich nicht einmal wieder in der umgekehrten Richtung einstellen soll. Die Unmöglichkeit der Umkehr hat ihren Grund in der Herkunft der öffentlichen Zeit aus der Zeitlichkeit, deren Zeitigung, primär zukünftig, ekstatisch zu ihrem Ende „geht", so zwar, daß sie schon zum Ende „ist". (SZ, 426)

Die gleiche resignierende Erkenntnis einer Nichtumkehrbarkeit der Zeit überfällt Faber bei seinem Wiedersehen mit Palenque: „Überall mein müßiger Gedanke: Wäre es doch damals! nur zwei Monate zurück, die hier nichts verändert haben; warum kann es nicht sein, daß es April ist! und alles andere eine Halluzination von mir." (207)

Fabers Einsicht in ein Verrinnen der Zeit findet ihren Höhepunkt, als er in Düsseldorf den Filmstreifen mit Sabeth vorführt. Die Tatsache, daß er sein Filmen dazu verwandte, um Lebendiges in ewig verfügbare Objekte zu verwandeln, wird hier zur bitteren Ironie und betont nur noch die Endgültigkeit seines Verlustes. Hannas Worte, daß Leben nicht „Stoff" sei, nicht „mit Technik zu bewältigen" (a. a. O.) wird in Szene gesetzt; das technische Objekt Film ist noch vorhanden, aber wie lebendig Sabeth auch immer erscheinen mag, sie „ist" nicht mehr und wird nie wieder „sein": „Ihr Gesicht, das nie wieder da sein wird — [...] Ihr Körper, den es nicht mehr gibt — [...] Ihre Augen, die es nicht mehr gibt — [...]" (237) „Ihre zwei Hände, die es nirgends mehr gibt [...] ihre Stirn: wo soll ich sie suchen?" (239)

Es wird Faber in diesem Augenblick unmöglich, seine Schuld weiter zu leugnen. Bezeichnenderweise verbindet er aber sein Schuldigsein nicht mehr mit einem Etwas, das er „getan" oder „unterlassen" hätte, sondern mit seiner Unfähigkeit zu „sehen": „Wozu auch zum Fenster hinausblicken? Ich habe nichts mehr zu sehen [...]. Ich sitze im Speise-

wagen und denke: Warum nicht diese zwei Gabeln nehmen, sie auf-
richten in meinen Fäusten und mein Gesicht fallen lassen, um die Augen
loszuwerden?" (239)

Diese Blendungsszene weist zurück auf eine andere Szene, in der
Fabers Verfehlung ebenfalls im Sinne eines „Blindseins" gedeutet wurde:
Am Totenbette Sabeths bringt Faber es nicht über sich, ihren Tod als
Tatsache anzunehmen: „Sie schläft," sagt er zweimal (196) und enthüllt
mit diesem Euphemismus seine gewollte Blindheit, durch die er auch
das Unglück selbst verursacht hatte. Hanna gerät bei Fabers Worten
zum ersten Male völlig außer sich: sie schlägt ihm mit beiden Fäusten
auf die Stirn und ins Gesicht, wie in einem verzweifelten Versuch, ihn
zum Verstehen und Sehen zu zwingen. Faber hat darauf eine bezeichnende Antwort: er hält die ganze Zeit seine „Hand vor den Augen"
(197), die Geste einer gewollten Blindheit.

Ein ähnlicher Zusammenhang zwischen Schuld und Mangel an Sehen
zeigte sich auch bei Fabers und Sabeths Besichtigung der „Schlafenden
Erinnye": „Bleib! sagt sie: wenn du dort stehst, ist sie viel schöner, die
Erinnye hier, unglaublich, was das ausmacht! Ich muß mich davon überzeugen, Sabeth besteht darauf, daß wir die Plätze wechseln. Es macht
etwas aus, in der Tat, was mich aber nicht verwundert; eine Belichtungs-
sache. Wenn Sabeth (oder sonst jemand) bei der Geburt der Venus steht,
gibt es Schatten, das Gesicht der schlafenden Erinnye wirkt, infolge
einseitigen Lichteinfalls, sofort viel wacher, lebendiger, geradezu wild."
(137)

Die Rachegöttin wird geweckt, weil in Verbindung mit Fabers Liebes-
verhältnis („Geburt der Venus") das Licht verstellt wird, das eigentliche
„Sehen" und „Verstehen" des In-der-Welt-seins. Damals konnte Faber
den „einseitigen Lichteinfall" noch technisch erklären; in der Blendungsszene „weiß" er jedoch, daß er blind war, daß er Sabeths Existenz zerstört hat, weil er das Dasein als solches nicht verstand.

Daß Faber hier seine Schuld einsieht, bedeutet allerdings noch nicht,
daß er auch bereit wäre, sie „auszuhalten". Die einzige „Lösung", die
er sich vorstellen kann, ist der Gedanke an eine absolute Flucht: „Ich
möchte bloß, ich wäre nie gewesen." (239) In diesem Wunsch, seine
Existenz als solche zurückzunehmen, bekundet sich jedoch eine existenziale Wahrheit: Faber enthüllt hier seine Ahnung davon, daß das Dasein
an sich schuldig ist, mit keiner Hoffnung, die Grundschuld je „wieder-
gutzumachen", es sei denn, man wäre nie gewesen.

Was als einzige faktische Möglichkeit bleibt, ist die Übernahme, das
„Aushalten" der nie zu tilgenden Schuld. „Aushalten", als Grundweise
eigentlichen Daseins, ist für Heidegger synonym mit „Existieren", wie
wir bereits im Stiller-Teil dieses Kapitels gesehen hatten: „Formal

existenzial gefaßt [...] ist die vorlaufende Entschlossenheit das Sein zum eigensten ausgezeichneten Seinkönnen. Desgleichen ist nur so möglich, daß das Dasein ü b e r h a u p t in seiner eigensten Möglichkeit auf sich zukommen k a n n und die Möglichkeit in diesem Sich-auf-sich-zukommenlassen als Möglichkeit aushält, das heißt existiert." (SZ, 325)

Faber, der immer schon mehr „weiß", als er selbst wahrhaben will, versteht auch die existenziale Bedeutung des Faktums „Aushalten". Im Zusammenhang mit dem toten Joachim verwendet er diesen Begriff zweimal. Zunächst bezieht er sich dabei noch auf das mörderische Klima von Guatemala, das Joachim „nicht ausgehalten" habe (67). Später jedoch, als er Sabeth im angetrunkenen Zustand von seinem Freund erzählt, wird dieses „Aushalten" plötzlich als grundlegendes Existenzproblem verstanden: „Einmal, in der Bar, erzählte ich — ich weiß nicht warum — plötzlich von meinem Freund, der es nicht ausgehalten hat." (102) Dieses „es" nicht aushalten wird nicht weiter erklärt und bleibt ausdrücklich der einzige „Grund" für Joachims Selbstmord: „Warum er's getan hat? Er sagte es nicht, sondern hing wie eine Puppe und stank [...]" (103). Impliziert ist, daß Joachim „es", die Existenz als solche, nicht ausgehalten hat und sich stattdessen in den Selbstmord flüchtete.

Bei seinem Cuba-Aufenthalt, der großen Katharsis in seinem Leben, erfährt Faber schließlich ursprünglich, daß er fähig ist, zu „sehen" und seine Existenz „auszuhalten". Cuba ist für Faber das Erlebnis eines lebendigen In-der-Welt-seins, keine intellektuelle Erkenntnis, sondern die hingerissene „Wiederholung" eines nie gelebten Lebens. (Wir hatten im vorigen Kapitel am Beispiel des „Mitseins" aufgezeigt, wie Faber beginnt, aus einem völlig neuen Bezug zur Welt heraus, eigentlich zu existieren.)

Bezeichnenderweise schließt sich Fabers Cuba-Erlebnis unmittelbar an seinen Aufenthalt in Caracas an, der äußerlich gesehen einen Tiefpunkt in seinem Leben darstellt: Faber, der „nie krank" gewesen ist, ist so krank, daß er „mehr als zwei Wochen" in seinem Hotel liegen muß (212); er ist völlig allein (ein Telegramm an Hanna bleibt unbeantwortet), und das ungewohnte Nichtstun bringt ihn dazu, einen „Bericht" abzufassen, in dem er sich zum ersten Male sein Leben als Ganzes vor Augen hält (197, 213). Zwar ist dieser Bericht voller Entschuldigungen und voller falscher Betonungen in bezug auf das, was eigentlich wichtig ist, aber am Ende wird seine Maske des alles beherrschenden Technikers zerstört durch einen einzigen Satz, in dem sich die Belanglosigkeit seines bisherigen Selbstverständnisses enthüllt: „Die Montage ging in Ordnung — ohne mich." (213) Faber verwendet kaum eine Seite, um seine Lage in Caracas zu schildern. Mit keinem direkten Wort ist angedeutet, was er denkt und fühlt, wenn er in allem, was für ihn Bedeutung hatte, buchstäblich vor dem Nichts steht.

Erst auf Cuba zeigt sich die volle Wirkung dieses Erlebnisses von Todesnähe und Nichtigkeit: Wie schon für Stiller, so erwächst auch für Faber aus dem scheinbaren Nichts die Gnade des Seins, aus der Erfahrung des Unmöglichen die Freude am noch Möglichen. Stimmungsmäßig schlägt sich diese plötzliche Einsicht nieder als „Lust, jetzt und hier zu sein" (218), als „Begierde" und unverhüllte „Wollust" (216, 218). Er freut sich an allem, was „ist": am Gewitter, am Lärm, am Regen, an seinem eigenen „Schaukeln" und „Singen" (218). Eins mit sich und seiner Welt versteht er spontan das Sein und sein eigenes „Seinkönnen".

Daß es auf Cuba um das sehende Verstehen geht, wird schon in der Einleitung bestätigt: „[...] ich blieb vier Tage. Vier Tage nichts als Schauen —" (215) Während eines Gewitters „sieht" Faber buchstäblich, daß er nicht grundsätzlich blind ist, sondern daß er sehen und sein kann: „Mein Entschluß, anders zu leben — Licht der Blitze; nachher ist man wie blind, einen Augenblick hat man gesehen [...]" (218): Aus dem scheinbaren Nichts einer blinden Existenz ereignet sich plötzlich die „Lichtung" des Seins.

Fabers Aussage: „Einen Augenblick hat man gesehen", deckt sich mit dem, was Heidegger über den „Augenblick" sagt: die „Entschlossenheit" („Mein Entschluß, anders zu leben") gibt dem Dasein eine ursprüngliche „Anwesenheit", in der ihm die Welt erst eigentlich begegnet. Der „Augenblick" ist das Gegenphänomen zum Begriff der „Aufenthaltslosigkeit" (SZ, 347); Fabers Erlebnis auf Cuba bildet somit den Kontrapunkt zu seinem bisherigen „flüchtigen" Dasein: „Die Gegenwart, die den existenzialen Sinn des Mitgenommenwerdens ausmacht, gewinnt von sich aus nie einen anderen ekstatischen Horizont, es sei denn, sie werde im Entschluß aus ihrer Verlorenheit zurückgeholt, um als gehaltener Augenblick die jeweilige Situation und in eins damit die ursprüngliche ‚Grenzsituation' des Seins zum Tode zu erschließen." (SZ, 349)

Tatsächlich versteht Faber hier gleichzeitig mit seiner „Lust" am Leben, daß die eigentliche Existenz sich nur in der Übernahme des Todes realisiert: „Was Amerika zu bieten hat: Komfort [...] infantil, Reklame für Optimismus als Neon-Tapete vor der Nacht und vor dem Tod —" (220); „Marcel hat recht: ihre falsche Gesundheit, ihre falsche Jugendlichkeit, ihre Weiber, die nicht zugeben können, daß sie älter werden, ihre Kosmetik noch an der Leiche, überhaupt ihr pornografisches Verhältnis zum Tod [...]" (221).

Faber ist sich wohl bewußt, daß jedes Wort in dieser Beschreibung auch ihn selbst trifft, daß er selbst es war, der Alter und Tod verleugnete. Mit der Erfahrung des vom Sein gelichteten „Augenblicks" zerbricht Fabers verdinglichte Einstellung zum Leben. Er nimmt das Dasein an, wie es ist und „ist" selbst inmitten des Seienden als endliches Dasein in der Zeit:[6] „Ich hatte keinen besonderen Anlaß, glücklich zu sein, ich war es aber. Ich wußte, daß ich alles, was ich sehe, verlassen werde, aber nicht vergessen [. . .]" (225).

Die neue Freude am Leben macht es Faber auch zum ersten Male möglich, seine Krankheit zu akzeptieren, die Hinfälligkeit seines Körpers: „[. . .] ich schaukle und trinke einen Scotch, einen einzigen, ich vertrage nichts mehr, ich schaukle und singe." (226)

Nur einen einzigen Schritt hat Faber noch nicht vollzogen: die Übernahme des Todes als einer ständigen und unmittelbaren Möglichkeit. Er versteht, daß das Nichts und das Sein zusammengehören, daß leben nicht möglich ist ohne den Tod. Aber daß er selbst, der soeben erst zu leben gelernt hat, nicht nur krank ist und „eines Tages" sterben wird, sondern daß er jeden Augenblick sterben könnte, diese Tatsache ist eine Last, die er noch nicht zu tragen vermag. Trotz deutlicher Zeichen — so etwa seines letzten Zusammentreffens mit Professor O. — weist er den Gedanken, daß er Magenkrebs hat, von sich: „Mein Hirngespinst: Magenkrebs. Sonst glücklich –" (222). Fabers Leugnen ist besonders ironisch, weil das Dasein ständig und von Geburt an dem Tode überliefert ist, auch wenn „Magenkrebs" oder andere konkrete Vorboten nicht vorhanden wären.

Im Krankenhaus von Athen zeigt Faber in seinem Verhalten zu Hanna, daß er seit Cuba eine ganz neue Lebensperspektive gewonnen hat. Nur die Möglichkeit seines Todes leugnet er auch hier noch geflissentlich und hartnäckig. Er gleicht Professor O., der „nicht weiß, was jedermann weiß" (126), und bei dessen Anblick Faber sich „zusammennehmen" mußte, um nicht zu fragen, „wann er denn sterbe" (241). Als Faber sich im Krankenhaus im Spiegel betrachtet, reagiert er, indem er sich unwissend stellt wie Professor O., obwohl er im ersten Schrecken sieht, was „jedermann" sehen könnte: daß er, gleich seinem Professor, fast nicht wiederzuerkennen ist und daß er seinem Lehrer sogar in einigen Einzelheiten zu gleichen beginnt: „Die Diakonissin hat mir endlich einen Spiegel gebracht — ich bin erschrocken. Ich bin immer hager gewesen, aber nicht so wie jetzt; nicht wie der alte Indio in Palanque, der uns die feuchte Grabkammer zeigte. Ich bin wirklich etwas erschrokken. [. . .] Meine Ohren: wie bei geschorenen Häftlingen! Ich kann mir

---

[6] Hans Geulen (a. a. O.) deutet Fabers Zeiterlebnis auf Cuba ganz ähnlich: „Was das Verhältnis Fabers zur Zeit in dieser Phase betrifft, so nimmt er sich die Zeit nicht mehr vor, um sie einzuteilen und hinter sich zu bringen, sondern erlebt sie zum ersten Mal, indem er sich selbst erlebt, indem er die Welt erlebt." (S. 82)

im Ernst nicht vorstellen, daß mein Schädel kleiner geworden ist [. . .].
Sicher habe ich damals in Paris (vor zwei Monaten!) nicht so ausgesehen,
sonst wäre Sabeth nie mit mir in die Opéra gegangen." (213)

Diesen Selbstbeobachtungen schließen sich Gedanken an „Todesfälle" an und an das Ableben Professor O.'s: „P. S. Es hat noch nie so
viele Todesfälle gegeben, scheint mir, wie in diesem letzten Vierteljahr.
Jetzt ist Professor O., den ich in Zürich vor einer Woche noch persönlich
gesprochen habe, auch gestorben." (214) Daß Faber sich so „vieler
Todesfälle" bewußt ist, zeugt von seiner eigenen unterschwelligen Beschäftigung mit dem Tode. Professor O.'s Tod muß ihn besonders treffen, weil O., der ihm in Lebensinteressen und Krankheitssymptomen so
sehr ähnelte, als mahnender Vorbote mehrmals in seinem Leben aufge-
taucht war. Sobald Faber sich jedoch bewußt wird, daß er in seinem
Bericht das eigene veränderte Aussehen und den Tod Professor O.'s
nebeneinander erwähnt hat, beginnt er, sein ursprüngliches Erschrecken
als belanglos abzutun. „Es war nichts!" ist auch hier wieder die Beru-
higungsphrase, mit der er sich in den normalen Alltag zurückholt: „P. S.
Ich habe mich eben rasiert, dann die Haut massiert. Lächerlich, was man
sich vor lauter Müßiggang alles einbildet! Kein Grund zum Erschrecken,
es fehlt mir nur an Bewegung und frischer Luft, das ist alles." (214)

Erst in der Nacht vor seiner Operation gibt Faber seine Flucht auf.
Alle Erfahrungen, die er gesammelt hat und nicht zuletzt die „Wiederholung" dieser Erfahrungen in seinem Krankenhaus-Bericht (über Cuba,
Düsseldorf, usw.), verdichten sich zu dem Entschluß, seine selbstverschuldete Blindheit abzulegen. „Ich weiß alles" (246), sagt er einfach,
ohne daß er zu erklären hätte, woher er es weiß. In diesem Geständnis
an sich selbst, daß er weiß, was eigentlich offenkundig ist, liegt seine
Bereitschaft, die Möglichkeit seines Todes voll zu übernehmen und
seine Endlichkeit „auszuhalten": „Ich habe noch keine Minute geschlafen
und will auch nicht. Ich weiß alles. Morgen werden sie mich aufmachen,
um festzustellen, was sie schon wissen: daß nichts mehr zu retten ist."
(246 f.)

Was Faber hier erreicht, ist das entschlossene „Vorlaufen in den Tod".
Sein Vorlaufen, als fluchtlose Annahme des Todes, bedeutet, daß er beginnen kann, wirklich zu leben, ohne Lüge, ohne Maske eines erzwun-
genen Optimismus.[7] Bedroht vom Tode, kann er das Leben als Gnade

---

[7] Hans Geulen (a. a. O.) beschreibt in seiner Homo-Faber-Studie, wie Fabers später
Durchbruch zum Leben sich nicht nur im Erzählgehalt sondern auch in der Erzähl-
struktur spiegelt. Er erläutert: „Von abends 18.00 Uhr bis zum Morgen 8.00 Uhr
schreibt Faber mit der Zeit, d. h., er hat, nur wenige Stunden von der Todesge-
wißheit entfernt, sein Leben erreicht und kann aus dieser Erfahrung heraus schreiben: ‚Verfügung für den Todesfall: alle Zeugnisse von mir [...]

empfinden. Seine Schmerzen werden ihn nie völlig überwältigen und in Verzweiflung stürzen, weil er sich seine Lage „durchsichtig" gemacht hat, weil er ein ständiges Wissen in sich trägt von der „Übermacht des Todes":

> Sie werden mich wieder zunähen, und wenn ich wieder zum Bewußtsein komme, wird es heißen, ich sei operiert. Ich werde es glauben, obschon ich alles weiß. Ich werde nicht zugeben, daß die Schmerzen wiederkommen, stärker als je. Das sagt man so: Wenn ich wüßte, daß ich Magenkrebs habe, dann würde ich mir eine Kugel in den Kopf schießen! Ich hänge am Leben wie noch nie, und wenn es nur noch ein Jahr ist, ein elendes, ein Vierteljahr, zwei Monate (das wären September und Oktober), ich werde hoffen, obschon ich weiß, daß ich verloren bin. (247)

Faber entwirft hier, wenn auch auf kürzester Zeitebene, sein Leben im Sinne des eigentlichen In-der-Welt-seins: am Sein zu hängen, obwohl das Dasein von vornherein auf sein Ende zugeht („Ich werde es glauben, obschon ich alles weiß"). Walter Faber erreicht mit dieser „vorlaufenden Entschlossenheit" die einzige Ganzheit, die der menschlichen Existenz möglich ist: Angst, Tod, Schuld und Freude am Leben kommen in diesem Phänomen zusammen: „Die vorlaufende Entschlossenheit ist kein Ausweg, erfunden, um den Tod zu ‚überwinden', sondern das dem Gewissensruf folgende Verstehen, das dem Tod die Möglichkeit freigibt, der Existenz des Daseins mächtig zu werden und jede flüchtige Selbstverdeckung im Grunde zu zerstreuen. [...] Mit der nüchternen Angst, die vor das vereinzelte Seinkönnen bringt, geht die gerüstete Freude an dieser Möglichkeit zusammen." (SZ, 310)

Wenn wir an die im letzten Satz erwähnte „Vereinzelung" des Daseins denken, so überrascht es zunächst, daß Faber Hanna in sein „entschlossenes" Leben einbezieht: „Aber ich bin nicht allein, Hanna ist mein Freund, und ich bin nicht allein." (247) Heidegger erklärt den Zusammenhang von Vereinzelung und Mitsein wie folgt:

> Die im Vorlaufen verstandene Unbezüglichkeit des Todes vereinzelt das Dasein auf sich selbst. Diese Vereinzelung ist eine Weise des Erschließens des „Da" für die Existenz. Sie macht offenbar, daß alles Sein bei dem Besorgten und jedes Mitsein mit Anderen versagt, wenn es um das eigenste Seinkönnen geht. Dasein kann nur dann e i g e n t l i c h e s s e l b s t sein, wenn es sich von ihm selbst her dazu ermöglicht. Das Versagen des Besorgens und der Fürsorge bedeutet jedoch keineswegs eine Abschnürung dieser Weisen des Daseins vom eigentlichen Selbstsein. Als wesenhafte Strukturen der Daseinsverfassung gehören sie mit zu der Bedingung der Möglichkeit von Existenz überhaupt. Das Dasein ist eigentlich es selbst nur, sofern es sich a l s besorgendes Sein bei... und fürsorgendes Sein mit...

sollen vernichtet werden, es stimmt nichts. Auf der Welt sein: im Licht sein. [...]' Der Roman-Bericht *Homo Faber* aber ist infolge seiner Strukturierung, seiner intentionalen Organisation, [...] selbst die anschauliche Verkörperung der mühsamen und bitteren Selbstfindung des Helden, seines allmählichen und nachträglichen Gestaltwerdens in der Zeit." (S. 62)

primär auf sein eigenstes Seinkönnen, nicht aber auf die Möglichkeit des Man-
selbst entwirft. (SZ, 263)

. Als unbezügliche Möglichkeit vereinzelt der Tod aber nur, um als unüberholbare
das Dasein als Mitsein verstehend zu machen für das Seinkönnen der Anderen.
(SZ, 264)

Tatsächlich hat sich Fabers Einstellung Hanna gegenüber zu einem
echten Mitsein gewandelt. Sie ist ihm nicht mehr — wie zunächst nach
dem Tode Sabeths — ein Mittel, um sich das Altern doch noch zu erleichtern: „Gemeinsame Ökonomie, gemeinsames Altern." (195) Sie ist ihm
auch nicht mehr — wie noch zu Beginn seines Krankenhausaufenthal-
tes — der Garant dafür, daß er noch eine Zukunft besitzt: „Ich werde
Hanna heiraten." (206) Faber sieht Hanna plötzlich nicht mehr vom
egozentrischen Standpunkt aus, nicht mehr als ein Objekt, das er heiraten oder an sich fesseln wird. Er ist auf einmal imstande, sie „seinzu-
lassen": nicht er ist es, der Hanna seinen Plänen unterwirft, sondern
Hanna, die ihm ihre Freundschaft schenkt, als freie Gabe, darüberhinaus
er nichts erwartet: „Diese eigentliche Entschlossenheit modifiziert
aber [. . .] gleichursprünglich die in ihr fundierte Entdecktheit der ‚Welt'
und die Erschlossenheit des Mitdaseins der Anderen. Die zuhandene
‚Welt' wird nicht inhaltlich eine andere, der Kreis der Anderen wird
nicht ausgetauscht, und doch ist das verstehende besorgende Sein zum
Zuhandenen und das fürsorgende Mitsein mit Anderen jetzt aus deren
eigenstem Selbstseinkönnen heraus bestimmt." (SZ, 297 f.)

Fabers „Hängen am Leben" läßt ihn hoffen, daß ihm noch Zeit zu
leben gewährt ist, vielleicht ein Jahr, vielleicht nur ein paar kurze Monate. Daß seine Hoffnung jedoch keineswegs einer Flucht gleichkommt,
zeigt sich daran, daß er auch seinen plötzlichen Tod während der Operation nicht ausschließt: „Verfügung für den Todesfall: alle Zeugnisse
von mir wie Berichte, Briefe, Ringheftchen, sollen vernichtet werden, es
stimmt nichts." (247)

Mit diesem „es stimmt nichts" zieht Faber einen Schlußstrich unter
seine Lebensrechnung, die nicht aufgegangen ist, unter sein intellektuell
gelebtes und manipuliertes Dasein. An die Stelle des „ego cogito" setzt er
sein Manifest über das eigentliche In-der-Welt-sein und beschreibt das
Seinkönnen des Menschen als Standort des Daseins in der „Lichtung des
Seins": „Auf der Welt sein: im Licht sein." (ebd.) Diese Aussage deckt
sich fast wörtlich mit einer Erklärung Heideggers zum Worte „leben":
„Wie müssen wir unser Wort ‚leben' verstehen, wenn wir es als getreue
Übersetzung des griechischen ζῆν in Anspruch nehmen? [. . .] Das Zeitwort ζῆν nennt das Aufgehen in das Lichte. Homer sagt: ζῆν καὶ ὁϱᾶν
φάος ἠελίοιο, ‚leben und dies sagt: schauen das Licht der Sonne.'" (Aletheia, 70)

Faber setzt sein Testament fort: „Irgendwo (wie der Alte neulich in Korinth) Esel treiben, unser Beruf! — aber vor allem: standhalten dem Licht, der Freude (wie unser Kind als es sang) im Wissen, daß ich erlösche im Licht über Ginster, Asphalt und Meer, standhalten der Zeit, beziehungsweise Ewigkeit im Augenblick." (247)

Im II. Kapitel wurde bereits angedeutet, daß die Aussage „Esel treiben, unser Beruf" den Hirtenberuf des Menschen beschreibt: „Der Mensch ist der Hirt des Seins." (Hum, 19) Das Bild des „Eseltreibers" beschwört jene „wesenhafte Armut", in der Heidegger die eigentliche „Würde" des menschlichen Daseins sieht. Der Mensch ist nicht „Herr des Seienden", wie Faber in seiner Technikerrolle vorzugeben suchte, er ist jedoch, in all seiner Geworfenheit, der vom Sein Aufgerufene:

> Der Mensch ist nicht der Herr des Seienden. Der Mensch ist der Hirt des Seins. In diesem „weniger" büßt der Mensch nichts ein, sondern er gewinnt, indem er in die Wahrheit des Seins gelangt. Er gewinnt die wesenhafte Armut des Hirten, dessen Würde darin beruht, vom Sein selbst in die Wahrnis seiner Wahrheit gerufen zu sein. Dieser Ruf kommt als der Wurf, dem die Geworfenheit des Da-seins entstammt. (Hum, 29)

Indem Faber freiwillig die wesenhafte Armut (Nichtigkeit) des menschlichen Daseins übernimmt, erhellt sich ihm das Existieren als „Aushalten", in dem doppelten Sinne, daß der Mensch sein geworfenes Dasein auszustehen hat und daß er gleichzeitig in das Sein „hinaussteht": „Standhalten dem Licht und der Freude." Faber beschreibt hier das Sichöffnen für die ganze Existenz, sowohl im Verstehen („Licht") als auch in der Befindlichkeit („Freude").

Eine solche Übernahme des ganzen Daseins ist letztlich nur möglich als „Vorlaufen in den Tod", oder, wie Faber es formuliert, als Leben „im Wissen, daß ich erlösche im Licht über Ginster, Asphalt und Meer". Der Tod wird in dieser Beschreibung nicht mehr als „Todesfall" gesehen, der dem Leben am Ende „angestückt" wäre, sondern als integraler Teil des In-der-Welt-seins.

Faber nimmt damit seinen Anspruch, ohne die Zeit zu leben, ohne Altern und Vergängnis, ausdrücklich zurück: „standhalten der Zeit, beziehungsweise Ewigkeit im Augenblick."

Wie im Zusammenhang mit Fabers Cuba-Erlebnis bereits angedeutet wurde, gewährt der „Augenblick" dem entschlossenen Dasein eine eigentliche „Gegenwart". Aus der „Aufenthaltslosigkeit" zurückgeholt, kann es, ohne an die Gegebenheiten zu „verfallen", seine „Situation" wirklich verstehen. (Man könnte diese Art eines fluchtlosen „Ewigseins im Augenblick" vielleicht mit Luthers Ausspruch illustrieren: „Und wüßte ich, daß morgen die Welt unterginge, so würde ich doch heute noch mein

Apfelbäumchen pflanzen.""). Heidegger beschreibt das Phänomen des Augenblicks:

> In der Entschlossenheit ist die Gegenwart aus der Zerstreuung in das nächst Besorgte nicht nur zurückgeholt, sondern wird in die Zukunft und Gewesenheit gehalten. Die in der eigentlichen Zeitlichkeit gehaltene, mithin e i g e n t l i c h e G e g e n w a r t nennen wir den A u g e n b l i c k. Dieser Terminus [...] meint die entschlossene, aber in der Entschlossenheit g e h a l t e n e Entrückung des Daseins an das, was in der Situation an besorgbaren Möglichkeiten, Umständen begegnet. Das Phänomen des Augenblicks kann g r u n d s ä t z l i c h n i c h t aus dem J e t z t aufgeklärt werden. (SZ, 338)

Faber endet sein Testament mit der Erklärung: „Ewig sein: gewesen sein." (247) Mit dieser Aussage bestätigt er, daß er die volle Last seiner Endlichkeit „gewählt" hat, daß er in der Lage ist, sein Leben als Ganzes zu sehen, als „Gestalt in der Zeit." Denn mit der Übernahme seines „Gewesen" hat er sich entschlossen zu seiner Nichtigkeit, zum ständigen Schuldigsein:

> Die vorlaufende Entschlossenheit versteht das Dasein in seinem wesenhaften Schuldigsein. Dieses Verstehen besagt, das Schuldigsein existierend übernehmen, als geworfener Grund der Nichtigkeit s e i n. Übernahme der Geworfenheit aber bedeutet, das Dasein in dem, w i e e s j e s c h o n w a r, eigentlich s e i n. Die Übernahme der Geworfenheit ist aber nur so möglich, daß das zukünftige Dasein sein eigenstes „wie es je schon war", das heißt sein „Gewesen", s e i n kann. Nur sofern Dasein überhaupt i s t als ich b i n - g e w e s e n, kann es zukünftig auf sich selbst so zukommen, daß es z u r ü c k - k o m m t. Eigentlich zukünftig ist das Dasein eigentlich g e w e s e n. Das Vorlaufen in die äußerste und eigenste Möglichkeit ist das verstehende Zurückkommen auf das eigenste Gewesen. (SZ, 325 f.)

In der Blendungsszene hatte Faber noch im negativen Sinne erfahren, daß er seine Existenz nicht zurücknehmen kann, daß ein „Niegewesen-sein" faktisch unmöglich ist. Hier erlebt er den gleichen Sachverhalt als Gnade, als die einzige Art von „Ewigkeit", die dem menschlichen Dasein gewährt ist: „‚Solange' das Dasein faktisch existiert, ist es nie vergangen, wohl aber immer schon g e w e s e n im Sinne des ‚ich-bin-gewesen.'" (SZ, 328); „Nicht mehr existierendes Dasein aber ist im ontologisch strengen Sinne nicht vergangen, sondern d a - g e w e s e n." (SZ, 380)

Fabers Einsicht in das Dasein als „Gestalt in der Zeit" ist kein intellektuelles Wissen; indem er seine Gedanken in ein Testament für den Todesfall bringt, hat er sich bereits „handelnd" in seine Situation gestellt und sich „freigegeben" für sein Ende: „Nur das Freisein f ü r den Tod gibt dem Dasein das Ziel schlechthin und stößt die Existenz in ihre Endlichkeit. Die ergriffene Endlichkeit der Existenz reißt aus der endlosen Mannigfaltigkeit [...] des Behagens, Leichtnehmens, Sichdrückens zurück und bringt das Dasein in die Einfachheit seines Schicksals. [...] Schicksal als die ohnmächtige, den Widrigkeiten sich bereitstellende

Übermacht des verschwiegenen, angstbereiten Sichentwerfens auf das eigene Schuldigsein [...]" (SZ, 384 f.).

Ohne Trostworte, ohne Klagen oder Ausflüchte, läßt Faber am Morgen der Operation die Möglichkeit seines Todes auf sich zukommen. Mit einem einzigen kargen Satz befreit er sich von der trügerischen Redseligkeit des Man und stellt sich in die „Einfachheit seines Schicksals": „08.05. Sie kommen." (252)

VI. Schlüsselszenen der Romane und ihre existenziale Bedeutung

In den bisherigen Kapiteln wurden die Romane „Stiller" und „Homo Faber" auf jeweils einzelne Themen der Heideggerschen Existenzialphilosophie hin untersucht. Ziel der Untersuchung war es, mit einem Überblick über die Daseinsanalyse Heideggers zugleich die grundlegenden Themen der Romane in möglichst erzähllogischem Zusammenhang darzustellen.

Was bisher, in Ermangelung einer breiteren Übersicht über die existenzialen Grundbegriffe Heideggers, nicht möglich war, war die Untersuchung einzelner Szenen in ihrem gesamten thematischen Aufbau.

In diesem letzten Kapitel kann die notwendig partielle Perspektive der früheren Kapitel aufgegeben und an ausgewählten Episoden der Romane nachgewiesen werden, daß die Grundthemen der Heideggerschen Existenzialphilosophie sich zur Interpretation komplexer Textzusammenhänge eignen. Die Interpretationsmethode gewinnt hier ihre volle Wirksamkeit, da sich nunmehr am Beispiel größerer Szenenzusammenhänge herausstellen läßt, wie dicht die thematischen Fäden gespannt sind, wie notwendig und bedeutungsvoll fast jeder Satz an seinem Ort und in seinem Gesamtzusammenhang steht.

In bezug auf „Stiller" kann an der „Höhlenszene" noch einmal verdeutlicht werden, daß die existenziale Thematik sich keineswegs auf Stillers „theoretische" Reflexionen beschränkt; weit entfernt von abstrakter philosophischer Erörterung kommt sie in künstlerischen Erzählformen wie dieser Parabel zur unmittelbaren Anschauung. Daß Romanszenen wie das „Höhlenabenteuer" trotz des zugrundeliegenden komplexen Daseinskonzeptes äußerst lebendig und spannend erzählt sind, zeugt für die künstlerische Gestaltungskraft des Autors.

An der Interpretation des „Lebens der Maya" aus „Homo faber" – einer Szene, die von der Kritik bisher kaum beachtet wurde – soll noch einmal gezeigt werden, welche gehaltlichen Dimensionen auch dieser Roman hat. Die einfache Sprache verführt öfter zu der Ansicht, es müsse sich in diesem Roman auch um simple Bedeutungszusammenhänge handeln. Das im Faberschen Stil fast achtlos protokollierte Gespräch mit Marcel über das Leben der Maya erweist sich bei genauerem Hinsehen als ein vom Autor subtil in den nüchternen Text eingefügtes Bild des eigentlichen Daseins, auf dessen Hintergrund sich Fabers Existenz in seiner ganzen Seinsleere abzeichnet.

Im Gantenbein-Roman schließlich läßt die existenziale Interpretation verschiedener Episoden die innere Einheit des Romanes erkennen. Die Aufdeckung der daseinsthematischen Zusammenhänge macht es möglich, zwischen dem Erzähler (der zuweilen mit Gantenbein verwechselt wird) und seinen vorgestellten Rollen zu unterscheiden. Aus der Betrachtung des Romanes unter existenzialen Gesichtspunkten erhellen sich sowohl der Beweggrund für die Vorstellungen des Erzählers als auch das Motiv für ihre Zurücknahme. Mit der Herausarbeitung existenzialer Themen wie des In-der-Welt-seins, des Man, des Seinlassens und des Todes als Folie eines wirklichen Lebens erweist sich auch zugleich die enge gehaltliche Verwandtschaft des Romanes mit „Stiller" und „Homo faber".

Schließlich möchte dieses letzte Kapitel durch die nahe Gegenüberstellung der drei Romane die erzählerische Vielfalt verdeutlichen, mit der Max Frisch die existenzialen Grundfragen gestaltet. Durch die Herausarbeitung der engen gehaltlichen Verwandtschaft der drei Romane ergibt sich ein Einblick in die Virtuosität der Darstellung, die das gleiche Thema im Gewande einer expliziten Suche nach der eigentlichen Existenz („Stiller"), unter dem Deckmantel eines völlig unreflektierten Technikerdaseins („Homo faber") und schließlich in Form eines scheinbar unverbindlichen spielerischen Experimentes („Mein Name sei Gantenbein") zu gestalten vermag.

A. Stiller: Die Höhlenszene

Während seines Gefängnisaufenthaltes erzählt „Mr. White" seinem Wärter ein Erlebnis, das er — wie er sagt — während seiner Cowboyzeit in Texas hatte. Am Ende der Erzählung stellt sich heraus, daß es sich in Wirklichkeit nicht um ein persönliches Erlebnis handelt, sondern um ein Gleichnis: „Knobel scheint etwas verwirrt zu sein. , — sind Sie denn Jim White?' fragt er. ‚Nein', lache ich, ‚das gerade nicht! Aber was ich selber erlebt habe, sehen Sie, das war genau das gleiche — genau!'" (225)

Frisch fordert den Leser auf, das Höhlenerlebnis als Parabel zu verstehen, als Gleichnis für grundlegende, nicht in einfache Worte zu fassende Erfahrungen in Stillers Leben.

Schon der erste Satz weist auf die existenzielle Problematik hin: „Ich schildere ihm also, wie ich eines sommerlichen Morgens in der Prärie, meines Cowboyalltags etwas überdrüssig, weiter ritt als gewöhnlich, weiter als nötig." (205)

Die Szene beschreibt das im Alltag gefangene Dasein, das nie über die Regeln des „Man", das „Gewöhnliche" und „Nötige", hinausgegangen ist. Mitten im Einerlei des Alltags jedoch kommt der „Überdruß", die vage Erinnerung daran, daß im alltäglichen Dahinleben nicht die wahre Heimat des Menschen liegt: „Die oft anhaltende, ebenmäßige und fahle Ungestimmtheit, die nicht mit Verstimmung verwechselt werden darf, ist so wenig nichts, daß gerade in ihr das Dasein ihm selbst überdrüssig wird. Das Sein ist als Last offenbar geworden. Warum, weiß man nicht. [...] Und gerade in der gleichgültigsten und harmlosesten Alltäglichkeit kann das Sein des Daseins als nacktes ‚Daß es ist und zu sein hat' aufbrechen." (SZ, 134)

In diesem „Daß es ist und zu sein hat" tritt die Überantwortung des Menschen an sich selbst zutage, die Tatsache, daß nur er selbst aus dem Man ausbrechen und sich das Eigentlichsein ermöglichen kann. Wie dieses eigentliche Selbstsein konkret zu erreichen ist, ist dabei nicht miterschlossen: „Die Existenz wird in der Weise des Ergreifens oder Versäumens nur vom jeweiligen Dasein selbst entschieden. Die Frage der Existenz ist immer nur durch das Existieren selbst ins Reine zu bringen." (SZ, 12)

Wichtig ist jedoch der Aufbruch aus dem Alltag in Richtung auf ein (notwendig unbestimmtes) Ziel hin: „Ich ritt sozusagen in Gedanken [...] und ohne ein bestimmtes Ziel. Ich fing sogar zu traben an. Nach etwa fünf Stunden, ich hatte in dieser Zeit kaum jemals zurückgeschaut, waren die roten Felsen erreicht, die ich seit Wochen stets am Horizont der Ebene gesehen hatte." (205 f.)

Trotz der „Unbestimmtheit" seines Zieles, hat White „seit Wochen" eine Ahnung davon, wo die Gegenwelt zu seinem Alltagsleben liegt: Das Wissen um die Überantwortung an sich selbst, aber auch um die Möglichkeit des Selbstseinkönnens, sind im Dasein schon irgendwie angelegt. Gefordert ist nur das Wagnis, das Verlassen des sicheren, vom Man erleichterten Alltagslebens auf ein Ziel hin, das immer schon innerhalb des eigenen „Horizontes", das heißt im Bereich des „faktisch Möglichen", liegt.

Als White sein Ziel, die „roten Felsen", erreicht hat, eröffnet sich ihm in der Tat eine Welt, die sich von seinem Cowboyalltag völlig unterscheidet. Durch die Loslösung vom Gewohnten und Üblichen treten die Grundbedingungen menschlicher Existenz reiner als sonst zutage: In der Tatsache, daß er hier vergeblich nach Wasser suchen muß und „fast verdurstet" (206), erfährt White seine „Geworfenheit", die „Angewiesenheit" (SZ, 87) des Menschen auf den heimatlichen Grund der Erde,

die im Alltag zumeist verdeckt bleibt. Die Höhle, die dann plötzlich als
schwarzer „Schlund" (206) vor ihm aufklafft, ist ebenfalls aus der All-
tagserfahrung entrückt; bezeichnenderweise ist White der Erste, der
diese „Grotte" zu Gesicht bekommt, sie ist noch nicht vom „Man"
zerredet und in ein verfügbares Objekt verwandelt worden: „Noch
keiner meiner Kameraden hatte je von dieser Grotte erzählt." (ebd.)

Für White ist dieser Ort somit völlig persönlich — er selbst spricht
später von „meiner Grotte" (207) — ein Ort, für den es weder Regeln
noch Pläne gibt, sondern wo es gilt, aus dem eigensten Seinkönnen heraus zu handeln. Das Neue und Ungesicherte dieser Situation, die völlige
Überantwortung an sich selbst, erfüllt ihn mit Beklommenheit: „Niemand befahl mir, in diese Grotte zu steigen, trotzdem war ich sehr be-
klommen, und meine Entdeckung ließ mich nicht mehr los." (206) Ein
Stein kollert in die Tiefe und scheint ins Endlose weiterzufallen: White
hat den vermeintlich festen Boden des Alltagslebens verlassen und steht
vor der Unheimlichkeit seiner Existenz. Sein erster Impuls ist Flucht,
aber die Ahnung eines möglichen anderen Lebens, die ihn schon die
„roten Felsen" aufsuchen ließ, läßt ihn auch hier das Ungewöhnliche wählen, den „Mut zur Angst" (SZ, 254): „Ich konnte vor Bangnis kaum
atmen, zwang mich jedoch, nicht die Flucht zu ergreifen." (207)

Aus dieser Angst heraus ertönt der Gewissensruf, der „aus mir"
kommt und doch „über mich" wie eine „fremde Stimme" (SZ, 275):
„Ich hörte mein Herz hämmern, sonst Totenstille. Dann rief ich mit lauter Stimme: Hallo? und von sinnlosem Schrecken erfaßt, als wäre es
nicht meine eigene Stimme, hastig, als wäre ich in Gefahr, von einem
Drachen geschnappt zu werden, klomm ich zwischen den stachligen Sträu-
chern empor, vom Echo gejagt [...]" (207).

Heidegger erläutert: „Unheimlichkeit ist die obzwar alltäglich verdeckte Grundart des In-der-Welt-seins. Das Dasein selbst ruft als Gewissen aus dem Grunde des Seins. [...] Der durch die Angst gestimmte
Ruf ermöglicht dem Dasein allererst den Entwurf seiner selbst auf sein
eigenes Seinkönnen. Der existenzial verstandene Gewissensruf bekundet [...]: die Unheimlichkeit setzt dem Dasein nach und bedroht seine
selbstvergessene Verlorenheit." (SZ, 277)

Erst als White an die Sonne zurückkehrt, in den Bereich des Wohn-
lichen und Vertrauten, kann er „über sich lachen" (207). Mit dieser
typischen Geste des „Es war nichts" versucht auch er, sich sein Erlebnis
geheuer zu machen. Doch die Verharmlosung gelingt nicht ganz: sein
Gewissen ist erwacht und erinnert ihn daran, daß unter der Oberfläche
des Alltags die Unheimlichkeit wohnt: „[...] an der mittäglichen Sonne
hörte man nur wieder das vertraute Summen der Insekten, das Ge-
tuschel der hohen Halme im Winde, und man sah über die Ebene von

Texas, über jenen Ozean von Land, den ich damals alle Tage sah. Trotzdem blieb es mir etwas unheimlich, als hörte ich noch immer den kollernden Stein." (ebd.)

White ist sich bewußt, daß die Höhle eine persönliche Bedeutung für ihn hat, die er nicht dem Gerede anderer aussetzen sollte. Nach seiner Rückkehr auf die Ranch übt er sich in „Verschwiegenheit" und „verrät" seine Grotte nicht einmal seinem besten Freund (ebd.).

In den folgenden Wochen wird noch deutlicher, welche Bedeutung die Höhle für White hat: bezeichnend ist bereits, daß er nur an seinen „freien" Tagen (208) dorthin reiten kann, das heißt daß eine Befreiung vom Alltag notwendig ist, um diesen Ort zu erreichen. Sodann geschieht etwas, worauf White durchaus „nicht gefaßt" war: er kann plötzlich, trotz wiederholter Suche, seine Höhle nicht wiederfinden (ebd.). Hier erweist sich, wie wenig die Welt dieser Grotte seinem Willen und rationalen Planen unterworfen ist. Die Hartnäckigkeit, mit der die Grotte sich ihm entzieht, ist ein Bild dafür, daß das Selbstsein kein „Objekt" ist, nichts Manipulierbares, sondern ein Geschenk des Seins. Am Ende findet White seine Höhle wieder, weil „eine Wolke von Fledermäusen" daraus aufsteigt (209), gleich einem zugesandten Zeichen, das allerdings auch gleichzeitig von seiner eigenen Suche abhängt.

Heidegger erläutert das eigentümliche Phänomen, daß alle „Forschung" des Daseins fruchtlos bliebe, wenn ihm nicht eine Ahnung des Seins „zugeschickt" oder „geschenkt" würde:

> Wo immer und wie weit auch die Forschung das Seiende absucht, nirgends findet sie das Sein. [...] Das Sein läßt sich nicht gleich dem Seienden gegenständlich vor- und herstellen. Dies schlechthin Andere zu allem Seienden ist das Nicht-Seiende. Aber dieses Nichts west als das Sein. [...] Ohne das Sein, dessen abgründiges, aber noch unentfaltetes Wesen uns das Nichts in der wesenhaften Angst zuschickt, bliebe alles Seiende in der Seinslosigkeit. [...] Eine Erfahrung des Seins als des Anderen zu allem Seienden verschenkt die Angst, gesetzt, daß wir nicht aus „Angst" vor der Angst, das heißt in der bloßen Ängstlichkeit der Furcht, vor der lautlosen Stimme ausweichen, die uns in den Schrecken des Abgrundes stimmt. (WiM, 41 f.)

Als White nach der Wiederentdeckung der Höhle in die oberste Kaverne einsteigt, die relativ leicht zu erreichen ist, verläßt er noch nicht völlig den Boden einer bewohnbaren Erde: Es finden sich Scherben von Töpfen, Spuren alter Kulturen, die den Menschen als geschichtlich-zeitliches Wesen ausweisen (209). White ist froh und enttäuscht zugleich, daß seine Umgebung sich als so geheuer erweist: „Nach und nach [...] verlor ich fast alle Bangnis. [...] Ich war schon fast übermütig, eine so beträchtliche Grotte entdeckt zu haben, halb auch enttäuscht, mit meinem Geheimnis schon fertig zu sein." (ebd.)

Doch wie schon die scheinbare Sicherheit des Alltagslebens, so ist auch das harmlose Aussehen dieser ersten Grotte trügerisch: der Schein seiner Laterne wird plötzlich vom Boden verschluckt, und ein Abgrund tut sich auf: „Atemlos vor Schreck, so klaffte es vor meinen Füßen, wagte ich mich nicht zu rühren; ganz einfach: der Schein meiner Laterne fiel auf keinen Boden mehr." (ebd.)

Der „Schrecken", von dem White ergriffen wird, ist nicht sosehr Furcht vor etwas, als vielmehr die Angst vor dem Nichts, das das Licht auslöscht und die Erde nicht mehr bewohnbar macht. „Es", das Nichts, die abgründige Leere, „klafft" vor ihm auf. Kein Boden ist mehr da, kein Halt im Seienden, und selbst die nächtliche Erde ist beim Rückblick zum Höhleneingang nicht mehr als tröstliche Gegenwart zu erkennen. White fühlt sich unmittelbar vom Tode bedroht, und diese Bedrohung lähmt ihn: „[...] und indem ich mich wieder an das kollernde Geröll erinnerte, [...] wagte ich auch nicht mehr rückwärts zu gehen; jeder Schritt, schien mir, bedeutete Sturz in den Tod." (210)

Doch mitten in dieser extremen Situation erweist sich plötzlich das Seinkönnen des Daseins, die Tatsache, daß es trotz seiner Ungesichertheit und Bedrohtheit sehen und verstehen kann: White ist mit Hilfe des Lichtes fähig, die Tiefe des Abgrundes auszuloten und ihn in seinem wahren Aussehen „erscheinen" zu lassen. Was er sieht, ist „eine andere Welt", aus dem Nichts erscheint das Sein als „das Andere zu allem Seienden" (WiM, 41): „Mit der Zeit war eine Grotte zu erkennen, ein ebenfalls beträchtlicher Raum, der aber nicht an Notre Dame erinnerte, sondern an Träume, eine plötzlich so andere Welt, nicht Fels mit Fledermäusen dran, sondern ein Märchen mit hundert und aberhundert Säulen aus glänzendem Tropfstein. Das erst war meine Entdeckung!" (210)

Obwohl er nicht weiß, ob er je wieder zurückkehren kann, beschließt White, in das „Märchen" hinabzusteigen. Seine „Entdeckung" ist wichtig nicht nur für einen flüchtigen, von Neugierde erfüllten Augenblick, sondern für sein ganzes Leben: „Ich wußte aber: wenn ich jetzt zurückkehrte, so würde es mich mein Leben lang reuen und quälen." (210)

Was White nun wagt, ist jener „Sprung" ins Nichts, von dem Stiller immer wieder träumt (Stiller 110): „Mit viel Vorsicht, mit äußerster Anstrengung (doch ohne an Rückkehr zu denken) und mit allerlei Schürfungen gelangte ich endlich, nach einem Sprung aus ratloser Keckheit, in die wunderliche Tiefe, wo nun auch die Sterne nicht mehr zu sehen waren." (210) Ohne an Flucht („Rückkehr") zu denken, vertraut White sich dem Nichts an, wo das vertraute Seiende („Sterne") verlöscht, hinter dem sich sonst das Sein verbirgt.

Der „Sprung" in das „schlechthin Andere" gewährt White ursprüngliche Einblicke in sein Seinkönnen: „Alles hing am Schein meiner Laterne" (210), bemerkt er. Deutlich wie nie zuvor bezeugt sich hier seine Fähigkeit zu sehen, von der — wie dieser Augenblick erweist — alles abhängt. Wenig später verstärkt sich die Erfahrung des Sehen- und Seinkönnens noch. White versteht plötzlich die ausgezeichnete Stellung, die der Mensch inmitten des Seienden einnimmt: „[...] und war meine Laterne nicht das erste Licht, das je in dieses Märchen fiel, das erste Licht, das sie zum Vorschein brachte, all diese Säle mit ihren glänzenden Säulen? Hinter mir, kaum von meiner kleinen Laterne verlassen, fiel alles wieder in Finsternis, wie nie gewesen [...]" (211 f.).

White formuliert hier den Heideggerschen Gedanken, daß durch das „gelichtete" Dasein das Seiende erst zum „Vorschein" kommt. Das Seiende ist nicht fähig, sich von sich aus zu zeigen. Erst der Mensch bringt es, kraft seines „Sehens", das heißt Seinsverständnisses, zum „Erscheinen". Der Mensch erschafft das Seiende nicht, aber er „entdeckt" es („Das erst war meine Entdeckung"): „Auf dem Grunde des Seinsverständnisses ist der Mensch das Da, mit dessen Sein der eröffnende Einbruch in das Seiende geschieht, so daß dieses sich als solches für ein Selbst bekunden kann" (KPM, 206 f.); „Mit der Existenz des Menschen geschieht ein Einbruch in das Ganze des Seienden dergestalt, daß jetzt erst das Seiende [...] als Seiendes offenbar wird." (KPM, 206)

White beweist sein Seinsverständnis weiterhin mit den „Rußmarken", die er mit großer „Vorsicht" an den Felsen anbringt (211). Solche Zeichen — von Heidegger „Wegmarken" (SZ, 71) genannt — bezeugen das In-der-Welt-sein-können des Menschen, kraft dessen er Weltzusammenhänge „umsichtig" klären kann: „Der eigenartige Zeugcharakter der Zeichen wird an der ‚Zeichenstiftung' noch besonders deutlich. Sie vollzieht sich in und aus einer umsichtigen Vorsicht, die der zuhandenen Möglichkeit bedarf, jederzeit durch ein Zuhandenes sich die jeweilige Umwelt für die Umsicht melden zu lassen." (SZ, 80) White ist selbst erstaunt, wie selbstverständlich er diese „Zeichenstiftung" vollzieht, „als hätte man es so gelernt" (211).

Seine „Stimmung", während er in diesem Labyrinth „herumstapft", ist „halb selig, als wäre ich am Ziel aller Wünsche, und halb entsetzt, als wäre ich schon verloren, zum Preis für mein Staunen verdammt, nie wieder auf die Erde zu gelangen, nie wieder die Sonne zu sehen [...]" (ebd.). Diese zwiespältige Stimmung ergibt sich einerseits aus seiner Angst vor der Unheimlichkeit seiner Umgebung, in der ihm alles Vertraute entrissen ist, und andererseits aus seinem „Staunen" über diese dem Alltag völlig entgegengesetzte Welt. So zieht es ihn denn, trotz seiner Bangnis, weiter in die Tiefe der Höhle: „Wohin denn wollte ich? Wahrscheinlich wollte ich einfach in eine Kaverne gelangen, wo es nicht weitergeht, wo das Ungewisse aufhört, wo die Steine, die sich unter meinen Stiefeln lösten, nicht immer noch in weitere Tiefen kollerten." (212)

Die Höhle wird hier zum Bilde des dynamischen Lebensprozesses, des Daseins als eines nie vollendeten „Zu-seins", in dem sich immer wieder neue Möglichkeiten öffnen und eine endgültige Gewißheit nicht zu erreichen ist, es sei denn die „unüberholbare" Möglichkeit des Todes. Bezeichnenderweise ist es dann auch der Tod, auf den White bei seiner Suche nach einer letzten Gewißheit stößt:

> So weit gelangte ich nicht. Ein menschliches Skelett, das da plötzlich im Schein meiner Laterne lag, entfesselte meine Angst derart, daß ich schrie, im ersten Augenblick sogar floh, stolperte, eine Scheibe meiner Laterne zerschlug und im Gesicht blutete. Das Gefühl, in einer Falle zu sein und wie dieser Vorgänger nie wieder herauszukommen, so daß ich nur noch die Wahl hätte, zu verhungern oder mich an meinem Lasso zu erhängen, lähmte mich an Leib und Seele; ich hatte mich setzen müssen, ich leckte das warme Blut, das mir über das Gesicht rann, und mußte meinen ganzen Verstand zusammennehmen, um nicht das Skelett, das da im runden Schein meiner Lampe lag, schlechterdings für mein eigenes zu halten. (ebd.)

Die einzige Gewißheit, die der Mensch finden kann, ist der Tod, der ihm in der Angst erschlossen wird. Whites Reaktion ist vorlogisch und völlig persönlich, da er sich selbst mit dem Skelett identifiziert, das heißt den Tod als eigenste Möglichkeit erkennt, die sich nicht auf andere abschieben läßt. Sein Gefühl, „in einer Falle zu sein", stammt aus der plötzlichen Erkenntnis, daß die Suche des Man nach absoluter Gewißheit seine Endlichkeit nicht annullieren kann: der Tod kommt schließlich doch und nimmt dem Man jede Möglichkeit zur freien Entscheidung. In der angedeuteten „Wahl" — die keine mehr ist — zu „verhungern" oder sich zu „erhängen", wird ironisch gezeigt, daß das Man auf der Flucht seine Möglichkeiten versäumt, bis es „in der Falle" sitzt und ihm keine Wahl mehr bleibt.

Whites plötzliche Erkenntnis, daß der Tod jeden Augenblick möglich ist, versetzt ihn zunächst in solche Panik, daß er flieht. An der Verletzung, die er sich dabei zuzieht und an der teilweisen Zerstörung seines „Lichtes" wird deutlich, was im Alltag meistens verborgen bleibt: die blinde Flucht gereicht dem Man nicht zum Vorteil, sondern hindert es nur an einer „ganzen" Existenz. White sieht schließlich, daß die Einbeziehung des Todes in sein Leben seine „Rettung" war, weil er nur so zu verstehen beginnt, daß seine Zeit endlich und begrenzt ist: „Irgendwie hatte ich vergessen, mit der Zeit zu rechnen, mit meinem Vorrat an Licht, und wahrscheinlich war jenes Skelett [...] meine Rettung." (ebd.) Die Konfrontation mit der Möglichkeit des Todes zeigt ihm, daß er sich — in seinem alltäglichen Cowboydasein wie in dieser Höhle — so verhalten hat, als lebte er ewig, als wäre sein Vorrat an Licht (Seinkönnen) nicht von der Zeit begrenzt. Indem er den Tod als seine eigenste

Möglichkeit sieht, versteht er die Zeit nicht mehr als gleichgültigen Maßstab außerhalb seiner selbst, sondern als seine eigene befristete Chance
zum Seinkönnen.

Als White schließlich auf die Erde zurückkehrt, sieht dort noch alles
so aus, „als wäre nichts gewesen" (213). Für White aber ist etwas geschehen: aus der Begegnung mit dem Nichts, den Grundbedingungen
menschlicher Existenz und vor allem der Einsicht in seine eigene Endlichkeit eröffnet sich ihm das Wunder des Seins, und er empfindet die
abendliche Erde wie ein Geschenk. Nichts ist mehr zu verspüren von
dem „Überdruß" seines ersten Ausrittes; er legt sich auf die „warme",
heimatliche Erde, und sogar das „ranzige Hammelfleisch", das ihm
gewöhnlich „zum Halse heraushängt", erscheint ihm „wie eine Gnade"
(ebd.). Besonders aber das Licht — als Zeichen alles dessen, was sein
Seinkönnen ermöglicht — erscheint ihm auf einmal so unwahrscheinlich, daß er seine Laterne brennen läßt, aus Furcht, mit ihrem Verlöschen
könnten auch Mond und Sterne untergehen.

Als White auf die Ranch zurückkehrt, beschließt er aus einem nicht
erwähnten Grunde, sein Schweigen zu brechen und Jim von der Höhle
zu erzählen. Es ist, als wäre er in die Geheimnisse der Existenz so weit
eingedrungen, wie er es auszuhalten wagt. Gleich Faber, als jener seine
Endlichkeit erfahren hatte, so scheut auch White sich, den letzten Schritt
zu vollziehen und sich schutzlos in die Möglichkeit seines Todes zu stellen.

Die nüchtern-technischen Worte, mit denen er Jim von den geologischen Eigenschaften der Höhle erzählt, geben seine wirkliche Erfahrung nicht wieder. Diese alltäglich übliche Tendenz, ursprüngliches Erleben in kalte Fakten zu verwandeln, findet ihren Höhepunkt in der
Beschreibung, die White später von den Touristen gibt, die heutzutage
die Höhle besuchen:

> [...] so wagten wir uns weit über das Skelett meines Vorgängers hinaus und
> erreichten den sogenannten „Dome Room", wo sich der Unfall ereignete. Das war
> in der siebenundsechzigsten Stunde unseres gemeinsamen Abenteuers, also am
> dritten Tag, hätten wir Tage erlebt wie droben auf der Erde, nicht Sekunden und
> Äonen, und es war unweit jener Stelle, wo den Touristen heutzutage ein Lunch
> verabreicht wird, bevor sie mit dem Lift wieder ans Sonnenlicht fahren. (217)[1]

[1] Hier sollte vielleicht erwähnt werden, daß die äußeren Tatsachen, die im Zusammenhang mit Stillers Höhle genannt werden, sich auf Carlsbad Caverns, New Mexico
(nahe der Grenze von Texas), beziehen. Fakten, wie die erste Erkundung der
Höhle durch „Jim White" und „a Mexican boy", entsprechen der Entdeckungs-
geschichte von Carlsbad Caverns. Auch andere Umstände, wie die heute noch zu
besichtigenden Rußmarken an den Höhlenwänden, Namen wie „Rock of Ages",
das abendliche Ausschwärmen von Millionen von Fledermäusen, und auch der
unterirdisch verabreichte Lunch, sowie die Auffahrt mit dem Lift entsprechen den

Diese Schilderung zeigt, wie das Man danach drängt, sich alles und jegliches verfügbar zu machen. Was für die beiden Cowboys noch ein Wagnis war, wird hier zu einer absurden „Vorführung", in der die Welt nur noch „angestarrt" wird und den Menschen im Grunde nichts mehr „angeht". Heidegger beschreibt einen ähnlichen Zusammenhang, in dem das Seiende der lebendigen Anschauung beraubt und in ein totes Besichtigungsobjekt verwandelt wird: „Achten wir doch [...] für einen Augenblick auf den Gegensatz, der sich in den beiden Titeln ausspricht: ‚Der Rhein', verbannt in das Kraftwerk, und ‚Der Rhein', gesagt aus dem Kunstwerk der gleichnamigen Hymne Hölderlins. Aber der Rhein bleibt doch, wird man entgegnen, Strom der Landschaft. Mag sein, aber wie? Nicht anders, denn als bestellbares Objekt der Besichtigung durch eine Reisegesellschaft, die eine Urlaubsindustrie dorthin bestellt hat." (FT, 15 f.)

Was White seinem Freund über die geologischen Daten der Höhle berichtet, ist im Vergleich zum beziehungslosen Gegenüberstehen der Reisegesellschaft doch noch persönlicher: der Versuch, Erfahrungen zu objektivieren, die kaum bewältigt sind. Gegen Ende seiner Erzählung wird seine Schilderung trotz ihrer gewollten Unpersönlichkeit emotionaler, und es scheint hindurch, was die Höhle für ihn selbst bedeutete: White hatte sich — wie wir oben sahen — in aller Eindringlichkeit als Dasein in der Zeit erfahren, und so ist es nun auch die Zeit, der er in der geologischen Beschreibung eine besondere Bedeutung zumißt: „Gebilde von einer Größe, daß die Geologen mit einer Entstehungszeit von fünfzig bis sechzig Jahrmillionen rechnen. Äonen nennen wir das, Zeitspannen, die der Mensch wohl errechnen, aber mit seinem Zeitsinn nicht erfassen, nicht einmal in der Phantasie erleben kann. [...] und die Dauer eines Menschenlebens genügt gerade, um das steinerne Wachstum in Millimetern zu messen [...]" (214).

White schildert hier seine Erfahrung von der unwahrscheinlich kurzen Zeit, die dem Dasein gewährt ist. Wie sehr diese Endlichkeit die Möglichkeiten begrenzt und eine entschlossene Wahl notwendig macht, enthüllt sich an den traumhaften „Schätzen" der Höhle: „Alles, was die Menschenseele je an Formen erträumte, hier ist es noch einmal in Versteinerung wiederholt und aufbewahrt, scheint es, für die Ewigkeit. [...] alles ist hier versammelt, wie in einem unterirdischen Arsenal der Metaphern." (215)

Die Höhle ist sozusagen der Schauplatz für alles das, was dem Menschen möglich wäre; aber im Gegensatz zu der erstarrten und verstei-

---

Tatsachen. In der Geschichte von Carlsbad Caverns war es übrigens Jim White selbst, der die Höhle schließlich den Touristen zugänglich machte.

nerten Form, in der sich hier die Möglichkeiten anbieten, verleiht die befristete Zeit dem Menschenleben seine Dynamik, in der das Dasein nie die ganze Fülle des Möglichen ergreifen, jedoch die gewählten Möglichkeiten wirklich sein kann. Es ist erstaunlich, daß auch diese Welt, die aussieht, als wäre sie ewig, der Endlichkeit unterworfen ist: „Auch dieses Werk der Äonen, man sieht es, muß sich erfüllen und erlöschen. Vergängnis auch hier." (216) Wenn sogar dieses Werk von Jahrmillionen sichtlich seinem Ende zugeht, so ist es umso unglaublicher, daß der Mensch seine eigene Endlichkeit vergessen und seine Möglichkeiten solange versäumen kann, bis sie zu bloßen Metaphern erstarren und — wie die „versteinerten Damen" in der Höhle — „durch keine menschliche Liebe je wieder zu erlösen" sind (215).

White hat mit dieser Schilderung die „Verschwiegenheit" des eigentlichen Selbstseins verlassen und sich in die vermeintliche „Sicherheit" der „Öffentlichkeit" begeben. Bezeichnenderweise war es ja sein erster Impuls, „seine" Grotte nicht zu verraten, und er wendet sich erst an den Freund, als seine Erfahrungen ihm zu bedrohlich erscheinen, um sie „allein" zu bewältigen. Der „Allerweltsname" Jim, den beide Freunde tragen (221), deutet an, daß ihre Beziehung eine Verbrüderung im Man ist.

Als White beim nächsten Ausritt Jim in seine Höhle mitnimmt, geschieht es mit dem ausdrücklichen Motiv, „einander zu sichern" (216). Dieser zweite Höhlenbesuch ist ein Versuch, die Geheimnisse der Grotte mit vernünftig geplanten Hilfsmitteln „bestellbar" zu machen. Die Freunde glauben, an alles Wichtige gedacht zu haben: Verpflegung für eine Woche, zwei Laternen mit Brennstoff für hundertzwanzig Stunden, drei Lassos und Kreide. Vor allem aber nehmen sie eine Uhr mit, was White für besonders „wichtig" hält (ebd.); er scheint irgendwie zu hoffen, daß er das Bewußtsein seiner Endlichkeit, das er bei seinem ersten Besuch so nachhaltig erfahren hatte, unter Kontrolle bringen kann, wenn er die öffentlich-vulgäre Zeit in die Höhle hineinbringt. Wie sich später herausstellen wird, ist die Uhr völlig nutzlos und nicht in der Lage, die Zeit in der Höhle, die zu ihrer persönlichen Zeit wird, objektiv verfügbar zu machen.

Zu Beginn ihres Abenteuers jedoch bleibt die Endlichkeit als Zeit des Daseins unbeachtet, weil das Man davon lebt, sich in einer Scheinsicherheit zu wiegen. Was White im Alleingang noch als seine Grenze verstanden hatte, wird jetzt von den Freunden fast achtlos übergangen: „Zu zweit, so daß wir einander sichern konnten, [...] wagten wir uns weit über das Skelett meines Vorgängers hinaus [...]" (216 f.). Diese gegenseitige Sicherung, als ausdrücklicher Grund für ihren gemeinsamen Gang, erweist sich schon bald als vollkommene Illusion. Als Jims Unfall

sich ereignet, wird deutlich, wie das Man, weit davon entfernt, „fürsorgend" zu handeln, im entscheidenden Augenblick die Verantwortung
auf andere abschiebt: „Jim war gerutscht, landete wenige Meter weiter
unten, stöhnte und beschuldigte mich sofort, ich hätte ihn nicht mit dem
Lasso gesichert, was Unsinn ist; denn ich ging ja voran, meinerseits nicht
minder gefährdet als mein Freund, und die Sicherung war durchaus
seine Sache." (217)

Was sich nach diesem Unfall in der Höhle abspielt, ist das alltägliche Drama des Man, das hier, im Angesicht ihrer extremen Gefährdung,
zum absurden Theater wird. Jim und Jim durchlaufen alle Spielarten
des Man: „Fürsorge" wird zur heuchlerischen Freundschaftsgeste, Verantwortung zur Moralpredigt, ein mögliches klärendes Gespräch zum
bodenlosen Gerede: „Unsere Nerven waren halt gespannt, daher die
Schimpferei; indessen versöhnten wir uns natürlich sofort. Jim hatte
vermutlich den Fuß gebrochen. Was nun? Ich tröstete ihn, ich gab ihm
Schnaps und überlegte im stillen, was nun wirklich zu tun sei." (ebd.)

Ihre Situation ist besonders ironisch, da sie einander nicht — wie
geplant — den Gang in die Höhle erleichtern, sondern sich vielmehr
gegenseitig am Leben hindern. Sie sitzen herum, verschwenden ihre kostbare Zeit mit leeren Trostworten und kommen kaum voran, da sie einander mit ihrem Mißtrauen in Schach halten: „Jim sagte: Warum be-
lauerst du mich so? Ich sagte das gleiche zu ihm." (220) Heidegger schildert die Beziehung des Man: „Das Miteinandersein im Man ist ganz
und gar nicht ein abgeschlossenes, gleichgültiges Nebeneinander, sondern ein gespanntes, zweideutiges Aufeinander-aufpassen, ein heimli-
ches Sich-gegenseitig-abhören. Unter der Maske des Füreinander spielt
ein Gegeneinander." (SZ, 175)

Gefangen in den Gepflogenheiten des Man verschließen White und
Jim sich immer mehr ihrer wahren Lage. Jim versucht, die unaufhaltsam
verrinnende Zeit zu verleugnen, indem er seine Uhr versteckt. Aber es
geht gar nicht um die Uhr, die öffentlich gültige Zeit, sondern um das
Licht, ihr ganz persönliches Seinkönnen. „Mit einer Lüge macht man
kein Licht" (219), bemerkt White, und weist damit auf das Sein als
Wahrheit hin, als das „Sehen" des Seienden wie es wirklich ist. Trotz
besserer Einsicht aber läßt auch er es zu, daß in beiden Laternen das
lebenswichtige Licht verbrennt, weil keiner von beiden die seine löschen
will, sondern dem anderen diese Verantwortung zuschiebt.

Als Man ist keiner von ihnen imstande, eine eigentliche Entscheidung
zu fällen. Wie sehr sie des Selbstseins ermangeln und wie austauschbar
das Man ist, zeigt sich daran, daß sie immer wieder mühelos ihre Rollen
vertauschen: „Einer von beiden, in der Tat, war immer sehr rührend,
einmal Jim, einmal ich. Es war wie eine Schaukel." (220)

Während all der Zeit, die sie zusammen sind, kommt es nicht ein einziges Mal zu einem offenen Gespräch, das ihre Lage klären könnte. Stattdessen verschwenden sie ihre Kräfte mit heuchlerischen Gesten, Mißtrauen und Gerede. So erreichen sie schließlich, daß sie beide gleichermaßen erschöpft sind, so daß es am Ende gar nicht mehr sicher ist, wer von beiden imstande sein wird, sich selbst zu helfen; denn daß nur noch Selbsthilfe in Frage kommt, ist deutlich in einer Situation, wo das Man seine Hilfe längst aufgekündigt hat: „Ein gebrochener Fuß, ja und zwei aufgerissene Hände, was war es schon, Schmerzen; doch zuletzt kann man auch mit Schmerzen klettern, es jedenfalls versuchen, ob man nicht allein, sofern man noch bei Kräften ist, ans Tageslicht gelangt, ans Leben." (ebd.)

Als die beiden endlich die „heikle Stelle" (222) erreichen, wo es nur noch eine einzige Lösung gibt, nämlich das unendlich schwierige Emporklettern, spricht White zum ersten Male „offen" zu seinem Begleiter. Während in ihrem zweideutigen Gerede eine Rettung unmöglich schien, bietet sich im offenen Gespräch spontan eine Lösung an: „Jim, gib mir die Laterne, ich überlasse dir die letzten paar Bissen meines Hammelfleisches und versuche es, diese Wand allein zu besteigen! Denn es war Unsinn am Seil zu hangen mit einem anderen Erschöpften, ich mit zerrissenen Händen, er mit einem gebrochenen Fuß, hier, wo es galt, wie ein Affe zu klettern. Ich sagte: Wenn es mir gelingt, Jim, dann bist du auch gerettet, dann kommen wir und holen dich, das ist doch klar." (ebd.)

Diese Möglichkeit wäre durchführbar, wenn sie nicht durch das Mißtrauen des Man sofort wieder vereitelt würde. Die Suche nach absoluter Sicherheit stürzt das uneigentliche Dasein um so tiefer in die ausweglose Gefahr: „Er sagte: Und wenn du herunterfällst, Jim, mitsamt meiner Laterne? Ich schrie: Und du, Jim, wenn du rutschest, du mit deinem kaputten Fuß, und es reißt mich herunter wie schon einmal, Herrgott im Himmel, was hast du davon, wenn wir beide da unten liegen. Er weigerte sich, die Laterne zu geben." (ebd.)

Wieder fallen sie zurück in die Heucheleien des Man und fahren fort, einander belanglose Moralpredigten zu halten (ebd.), statt ihre Lage weiter zu besprechen. In einem Anfall von „Sentimentalität" (ebd.), der künstlich hochgespielten „Stimmung", mit der das Man seine wirkliche „Befindlichkeit" verdeckt, tauschen sie sogar Zärtlichkeiten aus und sind „nahe daran, einander zu umarmen [...] wäre es nicht um die Laterne gegangen" (223). Die verrinnende Zeit — ihr persönlicher Vorrat an Licht — läßt sich weder durch Gerede noch Heuchelei beeinflussen. Während das Man seinen Tod gewöhnlich bis zuletzt verleugnen kann, ist hier in der Höhle das Ende vorauszusehen, so daß schließlich ein weiterer Aufschub unmöglich wird: „Die Entscheidung mußte fallen, und zwar jetzt, hier vor dieser Wand. Wozu das Gerede! Wir beide wollten leben, wenn möglich mit Anstand, aber wenn der andere mich mit meinem Anstand töten will?" (ebd.)

White formuliert hier noch einmal einen Gedanken, den er früher bereits ausgesprochen hatte, nämlich, daß „mit einer Lüge kein Licht" zu machen sei, daß das lügnerische Gerede und die heuchlerische Moral („Anstand") des Man das Dasein an der eigentlichen Existenz hindern. Erst die Todesangst reißt aus diesem uneigentlichen Dahinleben heraus und drängt zur Entscheidung: der Schein ihrer Laterne fällt plötzlich auf das Skelett ihres „Vorgängers" (224), über das sie zu Beginn, in der Scheinsicherheit des Man, so achtlos hinausgegangen waren. Das Skelett wird als ihr „Vorgänger" erkannt, weil die Möglichkeit des Todes unumstößlich vor ihnen steht. Kein anderer kann ihnen das Sterben abnehmen, denn auch der Tote, ob als Einzelgänger oder „auch schon zu zweit" (ebd.), ist „an dieser Stelle ganz allein [...] wie ein Tier verreckt" (ebd.). In dieser Sicht des Todes als sinnlosem Verrecken spiegelt sich ihr Grauen davor, sterben zu müssen, ohne das Sein erfahren zu haben.

Der Entschluß, doch noch zum Selbstsein zu kommen und sich dem Man zu entreißen, ist wiederum kein vorgefaßter Plan, sondern kommt spontan, als das „Unwillkürliche" (ebd.). Das entschlossene Dasein beschließt nicht erst zu handeln, sondern hat sich bereits in die Situation gestellt: „Als entschlossenes handelt das Dasein schon." (SZ, 300) In der Todesangst zerbricht die Maske des Man, und es bleibt nur noch der Kampf, die „mörderische Anstrengung" (ebd.), sich selbst zurückzugewinnen. Als endliches Dasein, zu dem das Verfallen an das Man und die Welt gehört, muß der Mensch in einem solchen Kampf um sein Selbstsein stehen, in einem Ringen um die Freiheit.

Da es also beim „Ringen der beiden Freunde" (224) um die Geburt eines Selbst aus der Maske des Man geht, ist es auch nicht wichtig, wer von den beiden Jim schließlich ans Licht kommt:

> Ich weiß nicht, [...] welcher von den beiden Freunden eigentlich den mörderischen Streit begonnen hat, der Ehrlichere vermutlich, und jedenfalls ist nur einer aus der Kaverne gestiegen, der Stärkere vermutlich. Sein Name ist bekannt, sogar mit metallenen Lettern auf einen Denkstein geschrieben: Jim White. [...] Von dem Freund hingegen, der immerhin als Begleiter erwähnt wird, heißt es bloß: a Mexican boy. Sein Name ist verschollen, und ich denke, dieser Verschollene wird sich auch nicht mehr melden! (224 f.)

In diesen Sätzen bestätigt sich noch einmal, daß Stiller beide Jim als repräsentativ für sich selbst sieht: er ist der zurückgekehrte Jim White, dessen Name „bekannt" ist, das heißt ein Mann mit Ansätzen zu einer positiven Identität, und er ist zugleich — wie er sich auch in seinen Aufzeichnungen immer nennt — der „Verschollene", das anonyme

„Man", das sich, wie er hofft, nie wieder „melden" wird. Der Kampf in der Höhle ist also nicht etwa als Verlust eines „Verschollenen" zu betrachten, sondern als Gewinn eines Daseins auf dem Weg zur Eigentlichkeit.

Wir können der Analyse dieser Höhlenszene eine weitere Dimension abgewinnen, wenn wir uns auf Heideggers Interpretation des Platonischen Höhlengleichnisses stützen.

Bei diesem „Höhlengleichnis" handelt es sich, gemäß Heidegger, um ein „‚Gleichnis' vom Wesen der Wahrheit" (Plat, 125). Die vorsokratische Auffassung der Wahrheit als „Unverborgenheit", die auch Heideggers Denken zugrundeliegt (vgl. SZ, 212—230), erfährt im Höhlengleichnis einen „Wesenswandel" (Plat, 124).[2]

Die vorliegende Gegenüberstellung mit Stillers „Höhlenabenteuer" bezieht sich jedoch nicht auf diesen „Wesenswandel", sondern auf das ursprünglichere Wahrheitsverständnis, das auch in Platos Gleichnis noch mitschwingt. Denn nur, wenn Wahrheit noch als „Unverborgenheit" verstanden wird, hat ein „Höhlengleichnis" überhaupt einen „Anhalt zur Veranschaulichung", wie Heidegger im Folgenden ausführt:

> Überhaupt kann dieses „Gleichnis" nur deshalb ein auf den Anblick der Höhle gebautes „Gleichnis" sein, weil es im voraus von der für die Griechen selbstverständlichen Grunderfahrung der ἀλήθεια, der Unverborgenheit des Seienden, mitbestimmt wird. Denn was ist die unterirdische Höhle anders als ein in sich zwar Offenes, das zugleich umwölbt und durch die Umwandung von der Erde trotz des Eingangs

---

[2] Heidegger versteht Platons „Höhlengleichnis" als Beispiel dafür, wie das ursprüngliche griechische Denken des Seins sich zur „Metaphysik" wandelt. In diesem Prozeß wird die Wahrheit nicht mehr in ihrem ursprünglichen Sinne als „Unverborgenheit" des Seins verstanden, sondern wandelt sich zur Wahrheit als „Richtigkeit" des Urteils. Was die frühe griechische Philosophie noch als φύσις verstand, als Aufgabe des Seienden in das Lichte des Seins (Sein als Unverborgenheit), verwandelt sich bei Plato zur ἰδέα, von einem „Walten" in ein Seiendes. W. J. Richardson schreibt über diesen Sachverhalt: „In Plato metaphysics in the traditional sense takes its rise, for it is he who first conceives of thinking Being as a going ‚beyond' the beings of experience to their being-ness, which he conceives as their what-ness, their see-ableness, their Idea. Such a conception is possible only because a c o n s e q u e n c e of φύσις (process of shining-forth) is taken to be the e s s e n c e of it. Hence φύσις itself becomes for him that-which-is-to-be-seen, a being (εἶδος). Being thus becomes conceived as a b e i n g. Likewise truth, no longer non-concealment [Unverborgenheit], becomes correctness [Richtigkeit] of view, conformity with the Ideas." (Heidegger, *Through Phenomenology to Thought*, preface by Martin Heidegger, Den Haag, 1963, S. 308) Wir haben diesen Sachverhalt näher beleuchtet, weil er in unserer Interpretation als solcher nicht zum Tragen kommt. Wie im Text selbst erläutert, bezieht sich die Gegenüberstellung des Platonischen Höhlengleichnisses mit den Höhlenszenen aus „Stiller" auf die Wahrheits- und Lichtmetaphorik, die Wahrheit noch im Sinne der „Unverborgenheit" versteht. Wie Heidegger selbst bemerkt, ist ein Höhlengleichnis allein in dieser Auslegung sinnvoll.

umschlossen bleibt. Die in sich offene Umschließung der Höhle und das durch sie Umstellte und also Verborgene verweisen zugleich auf ein Außerhalb, das Unverborgene, was über Tag ins Lichte sich weitet. Das im Sinne der ἀλήθεια anfänglich griechisch gedachte Wesen der Wahrheit, die auf Verborgenes (Verstelltes und Verhülltes) bezogene Unverborgenheit, und nur sie hat einen wesenhaften Bezug zum Bild der unter Tag gelegenen Höhle. Wo die Wahrheit anderen Wesens ist und nicht Unverborgenheit oder wenigstens durch sie nicht mitbestimmt, da hat ein „Höhlengleichnis" keinen Anhalt der Veranschaulichung. (Plat, 130)

Plato spricht von Gefangenen in einer Höhle, die derartig gefesselt sind, daß sie im Schein eines Feuers „das ihnen, allerdings von rückwärts, oben und fernher, glüht" (Plat, 111), lediglich die Schatten derer erkennen, die am Höhleneingang vorübergehen. Diese Gefangenen halten das, was sie sehen, schon für die ganze Wahrheit. Ihre begrenzte Sicht erinnert an Whites Gefangenschaft im Alltag, in der er nur die Schatten dessen wahrnahm, was ein eigentliches Selbstsein ausmacht. Plato beschreibt nun, wie einer der Gefangenen aus der Höhle ans Tageslicht gelangt.

Bleibt man im Bilde der ἀλήθεια, der Wahrheit als „Unverborgenheit", so ist dieses Ans-Licht-Kommen der Vorgang des „Ent-bergens", das Ent-decken des Seienden in seinem Sein. Wir erinnern uns, daß auch White Wahrheit und Licht in Verbindung brachte in seiner Aussage: „Mit einer Lüge macht man kein Licht." Als White nach seinem ersten Höhlenbesuch auf die Erde zurückkehrt, enthüllt sich ihm sein Dasein zum ersten Male als Seinkönnen. Der Finsternis der Höhle entrissen, erfährt er sein Leben als „im Licht sein", als hineingestellt in die Wahrheit des Seins.

Heidegger betont jedoch, daß Platos Höhlengleichnis [so auch Whites eigenes Abenteuer] nicht mit diesem ersten Aufstieg des Gefangenen ans Tageslicht endet. Das Alpha-privativum im Wort ἀ-λήθεια deutet an, daß sie nur ist, wenn sie ihrem Gegenteil, der Verbergung, immer erst abgerungen wird. So ist auch das Dasein, in seiner Fähigkeit, Sein zu verstehen, „je schon in der Wahrheit und Unwahrheit" (SZ, 222), und „die Wahrheit als Entdecktheit (Unverborgenheit)" (SZ, 219) „muß dem Seienden immer erst abgerungen werden" (SZ, 222). White hat als Einzelgänger zwar eine grundlegende Erfahrung gewonnen, diese Erfahrung ist jedoch nicht absolut und bedeutet nicht, daß er von nun an im vollen „Besitz" der Wahrheit wäre. Dies erweist sich deutlich bei seinem zweiten Höhlenbesuch.

Auch Platos Gleichnis zeigt, wie der Gefangene in die Höhle zurückkehrt. Er will nun die anderen Gefangenen ebenfalls ans Tageslicht führen. Heidegger führt aus:

[...] die Erzählung in der Geschichte [endet nicht], wie man gern meint, mit der Schilderung der erreichten höchsten Stufe des Aufstiegs aus der Höhle. Im Gegenteil, zum „Gleichnis" gehört die Erzählung von einem Rückstieg des Befreiten in die Höhle zu den Gefesselten. Der Befreite soll nun auch diese von ihrem Unverborgenen weg und vor das Unverborgenste hinaufführen. Der Befreier findet sich aber in der Höhle nicht mehr zurecht. Er kommt in die Gefahr, der Übermacht der dort maßgebenden Wahrheit, d. h. dem Anspruch der gemeinen „Wirklichkeit" als der einzigen zu unterliegen. Dem Befreier droht die Möglichkeit, getötet zu werden [. . .] (Plat, 128 f.).

Dieser Teil des Gleichnisses erinnert an Whites eigenes Erlebnis, bei dem er fast der heuchlerischen „Moral" des Man als der einzigen „Wirklichkeit" unterliegt und wo er in Gefahr gerät, durch den lügnerischen „Anstand" getötet zu werden. Whites zweiter Höhlenbesuch, als Versuch, die gemeine Wirklichkeit des Man mit seiner Erfahrung einer Wahrheit des Seins zu versöhnen, scheitert. Seine Verbrüderung mit dem Man führt nicht zur Befreiung derer, die blind für das Sein nur die verdinglichte Wirklichkeit erkennen, sondern bringt vielmehr das bereits befreite Dasein in Gefahr, in die alte „Unwissenheit" zurückzufallen; wie Heidegger zu Platos Gleichnis erklärt: „[. . .] der Mensch kann auch aus der Haltung eines wesentlichen Wissens herausfallen und in den Vormachtsbezirk der gemeinen Wirklichkeit verschlagen werden, ohne doch imstande zu sein, das hier Übliche und Geübte als das Wirkliche anzuerkennen." (Plat, 122) Dieser Satz zeigt an, daß das Dasein ein einmal erreichtes „Wissen" nie völlig verliert, daß es jedoch der größten Anstrengung bedarf, um seine gewonnene Sicht gegen den „Vormachtsbezirk" des im Alltag „Üblichen" und „Geübten" zu verteidigen. Wie auch im zweiten Kierkegaard-Motto bestätigt wird, ist die Freiheit zu sich selbst kein absoluter Besitz, sondern ein ständiger Kampf um den Besitz: „—: indem die Leidenschaft der Freiheit in ihm erwacht [. . .] wählt er sich selbst und kämpft um diesen Besitz als um seine Seligkeit, und das ist seine Seligkeit." (7)

Der Kampf zwischen Jim und Jim gewinnt seinen absoluten Ernst und seine Tödlichkeit aus der Zähigkeit, mit der die Wahrheit sich dem Dasein entzieht. Heidegger erklärt:

Das Unverborgene muß einer Verborgenheit entrissen, dieser im gewissen Sinne geraubt werden. [. . .] das Wort der Griechen für das, was [. . .] wir „Wahrheit" nennen, [ist] durch das α privativum (ἀ-λήθεια) ausgezeichnet. Wahrheit bedeutet anfänglich das einer Verborgenheit Abgerungene. [. . .] weil nach Platos „Gleichnis" das zuhöchst Unverborgene einer niedrigen und hartnäckigen Verbergung abgerungen werden muß, deshalb ist auch die Versetzung aus der Höhle in das Freie des lichten Tages ein Kampf auf Leben und Tod. (Plat, 129)[3]

[3] An dieser Stelle erscheint Platos Gleichnis noch ganz im ursprünglich griechischen Sinne (wie Heidegger ihn sieht und postuliert): Wahrheit ist „Unverborgenheit", die einer „Verborgenheit" entrissen werden muß. Wie es in „Sein und Zeit" heißt: „Das Seiende wird der Verborgenheit entrissen. Die jeweilige faktische Entdecktheit ist gleichsam immer ein Raub. Ist es Zufall, daß die Griechen sich über das Wesen

Whites Höhlenerlebnis bezieht sich implizit auf Stiller, auf sein Ringen um die Wahrheit der Existenz, auf seinen Kampf um das Selbstsein gegen das versucherische Verfallen an die „gemeine Wirklichkeit", wie sie sich vor allem in seiner Ehe mit Julika abzeichnet.

Wir können die Parallelen zu Stillers Leben noch genauer fassen, wenn wir die direkten Hinweise beachten, mit denen Stiller sich in seinem Lebensbericht auf das Höhlenabenteuer bezieht.

So spiegelt der Aufenthalt in der Höhle etwa Stillers Erlebnis als blinder Passagier in der Dunkelheit des Schiffsraumes wider. Eine explizite Verbindung zwischen beiden Szenen wird wiederholt hergestellt: so etwa in der Beschreibung der Verletzung, die Stiller/White sich zuziehen; White: „[...] ich hatte mich setzen müssen, ich leckte das warme Blut, das mir über das Gesicht rann" (212); „Schlimmer als die Schramme [...] waren die aufgerissenen Hände" (219); und Stiller: „[...] wieder stolperte ich umher, und schürfte mich an einer rostigen Planke, wieder hockte ich auf einem Bündel von Stricken und leckte das warme Blut von meiner Hand [...]" (446).

Eine zweite direkte Verbindung ist das „Tropfen" in Höhle und Schiffsraum: In der Höhle: „In Totenstille tropfte es aus Jahrtausenden" (212), und im Schiffsraum: „[...] aber achtzehn Tage und neunzehn Nächte hintereinander im Finstern, wo es irgendwo zwischen den öligen Bohlen heruntertropfte, eine Endlosigkeit mit tropfenden Minuten [...]" (446). Stiller fühlt bei seinem Aufenthalt im Schiffsraum, daß er — um im Bilde zu bleiben — „seine Höhle nicht verraten" sollte, daß der Aufenthalt in der Finsternis seine „Chance" ist, mit sich selbst ins Reine zu kommen. Aber so, wie er als Jim White schließlich der „Sicherheit" halber seinen Freund einweiht, so nimmt er auch hier seine Chance nicht wahr: er „kann nicht allein sein" (442 ff.).

Eine andere Lebensphase Stillers, auf die das Höhlenabenteuer sich ausdrücklich bezieht, sind die Ereignisse um seinen Selbstmordversuch. Stiller sieht sich nach dem Schuß in die Schläfe wie im Inneren der Höhle; so wie White den Höhleneingang nur noch als schwaches Sternenlicht wahrnimmt, als „ein paar scheinlose Funken in unendlicher Ferne" (210), so beschreibt Stiller seinen Zustand: „[...] und dann war alles weg: bis auf eine runde Öffnung in der Ferne (als Buben kro-

---

der Wahrheit in einem privativen Ausdruck (ἀ-λήθεια) aussprechen?" (SZ, 222). In „Sein und Zeit" sind Verborgenheit oder Unverborgenheit des Seins allerdings noch stärker von der jeweiligen Entschlossenheit des Daseins abhängig, während in späteren Schriften Heideggers (Plat. eingeschlossen) das Sein selbst sich entbirgt oder entzieht. Jedoch bleibt es auch jetzt immer noch auf das Dasein bezogen, als dem einzigen Ort, an dem das Sein sich zeitigen kann: „Der Mensch ist der Hirt des Seins." (Hum, 19)

chen wir manchmal durch einen Abwasserkanal, das ferne Loch mit Tagesschein erschien viel zu klein, als daß man je herauskommen könnte; genau so!)." (500)

Andere Parallelen zwischen der Höhlen- und der Selbstmordszene sind der Gewissensruf, der jeweils von einer fremden Stimme auszugehen scheint (207, 500), die drohende Möglichkeit, „wie ein Tier zu verrecken" (224), beziehungsweise keinen „wirklichen Tod" zu haben, „auch wenn ich jetzt sterbe" (501), und endlich die „Angst" (224) oder der „Schrecken" (501), der zu der „Entscheidung" (223, 503) führt, sich zum Leben zu entschließen.

Die angeführten Beispiele zeigen, daß das Höhlengleichnis gelebte Erfahrungen Stillers ins Bild bringt. Das Schwergewicht der Schilderung liegt dabei nicht auf den äußeren Umständen, sondern auf der existenzialen Sinnstruktur seines Lebens.

Das Gleichnis verdeutlicht, daß der zurückgekehrte Stiller eine grundlegende Erfahrung über das Sein in der Welt gewonnen hat. An seinen Aufzeichnungen im Gefängnis erweist sich, daß er wie nie zuvor in der Lage ist, Menschen und Dinge wirklich zu sehen. Stiller legt sich jedoch selbst ein einziges großes Hindernis in den Weg: er möchte mit seiner neuen Fähigkeit zu sehen auch selbst ein völlig anderer werden. Er versteht sich als neugeborener Mr. White, statt als wiedergeborener Stiller, und verstellt sich damit aufs neue seine Sicht.

Am Ende ist es die Finsternis der „Nachtwache", in der er noch einmal in „seine" Höhle hinabsteigt und noch einmal den Kampf um sein Selbstsein wagt. Im Licht des nächsten Tages geht er aus diesem Kampf hervor, fähig, allein zu sein und nicht mehr als Jim White, sondern als er selbst: Anatol Stiller.

B.   Homo Faber: Das Leben der Maya

Bei seinem Aufenthalt in Palenque stößt Faber aus purem Zufall auf die Maya-Ruinen, die er eigentlich gar nicht besuchen wollte. Obwohl er nicht viel von einer Zivilisation hält, die es „zu keiner Technik" gebracht hat (53), muß er wider seinen Willen staunen, was dieses Volk trotz mangelnder Technik geleistet hat. Marcel, der Künstler, der noch eine ursprüngliche Beziehung zur Welt hat, liebt die Maya und erzählt Faber von ihrem „sinnvollen" Leben; Faber berichtet:

> Man staunt, wie sie diese Quader herbeigeschafft haben, wenn sie das Rad nicht kannten, also auch den Flaschenzug nicht. Auch das Gewölbe nicht! Abgesehen

von den Verzierungen, die mir sowieso nicht gefallen, weil ich für Sachlichkeit bin, finde ich ja diese Ruinen sehr primitiv — im Widerspruch zu unserem Ruinen-Freund, der die Maya liebt, gerade weil sie keinerlei Technik hatten, dafür Götter, er findet es hinreißend, daß man alle zweiundfünfzig Jahre einfach ein neues Zeitalter startet, nämlich alles vorhandene Geschirr zerschmettert, alle Herd-feuer löscht, dann vom Tempel her das gleiche Feuer wieder ins ganze Land hin-austrägt, die ganze Töpferei neuerdings herstellt; ein Volk, das einfach aufbricht und seine Städte (unzerstört) verläßt, einfach aus Religion weiterzieht, um nach fünfzig oder hundert Meilen irgendwo in diesem immergleichen Dschungel eine vollkommen neue Tempel-Stadt zu bauen — Er findet es sinnvoll, tiefsinnig (pro-fond), und zwar im Ernst. (52 f.)

Trotz ihrer Skizzenhaftigkeit, die sie völlig von der breitangelegten Erzählung des Höhlengleichnisses unterscheidet, trägt auch diese karge Schilderung einen komplexen existenzialen Sinn. Das Leben der Maya enthüllt sich als das Bild einer sinnvollen Existenz, eines eigentlichen Selbstseins.

Fabers unwillkürliches „Staunen" über den Städtebau der Maya verrät, daß er sich von dieser „anderen Welt" persönlich berührt fühlt. Ganz abgesehen davon, daß das Leben der Maya sich implizit auf Faber bezieht, indem es auf das hinweist, was er in sich unterdrückt, nehmen die Spuren dieser alten Kultur in Fabers eigenen Gedanken eine existen-ziale Bedeutung an: „Menschen sind komisch! Ein Volk wie diese Maya, die das Rad nicht kennen und Pyramiden bauen, Tempel im Urwald, wo alles vermoost und in Feuchtigkeit zerbröckelt — wozu? Ich verstand mich selbst nicht." (51 f.) Wie schon Stiller, so sieht auch Faber sich der Endlichkeit und Nichtigkeit ausgesetzt, die allem menschlichen Tun zugrundeliegt. Wir erinnern uns an Heideggers Bemerkung über die „Warum"-Frage nach dem Sein:

Einzig weil das Nichts im Grunde des Daseins offenbar ist, kann die volle Befremd-lichkeit des Seienden über uns kommen. Nur wenn die Befremdlichkeit des Seien-den uns bedrängt, weckt es und zieht es auf sich die Verwunderung. Nur auf dem Grunde der Verwunderung — d. h. der Offenbarkeit des Nichts — entspringt das „Warum?" [. . .] Die Frage nach dem Nichts stellt uns – die Fragenden – selbst in Frage. (WiM, 37)

Faber, der hier noch ganz am Anfang seiner Reise zu sich selbst steht, äußert beim Anblick der Pyramiden zum ersten Male den Gedanken, daß Menschen „komisch" sind, das heißt zu kompliziert, um ihre Hand-lungen anhand seiner üblichen technischen Analysen zu begreifen. Vor allem aber gesteht er plötzlich, daß er sich selbst nicht mehr „versteht". Das Staunen über das hingegebene Existieren der Maya im Angesichte des Nichts stellt sein eigenes Selbst- und Weltverständnis in Frage.

Faber ist nicht bereit, diesen aufkommenden Selbstzweifeln nachzu-gehen, und er zieht stattdessen die Maya selbst in Zweifel, indem er sie doch wieder vom technisch-ökonomischen Standpunkt aus beurteilt.

Besonders wichtig scheint ihm zu sein, von dieser sicheren Warte her auch sein früheres spontanes „Staunen" abzutun: „Ich fand es ein kindisches Staunen, betreffend die Herbeischaffung dieser Quader: — sie haben einfach Rampen erstellt, dann die Quader geschleift mit einem idiotischen Verschleiß an Menschenkraft, das ist ja gerade das Primitive daran." (53)

Was das Dasein der Maya so grundsätzlich von Walter Fabers Leben unterscheidet, ist ihre Sicht des Lebens als „Gestalt in der Zeit". Sie sehen die Zeit nicht als additiv, als unendliche Kette der Jetzt, sondern sie begreifen ihre Existenz von vornehrein als „Sein zum Ende". Noch innerhalb eines menschlichen Zeitalters lassen sie alles zurück, was sie in mühseliger Arbeit geschaffen haben, und brechen auf in eine neue Ära. Ihr Leben vollzieht sich in der echten Wiederholung, da sie ihr Gewesen immer wieder neugestaltend in die Gegenwart und Zukunft hineintragen. Ihr Aufbruch weist auf die Dynamik der Existenz hin, die immer ein Zu-sein ist, nie ein erreichtes Ziel; wie Heidegger erläutert: „Das Vorlaufen erschließt der Existenz als äußerste Möglichkeit die Selbstaufgabe und zerbricht so jede Versteifung auf die je erreichte Existenz. Das Dasein behütet sich, vorlaufend, davor, hinter sich selbst und das verstandene Seinkönnen zurückzufallen und ‚für seine Siege zu alt zu werden.' (Nietzsche)." (SZ, 264)

Der Aufbruch gibt ferner zu verstehen, daß der Mensch im nur Seienden nicht seine wahre Heimat hat. Indem die Maya ihre Städte und alle Gebrauchsgegenstände aufgeben, behüten sie sich vor dem Verfallen an die „gemeine Wirklichkeit". Gebäude und Töpferei werden immer wieder von neuem erstellt; sie bewahren dadurch ihre ursprüngliche Beziehung zum Menschen als sinnvolles „Zeug" und verflachen nicht zu seinsleeren Gegenständen.

Der Aufbruch der Maya ist ein echtes existenzielles Wagnis, da sie sich immer wieder aufs neue dem Nichts aussetzen. Indem sie ihre vertrauten Wohnungen verlassen und die „Unheimlichkeit" einer offenen Zukunft aushalten, wird ihr Aufbruch zum „Gewissen-haben-wollen", zur „Bereitschaft zur Angst".

Das einzige, was die Maya beim Verlassen ihrer Städte mitnehmen, ist das Feuer aus den Tempeln. Dieses „Licht", das aus dem Bereich des Heiligen kommt, weist auf das Sein hin als das, was zum Wesen des Menschen, zu seiner Existenz, untrennbar gehört: „[...] der Mensch west so, daß er das ‚Da', das heißt die Lichtung des Seins ist." (Hum, 15) Der Hinweis auf die Götter, an die die Maya glauben, „anstatt" — wie Faber es sieht — eine Technik zu entwickeln, zeigt die grundsätzliche Fähigkeit des Menschen, sich zu überschreiten und mehr zu verstehen als die ontisch-faktische Welt.

Auch Heidegger spricht vom Heiligen und den Göttern, und zwar durchweg im Sinne einer „negativen Theologie".[4] Das Denken des Seins leugnet oder bestätigt nicht die göttliche Existenz, sondern bereitet einer möglichen Ankunft der Götter erst den Ort:

> In dieser Nähe [zum Sein] vollzieht sich wenn überhaupt die Entscheidung, ob und wie der Gott und die Götter sich versagen und die Nacht bleibt, ob der Tag des Heiligen dämmert, ob und wie im Aufgang des Heiligen ein Erscheinen des Gottes und der Götter neu beginnen kann. Das Heilige aber, das nur erst der Wesensraum der Gottheit ist, [...] kommt dann allein ins Scheinen, wenn zuvor und in langer Vorbereitung das Sein selbst sich gelichtet hat und in seiner Wahrheit erfahren ist. (Hum, 26)

Dem neuzeitlichen Menschen muß jedoch die Dimension des Heiligen verschlossen bleiben, weil er in der Seinsvergessenheit lebt:

> Erst aus der Wahrheit des Seins läßt sich das Wesen des Heiligen denken. Erst aus dem Wesen des Heiligen ist das Wesen von Gottheit zu denken [...]. Wie soll denn der Mensch der gegenwärtigen Weltgeschichte auch nur ernst und streng fragen können, ob der Gott sich nahe oder entziehe, wenn der Mensch es unterläßt, allererst in die Dimension hineinzudenken, in der jene Frage allein gefragt werden kann? Das aber ist die Dimension des Heiligen, die sogar schon als Dimension verschlossen bleibt, wenn nicht das Offene des Seins gelichtet und in seiner Lichtung dem Menschen nahe ist. Vielleicht besteht das Auszeichnende dieses Weltalters in der Verschlossenheit der Dimension des Heilen. (Hum, 37)[5]

Mit der Welt der Maya stellt Frisch der technischen Welt Homo Fabers ein Zeitalter gegenüber, in dem die Wahrheit des Seins noch so unverstellt verstanden wurde, daß sie die ganze Existenz des Menschen bestimmte und die Anwesenheit der Götter ermöglichte. Das technische Zeitalter, zu dessen Sprecher Faber sich gemacht hat, hat sich selbst in die Seinsvergessenheit gebracht und diese reinen Bezüge zerstört. Es

---

[4] Vgl. Reinhard Maurer, „Von Heidegger zur praktischen Philosophie", in: *Rehabilitierung der praktischen Philosophie*, I, hrsg. von Manfred Riedel, Freiburg i. Br. (Sammlung Rombach NF., Bd. 14), S. 415—454.
Maurer führt aus:
„Deutlicher ist jedoch die Richtung der negativen Theologie ausgebildet. Danach vermag die Philosophie, sofern sie ihre Grenze bedenkt, nur zu sagen, was Gott oder das Absolute nicht ist, um so durch ein angemessenes Verständnis des ‚ist' einen Platz für den Gott des Glaubens auszusparen." (S. 423)
[5] Die Frage nach den „Göttern" und dem „Absoluten", die in „Sein und Zeit" noch nicht gestellt wurde, rückt im Denken des späteren Heidegger häufiger in den Blickpunkt. Frischs Affinität auch zu diesen Gedankengängen Heideggers ist unverkennbar, obwohl die Betonung bei Heidegger auf der Seinsgeschichte, bei Frisch auf der Daseinsgeschichte liegt. Heidegger sieht in der Welt ohne Götter die letzte Konsequenz einer geschichtlichen Entwicklung, in der das Sein in Vergessenheit geraten ist; es hat sich den Menschen, die seiner nicht mehr gedenken, entzogen. Bei Frisch spielt der Mensch — nach dem Muster von „Sein und Zeit" — eine aktivere Rolle: er „bewirkt" sozusagen durch sein „seelenloses" Verhalten, daß die „Götter" nicht mehr auf der Erde wohnen wollen.

ist ein Kennzeichen für die Blindheit des neuzeitlichen Menschen, daß Faber diese Zusammenhänge nicht sieht, sondern daß er den Untergang der Maya vielmehr als Beweis für die Überlegenheit der Technik nimmt: „Ihr Kalender errechnete das Sonnenjahr, laut Ruinen-Freund, auf 365,2420 Tage, statt 365,2422 Tage; trotzdem brachten sie es mit ihrer Mathematik, die man anerkennen muß, zu keiner Technik und waren daher dem Untergang geweiht —" (53)

Doch die Maya waren nicht deshalb dem Untergang geweiht, weil sie die Technik nicht kannten, sondern weil ihnen die Mentalität des von der Technik beherrschten Menschen fremd war. Sie lebten aus einem ursprünglichen Bezug zum Sein heraus, so daß es ihnen unmöglich war, die Welt als zu unterwerfendes Gegenüber zu sehen. In ihrem natürlichen In-der-Welt-sein waren sie sicherer in der Welt und zugleich hilfloser den „Glaubenslosen" gegenüber, da sie sich nicht als feindliches Objekt eines Willens zur Eroberung verstehen konnten.

In Marcels Augen war dieser Sieg des neuzeitlichen Menschen über die Welt der Maya ein „katastrophaler Scheinsieg":

Marcel sang [...] oder er schwatzte wieder die halbe Nacht lang: — von Cortez und Montezuma (das ging noch, weil historische Tatsache) und vom Untergang der weißen Rasse [...] vom katastrophalen Scheinsieg des abendländischen Technikers (Cortez als Techniker, weil er Schießpulver hatte!) über die indianische Seele und was weiß ich, ganze Vorträge über die unweigerliche Wiederkehr der alten Götter (nach Abwurf der H-Bombe!) [...] (60 f.).

Marcel formuliert hier den Gedanken, daß das technische Zeitalter den Keim zu seiner eigenen Zerstörung in sich trägt, weil der Mensch ohne „Seele", das heißt in der Seinsvergessenheit, lebt. Indem er sich von vornherein in ein Gegenüber zur Welt stellt, gerät er in Gefahr, von seinem eigenen Angriff vernichtet zu werden. Die alten Götter jedoch — als Zeugen einer Existenz im Sein — werden zurückkehren, da sie durch die Technik nicht wirklich vernichtet wurden, sondern sich nur dem Zeitalter ohne Seele verweigert hatten.

Marcels Untergangsprognose erfüllt sich nahezu im persönlichen Schicksal Homo Fabers, und es ist bezeichnend, daß der Ort, an dem Faber schließlich doch noch einen Bezug zum Sein findet, ebenfalls die Wiege einer alten Kultur ist: Griechenland, dessen ursprüngliches Denken — laut Heidegger — das Sein noch als reine Unverborgenheit verstand. Erst in seiner Rückkehr zu diesen Ursprüngen — einschließlich der Rückkehr zu Hanna, die noch an „Mythen" und an „Schicksal" glaubt (174), – erfährt Faber sein Existieren als „Im-Licht-sein": erhellt von dem gleichen „Feuer", das schon die Tempel der Maya erleuchtete und ihnen in der Ungesichertheit menschlichen Daseins als das einzig Beständige galt.

C. Mein Name sei Gantenbein

Die Interpretation der folgenden drei Szenen aus dem Roman „Mein
Name sei Gantenbein" geht davon aus, daß das Romangeschehen die —
hier ins Spielerische gewendete — Suche nach einer eigentlichen Existenz
beschreibt. Der Erzähler versucht, sich dem banalen Alltagsleben zu
entreißen und zur eigentlichen Existenz durchzudringen, indem er
„Möglichkeiten" durchprobiert, indem er sich selbst in Rollen sieht, die
er spielen könnte, die er jedoch, seines begrenzten Lebens wegen, nicht
alle verwirklichen kann: „Langsam habe ich es satt, dieses Spiel, das ich
nun kenne: handeln oder unterlassen, und in jedem Fall, ich weiß, ist
es nur ein Teil meines Lebens, und den andern Teil muß ich mir vorstellen; Handlung und Unterlassung sind vertauschbar, manchmal handle
ich bloß, weil die Unterlassung, genau so möglich, auch nichts daran
ändert, daß die Zeit vergeht, daß ich älter werde . . ." (199 f.)[6]
Was er bei jeder Variation seiner „Geschichte" feststellt, ist, daß
auch diese „neuen Kleider" ihm nicht zur Eigentlichkeit verhelfen, daß
am Ende immer wieder „die gleichen Falten" entstehen und daß auch
sein „neues Leben" in der „öden Wohnung" mündet. Das Bild der
„Wohnung" macht anschaulich, daß er sich immer wieder vom lebendigen In-der-Welt-sein abschneidet, daß seine Rollen zur „Erstarrung"
führen, zum Verlust des dynamischen „Seins zu . . .".
Enderlin ist diejenige Gestalt, die am engsten mit der Zeit verbunden
ist; an ihm wird erprobt, ob es möglich wäre, die Zeit als Gestalt zu
erfassen und nicht als unendliche Kette der Jetzt. Eine „Wandlung"
Enderlins ist keine leichte Aufgabe, da er in der typischen Zeitauffassung
des Man lebt: „Enderlin vertreibt die Zeit, die auf Erden ihm gegeben
ist, wieder einmal mit Kaffee [. . .]" (189). Er ist der ewig „Unentschlossene", der sich in künstliche Betriebmacherei stürzt, weil er sich
nicht auf die Zeit als Sein zum Tode entwerfen will: „Enderlin tut,
als habe er Eile, dabei dauert es nochmals eine halbe Stunde, bis man
einsteigen kann, und Eile kann auch der Unentschlossene haben." (194)
Der Erzähler, sozusagen ungeduldig über Enderlins erstarrtes Leben
„wie immer", stellt ihn schließlich auf die letztmögliche Probe: die
direkte Konfrontation mit seinem Tode. Daß diese Todesdrohung ein
„Irrtum" ist, ist eine subtile Ironie des Autors; sie ist ein Hinweis darauf,
daß der Tod eigentlich immer bevorsteht, auch wenn „man" noch ein
weiteres Jahr „überlebt". Für Enderlin bleibt nach dieser seiner end-

---

[6] Die Seitenangaben zu „Mein Name sei Gantenbein" beziehen sich auf folgende
Werkausgabe:
Meine Name sei Gantenbein. Roman. Frankfurt a. M., 1964.

gültigen Flucht nur noch das „Altern", im Sinne des frühen Homo Faber; er hat sich den eigentlichen Lebensfaden abgeschnitten und ist, um Heideggers Nietzsche-Zitat zu gebrauchen, „für seine Siege zu alt geworden". Was bleibt, ist nur noch das „Ableben", das kein wirkliches Leben mehr mit sich bringt, sondern lediglich die biologische Vernichtung: „Warum hat man sich nicht erhängt?" (247) Bezeichnenderweise läßt der Erzähler Enderlin nach dieser letztmöglichen Probe fallen. Er ist nicht weiter interessiert an einer Gestalt, die ihre Chance verspielt und freiwillig das Man gewählt hat.

Im Gegensatz zu Enderlin wird Gantenbein in der Kritik durchweg als positive Gestalt bewertet.[7] Die Vorliebe, die der Erzähler für diese Rolle zeigt, scheint eine solche Auslegung zu bestätigen. Was die Gantenbein-Gestalt für Erzähler und Leser so ansprechend macht, ist seine geschickte Imitation des eigentlichen „Seinlassens". Dieses Motiv liegt an der Wurzel seines Blindenspiels:

> Die kleine Begegnung mit Camilla Huber neulich bestärkt ihn in seiner Hoffnung, die Menschen etwas freier zu machen, frei von der Angst, daß man ihre Lügen sehe. Vor allem aber, so hofft Gantenbein, werden die Leute sich vor einem Blinden weniger tarnen, sodaß man sie besser kennenlernt, und es entsteht ein wirklicheres Verhältnis, indem man auch ihre Lügen gelten läßt, ein vertrauensvolleres Verhältnis — (66)

Die Betonung, die in beiden Sätzen auf den „Lügen" der Mitmenschen liegt, zeigt jedoch, daß er kein echtes „Seinlassen" anstrebt, das den anderen in seinem „wahren" Wesen hütet. Gantenbein bewahrt in allem den Augenschein und die Geste des liebenden Seinlassens, aber die Geste bleibt äußere Maske, da die Liebe eines eigentlichen Selbstseins fehlt. Ein „vertrauensvolles" Verhältnis, das auf einer Basis von Lügen entsteht, ist eine Farce, ein Widerspruch in sich selbst.

Gantenbein hat die Lügen der Mitmenschen jedoch nötig, er braucht es, daß auch Lila — Schauspielerin vor allem im übertragenen Sinne — ihn „belügt". Auf diese Weise hat er von vornherein ein Alibi für seinen mangelnden Einsatz und behütet sich vor jedem Eindringen der Außenwelt in seine abgekapselte Existenz.[8] So gelingt etwa die Um-

---

[7] Vgl. Martin Kraft, *Studien zur Thematik von Max Frischs Roman ‚Mein Name sei Gantenbein'*, Bern, 1969,
Wolf R. Marchand, „Max Frisch, ‚Mein Name sei Gantenbein'", in: *Über Max Frisch*, a. a. O., S. 205—234.

[8] Manfred Jurgensen (a. a. O.) gibt eine ähnliche Deutung: „Gantenbein [...] stellt sich blind, um auf das Verhalten seiner Mitmenschen nicht näher eingehen zu müssen." (S. 193) „Der sich blind stellende Gantenbein erlebt [...] gerade wegen seiner vermeintlichen Blindheit eine Vielzahl von Geschichten, die aber (und das ist entscheidend) nie seine eigenen Geschichten sind. Er läßt sich durch seine Geste eine Lebensgeschichte aufzwingen, die im Grunde eine Lebenslüge ist." (S. 194)

armung mit Lila nur deshalb, weil sie an seine „blinde" Zärtlichkeit glaubt. Wenn es heißt: Ein Blinder „glaubt seiner Haut" (163), so bezieht sich diese Aussage nicht auf die Gefühle des durchaus nicht blinden Gantenbein, sondern auf den Gesichtspunkt Lilas, die ihm vertraut. Er selbst bleibt in allen seinen Begegnungen merkwürdig unberührt, ungreifbar unter seiner Maske.[9]

Eine bezeichnende Aussage über Gantenbeins Rolle beschreibt, wie immer nur die anderen im eigentlichen Sinne dadurch gewinnen, während Gantenbeins Vorteile rein äußerlich bleiben: „Es ist mühsam mit einem blinden Reiseführer, aber es lohnt sich: innerlich für die Reisenden, wirtschaftlich für Gantenbein [. . .]" (312).

Gantenbein als Gesellschaftskritiker ist ebenfalls nicht eigentlich engagiert, sondern „macht Karriere" (50), indem er genauso bereitwillig Wahrheiten verschweigt, wie er sie aufdeckt: „Was die Welt braucht, sind Leute wie Gantenbein, die nie sagen, was sie sehen [. . .]" (ebd.).

Daß seine Rolle, hinter der sich kein Selbstsein verbirgt, nicht zur größeren Freiheit führt, sondern immer mehr zum „Zwang" wird (474), zeigt sich an verschiedenen Beispielen. Der vielleicht deutlichste Beleg dafür, daß die Rolle ihr eigenes Motiv, das „wirklichere" Verhältnis zu anderen, zunichte macht, ist Gantenbeins Weigerung, einen Mann zu retten, der wegen Mordes verurteilt wird. Ein weiteres Beispiel dafür, daß der andere im Entscheidungsfalle der Rolle geopfert wird, ist Beatrices leichte „Lähmung der Augenlider" (475), die seinem Blindenspiel zuzuschreiben ist. In diesen Fällen zeigt sich das „Seinlassen" als das, was es in Gantenbeins Version wirklich ist: als „Unterlassen", als mangelnde Fürsorge, die sich so geschickt tarnt, daß meistens alles gut geht, daß Konflikte weitgehend vermieden werden können.

Für Gantenbein selbst führt dieser Versuch, durch eine Rolle freier zu werden, zu einem wachsenden Verlust seiner Freiheit. Der eigentlichen Freiheit hatte er sich ja bereits begeben, als er seine „lila" gefärbte Sicht der Welt aufnahm: „Ich lebe ganz und gar, vom Scheitel bis zur Sohle von Lila" (138), erklärt er. Als Wortspiel aufgefaßt, bedeutet das: Ich lebe davon, daß die Welt „lila", das heißt völlig gleichgeschaltet ist. In einer solchen Welt bleibt Gantenbein vor jeder wirklichen Sicht geschützt. „Wer sich aushalten läßt, muß sich unterordnen" (139), bemerkt er und betont damit den Rollenzwang („muß") und das Man-

---

[9] Die Stellung von Camilla und Beatrice — den scheinbaren Ausnahmen in Gantenbeins beziehungslosem Leben — ist problematisch und bedürfte einer gesonderten Untersuchung. Gantenbeins ungerührter Auftritt nach dem Mord an Camilla, sowie die Fremdheit zwischen der erwachsenen Beatrice und ihrem Vater sprechen jedenfalls nicht für eine wesentliche Abweichung in Gantenbeins Haltung zu seiner Mitwelt.

artige seines von sprichworthaften Reden durchzogenen Daseins
(„Wer ..., der ..."; „Ein Blinder urteilt nicht"[10]; „Ein Blinder richtet
nicht"; „Filme sind das Verbindende"; „Was die Welt braucht ...";
etc.). Auch daß Gantenbein ganz und gar „von" Lila „lebt", verdeutlicht sein mangelndes Selbstsein, seinen Versuch, sich die Last des Daseins
von anderen abnehmen zu lassen.

Gantenbeins ironische Erkenntnis, daß das physische Sehen mit dem
eigentlich verstehenden Sehen nicht identisch ist, läßt ihn von vornherein auf den Versuch einer eigenen Sicht verzichten. Er verschließt
sich so resignierend jeglichen Zugang zum In-der-Welt-sein. In der
ebenmäßig „lila" Welt des Scheinblinden werden Konflikte weitgehend ausgeschaltet. Gantenbein kann im Innersten unberührt bleiben
und sich vor der Unheimlichkeit, der Angst und dem mahnenden Rückruf an sich selbst bewahren. Bezeichnenderweise ist es ja Enderlin und
nicht Gantenbein, an den der „Ruf" nach Harvard ergeht[11], und es
ist Enderlin, der durch das heimliche „Sehen" seiner Todesnachricht in
Angst gestürzt wird.

Nur einmal, als Gantenbein, gleich einem „Sehenden", heimlich Lilas
Briefe liest, stößt er auf eine leise Erinnerung an das, was er vermißt
(„Was will Gantenbein mehr?"): es ist die Erinnerung daran, daß es
„Ziele" gibt, eine andere Dimension des Existierens, jenseits der starren
Bühne seines „lila" Daseins:

> Natürlich ist dieser Gantenbein so fein nicht, wie ich vorgebe, und einmal, scheint
> es, hat er doch einen dänischen Brief gelesen [...]. „Es ist gut so. Warum
> weinst Du? Ich verstehe alles. Warum soll ich zornig sein, da Du

[10] Daß solche Redensarten wirklich auf ein mangelndes Selbstsein hinweisen, verdeutlicht sich auch in der folgenden Aussage aus Max Frischs „Tagebuch 1946—1949":
„[...] der bloße Verzicht, sich in das Wagnis eines Urteils einzulassen, ist ja noch
keine Gerechtigkeit, geschweige denn Güte oder sogar Liebe. Er ist einfach unver-
bindlich, weiter nichts." (a. a. O., S. 148)

[11] Der Ruf nach Harvard ist als Gewissensruf aufzufassen, da er an Enderlin ergeht,
als er sich eingehend mit „Hermes" auseinandergesetzt hat, in dem die Fülle des
Lebens und die Botschaft des Todes sich vereinigen. „Hermes ist eingetreten", (60)
heißt es einmal, als Enderlin sich in einer Gesellschaft plötzlich außerstande fühlt,
weiter am Gerede des Man teilzunehmen. Der „Schreck" (57), der ihn ergreift, ist
so stark, daß er sich später, im Auto (!), mit dem typischen „Es war nichts" beruhigen muß: „Nur für Enderlin [...] ist etwas geschehen [...]. Bis eine Einsicht
draus entsteht, braucht es viele kleine Schrecken. Allein in seinem Wagen, [...]
erleichtert, daß wenigstens der Motor funktioniert, denkt er nicht mehr daran.
Ein belangloser Abend ..." (61).
Daß Hermes der „Götterbote" ist, zeigt seine Verwandtschaft mit Stillers „Engel":
beide Gestalten, Boten einer „anderen Welt", dienen dazu, den „Schrecken" wach-
zuhalten, die Erinnerung an die Unheimlichkeit der Existenz, die der Alltag verborgen hält. Enderlin nimmt den Ruf nach Harvard übrigens nie an, weil er sich zu
einem Leben im Zeichen des Hermes nicht entschließen kann.

dort, wie Du schreibst, glücklich bist? Es ist gut so." Lila ist
also glücklich. Was will Gantenbein mehr? „Wann fahren wir in die sieben
Himmel? Dein Nils." (312 f.)

Der Brief beschwört eine Beziehung zum anderen, die sich außerhalb
des nivellierten Alltags vollzieht und die nicht die romanübliche Be-
zeichnung „das Paar" zuläßt, sondern nur das „Wir", das Gantenbein
fremd ist, weil er sich im Verhältnis zu Lila selbst immer ausspart.

Das Ende der Gantenbeinphase bezeugt, daß Gantenbeins Rolle auf
der Beziehungslosigkeit, auf der gegenseitigen Täuschung aufgebaut war.
Als Gantenbein plötzlich sieht, daß Lila ihn nicht (mehr) betrügt, kann
er seine Rolle nicht weiterspielen: „Lila betrügt ihn nicht, dafür hat
er keine Rolle." (483) Lila, von deren Schauspielerei Gantenbein „lebte",
entzieht ihm den Boden, die Rechtfertigung, für sein beziehungsloses
Dasein. Bezeichnenderweise wird hier die Frage der wirklichen „Liebe"
noch einmal aufgeworfen. Während Gantenbein zunächst behauptet
hatte, daß er vor Lila spielt, weil er sie „liebt" (124) (später modifiziert durch die einschränkende Erklärung: „Ich glaube, ich liebe sie
wirklich" (169)), versteht er jetzt das genaue Gegenteil, nämlich das
Ablegen der beziehungslosen Rolle, als seine „Liebeserklärung" (484).
Doch was sich in seinem gesamten Rollendasein bereits zeigte, tritt hier
endgültig zutage: er ist kein eigentliches Selbst, er hat in der ständigen
Aussparung seiner Person sein sehendes Verstehen („Gesicht") völlig
verloren: „Und als Gantenbein seine Brille abnimmt [. . .] lächelt er
oder meint, daß er lächle; dabei hat er bloß kein Gesicht mehr" (483 f.).

Wie Enderlin, so ist auch Gantenbein eine Gestalt, die sich selbst versäumt und ihre Chance verspielt. „Du machst wirklich, Stiller, bis es
eines Tages zu spät ist" (Stiller, 556), hatte schon Rolf seinem Freund
vorgehalten. Die Endlichkeit des Daseins zeigt sich daran, daß ihm
seine Möglichkeiten nicht auf ewig offen sind; am Verlust seines „Ge-
sichtes" erfährt Gantenbein das „Zu-spät", das sich dann auch in Lilas
Verhalten bestätigt, die ihn nach „all diesen Jahren" (485) des Gegen-
überseins nicht mehr in eine wirkliche Beziehung einlassen will.

Im Unterschied zu den Romanen „Stiller" und „Homo Faber", deren
Protagonisten in „reale" Krisen geraten, die zur „Entscheidung" drängen, zieht der Erzähler hier seine Schlüsse aus vorgestellten Lebenssitua-
tionen. Allerdings sind diese vorgestellten Situationen nicht weniger
„real" als die Ereignisse in Stillers oder Walter Fabers Leben, da sie die
„Wirklichkeit" des Erzählers spiegeln, der auch in seinem „tatsächlichen"
Leben nie eigentlich „da" ist. Diese Behauptung wird weiter unten
noch näher erläutert, wenn die Jerusalem-Reise des Erzählers und seine
Einsicht in die eigene „Blindheit" untersucht werden.

Das Spiel mit den „fruchtlosen" Rollen erweist sich am Ende als

fruchtbar. Wie Stiller, so weiß auch der Erzähler schließlich, was er
nicht will: „Muß ich auch Siebenhagen noch erfinden?" (482) fragt
er kopfschüttelnd, als auch die aussichtsreiche Gantenbeinrolle ihm den
Weg zum Sein nicht gewiesen hat. Was er will, ist ein „wirkliches" Leben, wie es sich in der Schlußszene darstellt, und zwar erst nach der
„durchgeprobten" Einsicht, daß die Flucht vor den faktischen Gegebenheiten (Zeit, Tod) und der Abstand von der Welt zum Verlust des
eigentlichen Selbstseins führen, gleichviel, welche Rolle man dabei spielt.

Dieser negativen Erfahrung, die sich zu diesem späten Zeitpunkt noch
einmal im Bilde der öden Wohnung verdichtet, wird in der Schlußszene
eine positive gegenübergestellt: das unmittelbare Leben in seiner über-
raschenden Einfachheit, sobald es nicht mehr von Zweideutigkeiten,
bloßen Hoffnungen oder Lügen verzerrt ist, sondern in seinem wahren
Wesen (Sein) zum „Erscheinen" kommt.

1. Die Eingangsszene: Die Welt des Man

In der Einführungsszene des Romanes gibt uns der Erzähler einen Aus-
schnitt aus der Welt des Man. Die Szene spielt sich nicht in seiner Vorstellung ab, sondern wird als von ihm unabhängige Wirklichkeit dar-
gestellt. Der Erzähler beschreibt sozusagen die „Realität", die ihn dazu
veranlaßt, mit Hilfe seiner Vorstellungen nach einem Ausweg zu suchen,
nach anderen Lebensmöglichkeiten. Das Man wird in seinen alltäglichen Zerstreuungen, seinem Gerede und seiner Zweideutigkeit vorge-
führt. Sätze wie: „Man speiste reizvoll, aber nicht üppig, geredet wurde
viel, Palaver mit Niveau" (7), weisen auf die künstlich übermalte Leere
des alltäglich-durchschnittlichen Daseins hin.[12] In dieser Welt „rechnet
man" einfach nicht damit, daß der Tod bevorstehen könnte.

Auch der nur mit einem anonymen „er" bezeichnete Gast, der noch
an diesem Abend sterben wird, verhält sich zunächst nicht wesentlich
anders als die übrigen. Daß „er" keinen Namen trägt, weist darauf hin,
daß er stellvertretend für jeden der Anwesenden stehen könnte. „Er"
ist ein typischer Vertreter des Man, der kein eigenes Dasein hat, sondern der seine Existenz in der Beteiligung an der Öffentlichkeit suchen
muß: „Jemand will sich gewundert haben über seinen müden Blick, wenn
er zuhörte; dann wieder beteiligte er sich, um vorhanden zu sein." (ebd.)

---

[12] Peter Hamm bemerkt in diesem Zusammenhang: „Sicher ist, daß Frisch auf der
Suche nach der Identität die Entfremdung des Menschen in der bürgerlichen Welt
so realistisch wie nie zuvor ins Bild zwang." („Entwürfe zu einem späten Ich. Zu
Max Frisch: ‚Mein Name sei Gantenbein'", in: *Die Weltwoche*, Nr. 1614, vom
16. 10. 1964).

Das zunehmende Unwohlsein vereinzelt diesen Mann immer mehr, ohne daß er es jedoch wagen würde, die „allgemeine" Stimmung zu unterbrechen und an die „Fürsorge" der anderen zu appellieren. Hinter dieser Zurückhaltung verbirgt sich nicht zuletzt der Versuch, auch sich selbst nicht zu beunruhigen, sich seine Situation weitgehend zu verharmlosen. Als er sich schließlich zum Gehen gezwungen fühlt, tut er auch das „leichthin, um ihr Gespräch nicht zu unterbrechen" (ebd.), und läßt bewußt die zweideutigen „Verdächtigungen" der Anwesenden über sich ergehen. „Man mußte ihn gehen lassen" (ebd.), ist das Fazit, das die Gesellschaft aus seinem Verhalten zieht, eine Beobachtung, die den Kern der Sache trifft, da im Angesichte des Todes der Aufenthalt im Man seinen Dienst versagt.

Gleich Walter Faber, wenn er bedrohlichen Gedanken zu entgehen sucht, so flieht auch dieser Mann von einem Versteck ins andere: von der jovial-banalen Gesellschaft in die Scheinsicherheit seines Autos. Daß er — trotz spürbarer Vorzeichen — seinen Tod nicht „erwartet" hat, zeigt sich später, als er von der Polizei gefunden wird: der Motor seines Wagens läuft, der Winker blinkt: alles ist ausgerichtet auf ein Weiterleben, das nicht mehr stattfindet. Die Plötzlichkeit des Todes und die jähe Angst, die diesen Menschen überfallen haben muß, zeigt sich an seiner Haltung: „Er saß aufrecht, Kopf nach hinten, beide Hände am aufgerissenen Kragen [. . .]" (8). Wie Stillers Freund Alex, der seinen „Irrtum" (Selbstmord) „nicht mehr verlassen konnte", so ist auch dieser Mann von seinem eigenen Irrtum (daß das Leben auf immer weitergehe) eingeholt worden. Die verzweifelte Haltung, in der er erstarrt ist, läßt vermuten, daß auch er jenen lautlosen Schrei ausgestoßen haben mag, der schon Alex' verspätete Einsicht durchstimmte. „Es muß ein kurzer Tod gewesen sein" (ebd.), heißt es, ein Tod also, der kaum noch etwas anderes zuließ als eine ohnmächtige Verzweiflung und dann das jähe Verlöschen.

Im Angesicht dieses Tatbestandes ist es bezeichnend, wie das Man sofort in die Bresche springt, um jede Beunruhigung über den Tod zunichte zu machen: „[. . .] und die nicht dabei gewesen sind, sagen, ein leichter Tod – [. . .] ein Tod wie gewünscht . . ." (ebd.). Die offensichtliche Verzweiflung und Angst des Toten werden völlig ignoriert. Stattdessen wird von ihm geredet, als habe er ein Geburtstagsgeschenk erhalten: „Ein Tod wie gewünscht." Heidegger erläutert diese Haltung des Man: „Was sich gemäß dem lautlosen Dekret des Man ‚gehört‘, ist die gleichgültige Ruhe gegenüber der ‚Tatsache‘, daß man stirbt. Die Ausbildung einer solchen ‚überlegenen‘ Gleichgültigkeit e n t f r e m d e t das Dasein seinem eigensten, unbezüglichen Seinkönnen." (SZ, 254)

Der Erzähler beweist an dieser Stelle seine Fähigkeit oder doch seine

Bereitschaft, sich von den Meinungen und Urteilen des Man fernzuhalten: „— ich kann es mir nicht vorstellen" (8), bemerkt er und zeigt
damit, daß der vom Man nivellierte Tod zum Anstoß seiner Vorstellungen wird: der Tod als Zeuge dafür, daß auch das Man mit seiner
„flüchtigen" Gleichgültigkeit seinem Ende nicht entrinnen kann und
als Zeuge dafür, daß diese Gleichgültigkeit ein wirkliches Leben verhindert.[13]
     Der Erzähler sieht schon an dieser Stelle, daß Enderlin — eine Facette
seines Ich in vorgestellten Situationen — so sterben könnte wie der unbekannte Tote. Er weiß also bereits, daß Enderlin — der den Zeitsinn des
Erzählers in sich trägt — sein Leben über den Geschäften des Man versäumen könnte. Aber noch sind, so meint der Erzähler, Enderlins Möglichkeiten nicht vertan, noch kann er in Geschichten und Vorstellungen
erscheinen, die die Möglichkeit eines eigentlichen Daseins für ihn durch-
proben.
     Nur der Tote, von den Vorstellungen der Lebenden befreit, braucht
keine Geschichten mehr. Er ist bei seiner „unüberholbaren" Möglichkeit
angekommen, die jede weitere Möglichkeit ausschließt.
     Daß der Erzähler — wie er halb ironisch gesteht — „Geschichten"
braucht, um seinen „Erfahrungen" Sinn und Zusammenhang zu geben,
deutet auf einen doppelten Tatbestand: positiv gesehen, ist der Erzähler
über das gleichgültige Dahinleben im Man schon hinaus. Er weiß, daß
er eine eigentliche Existenz anderswo suchen muß als in den alltäglichen
Gepflogenheiten der Öffentlichkeit; negativ gesehen ist sein Versuch,
seinem Dasein durch „Geschichten" Sinn und Richtung zu verleihen,
ein Zeichen dafür, daß auch er noch nicht vom eigentlichen Selbstsein
her handelt, daß nicht die „Entschlossenheit" sein Leben zu einem Ganzen formt, sondern daß er diese Ganzheit in nachträglichen Geschichten suchen muß. Heidegger bemerkt:

> Die Frage kann nicht lauten: wodurch gewinnt das Dasein die Einheit des Zusam-
> menhanges für eine nachträgliche Verkettung der erfolgten und erfolgenden
> Abfolge der „Erlebnisse", sondern: in welcher Seinsart seiner selbst v e r l i e r t es
> sich so, daß es sich gleichsam e r s t n a c h t r ä g l i c h a u s d e r Z e r s t r e u-
> u n g zusammenholen und f ü r d a s Z u s a m m e n eine u m g r e i f e n d e
> E i n h e i t s i c h e r d e n k e n m u ß? (SZ, 390)

Die Antwort lautet: es ist die uneigentliche Existenz, die dem Dasein

---

[13] In: „Max Frisch: ‚Mein Name sei Gantenbein'" gibt Marcel Reich-Ranicki eine
ausgezeichnete Deutung zum Stellenwert dieser Todesszene: „Ein meisterhafter
Kunstgriff scheint mir dieser Prolog zu sein: Er deutet sofort die Grundstimmung
des Romans an, er läßt seine Folie erkennen. Denn was auch [...] erzählt wird —
das Bewußtsein der Vergänglichkeit des menschlichen Daseins bleibt immer evident,
das Motiv des Alterns wird intoniert und variiert, die unentwegte Todesnähe bildet
den Hintergrund." (*Lit. der kleinen Schritte*, München, 1967, S. 87).

eine wirkliche Ganzheit verwehrt und es zu Ersatzlösungen treibt, etwa zur „Gier" nach Geschichten. Eigentlich ganz wird das Dasein erst in der „Entschlossenheit": „Die vorlaufende Entschlossenheit bringt dieses Sein zum Tode in die eigentliche Existenz. [...] Die Entschlossenheit des Selbst gegen die Unständigkeit der Zerstreuung ist in sich selbst die erstreckte Stätigkeit, in der das Dasein als Schicksal Geburt und Tod und ihr ‚Zwischen' in seine Existenz ‚einbezogen' hält." (SZ, 390 f.)

Allerdings steht der Erzähler — wie wir bereits erwähnten — seinen „Geschichten" schon von Anfang an ironisch gegenüber. Seine Ablehnung des Man macht ihn „wissender", er ahnt bereits die Fruchtlosigkeit seines Unterfangens. In Ermangelung einer eigentlichen Wahrheit kann er es sich jedoch nicht versagen, sein spielerisches Experiment durchzuproben, bis er sich am Ende selbst ad absurdum führt: „Muß ich auch Siebenhagen noch erfinden?"

Die Interpretation der Schlußszene wird zeigen, daß der Erzähler sich schließlich aus der uneigentlichen „Zerstreuung" zurückholt, indem er die rein vorgestellten „Zusammenhänge" aufgibt und sich „entschlossen" in ein wirkliches „Da"-sein stellt.

2.   Das Pferd im Granit

Wie die Eingangsszene, so spielt auch diese Szene nicht in der Vorstellung des Erzählers, sondern sie beschreibt seine unmittelbare Erfahrung. Diese Erfahrung — das plötzliche Einbrechen einer „anderen Welt" — ist dem Gewissensruf gleichzusetzen, in dem das Dasein sich aus dem „grauen" und scheinbar „rißlosen" Alltag zu sich selbst zurückruft. Die Szene trägt alle Züge eines echten Gewissensrufes: die Befindlichkeit der Todesangst zusammen mit dem Ruf („Schrei") im „Modus des Schweigens":

> Das Morgengrauen vor dem offenen Fenster kurz nach sechs Uhr erschien wie eine Felswand, grau und rißlos, Granit: — aus diesem Granit stößt wie ein Schrei, jedoch lautlos, plötzlich ein Pferdekopf mit weitaufgerissenen Augen, Schaum im Gebiß, aufwiehernd, aber lautlos, ein Lebewesen, es hat aus dem Granit herauszuspringen versucht, was im ersten Anlauf nicht gelungen ist und nie, ich seh's, nie gelingen wird, nur der Kopf mit fliegender Mähne ist aus dem Granit heraus, wild, ein Kopf voll Todesangst, der Leib bleibt drin, hoffnungslos, die weißen Augen, irr, blicken mich an, Gnade suchend — (14 f.)

Das Pferd, hier noch weiter verallgemeinert zu einem „Lebewesen", ist ein traditionelles Symbol für die ursprüngliche Lebenskraft im Menschen.[14] Was der Erzähler in diesem „Gesicht" erfährt, ist der „Riß"

---

[14] Vgl. *Man and His Symbols*", ed. Carl G. Jung, M.-L. von Franz, New York 1964, S. 98, u. a.).

zwischen Sein und Seiendem, die „ontologische Differenz". Der vergebliche Versuch des Pferdes, aus dem Granit zu springen, verdeutlicht, daß das endliche Dasein sich nie völlig dem Seienden entreißen und ins reine Sein gelangen kann. Aus dieser tiefen Endlichkeit resultiert auch die Todesangst, in der das Dasein sich vollends auf die Grenzen seiner Existenz zurückgeworfen sieht. Es bleibt jedoch das paradoxe Faktum, daß der Mensch mit seinem endlichen Verständnis das Sein nur dann sehen kann, wenn es sich am Seienden zeigt. Erst im plötzlichen Sich-öffnen des scheinbar rißlosen Granits (des nur Seienden) zeigt sich das Sein in all seiner Befremdlichkeit, die Tatsache, daß dieses Lebewesen überhaupt „ist und nicht vielmehr nicht ist".

Heidegger spricht (im Zusammenhang mit dem Kunstwerk) von einem solchen „Riß". Dieser Riß ist der Ort, an dem der „Streit" zwischen der „Verbergung" seitens der „Erde" und der „Lichtung" der „Welt" sich „zusammenfügt" (Ursprung, 51). Der „Streit" wird in dieser Zusammenfügung nicht aufgehoben, sondern er gehört zur Wahrheit des Seins, die als ἀ-λήθεια immer das Ent-bergen eines Verborgenen ist. Ohne den „Riß", die offene Stelle, wäre das Sein als solches nie zu erkennen. So ist der Riß also nicht das „Aufreißen einer bloßen Kluft" (ebd.), sondern vielmehr der Ort, an dem die Wahrheit (Sein) hervorleuchten kann: „Sie [die Wahrheit] ist das Gefüge, als welches der Riß sich fügt. Der gefügte Riß ist die Fuge des Scheinens der Wahrheit." (Ursprung, 52)

Der „Stoß" aus diesem Riß („aus diesem Granit [. . .] stößt plötzlich ein Pferdekopf") ist das Hervortreten des Seins: „Je wesentlicher das Werk sich öffnet, umso leuchtender wird die Einzigkeit dessen, daß es ist und nicht vielmehr nicht ist." (Ursprung, 53 f.) Der „Stoß in das Offene" ist zugleich ein „Stoß ins Ungeheure" (Ursprung, 56), durch den „das bislang geheuer Scheinende umgestoßen" wird (Ursprung, 54).

So verwandelt denn für den Erzähler der scheinbar gleichförmig graue Alltag plötzlich sein Gesicht und stellt ihn vor die Unheimlichkeit seiner Existenz, vor seine Verhaftung an die Endlichkeit und seine Überlieferung an den Tod. (In „Sein und Zeit" spricht Heidegger einmal von der „dünnen Wand, die gleichsam das Man von der Unheimlichkeit seines Seins trennt" (SZ, 278)).

Was diese Szene zum Gewissensruf macht, ist der Appell, die Ohnmacht und Geworfenheit nicht nur zu sehen („es hat aus dem Granit herauszuspringen versucht, was [. . .] nie, ich seh's, nie gelingen wird"), sondern sie wirklich zu übernehmen. Mit dieser Übernahme würde der Erzähler sein Leben „durchsichtig" machen, er würde sich gleichsam den „Riß im Granit" offenhalten, das Bewußtsein, daß die Wahrheit des Seins sich dem endlichen Dasein zwar verbirgt, daß sie jedoch aus dem scheinbar nur Seienden immer wieder erstritten werden kann.

Der Erzähler geht jedoch von diesem „Gesicht", das über ihn her-
eingebrochen ist wie eine Gnade, zum normalen Alltag über. Indem er
„Licht" macht, bewegt er sich aus der Sphäre des Sehens als eigentlichem
Verstehen in das alltägliche Sehen, wo die „Netzhaut [. . .] ein Schutz
vor der Ahnung" ist und „vor der Zeit [. . .]" (64). Gleich darauf (oder
„unversehens", wie der Erzähler in einem Wortspiel auf die falsche
Sicht sagt) „erstarrt" das Lebewesen zu einem bloßen Gegenstand aus
„Terrakotta" oder „Holz", „alles kunstvoll bemalt [. . .]" (15). Diese
plötzliche Erstarrung des Lebendigen erinnert an das immer wieder-
kehrende Bild der „öden Wohnung": es ist ein typisches Ereignis im
Alltag, daß der Mensch aus „,Angst' vor der Angst" sein lebendiges
In-der-Welt-sein abtötet und die Welt zum seinsleeren Gegenstand erstarren läßt. Die Dynamik des Daseins, die sich nur aus dem entschlossenen Sein zum Tode ergibt, wird einer bemalten Kulisse geopfert,
„Neon-Tapete vor der Nacht und vor dem Tod", wie Walter Faber
es nannte (Faber, 220).
    Unter diesen Bedingungen muß sich dem Erzähler auch der „Riß"
wieder verschließen, aus dem die Wahrheit des Seins für Augenblicke
hervorleuchtete: „[. . .] lautlos zieht sich der Pferdekopf langsam in
den Fels zurück, der sich lautlos schließt, rißlos wie das Morgengrauen
vor dem Fenster, grau, Granit wie am Gotthard [. . .]" (15).[15]
    Diese gleiche Szene wird noch einmal wiederholt, als Enderlin sich mit
seiner eigenen Geworfenheit, der Gewißheit seines Todes, auseinandersetzen muß (238). Als Enderlin beschließt, so zu tun, als wäre nichts
geschehen, und als er in alltäglicher „Betriebmacherei" seinen eigenen
Tod „überlebt", wird noch einmal an den Sinn dieser Szene erinnert:
„Enderlin draußen in einer Hängematte [. . .] Sein Kater darüber, daß
er derselbe geblieben ist — Also altern! Morgengrauen — aber ohne
Pferdekopf — Grauen — aber ohne Schrei —" (243)
    Was Enderlin nach der „Übermalung des Risses" zu erwarten hat, ist
das „Altern", die Erstarrung auf einer immer gleichen Stufe, ohne das
dynamische „Sein zum Tode". Sein Leben wird rißlos sein wie das
„Morgengrauen", aus dem kein „Pferdekopf" hervorstößt, das heißt
kein „Stoß ins Ungeheure" mehr erfolgt. Statt des „Schreis", dem aus

---

[15] Manfred Jurgensen (a. a. O.) deutet diese Szene im ähnlichen Sinne als „Hervor-
    brechen des Lebens" aus dem „Alltag" (S. 181): „Auch bei Frisch geht es um die
    Bewohnbarkeit des Felsens, der hier zum Bild des Tages wird. Der Erzähler in
    Gantenbein will aber aus dem bewohnten Alltag seines Lebens ausbrechen in den
    Bereich der Gnade." (ebd.) Am Ende „schließt sich der Sesam wieder, der Ver-
    gleich zwischen Felsen und Morgen wird abgerundet, der Kranke bereitet sich
    auf den neuen Tag vor. Zwar sieht er noch spielzeughafte Autos, ‚die alle nach
    Jerusalem rollen', aber an dieser kreuzzughaften Fahrt in die Erlösung vermag
    er selber nicht teilzunehmen." (S. 182)

der Todesangst resultierenden Rückruf zu sich selbst, bleibt ihm nur das „Grauen", die feige Furcht vor dem Tod, der trotz allem unweigerlich und unüberholbar vor ihm steht.

Wie wir schon bei „Stiller" und „Homo faber" gesehen hatten, lassen sich grundlegende Erfahrungen, wie diese vom „Riß im Granit", nie ganz spurlos unterdrücken: Was dem „wachen" Erzähler aus diesem Erlebnis bleibt, ist eine Art biblischer Vision dessen, was ihm möglich wäre, wenn er sich nicht in den Alltag zurückgeflüchtet hätte: „[...] im Tal, tiefunten, eine ferne Straße, Kurven voll bunter Autos, die alle nach Jerusalem rollen (ich weiß nicht, woher ich das weiß!), eine Kolonne von bunten kleinen Autos, spielzeughaft." (15)

Was geblieben ist, ist die Ahnung eines fernen Zieles (Jerusalem), das fremd und doch gleichzeitig weltimmanent und erreichbar ist. Daß der Erzähler „nicht weiß", woher er von diesem Ziel weiß, deutet an, daß es sich um ein ursprüngliches, vom alltäglichen Wissen völlig verschiedenes Verstehen handelt, ein Wissen, das etwa an Fabers ahnungsvolle Träume erinnert. Durch seine bewußte Rückkehr in den Alltag hat sich der Erzähler jedoch von der Möglichkeit eines eigenen Aufbruches abgeschnitten: die Straße liegt „tiefunten" und in weiter Ferne, die Autos, die „nach Jerusalem rollen", erscheinen fast unerreichbar, „spielzeughaft" in der großen Entfernung.

Daß der Erzähler, als er später „tatsächlich" nach Jerusalem geht, sein visionäres Ziel nicht findet, ist kaum verwunderlich. Wie schon Mr. Whites „rote Felsen", die ebenfalls als „wirkliches" Ziel an seinem Horizont lagen, so ist auch Jerusalem nur dann eigentlich zu erreichen, wenn die rechte Sicht gegeben ist, wenn der Erzähler jenen vom Alltag losgelösten „Zugang" findet, der White vor den Eingang „seiner" Höhle brachte. Dieser Zugang ist jedoch kaum von einem Manne zu finden, der sich von vornherein als „Tourist" bezeichnet (239). In dieser Eigenschaft steht er allem lediglich gegenüber, er ist nicht in der Welt, sondern er macht sie zum Gegenstand, zum Besichtigungsobjekt: „Damaskus-Tor: mächtig, schön, das bekannte römische Mauerwerk. Wozu diese Reise? Ich frage mich; aber nun bin ich hier. Und es ist nicht wahr, daß ich hier bin. [...] Mein Hiersein als Tatsache: ich bin nicht anderswo." (ebd.) Der faktische Ort Jerusalem ermöglicht dem des Sehens unfähigen Erzähler kein eigentliches „Da"-sein. Die Welt bleibt ihm verschlossen und er betrachtet nur ihre Kulisse: „Alles bleibt Augenschein." (242) Als er am Abend die Stadt verläßt, „weiß" er, was er schon bei seiner Ankunft „gewußt hat" (ebd.): er ist nicht „da" gewesen, Jerusalem als Touristenziel hat ihm den Zugang zur Welt nicht eröffnet. Seine Vision, in die Kulisse des Alltags versetzt, wird wesenlos: obwohl ihn eine letzte Erinnerung „entschlossen" macht, nie von seiner

Besichtigungsreise zu erzählen (das heißt seine Vision nicht endgültig in eine „Touristenstory" zu verwandeln), tut er es später „doch" (ebd.). Was das Dasein des Erzählers trotz allem vom banalen Dahinleben unterscheidet, ist sein offensichtliches Leiden daran, daß er nicht wirklich „ist". In diesem Punkt und darin, daß er die Suche nach einer eigentlichen Existenz nie aufgibt, gleicht er vor allem Stiller. Eines Tages kauft er sich sogar ein Tonband, um zu hören, ob seine Gäste in seiner Abwesenheit anders reden als gewöhnlich (ihn „verraten"); er tut dies mit dem ausdrücklichen Ziel, sein In-der-Welt-sein zu erfahren: „Ich möchte wissen, daß ich bin. Was mich nicht verrät, verfällt dem Verdacht, daß es nur in meiner Einbildung lebt, und ich möchte aus meiner Einbildung heraus, ich möchte in der Welt sein." (419)

Das Experimentieren mit neuen Rollen und Lebensumständen zeigt dem Erzähler immer deutlicher, daß sein Mangel an „Da"-sein nicht aus den jeweiligen äußeren Umständen herrührt, sondern in ihm selbst zu suchen ist. Gleich Stiller und Walter Faber fehlt ihm das wirkliche Sehen als der verstehende Bezug zum Sein. „Ich bin blind", erklärt er am Ende und erläutert diese Blindnis, indem er gesteht, daß seine Sicht („das, was ich sehe") und seine Vorstellungen („die Geschichten, die ich mir vorstellen kann") ein und dasselbe sind: „Ich bin blind. Ich weiß es nicht immer, aber manchmal. Dann wieder zweifle ich, ob die Geschichten, die ich mir vorstellen kann, nicht doch mein Leben sind. Ich glaub's nicht. Ich kann nicht glauben, daß das, was ich sehe, schon der Lauf der Welt ist." (487)

Worum es also letzten Endes gehen wird, ist das wirkliche Sehen, das er in der gnadenhaft einbrechenden Schau eines „Risses im grauen Granit" und eines erreichbaren Zieles Jerusalem als möglich verstanden hatte. Gefordert ist das Heraustreten aus der Blindnis einer vorgestellten Welt, einer Welt als Objekt, in die Lichtung des In-der-Weltseins.

3. Die Schlußszene

Am Ende schließt sich der Kreis der Erzählung und kehrt zu ihrem Ausgangspunkt zurück.[16] Der Erzähler „erwacht" aus seinen vorgestellten Geschichten „als wäre nichts geschehen", fügt jedoch hinzu: „es ist immer etwas geschehen, aber anders." (485)

---

[16] In: „Max Frisch, Mein Name sei Gantenbein" gibt Wolf R. Marchand eine treffende Beschreibung dieser Kreisbewegung (deren statisches Zeitschema übrigens auch im Bilde der „öden Wohnung" erscheint): „‚Mein Name sei Gantenbein' ist ein Roman, der mobil nur in der Fabel ist, aber stabil, statisch in der Zeit. Er tritt auf der Stelle, was die Zeit betrifft, — auf der Stelle, die von der Erfahrung eines

Nicht die äußeren Umstände entscheiden (das hat er inzwischen in mehreren Variationen durchgeprobt), sondern die Wahl, die einer trifft: ob er sein Leben aus sich heraus und im Bezug zur Welt lebt, oder ob er sich „weltlos" verhält, das heißt in der Scheinsicherheit des Man verloren wie Enderlin oder hinter seiner Maske von allem getrennt wie Gantenbein.

Was inzwischen „wirklich" geschehen ist, „aber anders" (die tatsächlichen Ereignisse dabei interessieren nicht, wie der Erzähler in seinem Verhör noch einmal zu verstehen gibt, (485 f.)), ist die Zuspitzung seiner Situation, die Einsicht, daß eine Entscheidung fallen muß in seinem Leben, das begrenzt ist und „das zu Ende geht" (485). Nachdem ein letztes Mal das Bild der öden Wohnung erscheint, das Bild seiner nach wie vor seinsleeren Existenz, besinnt sich der Erzähler auf das, was Anstoß für seine Vorstellungen war: auf den Tod. Noch einmal wird das Man beschworen, das einem unbekannten Toten durchaus einen Namen und eine „Geschichte" aufzwingen möchte. „Ordnung muß sein" (488), ist das ironische Motto, das der Erzähler über dieses öffentliche Verhalten setzt.[17] Der Tote stört das beruhigte Bürgerleben; in dem „muß sein" wird deutlich, daß das Man den Tod zwingen will, sich den öffentlichen Regeln anzupassen. Dieser Ordnungssinn dient allein der eigenen Beruhigung und nicht dem Toten: „[. . .] es mußte endlich etwas geschehen, wenn auch nicht der Leiche wegen, der es auf Stunden nicht mehr ankam." (489) Im Gegensatz zur Eingangsszene, in der der Erzähler lediglich wußte, daß „Geschichten" im Angesichte des Todes versagen, weiß er hier, als Ergebnis seines Experimentes, daß die „Geschichten, die [er sich] vorstellen kann" auch vor dem Leben versagen, da sie nicht wirklich sein „Leben sind" (487).

Er stellt sich hier mit Überzeugung gegen das Man und bedauert, daß der Tote schließlich doch noch eingefangen und für die Öffentlichkeit „verfügbar" gemacht wird. Er hätte es begrüßt, wenn die Leiche „ohne Geschichte" abgeschwommen wäre (496), als Beweis dafür, daß der

---

Ich markiert wird, das von der Erkenntnis seiner Vergängnis überfallen wurde. [. . .] er bewegt sich im Kreise, im Kreise um ein Ich, denn da es keinen Zeitablauf gibt, gibt es auch keinen Handlungsablauf und keine eindeutige Richtung für die ineinander verwobenen Assoziationen. Wir beobachten ein rundum von Spiegeln umstelltes Ich in dem imaginären Raum seiner Vorstellungen und Erfindungen und dem realen Raum seiner Erfahrungen. Beider Räume unübersteigbare Grenze ist der Tod, der die Kreisbewegung auslöst und in den sie wieder einmündet, wenn alle Geschichten endgültig angehalten werden, wenn keine Erfindungen mehr möglich sind." (*Zeitschrift für deutsche Philologie*, 87 (1968), S. 531 f.)

[17] In „Stiller" ist es Bohnenblust, der Vertreter des „Man", der dieses Motto zum besten gibt: „[. . .] Ordnung muß sein, einen Namen muß jeder tragen [. . .]" (Stiller, 491).

Tod „je der meine" ist (SZ, 240), wie auch das Leben „je meines" ist (SZ, 42), das heißt unabhängig von den Vorstellungen der anderen und nicht zu fassen in einer bloßen „Geschichte". Diese seine Polemik gegen „Geschichten" trägt der Erzähler ausgerechnet in einer „Geschichte für Camilla" vor. Mit subtiler Ironie führt er so sein eigenes Experiment inhaltlich und formal ad absurdum.

Aus den Geschichten und Vorstellungen, die keinen Aufenthalt mehr gewähren, tritt der Erzähler hervor in seine langgesuchte Wirklichkeit. Die Schilderung einer Reiseszene im Süden enthält embryonisch alle Elemente, die die Möglichkeit einer eigentlichen Existenz ausmachen.

Es beginnt mit dem Bilde des „Vorlaufens in den Tod", ohne das ein wirkliches Dasein nicht möglich wäre: „Es ist ein Tag im September, und wenn man aus den finstern und gar nicht kühlen Gräbern wieder ans Licht kommt, blinzeln wir, so grell ist der Tag." (496)

Der Erzähler zeigt im Bilde einer Rückkehr („wieder ans Licht kommen") aus den etruskischen Grabkammern das Zurückkommen auf sich selbst aus dem Horizont des Todes. Die „gar nicht kühlen" Gräber weisen darauf hin, daß der Tod hier als Teil des Lebens verstanden wird, einbezogen in die lebensspendende Wärme des Seins. Die Rückkehr zu „sich selbst" spiegelt sich auch rein formal im Gebrauch des Personalpronomens, das sich während der Schilderung des Rückstieges vom „man" zum „wir" wandelt: vom uneigentlichen zum eigentlichen Dasein und Mitsein.

Das Herauskommen aus den Gräbern erinnert noch einmal an das Platonische Höhlengleichnis, an das Heraustreten aus der Verborgenheit der Höhle in die Lichtung des Seins. Auch hier, am Ende des Gantenbein-Romanes, ändert sich nicht die Welt, sondern die verstehende Sicht des Erzählers wird anders. Der Übergang von einem Bereich in den anderen zeigt sich am „Blinzeln" der Augen, die sich erst an den Kontrast zwischen der „Finsternis" der Gräber und dem Licht der Sonne gewöhnen müssen. In diesem Kontrast erst wird die Lichtung des Seins „offenkundig", erhält das Leben seine unerwartete Helligkeit.

Heidegger spricht von einem solchen Kontrast als von einer „Unterscheidung", die immer auf einer „Entscheidung" beruht (wie ja auch der Erzähler sich zum „Vorlaufen" und zur Rückkehr zu sich selbst eigens entschied):

Durch dieses [...] Vermögen zur Unterscheidung, die immer Entscheidung ist, wird der Mensch aus der bloßen Benommenheit von dem, was ihn bedrängt und beschäftigt, hinausgestellt in den Bezug zum Sein, er wird im wirklichen Sinne ex-sistent. [...] Wer jene Unterscheidung nicht zu vollziehen vermag, lebt nach Aristoteles dahin wie ein Blindgeborener, der sich daran abarbeitet, die Farben durch Überlegung über die gehörten Namen sich zugänglich zu machen. Er wählt einen Weg, der nie ans Ziel bringt, weil dahin nur ein einziger Pfad führt, der dem Blinden gerade versagt ist – das „Sehen". (Φύσις, 334)[18]

Der Erzähler, der zuvor noch gestehen mußte: „Ich bin blind", kann nun auf einmal in einfacher Zuversicht sagen: „Ich sehe [. . .]" (496). Dieses Sehen, als endliches Verstehen des Seienden in seinem Sein, vollzieht sich eigentlich nur auf dem Grunde der Zeit. Zeit ist hier nicht mehr additiv, wie noch in den Vorstellungen des Erzählers, sondern sie wird zu einer gestaltenden Einheit; sie erst ermöglicht das Ereignis, daß der Erzähler aus dem zukünftigen Horizont des Todes gegenwärtig auf sich zurückkommt, das heißt wird, „was er je schon war". Der Satz „aber schon wieder September: aber Gegenwart" (ebd.) zeigt, daß der Erzähler wirklich „da" ist, ohne sich jedoch verfallend an das Jetzt zu verlieren; im Gefühl seiner Gegenwärtigkeit bleibt er sich sowohl des Verrinnens der Zeit als auch der ständigen Wiederholung bewußt („schon wieder" September).

Indem er so seine selbstverschuldete Blindheit ablegt, „lichtet" sich ihm die Welt in ihrem wahren Wesen. Gerade an den einfachen Dingen zeigt sich, daß der Mensch immer schon im Bezug zum Sein steht, daß er sich nur an seine Fähigkeit zu sehen erinnern muß. Heidegger erläutert das Sehvermögen des Daseins:

> Bliebe das menschliche Sehen auf das beschränkt, was dem Auge als Empfindungen uns auf die Netzhaut zugeleitet wird, dann hätten zum Beispiel die Griechen niemals in einer Jünglingsstatue den Apollon [. . .] sehen können. Dem alten griechischen Denken war ein Gedanke vertraut, den man allzu grob so darstellt: Gleiches wird nur durch Gleiches erkannt. Gemeint ist: Das, was sich uns zuspricht, wird nur durch unser Entsprechen vernehmbar. Unser Vernehmen ist in sich ein Entsprechen. Goethe nimmt in der Einleitung zu seiner „Farbenlehre" Bezug auf jenen griechischen Gedanken und möchte ihn folgendermaßen in deutschen Reimen ausdrücken: „Wär nicht das Auge sonnenhaft, wie könnten wir das Licht erblikken? / Lebt nicht in uns des Gottes eigne Kraft, wie könnt uns Göttliches entzücken?" (SvGr, 88)

Indem der Erzähler so seinen Bezug zum Sein entdeckt, wird ihm alles Seiende lebendig. Wo er sich vorher in der öden Wohnung vorfand, abgeschnitten vom In-der-Welt-sein, gewinnen hier selbst noch die technischen Gegenstände, die singenden Drähte und der sonnen-

---

18 Φύσις = „Vom Wesen und Begriff der Φύσις. Aristoteles' Physik B, I", in: *Wegmarken*, S. 309–396.
Schon in „Sein und Zeit" wird diese Fähigkeit zur „Unterscheidung" mit der Wahrheit des Seins, mit der Fähigkeit, Wahrheit zu ent-decken, gleichgesetzt: „Daß die Göttin der Wahrheit, die den Parmenides führt, ihn vor beide Wege stellt, den des Entdeckens und den des Verbergens, bedeutet nichts anderes als: das Dasein ist je schon in der Wahrheit und Unwahrheit. Der Weg des Entdeckens wird nur gewonnen im [. . .] verstehenden Unterscheiden beider und Sichentscheiden für den einen." (SZ, 222 f.)

glühende Wagen, ihren eigenen Glanz. Er steht der Welt nicht mehr als
einer Kulisse gegenüber, wie damals in Jerusalem, sondern im „Vernehmen" des Seienden erfährt er ursprünglich sein Da-sein. Im Lauschen
auf die „Flötentöne", im Schauen des Lichtes und in seinem Durst und
Hunger ist er augenblicklich anwesend in dem, „wo er je schon war":
in der Welt.

Im so verstandenen Selbstsein wird auch das Mitsein der anderen
gleichursprünglich erschlossen: Nirgends sonst wird das „wir" so selbstverständlich und von Erklärungen unbegleitet verwendet wie hier am
Ende, ein „wir", das nicht additiv ist, sondern das als Ganzes aus dem
gemeinsamen Existieren erwächst: „[...] und wir sitzen an einem
Tisch im Schatten und essen Brot, bis der Fisch geröstet ist [...]" (496).
Der Erzähler braucht nicht mehr in der Einsamkeit einer öden Wohnung
zu enden. Mit der „Entscheidung", sich für die endliche Existenz und
die Grenze des Todes zu öffnen, hat er sich die Freiheit zum wirklichen
Existieren geschenkt.

Hand in Hand mit dem „Vorlaufen" geht auch hier die „gerüstete
Freude" (SZ, 310), die nicht resigniert (wie die Kritik oft von der
Schlußszene dieses Romanes behauptet), sondern die „illusionslos" den
Überschwang einer „flüchtigen" Stimmungsmacherei vermeidet. Was
den Erzähler erfreut, ist bezeichnend: es ist nicht „das" Leben, als etwas
Fertiges und Objektives, sondern „Leben" als „Sein zu", als ein nie
vollendeter Vollzug lebendiger Möglichkeiten: „Durst, dann Hunger,
Leben gefällt mir —" (496)[19]

---

[19] Martin Kraft (a. a. O.) kommt zu einer ähnlichen Auffassung der Schlußszene, die
er als „wirkliches" Leben vor dem Hintergrunde des Todes beschreibt: „Im Vordergrund steht hier ein Bild des Lebens: ein Mittagessen im Freien voller Gegenwart [...]. Im Hintergrund dieser Szene elementaren Glücks steht der Tod: die
,finstern und gar nicht kühlen Gräber', aus denen man ,wieder ans Licht kommt'
[...]" (S. 8 f.). Kraft bemerkt an einer weiteren Stelle: „,Was keine Variante mehr
zuläßt, ist der Tod'. Für den Anfang und den Schluß des Romanes bedeutet das: der
Tod ist der unveränderbare und damit ,identische' Zustand, dem gegenüber einerseits alle ,Vorstellungen' zunichte werden, wodurch aber andrerseits erst ein ,wirk-
liches', eben von diesen Vorstellungen befreites Leben ermöglicht wird." (S. 28)

Bibliographie

1. *Martin Heidegger*

a. Zitierte Schriften (in alphabetischer Folge; Jahreszahl des Erstabdrucks in Klammern)

(1954) „Aletheia", in: *Vorträge und Aufsätze*, Bd. III, Pfullingen, 3. Aufl., 1967, S. 53—78
(1952) „Bauen, Wohnen, Denken", in: *Vorträge und Aufsätze*, Bd. II, S. 19—36
(1951) „Das Ding", in: *Vorträge und Aufsätze*, Bd. II, S. 37—55
(1956) *Der Satz vom Grund*, Pfullingen, 1957
(1950) „Der Spruch des Anaximander", in: *Holzwege*, Frankfurt a. M., 5. Aufl., 1972, S. 296—343
(1950) „Der Ursprung des Kunstwerkes", in: *Holzwege*, S. 7—68
(1954) „Die Frage nach der Technik", in: *Vorträge und Aufsätze*, Bd. I, S. 5—36
(1959) *Gelassenheit*, Pfullingen, 1959
(1929) *Kant und das Problem der Metaphysik*, Frankfurt a. M., 3. Aufl., 1965
(1950) „Nietzsches Wort ‚Gott ist tot'", in: *Holzwege*, S. 193—247
(1947) „Platons Lehre von der Wahrheit", in: *Wegmarken*, Frankfurt a. M., 1967
(1927) *Sein und Zeit*, Tübingen, 11. Aufl., 1967
(1947) *Über den Humanismus* (Lizenzausgabe aus *Platons Lehre von der Wahrheit*, Bern, 1947), Frankfurt a. M., o. J.
(1954) „Überwindung der Metaphysik", in: *Vorträge und Aufsätze*, Bd. I, S. 63—91
(1943) „Vom Wesen der Wahrheit", in: *Wegmarken*, S. 73—98
(1929) „Vom Wesen des Grundes", in: *Wegmarken*, S. 21—72
(1958) „Vom Wesen und Begriff der Physis, ‚Aristoteles' Physik B, I", in: *Wegmarken*, S. 309—396
(1929) *Was ist Metaphysik?*, Frankfurt a. M., 6. Aufl., 1951
(1950) „Wozu Dichter?", in: *Holzwege*, S. 248—295

b. Philosophiewissenschaftliche Untersuchungen

Anteile. Martin Heidegger zum sechzigsten Geburtstag, Frankfurt a. M., 1950
Biemel, Walter, *Martin Heidegger in Selbstzeugnissen und Bilddokumenten*, Hamburg (rowohlts monographien 200), 1973
Bollnow, O. F., *Das Wesen der Stimmungen*, Frankfurt a. M., 1941
De Waehlens, Alphonse, „Reflections on Heidegger's Development", in: *Philosophische Rundschau*, 13 (1966), S. 475—502
Diemer, Alwin, „Grundzüge Heideggerschen Philosophierens", in: *Zf. f. phil. Forschung*, 5 (1950/51), S. 547—567
Feick, Hildegard, *Index zu Heideggers „Sein und Zeit"*, Tübingen, 2. Aufl., 1968
Fischer, Alois, *Die Existenzphilosophie Martin Heideggers. Darlegung und Würdigung ihrer Grundgedanken*, Leipzig, 1935

Franzen, Winfried, *Von der Existenzialontologie zur Seinsgeschichte: Eine Untersuchung über die Entwicklung der Philosophie Martin Heideggers*, Meisenheim a. Glan (Monographien z. philos. Forschung 132), 1975

Gabriel, Leo, *Existenzphilosophie: Von Kierkegaard bis Sartre*, Wien, 1951

Grene, Marjorie, *Introduction to Existentialism*, The University of Chicago Press, 3. Aufl., 1959

Heinemann, Fritz, *Existenzphilosophie: Lebendig oder tot?*, Stuttgart (Urban-Bücher 10), 1954

Kunz, Hans, „Die Bedeutung der Daseinsanalytik Martin Heideggers für die Psychologie und die philosophische Anthropologie", in: *Martin Heideggers Einfluß auf die Wissenschaften. Aus Anlaß seines sechzigsten Geburtstages* verfaßt von Carlos Astrada u. a., Bern, 1949, S. 37—57

Martin Heideggers Einfluß auf die Wissenschaften, Bern, 1949

Martin Heidegger im Gespräch, hrsg. von Richard Wisser, München, 1970

Martin Heidegger zum siebzigsten Geburtstag, Festschrift, hrsg. von Günther Neske, Pfullingen, 1959

Maurer, Reinhart, „Von Heidegger zur praktischen Philosophie", in: *Rehabilitierung der praktischen Philosophie*, Bd. I, hrsg. von Manfred Riedel, Freiburg (Sammlung Rombach, NF 14), S. 415—454

Naber, A. „Von der Philosophie des Nichts zur Philosophie des Seins-selbst. Zur großen Wende im Philosophieren M. Heideggers", in: *Gregorianum*, 28 (Rom, 1947), S. 357—378

Pflaumer, Ruprecht, „Sein und Mensch im Denken Heideggers", in: *Philosoph. Rundschau*, 13 (1966), S. 161—234

Pöggeler, Otto, *Der Denkweg Martin Heideggers*, Pfullingen, 1963

Ders. „Sein als Ereignis. Martin Heidegger zum 26. September 1959", in: *Zf. f. phil. Forschung*, 13 (1959), S. 597—632

Richardson, W. J., *Heidegger. Through Phenomenology to Thought*. (Preface by Martin Heidegger), Den Haag, 1967

Stegmüller, Wolfgang, „Existenzialontologie: Martin Heidegger", in: W. S., *Hauptströmungen der Gegenwartsphilosophie. Eine kritische Einführung*, Stuttgart, 2. Aufl. 1960, S. 135—194

Vietta, Egon *Die Seinsfrage bei Martin Heidegger*, Stuttgart, 1950

Wyschogrod, Michael, *Kierkegaard and Heidegger: The Ontology of Existence*, London, 1954

c. Literaturwissenschaftliche Untersuchungen

Allemann, Beda, *Hölderlin und Heidegger*, Zürich/Freiburg i. Br., 1954

Buddeberg, Else, *Denken und Dichten des Seins, Heidegger, Rilke*, Stuttgart, 1956

Dies. „Heidegger und die Dichtung", in: *Deutsche Vierteljahrsschrift f. Literaturwiss. u. Geistesgeschichte*, 26 (1952), S. 293—330

Jaeger, Hans, „Heidegger's Existentialphilosophy and Modern German Literature", in: *Publications of the Modern Language Association of America*, 67 (1952), S. 655—683

Staiger, Emil, „Zu einem Vers von Mörike. Ein Briefwechsel mit Martin Heidegger", in: *Trivium*, 9 (1951), S. 1—16

2. Max Frisch

a. Prosawerke (Jahreszahl des Erstabdrucks in Klammern)

(1934) *Jürg Reinhart. Eine sommerliche Schicksalsfahrt.* Roman aus Dalmatien, Suttgart, 1934

(1937) *Antwort aus der Stille. Erzählungen aus den Bergen,* Stuttgart, 1937

(1940) *Blätter aus dem Brotsack. Tagebuch eines Kanoniers.* Geschr. im Grenzdienst 1939, Zürich, 4. Aufl., 1969

(1943) *J'adore ce qui me brûle oder Die Schwierigen.* Roman, Zürich/Freiburg i. Br., 5. Aufl. 1967

(1945) *Bin oder Die Reise nach Peking,* Frankfurt a. M. (Bibliothek Suhrkamp 8), 1968

(1946) *Marion und die Marionetten. Ein Fragment.* Mit Holzschnitten von Hans Studer, Basel, 1946

(1947) *Tagebuch mit Marion,* Zürich, 1947

(1950) *Tagebuch 1946–1949,* Frankfurt a. M. (Bibliothek Suhrkamp 261), 1962

(1954) *Stiller,* Roman, Frankfurt a. M., 1954

(1957) *Homo faber. Ein Bericht.* Frankfurt a. M. (Bibliothek Suhrkamp 87), 1968

(1959) *Glossen zu Don Juan.* Illustrationen von Walter Jonas, Viernheim/Zürich, 1959

(1959) *Schinz. Skizze.* Mit fünf Zeichnungen von Varlin. St. Gallen (Die Quadrat-Bücher 7), 1959

(1961) *Erzählungen des Anatol Ludwig Stiller.* Nachwort von Walter Jens, Frankfurt a. M. (suhrkamp texte 5), 1961

(1961) *Ausgewählte Prosa.* Nachwort von Joachim Kaiser, Frankfurt a. M. (edition suhrkamp 36), 1965

(1964) *Mein Name sei Gantenbein.* Roman, Frankfurt a. M., 1964

(1966) *Zürich-Transit.* Skizze eines Films, Frankfurt a. M. (edition suhrkamp 161), 1966

(1968) *Öffentlichkeit als Partner,* Frankfurt a. M. (edition suhrkamp 209), 1968

(1968) *Erinnerungen an Brecht,* Berlin, 1968

(1971) *Wilhelm Tell für die Schule,* Frankfurt a. M., 1971

(1972) *Tagebuch 1966—1971,* Frankfurt a. M., 1972

(1974) *Dienstbüchlein.* Frankfurt a. M. (suhrkamp taschenbuch 205), 1974

(1975) *Montauk. Eine Erzählung.* Frankfurt a. M., 1975

(1976) *Gesammelte Werke in zeitlicher Folge,* hrsg. von Hans Mayer und Walter Schmitz, Frankfurt a. M., 1976 [Prosawerke u. a.]

b. Allgemeine Untersuchungen und Gesamtdarstellungen

Arnold, Heinz Ludwig, *Gespräche mit Schriftstellern: Max Frisch, Günter Grass, Wolfgang Koeppen, Max von der Grün, Günter Wallraff,* München (Becksche Schwarze Reihe 134), 1975

Baden, Hans-J., *Der Mensch als Partner. Das Menschenbild in den Romanen von Max Frisch.* Wuppertal-Barmen (Das Gespräch 64), 1966

Bänziger, Hans, *Frisch und Dürrenmatt,* Bern/München, 5. Aufl., 1967

Ders. „Max Frisch — Der Protest eines Skeptikers", in: *Universitas,* 25 (1970), S. 481—492

Barlow, Derrick, „‚Ordnung' und ‚Das wirkliche Leben' in the Work of Max Frisch",
in: *German Life and Letters*, 19 (1965/66), S. 52—60

Bautz, Franz J. „Ein unbequemer Zeitgenosse. Max Frisch und das Engagement an
die Wahrhaftigkeit", in: *Panorama*, Dez. 1958

Beckermann, Thomas, Hrsg., *Über Max Frisch*, Frankfurt a. M. (edition suhrkamp 404),
1971

Bienek, Horst, „Max Frisch", in: H. B., *Werkstattgespräche mit Schriftstellern*, München (dtv 291), 1965, S. 21—33

Burgauner, Christoph, „Versuch über Max Frisch"; in: *Merkur*, 28 (1974), S. 444—463

Cunliffe, W. G., „Existentialist Elements in Frisch's Works", in: *Monatshefte*, 62
(1970), S. 113—122

Dahms, Erna M., *Zeit und Zeiterlebnis in den Werken Max Frischs*, Berlin 1976

Gassmann, Max, „Max Frisch. Leitmotive der Jugend", Diss. (Masch.), Zürich, 1966

Henningsen, Jürgen, „‚Jeder Mensch erfindet sich eine Geschichte'. Max Frisch und die
Autobiographie", in: *LWV*, 4 (1971), S. 167—176

Hillen, Gerd „Reisemotive in den Romanen von Max Frisch", in: *Wirkendes Wort*, 19
(1969), S. 126—133

Hoffmann, Charles W., „The Search for Self, Inner Freedom, and Relatedness in the
novels of Max Frisch", in: Ch. W. H., *Contemporary Novel in German*, Austin/
London, 1967, S. 91—113

Honsza, N. „Max Frisch und der moderne Schweizerische Roman", in: *Beiträge zu
den Fortbildungskursen des Goethe-Instituts*, München, 1969, S. 87—91

Horst, Karl-August, „Max Frisch", in: K. A. H., *Kritischer Führer durch die deutsche
Literatur der Gegenwart*, München, 1962, S. 154—157

Jurgensen, Manfred, *Max Frisch, Die Romane*, Bern, 1970

Kaiser, Joachim, „Max Frisch", in: *Dichten und Trachten*, XIII (Jahresschau des
Suhrkamp-Verlages), Frankfurt a. M., 1959, S. 50—63

Ders. „Max Frisch und der Roman. Konsequenzen eines Bildersturms", in: *Über Max
Frisch*, hrsg. von Th. Beckermann, Frankfurt a. M. (edition suhrkamp 404), 1971,
S. 43—53

Kieser, Rolf, *Max Frisch. Das literarische Tagebuch*, Stuttgart, 1975

Mayer, Hans, *Dürrenmatt und Frisch*. Anmerkungen, Pfullingen (opuscula 4), 1963

Ders., „Max Frischs Romane", in: H. M., *Zur deutschen Literatur der Zeit*, Hamburg,
1967, S. 189—213

Merrifield, Doris F., *Das Bild der Frau bei Max Frisch*, Freiburg, 1971

Müller, Joachim, „Das Prosawerk Max Frischs. — Dichtung unserer Zeit", in: *Universitas*, 22 (1967), S. 37—48

Petersen, Carol, *Max Frisch*, Berlin (Köpfe des XX. Jahrhunderts 44), 1966

Reich-Ranicki, Marcel, „Über den Romancier Max Frisch", in: M. R. R., *Deutsche
Literatur in West und Ost. Prosa seit 1945*, München, 1963, S. 81—100

Schau, Albrecht, Hrsg., *Max Frisch — Beiträge zur Wirkungsgeschichte*, Freiburg i. Br.,
1971

Schenker, Walter, *Die Sprache Max Frischs in der Spannung zwischen Mundart und
Schriftsprache*, Berlin, 1969

Ders., „Mundart und Schriftsprache", in: *Über Max Frisch*, a. a. O., S. 287—299

Ders., „Die Sprache Max Frischs", Diss., Bern 1970

Schmitz, Walter, Hrsg., *Über Max Frisch II*, Frankfurt a. M. 1976

Schwarz, Theodor, „Die Kritik der bürgerlichen Gesellschaft bei Dürrenmatt und
Frisch", in: *Philologica*, 18 (1966), S. 83—89

Stäuble, Eduard, *Max Frisch. Ein Schweizer Dichter der Gegenwart*. Versuch einer

Gesamtdarstellung seines Werkes. Mit einer Bibliographie von Klaus-Dietrich Petersen, Amriswil, 3. Aufl., 1967

Ders., *Max Frisch. Grundzüge in seinen Werken*, Basel, 1967

Stromsik, Jiri, „Das Verhältnis von Weltanschauung und Erzählmethode bei Max Frisch", in: *Philologica Pragensia*, 13 (1970), S. 74—94

Stemmler, Wolfgang, „Max Frisch, Heinrich Böll und Sören Kierkegaard", Diss. (Fotodruck), München, 1972

Über Max Frisch, hrsg. von Th. Beckermann, Frankfurt a. M., 1971

Über Max Frisch II, hrsg. von Walter Schmitz, Frankfurt a. M., 1976

Weber, Werner, „Max Frisch 1958", in: W. W., *Zeit ohne Zeit. Aufsätze zur Literatur*, Zürich, 1959, S. 85—101

Wehrli, Max, „Gegenwartsdichtung der deutschen Schweiz", in: *Deutsche Literatur in unserer Zeit*, Göttingen (Kleine Vandenhoek-Reihe 73/74), 1959, S. 105—125

Weisstein, Ulrich, *Max Frisch*, New York, 1967

Wintsch-Spiess, Monika, *Zum Problem der Identität im Werk Max Frischs*, Zürich, 1965

c. Untersuchungen zu „Stiller"

Braun, Karlheinz, „Die epische Technik in Max Frischs Roman ‚Stiller', als Beitrag zur Formfrage des modernen Romans", Diss. (Masch.), Frankfurt a. M., 1959

Dürrenmatt, Friedrich, „‚Stiller', Roman von Max Frisch. Fragment einer Kritik", in: *Über Max Frisch*, a. a. O., S. 7—15

Franzen, Erich, „Über Max Frisch. S t i l l e r oder Der gescheiterte Traum vom neuen Ich", in: *Über Max Frisch*, a. a. O., S. 69—76

Harris, Kathleen, „Stiller: Ich oder Nicht-Ich?", in: *German Quarterly*, 41 (1968), S. 689—697

Helmetag, Charles W., „The Image of the Automobile in Max Frisch's *Stiller*", in: *Germanic Review*, 47 (1972), S. 118—126

Hesse, Hermann, „Über Max Frischs Roman ‚Stiller'", in: H. H., *Gesammelte Werke 12. Schriften zur Literatur II*, Frankfurt a. M., 1970, S. 564—565

Horst, Karl-August, „Bildflucht und Bildwirklichkeit", in: *Merkur*, 9 (1955), S. 191—193. Auch in: *Max Frisch — Beiträge zur Wirkungsgeschichte*, hrsg. von Albrecht Schau, a. a. O., S. 32—35

Jens, Walter, „Erzählungen des Anatol Ludwig Stiller", in: *Über Max Frisch*, a. a. O., S. 16—23

Kohlschmidt, Werner, „Selbstrechenschaft und Schuldbewußtsein im Menschenbild der Gegenwartsdichtung. Eine Interpretation des ‚Stiller' von Max Frisch und der ‚Panne' von Friedrich Dürrenmatt", in: *Das Menschenbild in der Dichtung. Sieben Essays*, hrsg. von Albert Schaefer, München, 1965, S. 174—193

Kulp, Maria, „Stiller", in: *Reclams Romanführer Bd. 2. Deutsche Romane der Gegenwart*, hrsg. von Johannes Beer, Stuttgart, 1963, S. 184—186

Manger, Philip, „Kierkegaard in Max Frisch's Novel ‚Stiller'", in: *German Life and Letters*, 20 (1966/67), S. 119—131

Mayer, Hans, „Anmerkungen zu ‚Stiller'", in: H. M., *Zur deutschen Literatur der Zeit*, Hamburg, 1967, S. 189—204

Neis, Edgar, *Erläuterungen zu Max Frisch. Stiller. Homo Faber. Gantenbein*, Hollfeld/Obfr. (Königs Erläuterungen 148), 3. Aufl., o. J., S. 13—38

Pfanner, Helmut F., „*Stiller* und das ‚Faustische' bei Max Frisch", in: *Orbis Litterarum*, 24, 3 (1969), S. 201—215

Staiger, Emil, „‚Stiller‘: Zu dem neuen Roman von Max Frisch“, in: Neue Zürcher
Zeitung vom 19. 11. 1954. Auch in: Max Frisch — Beiträge zur Wirkungsgeschichte,
hrsg. von Albrecht Schau, a. a. O., S. 59—62
Stemmler, Wolfgang, „Max Frisch, Heinrich Böll und Sören Kierkegaard“, Diss.
(Fotodruck), München, 1972, S. 1—109
White, Andrew, „Labyrinths of Modern Fiction. Max Frisch's Stiller as a Novel of
Alienation, and the ‚Nouveau Roman‘“, in: Arcadia, 2 (1967), S. 288—304
Zimmermann, Werner, „Max Frisch: ‚Stiller‘“, in: W. Z., Deutsche Prosadichtungen
unseres Jahrhunderts: Interpretationen für Lehrende und Lernende, Bd. 2, Düssel-
dorf, 1969, S. 115—165

d. Untersuchungen zu „Homo Faber“

Bicknese, Günther, „Zur Rolle Amerikas in Max Frischs ‚Homo faber‘“, in: German
Quarterly, 42 (1969), S. 52—64
Bradley, Brigitte L., „Max Frisch's ‚Homo faber‘: Theme and Structural Devices“, in:
The Germanic Review, 41 (1966), S. 279—290
Franz, Hertha, „Der Intellektuelle in Max Frischs ‚Don Juan‘ und ‚Homo faber‘“,
in: ZfdPh, 90 (1971), S. 555—563
Franzen, Erich, „Homo Faber“, in: E. F., Aufklärungen. Essays. Mit einer Nachbe-
merkung versehen von Wolfgang Koeppen, Frankfurt a. M. (edition suhrkamp 66),
1964, S. 171—177
Geissler, Rolf, „Max Frisch: ‚Homo faber‘“, in: R. G., Möglichkeiten des modernen
deutschen Romans, Frankfurt a. M., 1962, S. 191—214
Geulen, Hans, Max Frischs „Homo Faber“. Studien und Interpretationen, Berlin, 1965
Hartung, Rudolf, „Eine moderne Tragödie“, in: Neue Deutsche Hefte (Januar 1958),
S. 937—939
Henze, Walter, „Die Erzählhaltung in Max Frischs Roman ‚Homo Faber‘“, in: Wir-
kendes Wort, 11 (1961), S. 278—289
Ingen, F. van, „Max Frischs Homo faber: Zwischen Technik und Mythologie“, in:
Amsterdamer Beiträge zur neueren Germanistik, 2 (1973), S. 63—81
Kaiser, Gerhard, „Max Frischs ‚Homo faber‘“, in: Schweizer Monatshefte, 38
(1958/59), S. 841—852
Kulp, Maria, „Homo Faber“, in: Reclams Romanführer, Bd. 2, hrsg. von Johannes
Beer, Stuttgart, 1963, S. 186—188
Liersch, Werner, „Wandlung einer Problematik. Rezension über Max Frischs ‚Homo
Faber‘. Ein Bericht. Frankfurt a. M. 1957“, in: Neue Deutsche Literatur, 7 (1958),
S. 142—146
Müller, Gerd, „Europa und Amerika im Werk Max Frischs. Eine Interpretation des
Berichts Homo Faber“, in: Mod Spr., 62 (1968), S. 395—399
Roisch, Ursula, „Max Frischs Auffassung vom Einfluß der Technik auf den Men-
schen — nachgewiesen am Roman ‚Homo faber‘“, in: Über Max Frisch, a. a. O.,
S. 84—109
Schürer, Ernst, „Zur Interpretation von Max Frischs ‚Homo faber‘“, in: Monats-
hefte, 59 (1967), S. 330—343
Suter, Gody, „‚Homo Faber‘. ‚Ein Bericht‘ von Max Frisch“, in: Weltwoche, 25 (1957),
S. 5
Weidmann, Brigitte, „Wirklichkeit und Erinnerung in Max Frischs ‚Homo Faber‘“,
in: Schweizer Monatshefte, 44 (1964), S. 445—456
Westecker, Wilhelm, „Zwei Romane von Max Frisch. Die Scheiternden. Der technische
und der künstlerische Mensch“, in: Christ und Welt, Nr. 49, vom 5. 12. 1957

e. Untersuchungen zu „Mein Name sei Gantenbein"

Arnold, H. L., „Möglichkeiten nicht möglicher Existenzen. Zu Max Frischs Roman: ‚Mein Name sei Gantenbein'", in: *Eckart-Jahrbuch*, 1964/65, S. 298—305

Baumgart, Reinhard, „Othello als Hamlet", in: *Über Max Frisch*, a. a. O., S. 192—197

Bier, J. P., „Ein Beitrag zur Deutung von Max Frischs letztem Roman *Mein Name sei Gantenbein*", in: *Revue des languages vivantes*, 33 (1967), S. 607—614

Birmele, Jutta, „Anmerkungen zu Max Frischs Roman *Mein Name sei Gantenbein*", in: *Monatshefte*, 60 (1968), S. 167—173

Emrich, Wilhelm, „Die ‚goldenen Früchte' der Literaturkritik", in: W. E., *Polemik*, Frankfurt/Bonn, 1968, S. 65—70

Hamm, Peter, „Entwürfe zu einem späten Ich. Zu Max Frisch: ‚Mein Name sei Gantenbein'", in: *Die Weltwoche*, Nr. 1614, vom 16. 10. 1964

Hartung, Rudolf, „Max Frisch: *Mein Name sei Gantenbein*", in: *Neue Rundschau*, 75 (1964), S. 682—686

Holthusen, Hans-Egon, „Ein Mann von fünfzig Jahren", in: *Merkur*, 1964, S. 1073—1077

Ihlenfeld, Kurt, „Max Frisch: ‚Mein Name sei Gantenbein'", in: *Neue Deutsche Hefte*, 105 (1965), S. 129—132

Jurgensen, Manfred, „‚Mein Name sei Gantenbein'", in: *Max Frisch — Beiträge zur Wirkungsgeschichte*, hrsg. von A. Schau, a. a. O., S. 126—161

Kähler, Hermann, „Max Frischs ‚Gantenbein'-Roman", in: *Sinn und Form*, 17 (1965), S. 299—303. Auch in: *Über Max Frisch*, a. a. O., S. 198—204

Krättle, Anton, „Max Frisch ‚Mein Name sei Gantenbein'", in: *Schweizer Monatshefte*, 44 (1965), S. 975—979

Kraft, Martin, *Studien zur Thematik von Max Frischs Roman „Mein Name sei Gantenbein"*, Bern, 1969

Kurz, Paul Konrad, „‚Mein Name sei Gantenbein'", in: *Stimmen der Zeit*, Bd. 175, I (1964), S. 57—61

Mantley, Jürgen, „Prosa des Bedenkens", in: *Frankfurter Hefte*, 20 (1965), S. 279—282

Marchand, Wolf R., „Max Frisch ‚Mein Name sei Gantenbein'", in: *Über Max Frisch*, a. a. O., S. 205—234

Mayer, Hans, „Mögliche Ansichten über Herrn Gantenbein", in: H. M., *Zur deutschen Literatur der Zeit*, Hamburg, 1967, S. 204—213

Merrifield, Doris F., „Max Frischs ‚Mein Name sei Gantenbein': Versuch einer Strukturanalyse", in: *Monatshefte*, 60 (1968), S. 155—166

Neis, Edgar, *Erläuterungen zu Max Frisch. Stiller. Homo Faber. Gantenbein*, Hollfeld/Obfr. (Königs Erläuterungen 148), 3. Aufl., o. J., S. 67—72

Reich-Ranicki, Marcel, „Max Frisch: ‚Mein Name sei Gantenbein'", in: M. R.-R., *Literatur der kleinen Schritte*, München, 1967, S. 79—89

Stromsik, Jiri, „Max Frisch, ‚Mein Name sei Gantenbein'. Eine Interpretation." In: *Germanica Pragensia*, 5 (1968), S. 111—131

Vin, Daniel de, „Max Frisch, ‚Mein Name sei Gantenbein'. Eine Interpretation", in: *Studia Germanica Gandensia*, 12 (1970), S. 243—263

Vormweg, Heinrich, „Othello als Mannequin", in: *Der Monat*, 195, 17. Jg. (Dez. 1964), S. 76—83

Personen- und Sachregister

Das Register verweist auf die wichtigsten Romanmotive sowie die zentralen Themen der Heideggerschen Existenzialphilosophie. Unter den Personennamen werden die Namen *Max Frisch* und *Martin Heidegger* wegen ihres häufigen Erscheinens nicht eigens aufgeführt.